CB012995

CINEMA EXPLÍCITO

Supervisão geral
J. Guinsburg

Edição de texto Bárbara Borges
Revisão Adriano C.A. e Sousa e Marcio Honorio de Godoy
Capa Uibirá Barelli
Projeto gráfico Sergio Kon
Produção Ricardo W. Neves, Sergio Kon, Lia Marques,
Luiz Henrique Soares e Elen Durando

CIP-Brasil. Catalogação na Publicação
Sindicato Nacional dos Editores de Livros, RJ

G311c

Gerace, Rodrigo
　　Cinema explícito : representações cinematográficas do sexo / Rodrigo
　　Gerace. – 1. ed. – São Paulo : Perspectiva : Edições Sesc São Paulo, 2015.
　　320 p. : il. ; 26 cm.

　　Inclui bibliografia Filmografia
　　ISBN 978-85-273-1042-0 (Perspectiva) /
　　ISBN 978-85-69298-45-8 (Edições Sesc São Paulo)

　　1. Pornografia - Aspectos sociais. 2. Pornografia na cultura popular.
　　3. Sexo no cinema. I. Título.

15-26834
　　　　　　　　　　　　　　CDD: 791.436538
　　　　　　　　　　　　　　CDU: 791.226

28/09/2015 01/10/2015

1ª edição – 1ª reimpressão

Direitos reservados em língua portuguesa à

Editora Perspectiva S.A.
Av. Brigadeiro Luís Antônio, 3025
01401-000 São Paulo SP Brasil
Telefax: 55 11 3885-8388
www.editoraperspectiva.com.br
/editoraperspectiva

2017

Edições Sesc São Paulo
Rua Cantagalo, 74 – 13º/14º andar
03319-000 – São Paulo SP Brasil
Tel. 55 11 2227-6500
edicoes@edicoes.sescsp.org.br
sescsp.org.br/edicoes
/edicoessescsp

RODRIGO GERACE

CINEMA EXPLÍCITO

REPRESENTAÇÕES CINEMATOGRÁFICAS DO SEXO

 PERSPECTIVA

 edições Sesc

SUMÁRIO

CERTA OBSCENIDADE DO OLHAR

O cinema envolve todas as artes e seu desenvolvimento é pleno de experimentações estéticas e narrativas que situam a sexualidade entre os seus temas de maior relevo, alternando políticas de censura e explicitação, mas também de criatividade e de transformação nas formas de percepção do comportamento social. Na representação dos corpos e de seus prazeres, os profissionais do cinema, assim como das artes cênicas e visuais, lidam com variáveis ideológicas, políticas e morais no tempo histórico. É nesse sentido que o conhecimento artístico, especialmente o cinematográfico, viabiliza a compreensão da vida humana em toda a sua dimensão, refletindo e subvertendo valores.

Fazendo uso de códigos estéticos universais, o cinema generalizou-se a partir do início do século XX, convertendo-se em linguagem privilegiada na representação e questionamento de temas que inquietam as sociedades a partir de suas origens. Desde as primeiras filmagens do corpo e de seus movimentos até a superexposição do sexo potencializada pela internet, instalou-se um debate sobre a representação da sexualidade e do prazer sexual nas telas, continuamente atravessado por ideologias, fronteiras e, sobretudo, investidas, que enriqueceram a compreensão sobre a diversidade de comportamentos possíveis em sociedade.

Na criação e difusão cinematográfica, convergem perspectivas dissonantes, interdições e inovações que evidenciam a preocupação com a representação do sexo, das produções de vanguarda ao *underground*, do cinema marginal às produções independentes do cinema brasileiro contemporâneo. Nesse sentido, fazer cinema significa também lidar com circunstâncias culturais, políticas e psicológicas que se alteram no tempo e espaço, como se verifica na recente censura a filmes americanos em países islâmicos, na Coréia do Norte e na Índia, bem como na circulação de filmes proibidos durante o regime militar no Brasil.

É preciso entrar e sair da caverna várias vezes, observar as sombras projetadas nas paredes, conhecer a engenharia do fogo e seus artífices. Inspirados pela alegoria de Platão, podemos encontrar deleite e conhecimento por meio das narrativas de imagens. Desvendar a tessitura do cinema, longe de desencantá-lo, viabiliza outras formas de experimentar sua profundidade e, por tal razão, esta publicação representa uma contribuição inovadora para leigos e aficionados pela "sétima arte".

Neste livro, a ideia de obscenidade é condicionada ao olhar do espectador e da mudança de perspectiva no tempo histórico, como demonstrado por autores como Susan Sontag, no livro *A Imaginação Pornográfica*, ao afirmar que "o obsceno é uma convenção, a ficção imposta sobre a natureza por uma sociedade convicta de que há algo de vil nas funções sexuais e por extensão no prazer sexual". Esta obra procura expor os critérios de avaliação e recepção daquilo que é classificado como erotismo e pornografia, extraindo-os de sua aparente legitimidade e conformação sociocultural para exibi-los aos espectadores contemporâneos. Ao fazê-lo, coloca em questão as fronteiras entre cultura e representação, entre comportamento social e cinema.

O autor analisa procedimentos, classificações e estratégias de organização do discurso sexual no cinema, atento às inovações estéticas e narrativas, aos cortes e excessos que ora se orientam pela sublimação da repressão vivida em sociedade, ora reproduzem estereótipos de comportamentos projetados sobre os corpos e sua sexualidade.

Enquanto linguagem artística, a cinematografia se confirma como campo de experimentações, que em seu largo alcance se defronta com sistemas políticos autoritários, diferentes culturas e inúmeras cidades sem salas de exibição. Valendo-se de códigos estéticos acessíveis, o cinema impacta diretamente no espectador despertando reações que vão do estranhamento à identificação, ao mesmo tempo em que é capaz de mobilizar a quebra e a construção de padrões culturais, dos quais fazem parte as ideias de sexualidade. Buscando estimular o desenvolvimento e a difusão da linguagem cinematográfica em toda a sua potencialidade, o Sesc promove a circulação da produção nacional e estrangeira em suas unidades, apoiando e realizando festivais, debates, ciclos de exibição e lançamentos. É nesse sentido que o presente livro vem a público, em coedição com a Editora Perspectiva, propondo desnudar certa obscuridade do olhar.

Danilo Santos de Miranda
Diretor Regional do Sesc São Paulo

INTRODUÇÃO

Todo sexo é explícito? Como o cinema o representou por meio de diferentes propósitos narrativos, estéticos e políticos? *On scene*, fora de campo, implícito, reprimido, estilizado ou imaginado, quais discursos foram elaborados para a deflagração do sexo cinematográfico? Da pornografia silenciosa às vanguardas, do *underground* às pornochanchadas, de Luís Buñuel a Pedro Almodóvar, de Andy Warhol a John Waters, de Pier Paolo Pasolini a Lars von Trier, de Jean Cocteau a Kenneth Anger, de Nagisa Ôshima a Catherine Breillat, de Bruce LaBruce às pornografias alternativas, como os cineastas abordaram o sexo para além da elipse narrativa que o sublima para a cena do café da manhã no dia seguinte? Por quais sentidos culturais e ideológicos trafegam as estilizações do sexo no cinema? O que estamos chamando de sexo? A representação explícita do sexo é pornográfica, transgressora? Qual a função política da obscenidade?

Essas questões balizam a investigação das representações cinematográficas do sexo, do cinema silencioso ao contemporâneo, tendo em vista a percepção e desconstrução dos critérios culturais e políticos que norteiam os conceitos de erotismo e pornografia e legitimam discursos de reprodução e transgressão do obsceno. Não se trata, evidentemente, de uma arqueologia completa das representações do sexo na história do cinema, mas de um panorama reflexivo sobre como o cinema incorporou, refletiu e construiu imagens e discursos sobre o sexo, seja de modo explícito, velado ou censurado.

Cinema Explícito tem ponto de partida no questionamento do *status* moral que dá corpo aos critérios flexíveis de obscenidade, que, em diferentes épocas, modelam representações como sendo pornográficas, artísticas, eróticas, obscenas, realistas etc. O conceito de obsceno é cultural e se transforma com o tempo. Mergulhado nas ideologias das épocas e nas políticas de controle sobre o corpo, o obsceno mantém-se em voga como interdito, normatizando o desejo e ditando os limites de transgressão do sexo *on scene*. Se um filme como *The Kiss*, de Thomas Edison, foi considerado obsceno em 1896, hoje não passa de algo fantasmático, lúdico. O mesmo vale para a explosão discursiva em torno da incorporação do sexo explícito em narrativas artísticas, fato que já produziu forte polêmica e censura em outras épocas, mas que hoje é amplamente assimilado, sobretudo no cinema europeu, por trazer outros sentidos dramáticos, políticos e estéticos aos filmes.

Erótico? Pornográfico? Obsceno? Artístico? Para que (ou quem) serve essa *distinção* sobre as possíveis representações do sexo, sendo que todas falam do desejo sexual? Para os pesquisadores de cinema Ramon Freixas e Joan Bassa, "é o olhar que torna uma obra obscena, e não a obra em si mesma. Dito de outra maneira, tudo gira ao redor daquilo que se vê – ou se quer ver – e não daquilo que se mostra"[1]. Portanto, refletimos o "sexo no cinema" como manifestações históricas imersas em contextos culturais de cada época, uma vez que as categorizações em torno das imagens sexuais estão aliadas a efeitos morais (cambiáveis por censuras, tabus e rótulos sociais), estéticos (pela estilização e percepção visual de acordo com o *status* das artes) e ideológicos (pelos padrões em torno da imagem do sexo e do corpo). Nessa perspectiva é que embaralhamos o conceito de pornográfico para não limitarmos a análise (como quem limita o desejo) por suas práticas e discursos específicos.

A obra traz um mapeamento histórico-crítico dos filmes e movimentos cinematográficos[2] mais significativos nesse sentido, aqueles que flertaram com o pornográfico a partir da representação explícita do sexo em tramas e abordagens narrativas não necessariamente focadas somente no intercurso sexual, como nos filmes pornográficos tradicionais. A abordagem aproxima-se da lógica foucaultiana que percebe o discurso legitimado e em construção sobre o sexo e as práticas sexuais. No cinema, a percepção do que é sexo, bem como daquilo que é tido como "explícito", esbarra nas construções políticas do desejo e suas representações visuais mutáveis de acordo com os níveis de obscenidade e apropriação do real em diferentes contextos. Assim, o termo "sexo explícito", pensado em sua representação cinematográfica, traz também imbricações sobre o que é "sexo" e "explícito" – tendo em vista a construção histórica que o modela e o classifica como pornográfico.

Para Judith Butler, em consonância com aquilo que Foucault chamou de *ideal regulatório*, a categoria do "sexo" é normativa:

> Pois, o "sexo" não apenas funciona como uma norma, mas é parte de uma prática regulatória que produz os corpos que governa, isto é, toda força regulatória manifesta-se como uma espécie de poder produtivo, o poder de produzir — demarcar, fazer, circular, diferenciar — os corpos que ela controla. Assim, o "sexo" é um ideal regulatório cuja materialização é imposta: esta materialização ocorre (ou deixa de ocorrer) através de certas práticas altamente reguladas. Em outras palavras, o "sexo" é um constructo ideal que é forçosamente materializado através do tempo. Ele não é um simples fato ou a condição estática de um corpo, mas um processo pelo qual as normas regulatórias materializam o "sexo" e produzem essa materialização através de uma reiteração forçada destas normas[3].

Concordamos com Michel Foucault de que a noção de "sexo" se encontra na dependência histórica da sexualidade, pois "sexo" se relaciona com o dispositivo da sexualidade, suas interdições, permissões e discursos:

> A sexualidade é uma figura histórica muito real, e foi ela que suscitou, como elemento especulativo necessário ao seu funcionamento, a noção do sexo. [...] Se, por uma inversão tática dos diversos mecanismos da sexualidade, quisermos opor os corpos, os prazeres, os saberes, em sua multiplicidade e sua possibilidade de resistência às captações do poder, será com relação à instância do sexo que deveremos

libertar-nos. Contra o dispositivo da sexualidade, o ponto de apoio do contra-ataque não deve ser o sexo-desejo, mas os corpos e os prazeres.[4]

Ao traçar a arqueologia da história da sexualidade, Foucault notou a partir do nascimento da modernidade burguesa que, desde o século XVIII, houve uma regulamentação da sexualidade, por meios médicos e jurídicos, que, na tentativa de reprimi-la e normatizá-la, "em torno e a propósito do sexo" bajularam uma "verdadeira explosão discursiva". "Por que se falou da sexualidade, e o que se disse? Quais os efeitos de poder induzidos pelo que se dizia? Quais as relações entre esses discursos, esses efeitos de poder e os prazeres nos quais se investiam? Que saber se formava a partir daí?"[5], questiona o autor, e continua:

> O sexo não cessou de provocar uma espécie de erotismo discursivo generalizado. E tais discursos sobre o sexo não se multiplicaram fora do poder ou contra ele, porém lá onde ele exercia e como meio para seu exercício, criaram-se em todo canto incitações a falar; em toda parte, dispositivos para ouvir e registrar, procedimentos para observar, interrogar e formular. [...] Talvez nenhum outro tipo de sociedade jamais tenha acumulado, e num período histórico relativamente curto, uma tal quantidade de discurso sobre o sexo. [...] Há uma incitação ao discurso, regulada e polimorfa.[6]

> A sociedade "burguesa" do século XIX, e sem dúvida a nossa, é uma sociedade de perversão explosiva e fragmentada. [...] Trata-se do tipo de poder que exerceu sobre o corpo e o sexo, um poder que, justamente, não tem a forma da lei nem os efeitos da interdição: ao contrário, que procede mediante a redução das sexualidades singulares. Não fixa fronteiras para a sexualidade, provoca suas diversas formas, seguindo-as através de linhas de penetração infinitas. Não a exclui, mas inclui no corpo à guisa de modo de especificação dos indivíduos. Não procura esquivá-la, atrai suas variedades com espirais onde prazer e poder se reforçam. Não opõe uma barreira, organiza lugares de máxima saturação. Produz e fixa o despropósito sexual. A sociedade moderna é perversa, não a despeito de seu puritanismo ou como reação à sua hipocrisia: é perversa real e diretamente.[7]

Assim, o discurso sexual no cinema, ao mesmo tempo que organiza seus "lugares de máxima saturação", como nos filmes pornográficos, também dilui os limites da representação do sexo, como no cinema explícito contemporâneo, que "não fixa fronteiras para a sexualidade, provoca suas diversas formas, seguindo-as através de linhas de penetração infinitas"[8]. Essa explosão plural discursiva não é apenas aquilo que se mostra ou se exibe do sexo, mas também aquilo que se esconde e reprime, seja nas interdições do sexo em filmes atuais, seja em períodos de censura oficializada, como nos Estados Unidos durante o Código Hays (1934-1966), também chamado de Código de Produção. Com ele, os cineastas tiveram que driblar uma série de regras quanto à abordagem do desejo para reconfigurá-lo de modo simbólico na narrativa. O discurso repressivo, para Foucault, "veicula e produz poder, reforça-o, mas também o mina, expõe, debilita e permite barrá-lo. Da mesma forma, o silêncio e o segredo dão guarida ao poder, fixam suas interdições; mas, também, afrouxam seus laços e dão margem a tolerâncias mais ou menos obscuras"[9]. Assim, a *hipótese repressiva*, da qual fala o autor, é dúbia: tanto o mascaramento como a exibição do sexo o coloca em evidência de algum modo.

Para entendermos a representação do *sexo cinematográfico*, não nos interessa avaliar que cena ou filme são mais ou menos pornográficos/eróticos, mas como as abordagens sexuais – contextualizadas na *diegese* – trouxeram discursos sobre o sexo e a obscenidade de sua época, reproduzindo ou transgredindo tabus. Concordamos com Linda Williams de que as imagens cinematográficas do sexo configuram um saber diante do desejo sexual (*carnal knowledge*)[10] – aquilo que Foucault relacionou à instância do poder/saber. Falar de sexo e representá-lo em imagens, ainda que mediante representações limitadas às instâncias morais e ao poder simbólico das obscenidades das épocas, permite ao espectador a construção de um imaginário pornográfico, uma forma de pensar, ver e conceber as práticas sexuais por meio da fantasia em torno dos desejos. Assim, percorremos influências teóricas que conversam, na maioria das vezes, entre si. Pelo fato de o trabalho abordar questões relacionadas às representações do sexo, o eixo teórico expande-se para outras áreas além das teorias do cinema, como alguns estudos filosóficos e sociológicos que aprofundaram a crítica das relações entre sexo, sexualidades e sociedade. A começar, o estudo da história da sexualidade, ampliada por Foucault, fornece bases para o entendimento do dispositivo da sexualidade através de discursos, de saberes, do poder, da confissão, da *ars erotica* (arte erótica oriental) e da *scientia sexualis* (a ciência sexual ocidental). Ensaístas e escritores têm suas reflexões e seus conceitos aqui utilizados por terem introduzido novas percepções em torno da imagem/imaginação pornográfica, por exemplo: Susan Sontag, Lynn Hunt, André Bazin, Linda Williams, Dave Thompson. Sontag desmistificou o preconceito dos acadêmicos dizendo que havia muito a se ganhar em exatidão se a pornografia fosse tratada como um item na história social. Chegou a exaltar o filme *Flaming Creatures* (Criaturas Flamejantes,1963), de Jack Smith, como uma obra-prima artística que, por meio do pornográfico, promovia uma explosão de desejos polimorfos, libertários. Pontuou ainda a importância da imaginação pornográfica, que "tem, apesar de tudo, seu acesso estranho a alguma verdade. Tal verdade – sobre a sensibilidade, o sexo, sobre a personalidade individual, sobre o desespero, sobre os limites – pode ser compartilhada quando se projeta na arte"[11].

Lynn Hunt, ancorada na perspectiva foucaultiana sobre a emergência histórica dos discursos da vida moderna, concorda que, assim como a medicina, a loucura, a sexualidade e a prisão, "a pornografia deve ser considerada produto das novas formas de regulamentação e dos novos desejos de saber. Seu significado político e cultural não pode ser separado de seu aparecimento como categoria de pensamento, representação e regulamentação"[12]. Por isso é que a *invenção da pornografia* tem fundamento na perspectiva histórica da obscenidade: "a pornografia não foi espontânea, foi definida num longo processo de conflitos"[13]. Nesse entendimento, os *porn studies* de Linda Williams foram pioneiros no campo acadêmico por adentrarem no raciocínio foucaultiano, mas direcionados para a compreensão das diferentes configurações do gênero pornográfico, desde os *stag films* até a pornografia *hard-core*. Ela estuda a configuração do gênero na cultura de massas, seus princípios narrativos e estéticos: "A questão a ser levantada a respeito dos filmes e vídeos pornográficos, produzidos inicialmente de modo ilegal e depois com produção e distribuição em massa, não é se são misóginos (muitos o são) ou se são arte (muitos não são), mas questionar o que define o gênero e por que tem sido tão popular."[14] É ela quem analisa a função simbólica de termos como *show genital*, *money shot*, *carnal knowledge*, além de refletir sobre a emergência de filmes como *Deep Throat* (Garganta Profunda, 1972), de Gerard Damiano, que colocou o orgasmo feminino como epicentro dramático da trama. Já André Bazin elucida um aspecto importante para compreendermos a representação visual do sexo: o realismo cinematográfico. Ele determina em sua teoria realista que uma imagem-intensa, como a da morte ou a do sexo, particularmente a do sexo explícito, traz uma obscenidade intrínseca, decorrente da relação entre a intensidade e a unicidade da ação. Pela experiência intensa e singular, segundo Bazin, o ato sexual não seria possível de ser interpretado de modo realista em sua totalidade. Mesmo diante da dimensão explícita, o ato sexual escaparia de sua representação total.

Junto a esses estudos, análises sobre erotismo/pornografia na história do cinema de autores brasileiros como Eliane Robert Moraes e Sandra Maria Lapeiz, Nuno César Abreu e Jorge Leite Júnior aparecem como *insights* construtivos num terreno minado por complexidades, contradições e preconceitos – incluindo os acadêmicos[15]. São raras as edições sobre a história do cinema, do clássico ao digital, que tratam ou citam a existência do cinema pornográfico, seja diante da indústria pornô ou das imbricações do pornográfico no cinema de arte ou mesmo do discurso imagético explícito como forma de resistência política à pasteurização da arte. O gênero pornográfico, existente desde o início do cinema, ainda é tabu acadêmico, sendo negligenciado por estudos de outros gêneros, como a comédia, o melodrama, o terror, o suspense e, eventualmente, o erotismo. No Brasil, Moraes inicia a discussão sobre os falsos limites entre o erotismo e a pornografia, já que se trata de um poder simbólico de diferenciação. Abreu traça um panorama histórico sobre a lógica visual e narrativa da pornografia no cinema e no vídeo, dos *stag films* às pornochanchadas

1 Cena de orgia em **De Olhos Bem Fechados,** (Eyes Wide Shut, 1999), de Stanley Kubrick.

brasileiras, para entender as configurações que regem o *olhar pornô* diante do sexo. Leite Jr. debruça-se sobre as práticas sexuais tidas como bizarras para compreender a lógica do riso e da perversão sexual como entretenimento transgressor/normativo imerso na cultura de massas.

Fora da área acadêmica, no universo cinematográfico, o *olhar pornô* diante do mundo foi mais bem aceito por cineastas autorais e intelectuais de imagens, como Pasolini, não apenas como referência estilística, mas como *linguagem*. Man Ray, Luís Buñuel, Salvador Dalí, Jean Genet, Kenneth Anger, Andy Warhol, Pasolini, Bruce LaBruce – entre tantos outros cineastas flertaram com uma visão estilizada do sexo, por meio do pornográfico, mas para além do discurso unilateral produzido pela pornografia tradicional. A indústria pornográfica traz uma visão limitada do sexo, geralmente focada apenas no ato sexual repetitivo, no *show* genital, filmado para o consumo e excitação sexual. Nela, o sexo se reduz ao ato e o corpo se reduz ao sexo, não há diluição do desejo para além desta limitação. Em outras abordagens possíveis, das pornografias alternativas ao *cinema explícito* contemporâneo, o pornográfico é experimental no discurso e na estética, ele visa mais a potencialização do desejo sexual imbuído na trama e na *mise-en-scène* do que a excitação do espectador. Busca ainda, com a imagem explícita do sexo, angariar um discurso transgressor ao *status quo*, seja pelo escândalo da performatividade imagética, seja pela contextualização de resistência política via obscenidade. É significativo que, muitas cinematografias, inclusive o cinema brasileiro contemporâneo, estejam angariando novas ousadias estéticas como criatividade estética e, fundamentalmente, como luta libertária contra o discurso disciplinar e normativo, das artes ao conservadorismo religioso. Muito do discurso sexual expandido no circuito alternativo atual, seja via tramas libertárias ou novas estéticas de representação do sexo, especialmente no cinema *queer*, proporciona com sua deflagração do sexo, uma forma eficaz que dinamita o moralismo das imagens legitimadas no *mainstream*.

Quem ironizou os diferentes desafios morais pelos quais o sexo explícito ressoa socialmente foi Luís Buñuel, que tinha planejado uma produção pornográfica experimental nos anos de 1940, em Nova York, junto com Marcel Duchamp e Fernand Léger. O projeto logo foi abandonado por conta do risco de obscenidade da época: dez anos de prisão. Mas a desistência também teve outro motivo: "Pensávamos que seria um escândalo. Hoje, o escândalo não é o mesmo que antes: agora serve para enriquecer uma dezena de produtores."[16] Hoje, o austríaco Michael Haneke, ao discutir *La Pianiste* (A Professora de Piano, 2001), afirmou a função política da obscenidade:

> Gostaria de ser reconhecido por ter feito em *A Professora de Piano* uma obscenidade, mas não um filme pornográfico. Na minha definição, qualquer coisa que possa ser denominada obscena se afasta da norma burguesa. Estar preocupado com a sexualidade, a violência ou outro tema tabu é algo que rompe com a norma, e por isso é obsceno. Na medida em que a verdade é sempre obscena, espero que todos os meus filmes tenham pelo menos um elemento de obscenidade. Em contrapartida, a pornografia é o oposto, na medida em que torna o obsceno uma mercadoria, fazendo disso um consumo incomum, que é o verdadeiro escândalo do pornô frente aos tradicionais modelos instituídos socialmente. Não é o aspecto sexual, mas sim o aspecto comercial de pornografia que a torna repulsiva. Acho que qualquer prática artística contemporânea é pornográfica se tenta fazer um "curativo na

2 Cena de **A Professora de Piano** (La Pianiste, 2001), de Michael Haneke.

ferida" […], se procura camuflar nossa fissura social, psicológica. A pornografia, pra mim, não é tão diferente dos filmes de guerra ou de propaganda que trazem elementos viscerais, horrorosos ou transgressivos da vida de consumo. A propaganda é muito mais pornográfica que um vídeo com duas pessoas transando.[17]

Veremos que o discurso explícito do sexo e das sexualidades, bem como o olhar pornográfico imerso nas artes, não é fenômeno exatamente recente, embora seja algo mais evidente na atualidade. Ele remonta desde as experimentações do desejo na *avant-garde* francesa, passando pelos códigos de produção e censura nos Estados Unidos, dos anos de 1930 a 1960; pelo cinema *underground* norte-americano; pela legalização gradual da pornografia nos países europeus; pela emergência do cinema de autor nos anos de 1960, na Europa e seu reflexo no Brasil; pela contracultura; pelas pornochanchadas e cinema marginal; pela massificação da indústria pornográfica; pela resistência política transgressora de muitos artistas, especialmente os do novo cinema *queer*, à onda reacionária que a epidemia da Aids engendrou nos EUA dos anos de 1980 e 1990; entre outros fatores de produção/difusão imagética (vídeo, digital, conexão digital via internet nos anos de 1990) e também relacionados à estética, dado o redimensionamento do realismo cinematográfico em uma época saturada pelo hiper-realismo em todos os gêneros. "Ninguém mais acredita no que vê no cinema, na verdade do que se vê, então o sexo é explícito como prova de verdade", declarou o crítico de cinema Inácio Araújo[18].

Ao sair do esconderijo da pornografia, algumas imagens explícitas em novos contextos contemporâneos redimensionam os limites do obsceno para apresentar novas formas de se exibir e pensar a pluralidade do sexo, distante das percepções já legitimadas pela heteronormatividade. Tais imagens, como discurso, na contramão da excitação pornográfica tradicional, mas imbuídas da ontologia obscena do escândalo, buscam assim promover a performatividade do sexo, do gênero e das sexualidades de modo aberto, não normativo, deflagrando ao sexo um elogio dos sentidos. Hoje há um montante de filmes com sexo explícito em festivais de cinema[19] e no circuito cinematográfico que fornece ensejo para pensarmos todos os desejos fora do armário do tabu sexual. "Nunca se viu tanto sexo nos últimos trinta anos", afirmou Henri Behar, o principal moderador das entrevistas no Festival de Cannes, em 2006. O diretor e produtor Jürgen Brüning, organizador do Porn Film Festival, que acontece em Berlim, com modalidades artístico-pornográficas, defendeu que "a pornografia em si não é um problema, apenas fazem dela um problema. Queremos que o evento ajude a libertar a pornografia da imagem de imundície". Michael Höfner, representante do evento, na mesma ocasião, observou: "A questão básica proposta pelo festival é: O que é pornografia?" Para ele, "A pornografia conquistou seu espaço nas produções *mainstream*". E ainda completa: "Hoje em dia, pornô é chique".

• •

O primeiro capítulo, "Para Além do Obsceno", investigará como as representações cinematográficas do sexo embaralham pornografia e erotismo, conceitos mediados pelo critério da obscenidade e de seu efeito obsceno em diferentes contextos históricos e abordagens temáticas do cinema. Questiona até que ponto é possível elaborar uma dicotomia entre as imagens cinematográficas do sexo tidas como eróticas ou pornográficas. Quais seriam os parâmetros, se excluíssemos a especificidade e a visibilidade do sexo explícito? O que é explícito, realista ou encenado na imagem do ato sexual? Tais questões revelam que no próprio enunciado existe uma construção conceitual em torno da representação realista do sexo, tal como da história da sexualidade. Nessa perspectiva, o esforço em tentar delimitar a configuração visual do sexo em erótica ou pornográfica também é o desejo de limitar a sexualidade, categorizá-la em polos falsamente distintos. Erotismo e pornografia, embora etimológica e historicamente diferentes, versam sobre as mesmas coisas: prazeres e práticas sexuais e suas representações imagéticas, verbais ou escritas. Portanto, trabalharemos no sentido de que a pornografia é só mais uma das representações visuais possíveis sobre o sexo, uma estratégia de construção e organização imagética que ordena e embaralha os níveis de obscenidade.

Essa ordenação do obsceno tem sua investigação no segundo capítulo, "Arquivo do Sexo Silencioso", em que evidenciaremos, pelos arquivos do *primeiro cinema* pornográfico, algumas transgressões eróticas, associadas à visibilidade da nudez e da sedução sexual no cinema *mainstream*, a exemplo de Eadweard Muybridge, Thomas Edison, irmãos Pathé, Georges Méliès, George Albert Smith, entre outros. Nesse *cinema de atrações*, fascinado pelo movimento e pelo desvendamento de tudo, o corpo é tido como espetáculo, desvendado e erotizado como atração. Ele espetaculariza o ordinário do cotidiano: acordar, dançar, beijar, espirrar, comer, espiar, despir etc. Essas primeiras representações cinematográficas do corpo humano já davam pistas para se reconhecer na tela e desejar os corpos em sua intimidade exposta ao público. Ao mesmo tempo que o cinema começava a estruturar uma linguagem e uma narrativa ficcional ilusória, ele também descortinava a vida, mostrando na tela *tudo o que existia*, e ainda *tudo o que não existia*. Essa ambição de tudo exibir, todo o real e tudo o que se pudesse imaginar, será, conforme salientou Eduardo Geada, uma das características marcantes nos chamados filmes pornográficos, uma "ambição do próprio cinema, cuja estrutura fantasmática é justamente decalcada de uma das dimensões mais importantes da sexualidade: o voyeurismo"[20]. Tanto que, depois de tantos banhos, trocas de roupas, beijos e insinuações sexuais, eis que o sexo explícito é filmado em sua especificidade, no início do século xx, em torno de 1904, momento em que tem início a produção dos primeiros *stag films*, desenvolvidos a par da linguagem cinematográfica que se estruturava.

O resgate do arquivo dos *stag films*, no período silencioso (1895-1920), é valioso; nele percebemos dados importantes sobre os discursos visuais sobre o corpo e também sobre a época em que foram produzidos: valores morais, estéticos, artísticos, comportamentos sociais, o modo da *performance* sexual, padrão de vestimentas etc. A veiculação do prazer sexual em proporções imagéticas tornar-se-á obscena por excelência: o orgasmo é exibido ao público, a cena íntima é colocada *on scene*, de acordo com Linda Williams.

O terceiro capítulo, "Erotização e Censura", começando com o Código Hays, estabelecido em Hollywood a partir da década de 1930, investigará que discursos demarcaram uma *hipótese repressiva* sobre a sexualidade, de repressão e estímulo ao discurso da sexualidade. "Desde que o cinema é cinema, o sexo é motivo de escândalo. O sexo se move entre a liberdade e a repressão", "a história do cinema é a história da censura, escrita também através de suas imagens proibidas"[21]. Um marco inicial da censura oficial foi o filme tcheco *Extase* (Êxtase, 1933) de Gustav Machatý, que trouxe o adultério em forma de simbolismo sexual, além de um dos pioneiros nus frontais do cinema. A polêmica gerada nos Estados Unidos levou grupos sociais conservadores e organizações religiosas à pressão política e moral pela "decência no cinema". Assim, de 1934 a 1966, cenas de sexo, insinuações eróticas, demonstrações demasiadas de afetos, beijos, nudez e uma dezena de outras situações foram reprimidas pelo Código de Produção, que impôs aos produtores, diretores, atores, que quisessem ter seus filmes exibidos, alguns dogmas repressores para se ter um selo de aprovação. Ao impor seu voto de castidade, o Código inibiu o que era explícito (um casal deitado na cama representava uma cena de insinuação sexual explícita) ao mesmo tempo que estimulou o simbolismo sexual – carregando assim ainda mais a carga romântica e erótica dos filmes: um beijo no fim da trama era uma "penetração" simbólica que selava um *happy end*. Desse modo, o controle sobre o sexo afetou o estilo de se pensar e projetar a *gramática* do sexo no cinema. Nesse capítulo, outras proibições e propagandas antissexo no cinema são investigadas, como os *sex hygiene films* (filmes de propaganda de educação, higiene e saúde sexual depois da Primeira Guerra Mundial) para verificar por que as imagens de sexo carregam tanta ameaça à "normalidade" social e cinematográfica.

No quarto capítulo, "Êxtase no Cinema Experimental", temos as representações do desejo aclamadas dentro de um cinema que *experimentou* o sexo em suas possibilidades de estilos, gêneros, comportamentos e imaginações. Desde então, tabus passaram a ser desmistificados nesse cinema e introduzida em narrativas que aclamavam o sexo e as possibilidades do prazer em todos os corpos. "Pornografia e vanguarda são historicamente o lócus no interior da cultura imagética onde se percebe um interesse franco pelo sexo e onde atos sexuais não são tabu"[22], ressaltou Williams. O corpo tornava-se, então, performático, centro expandido do desejo, concentrando frenesi sexual por todo lado. É o que analisamos em "Cinema Poético de Impacto: Do *Camp* ao Filme-Performance de Andy Warhol", desde a *avant-garde* francesa (nos anos de 1920 a 1930) até Jean Cocteau e Genet, até a emergência da cena *underground* e sua consolidação nos anos de 1960, culminando no cinema de

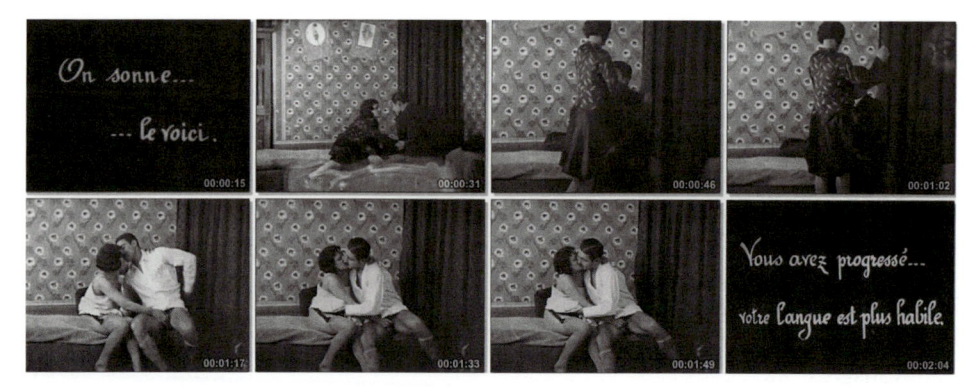

3 Sequência inicial de um típico stag film do início do século XX.

4 Cartaz americano do filme tcheco **Extase** (1933), de Gustav Machatý.

5 Cena de **Trash** (1968), filme-performance de Andy Warhol.

Warhol e Morrissey. Reflexo do *underground* no cinema brasileiro, adentramos também nas representações do homoerotismo em diferentes frentes, tendo em vista o cinema marginal e o circuito independente contemporâneo, como lócus privilegiado de experimentação do desejo e novas estéticas do sexo.

Todo esse cinema experimental projetou um *outro cinema*, nos termos de Luiz Nazario, em que a sexualidade explodia em libido e repressão (a exemplo de Genet e Buñuel), erotização da vida (Anger, Warhol e Paul Morrissey), sacralização do sexo (Pasolini e Alejandro Jodorowsky) e, fundamentalmente, o homoerotismo como pulsão transgressora[23]. Nessa perspectiva, ainda de acordo com Nazario, "somente no cinema marginal e no cinema *underground* a homossexualidade pôde ser expressa e celebrada sem véus nem máscaras"[24].

O quinto capítulo, "O Império do Erotismo", demarca como essa experimentação possibilitou o intercâmbio dos gêneros cinematográficos, expandindo a sexualidade e colocando o prazer sexual como epicentro político. Política representante dos anseios sociais de liberação e autonomia; política do próprio corpo diante do desejo. No bojo da revolução sexual, no fim dos anos de 1960 e início dos de 1970, a contracultura concentrou nos filmes a liberdade sexual em nome da *dessublimação*, redimensionando mais uma vez os limites do obsceno para desmoralizar o pornográfico, que aparecia em filmes de todos os tipos, de modo híbrido, dramático, associado ao terror ou aos *thrillers* e, fundamentalmente, aos filmes *hard-core* e *soft-core* "com história", representados de um lado por *Deep Throat* (Garganta Profunda, 1972)[25], de Gerard Damiano, e de outro *Ai no korida* (O Império dos Sentidos, 1976), de Nagisa Óshima. *Garganta Profunda* hibridizou radicalmente a estrutura consolidada da narrativa pornográfica tradicional, levando ficção, drama, música e comédia para o centro da trama *nonsense* (uma mulher cujo clitóris é localizado na garganta), tornando-se ao mesmo tempo um filme *hard-core*, pornográfico e *trash*, satírico e *cult* pela novidade "inusitada" no momento. Mais que isso: o filme representou a abertura sexual da época por meio do sexo falando de si mesmo: pornografia versando sobre os problemas sexuais (como também *Mona: The Virgin Nymph* (1970), de Michael Benveniste e Howard Ziehm), filmes de conteúdo gay falando sobre o desejo, produções feministas engajadas pensando na condição da mulher e sua busca pelo orgasmo sexual, cuja metáfora ia além do desejo, versava sobre o sexo como aspecto social. *O Império dos Sentidos*, que trouxe cenas de sexo explícito para o circuito *mainstream*, mas não foi pioneiro nisso, projetou uma trama sobre a alienação sexual. Na verdade, o desejo no filme foi pensado, digamos, pela lógica da *ars erotica* fundamentada por Foucault[26], em oposição à *scientia sexualis* praticada no Ocidente, que desenvolveu, no decorrer dos séculos, procedimentos que se ordenam para dizer a verdade do sexo por meio da confissão, e não pela arte das iniciações e do segredo magistral:

> Na arte erótica, a verdade é extraída do próprio prazer, encarado como prática e recolhido como experiência; não é por referência a uma lei

absoluta do permitido e do proibido, nem a um critério de utilidade, que o prazer é levado em consideração, mas, ao contrário, em relação a si mesmo: ele deve ser conhecido como prazer e, portanto, segundo sua intensidade, sua qualidade específica, sua duração, suas reverberações no corpo e na alma.[27]

Apesar disso, o contexto emotivo da personagem não a libertava da própria alienação do desejo: o filme baseava-se em um caso real de ciúmes e possessão em uma fadada relação monogâmica em que a amante castra e mata o marido e perambula saciada por Tóquio com o pênis ensanguentado nas mãos. O capítulo ainda reflete sobre como as formas de obscenidade foram revistas e flexibilizadas com a explosão comercial da indústria pornográfica nos anos de 1970, que liberou o imaginário pornográfico de todos os cinemas: do *mainstream* ao *underground*, todos passaram a incorporar imagens do pornográfico em produções artísticas, cujo marco, em meados dos anos de 1970, foi fincado por *O Império dos Sentidos* e *Caligola* (Calígula, 1979), de Tinto Brass. Ou seja, os filmes adequavam em suas narrativas imagens da liberação sexual de modo explícito, com cenas realistas da excitação sexual (penetração vaginal, sexo oral, felação, cunilíngua e masturbação). Essa manifestação do pornográfico significou à época uma forma de transgressão estética por deslocar a imagem pornográfica de seu nicho do tabu ao grande público. E, ainda que estivesse mergulhada nos níveis morais de obscenidade daquela sociedade onde foi produzida, ela incorporou o pornográfico para explicitar radicalmente mais uma forma de expressão, em novas roupagens e apropriações políticas.

No sexto capítulo, "Cinema Explícito Contemporâneo", verificaremos como, na década de 1980 e meados de 1990, o advento da Aids embaralhou vários discursos conservadores diante do sexo, especialmente nos Estados Unidos governados por Ronald Reagan e George Bush, governos de direita, que, no combate à epidemia, enfatizavam o preconceito aos homossexuais num discurso reacionário que buscava normatizar e culpabilizar o sexo gay. Mas, se muito do cinema *mainstream* incorporou este discurso moralista da doença como metáfora do medo numa sociedade tolerante e conciliadora com a "diferença", um outro cinema, nomeado *New Queer Cinema* por B. Ruby Rich[28], surgia como resposta e militância política de enfrentamento a este conservadorismo.

Veremos adiante que, nesse período, alguns cineastas moralizaram um cinema carregado de metáforas de temor; outros produziram um cinema de celebração do desejo de modo hedonista; outros criaram estereótipos que condenavam e limitavam o desejo das personagens dentro de uma lógica normativa da tolerância que somente assimilava um lado da diferença. Outros pensaram, por meio de suas personagens, os discursos sexuais marginais justamente como resistência política de não-adesão à normatividade burguesa da tolerância. "É nesse sentido que podemos entender a qualidade *queer* do *New Queer Cinema*. São filmes que […] rejeitam as demandas por representações positivas, abraçando, pelo contrário, estereótipos considerados incômodos e insuflando-os com agência e empoderamento."[29]

No campo tecnológico, o lançamento do *home video* (TV a cabo, filmadoras, videocassetes e fitas VHS) transformou a indústria cinematográfica em seu modo de produção e reprodução do sexo. O advento do videocassete, nova tecnologia de *reprodutibilidade* da imagem do sexo, popularizou a gravação/reprodução do sexo no âmbito privado, ao passo que a reprodução e exibição da pornografia no âmbito público (nos cinemas) enfraqueceu-se, conforme percepção de Abreu:

> No contexto da indústria cultural, a produção *hard-core* internacional entrava numa forma muito especial de decadência: enquanto decrescia o consumo de filmes em cinema, aumentava o consumo doméstico de filmes em vídeo. [...] Com a banalização da projeção nos cinemas e a entrada em cena dos videocassetes, a frequência às salas de exibição – já estigmatizadas – ficou restrita a um público mais popular (ou de classes de baixa renda), ao mesmo tempo em que [sic] um outro público passa a consumir em casa o filme pornô, através do videocassete.
>
> Em meados dos anos 80, o cinema pornô começa a dar sinais de cansaço, embora vários filmes chegassem a ser considerados "bom cinema" até pelos menos entusiastas. Pode-se dizer que o pornô entra em decadência (na exibição) sem chegar ao auge de suas possibilidades. O público acomodou-se com a projeção de sexo explícito no cinema, e passada a onda da novidade, as salas já não recebiam a mesma quantidade de espectadores "normais", limitando-se a aficionados, cinéfilos do pornô – uma espécie de "nova brigada encapotada".[30]

A partir dos anos de 1990, o cinema de autor adota com maior frequência o explícito como uma possível variação de representação do sexo em suas obras. Não apenas o europeu, que foi o mais representativo nesse aspecto, mas também grande parte do cinema norte-americano, seguido do latino e do oriental, com exceção dos muitos países do Oriente Médio – embora o Egito tenha produzido recentemente um primeiro filme sobre a sedução gay – onde a pornografia e a representação visual do sexo no cinema e na televisão são proibidas, levando até mesmo à condenação por crime e à punição com morte[31]. O pornográfico passou a ser estilizado, com maior evidência, em narrativas artísticas inseridas em uma nova tendência contemporânea, oriunda do cinema independente, chamada de *new explicitness*[32], como cita Tim Dirks, ou *novo cinema extremo*, na França, termo cunhado pelo crítico James Quandt[33]. Para ele, o termo abrange parte da cinematografia do final do século XX e início do XXI, identificada como transgressora e política por explicitar novos padrões visuais de representação do sexo e da violência com propósitos narrativos. Quandt

BRUNO DUMONT
TWENTYNINE PALMS

KINOKONTROVERS

KATIA GOLUBEVA   DAVID WISSAK

„Manchmal sagst du was und dann genau das Gegenteil. Und ich weiss nicht, was du eigentlich willst. Wir reden völlig aneinander vorbei."

enxerga nisso uma "nova onda", principalmente no cinema francês, que alia pornografia, melancolia e violência. Nessa tendência estariam cineastas franceses como Gaspar Noé, Bruno Dumont, Breillat, Claire Denis, Patrice Cheréau, Bertrand Bonello, Leos Carax, Brisseau, Virginie Despentes, Coralie Trinh Thi, entre outros[34], cujos filmes serão investigados no sexto capítulo. O foco de análise estará em três cineastas: Breillat, que projetou uma visão do sexo explícito diferente da visibilidade e do contexto tradicional do cinema pornográfico; Von Trier, que criou um cinema metafísico e dogmático pautado em castidade e pureza e, ao mesmo tempo, libertação e transgressão sexual, mostrando sua visão crítica da sexualidade que dota o sexo de características difusas como profano, sagrado, loucura, romantismo, sublevação, revolução, idiotia e racismo; e Mitchell, diretor de *Shortbus*, que exibiu uma visão das sexualidades contemporâneas após o temor da Aids e da expansão dos fundamentalismos religiosos castradores. Mesmo bem humorado, ao retirar o "ar de erotismo do filme para ver o que havia por trás, emocionalmente"[35], conforme comentou, o resultado é melancólico e uma ode ao hedonismo como realização existencial.

Entrevistas inéditas foram realizadas com cineastas estrangeiros que trabalharam com a questão do sexo e do desejo, como o canadense LaBruce, os portugueses João Pedro Rodrigues e João Pedro Vale, e o argentino Marco Berger, na tentativa de decifrar questões intrínsecas ao cinema que realizam: como filmar o desejo? Como pensar o pornográfico no cinema atual? Como projetar dramaticamente o erotismo das personagens? Qual a função política em abordar de modo aberto o sexo e as sexualidades hoje?

O sétimo capítulo, "Pornografias Contemporâneas", adentra no universo das pornografias alternativas, percebendo como o obsceno tornou-se híbrido, engajado

7   Cena de **Shortbus**.

e com diferentes valores e formatos em produções atuais, muito a exemplo da pornografia como política transgressora no cinema de Bruce LaBruce. A intermidialidade pornográfica aproximou diversas roupagens cinematográficas (terror, suspense, romance, comédia, documentário, animação), de diferentes mídias (internet, TV, videoarte, *web cam*, celular, 3D), de variadas intenções narrativas (mais história e menos sexo; *porn-art*, *reality show* – muitos já trazem ou são de sexo explícito) e de muitos festivais de cinema que, além do Festival Internacional de Animação Erótica (FIAE), temos "pornografia *indie*" com frequência no Festival Mix Brasil da Diversidade Sexual (São Paulo/Brasil); Film Fest Porn (Berlim); Festival Queer Lisboa, Festival de Cinema Gay e Lésbico de Miami; New York Lesbian & Gay Experimental Film/Vídeo Festival; Festival Gay e Lésbico de Londres; Festival Inside Out (Toronto); Festival de Cinema Gay da Bolívia; Festival de Cinema Gay de Andaluzia; Festival de Cinema Homossexual e Lésbico (Israel); De Sodoma a Hollywood: Torino GLBT Film Festival (Itália); na Mostra Internacional de Cinema de São Paulo, entre tantos outros. Isso sem contar os festivais específicos só de cinema pornográfico e os projetos em andamento de pornografia em 3D. Recorremos então às novas tendências teóricas dos *porn studies*, do pornô feminista de Erika Lust à *postpornografía* de Maria Llopis, até os estudos *queer* que dinamitam os discursos sexuais instituídos por meio da reaproriação positiva dos discursos marginais e das sexualidades marginalizadas. Ancorada na obra de Michel Foucault, a teoria *queer* foi conceitualizada por pesquisadores e ativistas nos EUA, em meados dos anos de 1980, em reflexão e expansão dos estudos culturais gay, lésbicos e feministas. O termo *queer*, em uma possível tradução, poderia ser sinalizado como estranho, extraordinário, ridículo, excêntrico, raro, ou ainda, "bicha", "viado". A proposta de Judith Butler, importante precursora da teoria, está na reapropriação do termo como meio político de positivar a forma pejorativa utilizada para insultar e degradar os homossexuais e as práticas tidas como "desviantes". Assim, ao empoderar o termo, a teoria passa a compreender o *queer* como posicionamento crítico de desconstrução da sexualidade e das normatizações das relações sexuais construídas socialmente, como a heteronormativa regulatória do sexo. O *queer* entende a sexualidade muito além dos binômios oposicionistas, moralizantes (homem/mulher, masculino/feminino, heterossexualidade/ homossexualidade, etc). Ao dinamitar essas e outras categorias que limitam a expressão da sexualidade, os estudos *queer* aparecem como excelente inquietação diante dos discursos legitimados, inclusive os acadêmicos. Nessa perspectiva, o trabalho angariado por Beatriz Preciado, também fornece provocações para ampliar a visão do corpo biopolítico, desmitificando e desnaturalizando as noções tradicionais de sexo e gênero: os corpos se reconhecem não como homens ou mulheres, mas como corpos falantes, que também são centros de resistência, espaços políticos para criação e contraprodução de prazer por meio de práticas e formas de contradisciplina sexual.

De certa forma, o *postporn* e o pós-feminismo remodelaram na contemporaneidade a forma de encarar, produzir e sentir a pornografia, transformando o dispositivo pornográfico em espaço de prazer e subversão das identidades sexuais e dos gêneros, espaço para a reconfiguração das práticas sexuais marginalizadas, uma contrabiopolítica.

Por fim, sintetizaremos as questões investigadas pela tese em paralelo com as pornografias da atualidade, seus desejos, representações e censuras. Vivemos hoje a diluição dos gêneros e a dialética constante em torno dos critérios de obscenidade: o que no passado era pornográfico e clandestino, hoje é massificado. O que era *hard-core*, hoje é *soft-core*. Não perdemos de vista que a investigação do obsceno e do pornográfico tem fundamento na construção histórica, social e cultural em torno do sexo e suas práticas. Saturado como vontade de verdade, vontade de saber, excitação diante do caos, provocação do prazer, discurso político, rizoma da intimidade expandida, libelo de resistência ao *status quo*, libertação e alienação do desejo, o sexo no cinema, em suas múltiplas representações, manifesta-se como protagonista do desejo que, como um anjo exterminador, provoca o espectador em sua intimidade pornográfica.

1
PARA ALÉM D

O EFEITO OBSCENO NO CINEMA: REPRESENTAÇÃO E TRANSGRESSÃO SEXUAL

É importante pontuar, no âmbito cinematográfico, o embate simbólico entre uma imagem erótica e uma imagem pornográfica. Seriam elas tão distintas em suas abordagens visuais? Se excluíssemos a incidência do sexo explícito – entendido como a representação/manifestação realista da excitação sexual e/ou do ato sexual em si –, como elaborar uma possível dicotomia visual entre ambas? Para Nuno César Abreu, "os dois conceitos parecem estar sempre juntos, ou contidos um no outro. Ambos se referem à sexualidade e às interdições sociais, e se expressam pela transgressão. São, cada qual a seu modo, expressões do desejo que triunfam sobre proibições"[1]. Isso recai não apenas sobre a construção conceitual em torno da representação visual do sexo, mas também sobre a "invenção" daquilo que é a pornografia e a imagem pornográfica, que redimensiona os parâmetros da obscenidade ou daquilo que é entendido como obsceno. Abreu ainda afirma que "o erótico e o pornográfico são percebidos como uma espécie de revelação de alguma coisa que não deve ser exposta. Ao prazer do mistério – uma verdade imprecisa – eles opõem o prazer do desvendamento"[2].

Assim, pelo fato de esses conceitos se relacionarem à sexualidade e às interdições sociais, podemos dizer, na lógica foucaultiana, que também há no cinema uma história da sexualidade aflorada por meio de discursos visuais e narrativos atados às convenções e subversões estéticas e ideológicas. Pois a imagem do obsceno em um filme condiz máis com o seu momento histórico, ao *Zeitgeist*, do que necessariamente com a sua visualização diegética, cujo efeito, segundo Flávia Cesarino Costa, "será mais intenso quanto menos evidentes forem as marcas de enunciação do discurso. […] Quanto maior é a impressão de realidade, mais diegético é o efeito da ficção"[3]. Para Ramon Freixas e Joan Bassa "é o olhar que torna uma obra obscena, e não a obra em si mesma. Dito de outra maneira, tudo gira ao redor daquilo que se vê (ou se quer ver) e não daquilo que se mostra"[4]. Cenas tidas como obscenas e pornográficas no cinema mudo, como danças do ventre ou um beijo na boca filmado por Thomas Edison, têm seu valor de obscenidade naquele contexto puritano. Desse modo, nem toda imagem de sexo ou sedução é obscena em si mesma, assim como a pornografia, entendida como sexo explícito, não constitui um dado da natureza nem é universal, tem sua tradição no interior da história da modernidade ocidental, segundo Lynn Hunt.

Talvez até mesmo os *stag films* sejam vistos, na atualidade, mais como fantasmagóricos – por conta do distanciamento – do que como obscenos e pornográficos. É evidente que, além do critério ideológico, está embutida aí a noção de recepção, cujo olhar audiovisual do espectador, moldado pelos dispositivos de reprodutibilidade tecnológica, indicia diferentes focos aos desejos e valores de cada indivíduo que vê um filme. Nessa perspectiva, pensamos, de acordo com Susan Sontag, que "o obsceno é uma convenção, a ficção imposta sobre a natureza por uma sociedade convicta de que há algo de vil nas funções sexuais e por extensão no prazer sexual. […] O obsceno é uma noção primal do conhecimento humano, algo de muito mais profundo que a repercussão de uma aversão doentia da sociedade do corpo"[5].

Erotismo e pornografia relacionam-se com a representação do obsceno; contudo, só adquirem esse valor quando expostos como revelação ou transgressão. Ou seja, o "efeito obsceno" só tem sentido quando colocado *em cena – on screen*, nos

1   O Fantasma (2000), de João Pedro Rodrigues.

termos de Linda Williams –, já que o obsceno é aquilo que está fora de cena por ferir o pudor e que deve ser escondido. Assim, quando levado à cena, a imagem do sexo explícito, nesse caso, torna-se obscena; embora nem toda obscenidade seja sexual. Pois, conforme pontuou Sontag, "a simples explicitação dos órgãos e atos sexuais não é necessariamente obscena; apenas passa a sê-lo quando é realizada em um tom particular, quando adquiriu uma certa ressonância moral"[6].

O obsceno atinge o *status* de erótico ou pornográfico dependendo de seu efeito moral em cada contexto social, de sua explosão discursiva e, fundamentalmente, da violação de algum segredo, de alguma intimidade. Mas por que expor o sexo é tido como obsceno, perturbador? Para Michel Foucault, "o que é próprio das sociedades modernas não é o terem condenado o sexo a permanecer na obscuridade, mas sim o terem-se devotado a falar dele sempre, valorizando-o como *o* segredo"[7]. E, por ser tido como um segredo, como um aspecto secreto de nossa sexualidade, se deflagrado, é visto como obsceno. Ainda para Foucault, desde o século xx a expressão exacerbada da sexualidade como um dispositivo de saturação discursiva gerou um jogo entre poder e prazer: o excesso de discurso sexual não significou necessariamente emancipação ou revolução. A explosão pornográfica – de colocação da obscenidade em público – reforçou muitas vezes, às avessas, os princípios conservadores da contemporaneidade. Pois a pornografia tradicional só tem sentido transgressor numa sociedade que a vê como tabu. Assim, ao colocar o sexo de modo explícito em cena, ela empodera o discurso obsceno para violá-lo na forma de transgressão.

Deve-se, portanto, avaliar o "sexo no cinema" e o "cinema do sexo" como manifestações visuais históricas, não somente intrínsecas ao conteúdo dos filmes. Pois não é uma cena de sexo explícito que categorizará um filme como pornográfico – por exemplo, as cenas de orgia em *Idioterne* (Os Idiotas, 1998), de Lars von Trier, ou as felações em *O Fantasma* (2000), de João Pedro Rodrigues. Assim como não é uma cena de dois homens andando em cavalos que dirá se um filme é de *western* ou faroeste – por exemplo, as cenas de *Brokeback Mountain* (O Segredo de Brokeback Mountain, 2005), de Ang Lee. Limitar um filme por algumas de suas cenas é como limitar a sexualidade por suas práticas e seus discursos específicos e isolados. Freixas e Bassa ainda ressaltam:

> Por que não podemos julgar os filmes de sexo com os mesmos parâmetros que o resto do cinema? [...] É absurdo julgar uma obra em função do grau de maior ou menor revelação sexual que ela traz. Podemos imaginar como seria definir um musical em função dos minutos cantados, ou o *western* pelo número de cavalgadas, ou a ficção científica pela sua base científica? É, seria ridículo.[8]

Assim, o conceito de obsceno mostra-se cultural: um tímido beijo na boca pode ser obsceno em 1896, assim como uma cena de sexo explícito pode ser melancólica, como em *Intimacy* (Intimidade, 2001), de Patrice Chéreau, ou mórbida, como no *Antichrist* (Anticristo, 2009), de Von Trier. A própria derivação etimológica do obsceno traz ambiguidade. A palavra "obsceno" deriva do latim *scena* e significa "fora de cena" – de acordo com Havelock Ellis, um dos pioneiros nos estudos científicos da sexualidade humana no começo do século XX[9]. Já o termo latino *obscenu* significa "mau agouro"– trazendo certa conotação negativa, depois incorporada pelos dicionários. Nos dicionários *Priberam, Aurélio* e *Michaelis*, o termo "obsceno" pode ser encontrado, respectivamente, como um adjetivo interpretado como "torpe; contrário à decência, ao pudor; impuro; impudico; lascivo; contrário à moral; desonesto"; como aquilo que "é o que fere o pudor, impuro, desonesto / diz-se de quem profere ou escreve obscenidades"; como algo "impuro, luxurioso, sensual, torpe, de atentatório do pudor". Todos os significados trazem conotações de impureza, imoralidade, ilegalidade e coisas contrárias à ordem estabelecida – dado que se relaciona diretamente com os juízos posteriores sobre o erotismo e a pornografia –, cujas origens, segundo Hunt, remontam a Europa, a partir do renascimento, por meio da difusão de imagens e textos que representavam o sexo de modo explícito, obsceno, às claras, ferindo assim o pudor social[10].

Ao investigar o surgimento da tradição cultural erótica, com base na literatura, no interior da história da modernidade ocidental, Hunt conclui que a noção de pornografia é cultural. Ela foi inventada, ou seja, tem uma história que se relaciona com os principais momentos do processo histórico do renascimento, da Revolução Científica, do iluminismo e da Revolução Francesa – sempre mediados pelos dispositivos de poder, que regulamentam, incitam e censuram as práticas sexuais. A autora aponta que o gênero, tal como o conhecemos, só pode ser pensado na segunda metade do século XIX, quando efetivamente se percebe o processo de sua institucionalização na modernidade, por meio de regulação, censura e proibições, e, consequentemente, com a instauração de lugares/espaços para o consumo de bens obscenos, o que acarretou uma espécie de privatização da experiência obscena.

De acordo com a tese de Henry Miller, em um ensaio escrito após a proibição de seu *Tropic of Cancer* (1934)[11], Eliane Robert Moraes afirma que "nada existe que seja obsceno 'em si'. Para a obscenidade seria fundamentalmente um 'efeito' [...] confirmado não só pela diversidade de obras consideradas pornográficas em tal ou qual época, mas ainda pelas divergências individuais acerca do que seria efetivamente imoral"[12]. Embora voltada para a área literária, essa ideia também se aplica ao universo imagético, pois se relaciona à esfera da moral social e também da apreensão da "espectoralidade" diante da privacidade e sua "imoralidade". Para Abreu, a pornografia é o discurso veiculador do obsceno:

> Ela é uma efusão e uma provocação, ela diz a sedução e, com certeza, trai todas as regras, porque quer penetrar nos segredos. Transgressiva por definição, sua força mobilizadora, no universo das representações, é a revelação: trazer para a máxima visibilidade tudo o que puder encontrar. Operando na ambiguidade fora de cena/dentro de cena, a pornografia talvez possa ser entendida como o discurso veiculador do obsceno: exibe o que deveria estar oculto. Espaço do proibido, do interdito, daquilo que não deveria ser exposto. A sexualidade fora do lugar.[13]

O obsceno não está na imagem em si – mesmo naquelas vistas como pornográficas –, mas no efeito obsceno que ela traz ao contexto fílmico, cultural. Para Moraes e Sandra Maria Lapeiz, "a exibição do obsceno seria uma verdadeira celebração do prazer, que, condenado e proibido, triunfaria na forma de transgressão"[14]. A ordenação do obsceno, de acordo com os limites morais de cada sociedade, "vai implicar uma delimitação do que seja a pornografia, e seja o que for deve sempre parecer proibida. É como interdito que ela deve ser consumida, pois ela dá forma discursiva e vazão catártica às fantasias reprimidas de seus consumidores, transformando seus fetiches em desejos"[15]. E, nesse sentido, a pornografia transgride e preserva o obsceno para manter-se em voga.

O teórico de cinema André Bazin[16] concorda que a pornografia é um dispositivo que subtrai a própria experiência do ato sexual, sendo *fake* e obscena em sua representação total. Bazin determina em sua teoria realista que uma *imagem intensa*, como a da morte ou do sexo – particularmente a do sexo explícito –, traz uma *obscenidade*. Para ele, o obsceno é decorrente da relação entre a *intensidade* e a *unicidade* da ação em excesso – o caráter extraordinário do ato, a morte e o gozo – e a múltipla possibilidade de reprodutibilidade técnica do ato, definida pelo *maquinismo*. O ato sexual, como experiência intensa, de singularidade e unicidade, não se interpreta, na visão de Bazin. Ele teria em si, ontologicamente, uma dimensão explícita que poderia escapar por meio da representação total.

O cinema encena e estiliza o ato sexual na tentativa de mimetizar o espectador o prazer das personagens, como em *Blow Job* (1964), de Andy Warhol. Contudo, nos filmes pornográficos, embora possa haver encenação de prazer, não há "ficcionalização" do ato sexual, todo sexo lá é real – no sentido de que é explícito, não simulado, embora a representação da sensação de prazer possa ser *fake*: imagens de penetração, felação ou ejaculação são hiper-realistas. Para Bazin, a tentativa de captação realística daquilo que move essas imagens, entraria em contradição com as possibilidades de sua representação total. Quando ocorre essa intencionalidade, cria-se, a seu ver, o *efeito de obscenidade*. Pois como filmar o sexo senão por imagens confinadas à sua representação?

A pornografia pretende atingir o mito do realismo total, de querer organizar em linguagem o mundo sensorial do sexo, o aspecto cru das coisas. "Por esse motivo, a representação pornográfica, quando não é mero exercício de verossimilhança naturalista, atinge todos os limites da representação e explode a possibilidade de a linguagem abarcar o real como totalidade"[17].

A problemática que reside nessa ontologia da imagem realista do sexo está no seguinte questionamento: é possível encenar o sexo explícito? Para Fernão Pessoa Ramos:

> O sexo explícito traz algo de real em si mesmo que desloca a interpretação para a vivência concreta do ato. O corpo do ator tem aí uma influência absoluta e o trabalho de interpretação dificilmente consegue interagir e dar à experiência corpórea explícita do sexo o caráter de uma manipulação da expressão corporal, tendo por eixo a personalidade de uma personagem. A representação do ato parece perfurar a camada ficcional e, dentro do cenário, passamos a ter não a interpretação, mas a reprodução de expressões e gestos de pessoas que passam por experiências corporais e afetivas reais. Se muitas vezes não se trata apenas de filmar um orgasmo, a interpretação aqui é singular e envolve uma experiência afetiva real[18].

Contudo, podemos salientar que, por mais que o *performer* sexual se envolva no ato explícito, a imagem pornográfica será, em sua representação total, tendenciosa ao universo (*dis*)*simulado*, pois necessita da fantasia e da ficção para se afirmar. Nesse sentido, segundo Abreu:

> Se invertermos os vetores realismo/factual e ficcional/fantasia, perceberemos que a fantasia pornô se funda na cena sexual explícita, cuja matriz é sua carga de impressão de realidade, a forte presença do referente na imagem, o que tenderia a vinculá-la ao real, ao passo que as sequências narrativas, que teriam a função de situar o espectador, em geral constroem tramas ou situações muito pouco realistas, se não escapistas, em que os vínculos com a realidade são tênues. Enfim, a pornografia exige uma dose excessiva de verdade e realismo, apresentando soluções pragmáticas para os problemas que trata, em geral, referidos à fantasia, ao imaginário.[19]

Na pornografia, o sexo é explícito e real, mas a conjuntura sexual é em sua própria intenção encenada e interpretada, representada por via do realismo:

Na pornografia, o ato sexual é claramente "antinatural", mas também real. É interpretado e orquestrado para a câmera, não para os participantes, resultando posturas e posições que de outra forma não ocorreriam. Mas, mesmo assim, continua sendo um encontro sexual autêntico. Os intérpretes podem atuar como personagens no que diz respeito à sua relação afetiva, mas devem agir como atores sociais no que tange ao seu envolvimento sexual: atingir o orgasmo (de um modo mais incontestável aos homens) e não ter falsidade ou a simulação dos próprios atos físicos.[20]

Só existe sexo no filme pornográfico industrial por conta de uma câmera que pretende registrá-lo, de um cenário para moldá-lo e de um espectador para consumi--lo – todas as partes têm consciência disso. Nem tudo ali é "espontâneo". Por isso, diz Jorge Leite Jr., "são constantes os olhares cúmplices das atrizes ou modelos fotográficas, a 'quebra' do encanto da 'quarta parede' desse teatro do desejo, em que a perda da ingenuidade *voyeur* é substituída pela nova ilusão de uma suposta participação"[21]. Tudo isso configura ambiguidades em torno da imagem pornográfica: realista, explícita, naturalista, encenada, dissimulada, *fake* – controversa e autotransgressora.

2 O sexo encenado "realista": cena de **O Pornógrafo** (Le Pornographe, 2001), de Bertrand Bonello.

IMAGENS DO SEXO: EROTISMO, PORNOGRAFIA E OBSCENIDADE

No cinema, a representação do sexo, por meio de imagens em movimento, depara-se com a tríade obscenidade, pornografia e erotismo. Construídos por meio de efeitos ideológicos e históricos, esses conceitos refletem modos de como pensar, fazer e representar o sexo. Se nos filmes pornográficos tradicionais a imagem do sexo é tida como obscena e sem muita contextualização social, no *mainstream* ela é configurada por outras dimensões normativas, já que se adéqua aos parâmetros estéticos e morais do filme e de sua época.

No cinema pornográfico, o mais importante é a ação sexual exagerada, caricata, hiper-real; a trama só oferece subjetividade no nível da fantasia do espectador. Sendo a contextualização social precária, "na pornografia, a utopia de uma sociedade sem classes manifesta-se através do exagero caricatural dos traços que distinguem essas classes e da sua transfiguração na relação sexual"[1], lembra Giorgio Agamben. Desse modo, "a pornografia reforça as falsas proposições universais sobre arquétipos sexuais, porque nega [...] o contexto social em que o sexo ocorre – por não ter tempo ou não encontrar espaço para isso, ou porque sua ideologia o ignora. Portanto, a pornografia precisa ter a falsa simplicidade da fábula"[2].

Na análise desse gênero, segundo Hunt, "a perspectiva histórica é crucial [...] A pornografia não foi espontânea, foi definida num longo processo de conflitos"[3]. Tal como a sexualidade, a pornografia tem seu nascimento, histórico, contradições e complexidades. Hunt, com base nos estudos de Foucault sobre a emergência histórica dos discursos da vida moderna, concorda que, assim como a medicina, a loucura, a sexualidade e a prisão, "a pornografia deve ser considerada produto das novas formas de regulamentação e dos novos desejos de saber. Seu significado político e cultural não pode ser separado de seu aparecimento como categoria de pensamento, representação e regulamentação". Assim, a pornografia como categoria legal e artística é um conceito tipicamente ocidental, com cronologia e geografia particulares. Hunt mostra que, em seu sentido moderno, o termo só foi definido e difundido no século XIX. Por isso, alguns estudiosos consideram o fim do século XVIII e o início do XIX decisivos para o desenvolvimento da noção moderna de pornografia. Mas as fontes principais da tradição pornográfica moderna e de sua censura podem ser buscadas na Itália do século XVI e na França e na Inglaterra dos séculos XVII e XVIII, apesar dos antecedentes da Grécia e da Roma antigas[4].

Para Foucault, as sociedades orientais, por exemplo, produziram o conhecimento do sexo por meio da *ars erotica* fundada no prazer, enquanto a civilização ocidental projetou uma *scientia sexualis* focada na confissão e no discurso sexual[5]. O discurso da ciência sexual funda-se na sexualidade das pessoas, e não no prazer delas. Para os discursos científicos, que conjugam relações do saber e do poder, a verdade está no sexo do indivíduo e não na intensidade do prazer e de sua realização, como na *ars erotica* ou mesmo na pornografia.

No estudo de Hunt, o sentido histórico e político da pornografia remonta ao século XVI: entre 1500 e 1800, na Europa, ela estava mais frequentemente associada a um veículo que usava o sexo para criticar as autoridades políticas e religiosas, por meio de escritos, ilustrações e obras literárias de pornografia política, anticlerical e obscena – sempre contra a moral estabelecida. A autora comenta ainda que, "embora os livros franceses constituíssem o núcleo da tradição pornográfica dos séculos XVII e XVIII, a primeira fonte moderna citada pelos estudiosos de pornografia – e por muitos de seus sucessores – é o escritor italiano do século XVI Pietro Aretino"[6]. Aretino representou a intenção básica da pornografia: "a representação explícita da atividade sexual, a forma do diálogo entre mulheres, a discussão sobre o comportamento das prostitutas e o desafio às convenções morais da época"[7]. Desde então, a pornografia vinculou-se à subversão política e religiosa. *L'École des filles* (A Escola de Moças, 1665), do autor, era considerada uma obra fundadora da pornografia francesa, justamente por ser objeto de repressão política. A origem *dessa* pornografia subversiva era, portanto, literária e elitista: abarcava poucos setores sociais e era restrita a um pequeno segmento da população, a elite social. "Nos séculos XVI e XVII, a pornografia era escrita para uma elite masculina, majoritariamente urbana, aristocrática e libertina. No século XVIII, o público ampliou--se quando os temas pornográficos entraram nos discursos populistas, processo que ganhou força com a Revolução Francesa."[8] A pornografia só apareceu como gênero distinto de representação, no sentido conhecido hoje, a partir, principalmente, da eclosão da cultura impressa, entre o renascimento e a Revolução Francesa, que possibilitou às massas a obtenção de escritos e ilustrações pornográficas, segundo Hunt.

A cultura do material impresso e, consequentemente, no século XVII, o desenvolvimento do romance, que era o mais novo e importante gênero dessa cultura, permitiram que a pornografia adentrasse em todos os meandros sociais, massificando a obscenidade e explorando-a do âmbito privado para todo público. Isso explica em parte por que "os mecanismos de censura, usados para definir o lícito e o ilícito, eram um modo de controlar a circulação de mercadorias moralmente perigosas e impróprias"[9], no estudo de Paula Findlen. A nova tecnologia da impressão permitiu então a divulgação e comercialização de obras da cultura erótica, "agora não mais restritas ao mundo dos humanistas, mas ao alcance de um público mais amplo. [...] A cultura pornográfica nasceu nesse circuito ampliado de bens populares, figuras impressas e manuscritos eróticos privados"[10].

Nessa perspectiva é que, na *era da reprodutibilidade técnica*, na concepção de Walter Benjamin, a partir do fim do século XIX, momento de articulação da linguagem fotográfica em cinematográfica, o cinema também passou a integrar o campo das artes passíveis de reprodução técnica diante do registro da imagem em movimento, sua projeção e reprodução pública. Assim, desenvolveu-se o primeiro passo da pornografia cinematográfica.

• •

Após as atribuições do sentido histórico da pornografia como discurso veiculador do obsceno, vejamos os sentidos etimológicos dela e do erotismo. Vistos comumente como opostos, tais conceitos têm origens léxicas bem definidas, contudo, o efeito obsceno que operam nas narrativas fílmicas é moldado por meio do contexto social e artístico que lhe é atribuído. Abreu reflete sobre essa problemática conceitual e encontra como mediação entre ambos os conceitos o caráter transgressor das interdições: "A pornografia e o erotismo transitam sempre em terreno marcado pelas contradições, um território não determinado, uma fronteira entre situações opostas, a tensão entre polaridades. Ao se instalarem, o fazem sempre como uma transgressão das interdições que também são por sua vez parte de um conjunto de contradições."[11]

O termo "pornografia" vem do grego *pornographos* (*pornē*, "prostitutas"; *graphos*, escritos), que significa literalmente "escrito sobre prostitutas", referência à vida, aos costumes e hábitos das prostitutas. Os dicionários de língua portuguesa *Michaelis* e *Aurélio* conceituam, respectivamente, o termo como "arte ou literatura obscena, tratado acerca da prostituição, coleção de pinturas ou gravuras obscenas, caráter obsceno de uma publicação, devassidão"; como "figura, fotografia, filme, espetáculo, obra literária ou de arte que tratam de coisas ou assuntos obscenos ou licenciosos, capazes de motivar ou explorar o lado sexual do indivíduo". No *Oxford English Dictionary*, a pornografia é conceituada como o descrever ou mostrar pessoas nuas ou atos sexuais com o objetivo de causar excitação. E no *Diccionario Básico de la Lengua Española*, a pornografia é vista como obscenidade, narrações ou imagens de tipo erótico com finalidade comercial e sem qualquer pretensão científica ou artística.

Do léxico original percebe-se como a caracterização da pornografia ampliou seu campo semântico por meio de valores ideológicos. Geralmente, é atribuído a ela um valor pejorativo e negativo, como se abordasse o perigo, o sexo ilegal, a subversão do estabelecido. Diferente do erotismo, mais associado ao *sensorial*, ela é usualmente relacionada aos prazeres do corpo, à deflagração sexual, à exploração explícita do prazer, ao consumo, ao mundo da prostituição e da excitação efêmera. "O problema é separá-la de sua condição pecaminosa, pois até sua etimologia é imprecisa, tendenciosa e condenatória. Assim, desde sua origem, nos deparamos não com o sexo livre, desinibido e em exercício, mas sim com a descrição da prostituição"[12].

O erotismo, no sentido etimológico, surgiu no século XIX, a partir do adjetivo erótico, que provém do latim *eroticus*, termo que, por sua vez, deriva do grego *erotikós*, uma referência a Eros, deus grego do amor. Relaciona-se, portanto, com aquilo que é próprio do amor, da paixão insistente, do universo sensorial e da sensualidade. Pela própria derivação etimológica – advindo dos deuses, do sensual, amoroso –, o erotismo cinematográfico no imaginário coletivo é considerado como algo sublime, contextualizado e sugestivo; "confunde-se com a sensualidade e a sedução, enquanto a pornografia é entendida como depravação, perversão e obscenidade. Ao erótico, caberia a sugestão e a idealização, enquanto o pornográfico é claramente explícito, escancarado, despudorado"[13].

Essas ramificações conceituais em torno do erotismo e da pornografia recairão diretamente sobre a representação do sexo no cinema. Tratado com menos preconceito artístico e social, por lidar com a dimensão fantasiosa e obscura do desejo sexual, no cinema dito erótico o sexo aparece (ou não aparece) simulado, dramatizado em uma ficção. Mesmo quando procura o realismo em suas representações, a imagem erótica não é saturada nem explícita, aposta na simulação e instiga o desejo por meio da *imaginação* do sexo. Para Moraes e Lapeiz, o erotismo "se inscreve no domínio da fantasia e só no reino da ficção é que ele pode realizar-se plenamente. Só a ficção permite com que o erotismo de exiba, se mostre. [...] A verdade do erotismo está na mentira"[14]. Pois ele só se realiza na ficção, no mundo fantasioso, encenado. Mas a pornografia também não é exaltada nesse contexto de um universo *fake* e *pronto para o sexo*?

A imagem erótica potencializa o obsceno sem mostrá-lo diretamente: investe mais no discurso alusivo e na estilização da *mise-en-scène*, tecendo fantasias em torno do assalto sexual, como nos filmes de Tinto Brass, Bernardo Bertolucci, Pedro Almodóvar, Bigas Luna, na série *Emanuelle* (1974), dirigida por Just Jaeckin. Essa imagem até pode levar à cena o obsceno, o sexo, mas ele não é explicitado por estar atrelado às barreiras contextuais da trama. Ou seja, não tem efeito pornográfico por não violar nenhuma barreira moral de modo direto, unilateral e explícito. O cinema erótico não foca exatamente a prática sexual e o prazer dela extraído como nos filmes pornográficos, mas fundamenta-se naquilo que é anterior: o desejo. Mesmo não se efetivando de modo explícito, ele é explorado na trama. Douglas Keesey e Paul Duncan valorizam mais o chamado cinema erótico que o pornográfico: "Os filmes eróticos são um mundo de sonhos onde vivemos, sem pecado ou vergonha, as infinitamente gratificantes fantasias sexuais que nos são vedadas na vida real."[15] Nem sempre isso ocorre, pois muitas vezes estão embutidos no erotismo fílmico os sentimentos de vergonha e pecado. Adiante, cientes de que cinema erótico é a arte da fantasia, percebem ser perigoso esse "mundo de sonhos":

Alguém disse que o intenso apelo erótico das estrelas de cinema é perigosamente sedutor, levando-nos a um mundo fantasioso de perfeita, mas falsa, realização. "A maioria das pessoas não tem energia para a verdadeira paixão, por isso desistem e vão ao cinema", diz Jeanne Moreau, e Nain Kattam alerta: "A fotografia de uma estrela de cinema conduz, não a um momento de prazer sensual com uma mulher viva, mas a outra fotografia de outra estrela, mais atrevida e provocadora que a primeira"[16].

É justamente nessa frustração, nessa mentira, que o erotismo tem seu potencial. Para alguns realizadores, as

3 Emmanuelle (1974), de Just Jaeckin.

cenas mais sensuais são aquelas que combinam um forte desejo sexual e a insatisfação dele, a expectativa e a frustração, como para o cineasta Elia Kazan: "O que acho
erótico é a perseguição amorosa. Mostrar o próprio ato não é erótico. O que é erótico
é: ela irá ou não tê-lo? Ou ele irá ou não tê-la? O despertar do desejo é erótico, tal
como a presença do desejo antes de ser satisfeito."[17] Além isso, há a questão estética
construída em torno do padrão erótico. A página virtual *Filmsite*[18], editada por Tim
Dirks, especializada na história do sexo no cinema, chegou a elencar ingredientes
básicos para que um filme ou uma cena fossem eróticos, de acordo com o imaginário
cinematográfico. É até possível entender essa lógica de construção estética, contudo,
não há uma imagem erótica por natureza, seu *status* é cultural. O *site* notou que as
cenas eróticas deviam trazer, em suma, um universo de simulação, requinte, fábula,
sentimentalismo, fantasia e discrição. Assim, de acordo com Sontag, "o erotismo vive
sua plenitude no domínio da fantasia e se realiza plenamente no terreno da ficção"[19].

A imagem pornográfica pode até se realizar no terreno da ficção, mas sua representação visual é explícita e *hiper-realista*, nos termos de Jean Baudrillard:

> O pornô acrescenta uma dimensão ao espaço do sexo. Ele o faz mais
> real que o real, o que causa ausência de sedução. Talvez o pornô não
> seja mais que uma alegoria, isto é, um forçamento de signos, em
> empreendimento barroco de sobressignificação beirando o grotesco
> [...], exagerando o pitoresco dos detalhes anatômicos, num plano onde
> reina a alucinação do detalhe [...] Pelo efeito do zoom anatômico a
> dimensão do real é abolida, a distância do olhar dá lugar a uma repre-
> sentação instantânea e exacerbada: a do sexo em estado puro, des-
> pojado não apenas de qualquer sedução mas da própria virtualidade
> de sua imagem – sexo tão próximo, que se confunde com sua própria
> representação; fim do espaço perspectivo e imaginário e do fantasmá-
> tico – fim da cena, da ilusão[20].

Embora seja discutível sua colocação relativa à sedução, pois há na pornografia
sedução dirigida ao espectador não do modo convencional, mas caricato, Baudrillard
coloca aí um critério importante para a caracterização da imagem pornográfica: o
"real mais que real", o explícito cinematográfico que não é o explícito da vida real:
é o realismo explícito de um prazer que não se filma em sua intensidade (em sua
sensação), mas somente se representa visualmente em sua prática. Por tal razão, o
dispositivo pornográfico assenta-se, segundo Eduardo Geada, "na exacerbação dos
sentidos e da verdade; exige o completo despudor e a visão pormenorizada, fragmentada e ampliada. Não reduz o sexo ao corpo, mas reduz o corpo ao sexo"[21]. Ela
viola o obsceno, colocando-o em cena em forma de transgressão. Invade o espaço
do proibido e viola o segredo, segundo Moraes e Lapeiz, que indicam a transgressão como mediadora simbólica da pornografia e seu público:

A transgressão é infalivelmente o fio condutor da produção pornográfica, e é através dela que se estabelece uma relação simbólica entre produtor e consumidor. Haveria entre ambos uma cumplicidade tácita que muitas vezes o primeiro manipula como instrumento de poder. [...] Se o erotismo se define pelo segredo, a tentativa de desvendá-lo é sempre transgressora.[22]

Mas por que a pornografia só teria sentido obsceno diante de um segredo, de uma violação, de uma transgressão? Dada sua construção histórica e cultural, projetada como a "exibição do (in)desejável", do "sexo fora de lugar": "a transgressão é um ato cultural: só ela pode dar sentido à proibição. Se a pornografia é uma das formas organizadas de transgressão, ela ultrapassa sua própria ordenação ao anunciar algo que lhe escapa: o erotismo"[23]. Contudo, para Sontag, a transgressão na pornografia é apenas visual, pois "as experiências não são pornográficas, as imagens e as representações é que o são"[24]. Ou seja, todo sexo é explícito, mas não há "sexo pornográfico" na vida real: não existe uma natureza pornográfica em ações, coisas ou comportamentos; "a pornografia só se sustenta pela (re)produtibilidade de imagens visuais, auditivas, tácteis ou verbais"[25]. Então, somente na representação visual, no universo das imagens, é que o mundo torna-se obsceno e pornográfico. Já o caráter saturado e ostensivo da imagem pornográfica tem base na tentativa de organizar o sexo e ordenar o obsceno em busca do realismo total, sem disfarces, da "verdade" discursiva do sexo:

> Ao tentar atingir esse aspecto cru das coisas, a pornografia revela a inclinação para o concreto, para o mais óbvio ou para o literal enquanto, ao mesmo tempo, busca incansável uma imagem para a falta, busca organizar em linguagem o mundo do sexo, que é, em si mesmo uma resistência do corpo à organização, ao sentido. A representação pornográfica quer atingir o mito do realismo total. Obcecado por esse desejo, o pornógrafo, num misto de ingenuidade e cruel perversão, não teme partir o mundo em pedaços, como as crianças não temem quebrar seus brinquedos. Por esse motivo, a representação pornográfica, quando não é mero exercício de verossimilhança naturalista, atinge todos os limites da representação e explode a possibilidade de a linguagem abarcar o real como totalidade.[26]

Esse exagero, para Moraes, "constitui a própria essência da mensagem pornográfica"[27]. Pois o universo hiperbólico do sexo explicita tudo o que é sublimado socialmente: infidelidade, incesto, sexo grupal, racial, orgia, homossexualidade, práticas "bizarras", *zoo sex*, *toy sex*, *food sex*, chegando até mesmo ao crime na pedofilia e nos supostos *snuff movies*. Para Sontag, o exagero pornográfico é motivado pela carência de sua essência, "a imaginação pornográfica trabalharia para suprir uma ausência, uma falta, um vazio, para tentar preencher um *gap*. Quer colocar em cena. E o faz tão exageradamente que pode, por saturação, chegar ao vazio"[28].

· ·

Diante dessa discussão, ocorrem algumas problemáticas em torno das distinções entre o erotismo e a pornografia. Algumas delas, pontuadas por Carlos Gerbase, servem como subsídio crítico. O primeiro equívoco seria o da distinção funcional, que qualifica o material pornográfico para fins de excitação, enquanto o erótico teria fins mais reflexivos e estéticos[29]. Umberto Eco limita assim a pornografia: "ela tem como único e verdadeiro objetivo estimular o desejo do espectador, do começo até o final"[30], além de desperdiçar demasiadamente o tempo narrativo com as mesmas ações sexuais.

Nem todo material pornográfico pretende unicamente a excitação, vide modalidades pornográficas alternativas – a pornografia feminista, a *art house porn*, o pornô *queer* de Bruce LaBruce, a arte pornô da série *Destricted* (2006) – que justamente pretendem romper com a visão conservadora das tradições pornográficas, que conservam estereótipos, preconceitos e limites de gênero e identidade. Sobre o desperdício do tempo narrativo, o mesmo vale sobre a *postpornografia*, que veremos adiante, na qual há diferentes formas de se pensar e projetar o sexo explícito, repetindo-o e usando as mesmas cenas ou não. Outra problemática mostra-se quanto à distinção psicológica que considera uma cena erótica emotiva, enquanto a pornográfica seria mecânica e técnica. Gerbase pondera: "Como separar o desejo sexual dos demais sentimentos (amor, carinho, afeição etc.)? Como considerar que, numa cena de sexo, em que um homem está com o pênis ereto, não há um componente emocional e psicológico?"[31] A avaliação de Gerbase é correta, contudo limitadora. O componente emocional e psicológico não se restringe ao ator, mas à "personagem", às características subjetivas da cena, da narrativa. O erotismo pode estar vinculado à emotividade da ação diegética e não propriamente à sua interpretação. Sontag, nesse sentido, vai concordar que:

> A insipidez emocional da pornografia não constitui, portanto, nem uma falência de talento artístico, nem um indício de desumanidade básica. O estímulo de uma resposta sexual no leitor (espectador) *exige* isso. Apenas na ausência de emoções diretamente afirmadas pode o leitor de pornografia encontrar espaço para suas próprias respostas. [...] Não significa que as personagens na pornografia não possam de forma concebível possuir quaisquer emoções. Elas podem. Mas os princípios de sub-reação e de agitação frenética tornam o clima

emocional autoanulador, de modo que o tom básico da pornografia é a ausência de sentimentos e de emoções[32].

Por fim, podemos ainda citar uma possível categoria de distinção pautada no conceito de poder simbólico do sociólogo Pierre Bourdieu. Esse debate entre o erótico e o pornográfico pode ser visto como uma "luta simbólica" pela legitimidade das representações e práticas sexuais. A luta pela classificação e delimitação do erótico/pornográfico revela uma tentativa de legitimar um poder estabelecido por meio da distinção social. "Sendo erotismo e pornografia os dois lados de uma mesma moeda de prazeres, desejos e comportamentos, a pornografia é sempre o lado maldito", na descrição de Jorge Leite Jr.[33] O senso comum considera a pornografia suja, negativa, explícita; enquanto o erotismo é visto sem preconceito, é sublime, reflexivo,

simulado, "limpo", organizado – pois já foi aceito pelo *mainstream*. A pornografia não é apenas o sexo dos outros, mas também o sexo das massas, perigoso. "A diferença é que enquanto um produto desses voltado para o consumo popular é considerado perversão, o outro é entendido como sofisticação do prazer e, dessa maneira, rotulado como arte erótica."[34]

Diante desse debate, que tão pouco se esgota aqui, veremos a seguir como o sexo manifestou-se no período do primeiro cinema, fase inicial de caracterização da linguagem cinematográfica. Imagens de insinuações eróticas e de sexo explícito da época transparecem um registro espetacular do corpo e do sexo. Diante do embate histórico entre o erótico e o pornográfico e da modelagem da obscenidade, essas imagens foram se configurando ora como obscenas, proibidas e transgressoras, ora como espanto, revelação e atração.

4 Cena de **Balkan Erotic Epic**, de Marina Abramovic, que integra a série **Destricted** (2006)

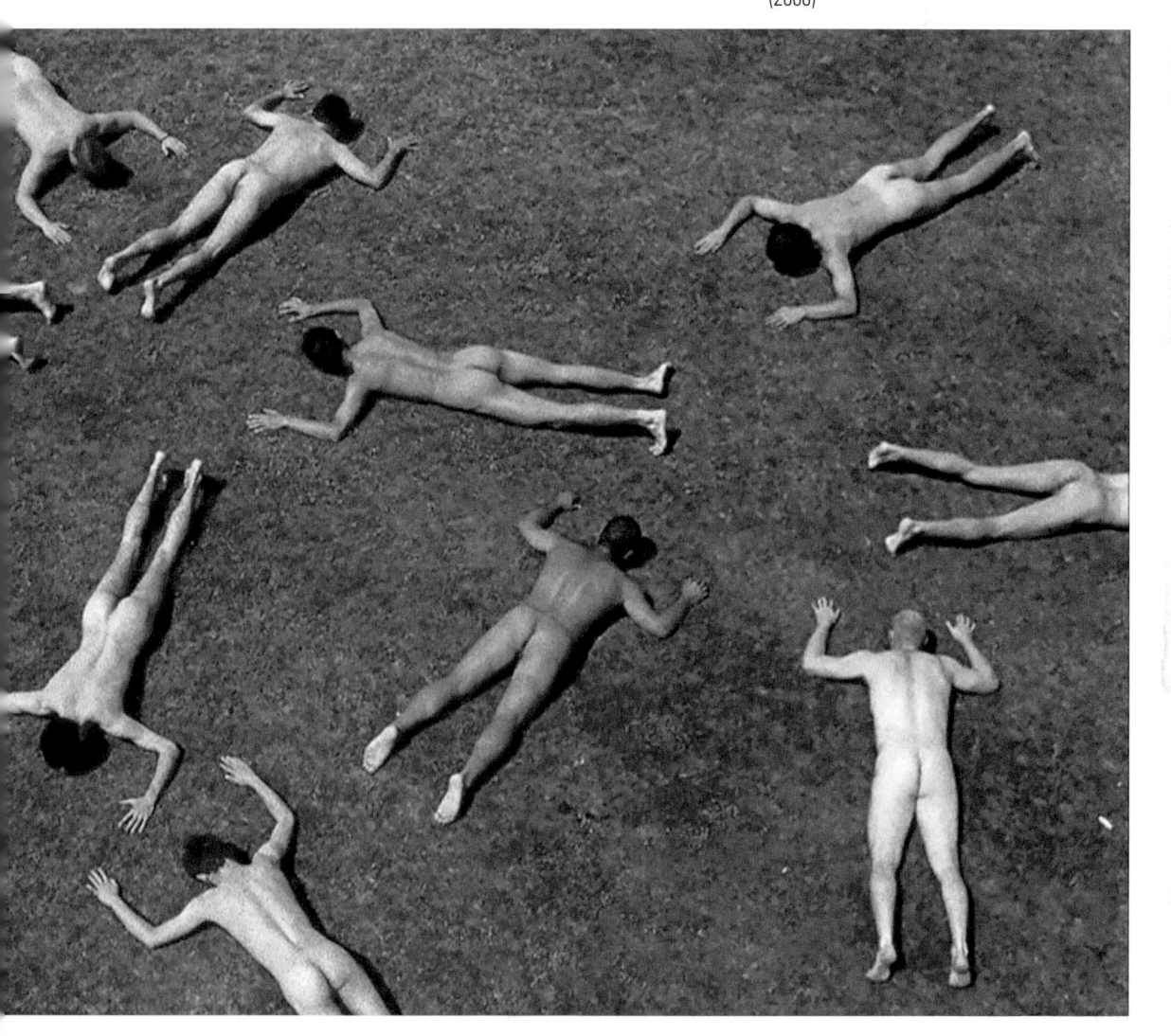

2

SILENC

A
DO

QUIVO

SEXO

CIOSO

EROTIZAÇÃO NO PRIMEIRO CINEMA: DE EADWEARD MUYBRIDGE A THOMAS EDISON

Desde o primeiro cinema[1] (1894-1908), o erotismo já dava pistas por meio de imagens de nus e performances atrativas. Se os *cinématographes* de Paris começaram a registrar breves momentos da vida cotidiana, sob o prisma da revelação e do espanto, como nos filmes dos irmãos Lumière, logo as exibições passaram a mostrar performances que já provocavam o desejo – de ver, de contemplar –, como em alguns curtas-metragens dos irmãos Pathé e de Thomas Edison. Essa produção cinematográfica "começou fascinada com o movimento-pelo-movimento, com a possibilidade de captação da vida como ela é. O movimento das coisas e dos corpos, especialmente do corpo humano"[2]; o corpo em movimento era em si mesmo um espetáculo, conforme salientou Nuno César Abreu. Assim, "alterando a lógica da fotografia, as imagens em movimento vão conseguir transformar o ordinário em fantástico, o cotidiano em maravilha, a realidade em *show*"[3], na visão de Jorge Leite Jr.

Contudo, antes mesmo do cinema dos irmãos Lumière, de Edison, de Edwin Porter ou de Méliès, o corpo como espetáculo tomou proporções maiores no trabalho visual do fotógrafo e cineasta inglês Eadweard Muybridge. Fascinado pelo corpo humano, ele fez do olho da câmara um buraco da fechadura por onde o público podia espiar, sob um interesse científico, a realidade de figuras humanas e animais fotografadas em movimento nas séries *Photography* (1877-1885) e *Primitive Motion Studies* ou *The Human Figure in Motion* (1884-1887), que registravam corpos despidos e seminus em diversas posições, coreografias e contextos visuais. Para isso,

Muybridge utilizou diversas câmeras – às vezes mais de vinte – para captar movimentos sequenciais em um mesmo quadro óptico, contando com o auxílio científico de John Isaacs, inventor do disparador elétrico. Para transparecer movimentação na projeção, o fotógrafo criou o zoopraxiscópio, dispositivo similar ao zootrópio, onde as imagens forneciam ilusão do movimento realista – essa foi uma invenção precursora da película de celuloide.

Na série *Photography*, alguns excertos insinuavam, ainda que implicitamente, uma alusão à beleza dos corpos nus, afinal, todos os movimentos poderiam ter sido captados com os corpos vestidos, mas optou-se pelo exibicionismo da nudez. Em *Movements Female* ou *Dancing, Fancy* (1887), uma moça vestida com um vestido branco semitransparente dança descalça, em movimentos díspares e ágeis que levantam sua saia, mostrando, assim, suas pernas. Em outra série fotográfica, *Movements Male* ou *Fencing* (1887), dois homens, um totalmente despido e o outro apenas trajando um tapa-sexo, simulam uma luta com espadas, exibindo seus musculosos corpos em uma coreografia com teor homoerótico que também pode ser vista no excerto *Wrestling* ou *Graeco-Roman* (1887). Nele, dois homens nus encenam em ordem sequencial uma luta greco-romana, do posicionamento inicial aos golpes que os derrubam agarrados até o chão. Na série *Primitive Motion Studies* ou *The Human Figure in Motion*, há coreografias, gesticulações e movimentos dos mais variados em pequenos filmes, como *Woman Picking Up Skirt* (1884-1887), *Descending Stairs and Turning Around* (1984-1985) e *Man Running* (1987), que mostram mulheres ou homens nus correndo, subindo e descendo escadas, saltando, levantando da cama, tomando banho etc.

1 O corpo como atração nos estudos
de Muybridge, **The Human Figure in Motion**
(1884-1887).

    É curioso notar que, mesmo após 120 anos, os vídeos de Muybridge têm res-
trições na internet por causa das cenas de nudez. Na rede virtual de compartilhamento de vídeos YouTube, grande parte das imagens estão disponíveis apenas para
maiores de 18 anos: "Segundo a sinalização da comunidade de usuários do YouTube,
este vídeo ou grupo pode ter conteúdo impróprio para alguns usuários", diz o alerta.
Mesmo como experimento científico e óptico, Muybridge atrelava às imagens certa
ambiguidade: científica ao estimular a curiosidade técnica, pela abordagem dos
movimentos corporais; e erótica, pelo desvendamento do corpo nu em uma época
puritana – embora hoje persista a ressonância de um tabu pelo nu quase fantasma-
górico. Linda Williams concorda que havia na visibilidade da locomoção do corpo
humano "um inquestionável prazer visual" que, a partir da análise de Michel Foucault, realçava que "o poder exercido pelos corpos na tecnologia tornou-se prazeroso através dela própria"[4].

    Há ainda outros filmes sobre a locomoção humana realizados no fim do século
XIX, por exemplo, a série *Bucuresti* (1898-1901), realizada por Gheorghe Marinescu
em uma clínica neurológica de *Spitalul Pantelimon*. O filme mostra imagens de desenhos de corpos intercaladas com um homem vestido andando, correndo e pulando.
Depois a cena volta-se para o senhor nu, de bengala, caminhando com dificuldades.
Atrás dele outros homens mais jovens caminham, na tentativa de comparar o movimento dificultoso ao movimento ágil, juvenil. Depois, outras imagens mostram um
homem e uma mulher indo de lá para cá, vestidos, andando normalmente.

    Essas imagens de nus em movimento mostravam todo o visível (a realidade,
tornando-a extraordinária) e ainda todo o "invisível", até então, desconhecido (a
nudez e os corpos nus ou seminus em ação), polarizando focos de desejo no olhar
do espectador, graças às imagens fixas no celuloide. A partir disso, podemos pensar
no dispositivo técnico mediando o prazer pelo registro e, mais além, que o pornográfico só tem sentido mediante a imagem do obsceno. Ou seja, a representação

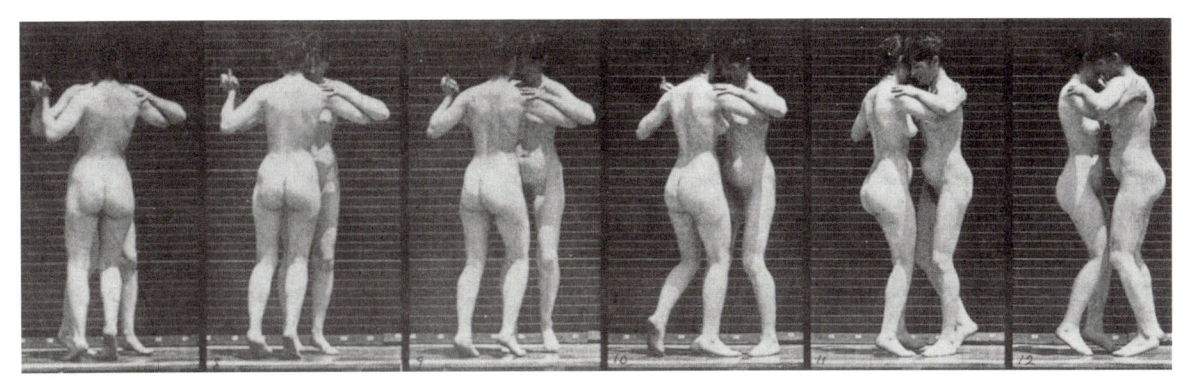

2 Primitive Motion Studies (1884-1887),
de Muybridge.

do desejo no cinema caminha na cadência dos aparatos tecnológicos que captam, focam, fragmentam e projetam corpos nus em ação, de diferentes maneiras, estéticas e técnicas.

Os estudos de Muybridge continham certo exibicionismo de "espetacularização" de situações triviais que, a seguir, potencializaria um *cinema de atrações* – termo categorizado por Tom Gunning, e citado por Flávia Cesarino Costa. Para Gunning, a expressão "cinema de atrações" tem eficácia para o cinema anterior a 1906, um cinema não narrativo e exibicionista, cujo desejo era o de mostrar algo, nem que fosse "sua própria visibilidade", tudo para "chamar a atenção do espectador", rompendo, assim, a ficcionalidade da diegese. Ele não pretendia, portanto, o voyeurismo comum no cinema narrativo:

> Há um aspecto do primeiro cinema […] que representa essa relação diferente que o *cinema de atrações* constrói com seu espectador: as frequentes olhadas que os atores dão na direção da câmera. Essa ação, que mais tarde é considerada como um entrave à ilusão realista do cinema, aqui é executada enfaticamente, estabelecendo contato com a audiência. […] Esse é um cinema que mostra sua própria visibilidade, disposto a romper o mundo ficcional autossuficiente e tentar chamar a atenção do espectador.[5]

Nessa definição é que o sexo e a insinuação sexual percorrerão os primeiros filmes, geralmente exibindo situações eróticas como atrações inusitadas, flagrantes ou *shows*, evidenciadas em alguns curtas-metragens da época de Albert Kirchner, Edison, George Albert Smith, Méliès, entre outros. Isso também valerá adiante para os primeiros filmes pornográficos, a princípio pouco narrativos. Costa pontua que "Gunning cria a noção de *cinema de atrações* pensando em uma forma não narrativa

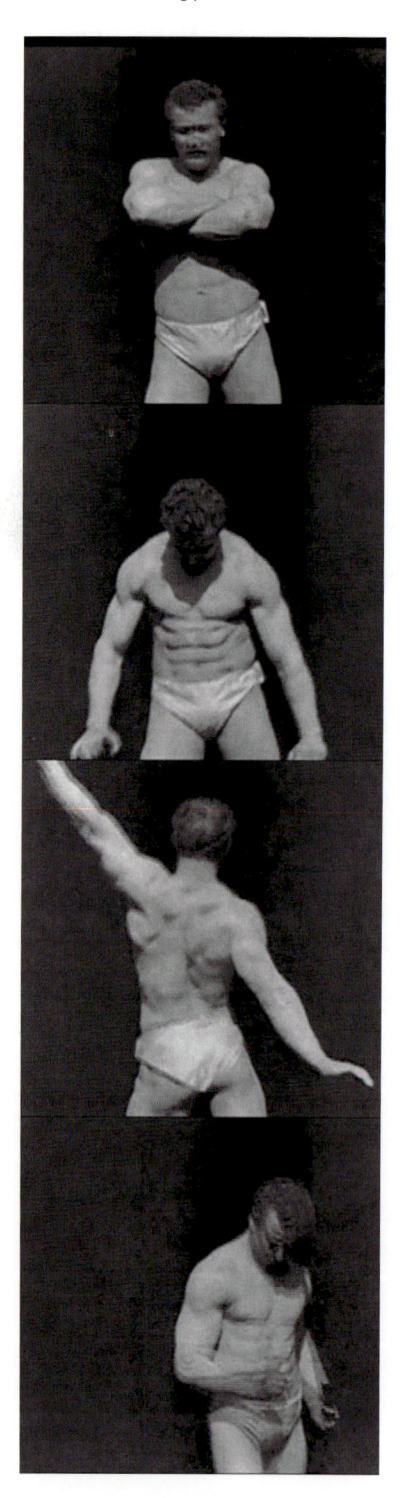

(ou pouco narrativa), mas relacionando-a com um contexto cultural específico – o da virada do século – que se prolonga para fora do texto fílmico"[6]. É importante salientar o aspecto histórico dessa observação, pois no cinema narrativo posterior muitos outros filmes trarão exibicionismo e atrações, porém imersos em numa cultura de massas que já identificava os códigos de ficção do cinema, fluindo sua recepção na diegese de modo bem diferente do contexto fílmico (não narrativo) definido por Gunning.

Sete anos após os trabalhos de Muybridge, o inventor e cineasta norte-americano Edison produziu o filme *Sandow: Strong Man* (1894) em que um homem sem camisa, trajado apenas com um calção bem curto, exibia seus músculos para o público. Em 1895, Edison mostrou como podiam ser sedutoras as danças performáticas de Annabelle Whitford em filmes como: *Annabelle Butterfly Dance* (1894), *Annabelle Sun Dance* (1894), *Annabelle Serpentine Dance* (1895), *Serpentine Dance by Annabelle* (1896), *Annabelle in Flag Dance* (1896), *Skirt Dance by Annabelle* (1896), *Tambourine Dance by Annabelle* (1896), *Annabelle Sun Dance* (1897). Os *performers* exibiam-se para o espectador, mostrando o corpo como atração. Por trás dessa atração, traços sutis de erotismo começavam a avançar no primeiro cinema *mainstream* não narrativo, ou pouco narrativo. Mas, para uma parcela do público que já desejava ver – clandestinamente – filmes proibidos, dançar ou mostrar-se nu já não era o bastante; era preciso ousar mais: flagrar cenas de nudez em banhos, beijar, acariciar pernas, deitar-se na cama acompanhado, fazer sexo, espiar um casal copulando, masturbar-se para a câmera. Assim, lado a lado com o *mainstream*, o primeiro cinema erótico preparava o mundo para a erotização gradual dos corpos e das situações imagéticas.

Embora as primeiras exibições cinematográficas públicas, em dezembro de 1895, com um programa de dez curtas-metragens de uns cinquenta segundos cada um, tenham causado comoção e choque no público do primeiro cinema, mais atrativo e provocante foi assistir em enormes proporções a dois corpos se tocando em *The Kiss* (1896), dirigido por William Heise e distribuído por Thomas A. Edison, Inc. O filme foi projetado em West End Park, Ottawa, Canadá, em 21 de julho de 1896, e planejado para ser o primeiro filme

3   Sequência de **Sandow: Strong Man** (1894, EUA), de Thomas Edison.

4 The Kiss (1896), filmete dirigido por William Heise. Tido como o primeiro beijo na boca da história do cinema, foi acusado de obscenidade à época.

exibido publicamente no país. No entanto, os irmãos Lumière já tinham exibido outros filmes em Montreal, poucos dias antes, em 27 de junho de 1896. De todo modo, Heise filmou o que se tornou o primeiro beijo na história do cinema. Esse pequeno filme de quase um minuto mostra um casal vitoriano de meia-idade, interpretados por John C. Rice e May Irwin, beijando-se timidamente, mas com prazer estampado nos sorrisos. O catálogo de exibição de Edison avisava aos espectadores: "Eles ficam prontos para o beijo, e começam a se beijar… beijar, beijar, beijar… de um modo que traz, toda vez, a casa inteira 'pra baixo.'"[7]

O ato mostrou-se ousado para a época puritana: primeiro pelo tabu do beijo, depois pelo posicionamento incomum da câmera que, em *close*, capturava um gesto íntimo. Até então, a tradição fílmica orientava que a câmera registrasse, como no teatro, todo o corpo dos atores, em plano aberto. A cena, isolada de seu contexto dramático – cena similar ocorria na peça *The Widow Jones* (1895) – e pelo enquadramento fechado, tornou-se obscena ao público, aquele mesmo que aplaudiu os atores na cena teatral. Imerso em um *cinema de atrações*, o curta codificou um imaginário exibicionista: o encontro dos lábios era como um flagra sexual proposital. O filme foi denunciado como pornográfico por membros da Igreja Católica e considerado indecente por alguns críticos, como Herbert Stone, que, no editorial de junho de 1896 do *The Chap Book*, em Chicago, clamou pela polícia, alegando que a obra era de extremo mau gosto, repugnante:

> Os produtores de espetáculos estão dispostos a esquecer tudo o que já viram em matéria de mau gosto. Em uma obra recente, vocês recordarão do beijo trocado em cena por uma tal Mary Irwin com um certo John C. Rice. Nenhum dos intérpretes era particularmente atraente e o beijo entre eles foi difícil de suportar. No tamanho real, o beijo já era tosco, mas nada comparado ao efeito do ato aumentado em proporções gigantescas e repetido três vezes consecutivas. Isso é absolutamente repugnante. Todo o charme da Miss Irwin desapareceu, transformando sua arte em algo indecente e de uma vulgaridade prodigiosa. Fatos assim requerem a intervenção da polícia.[8]

Para Dave Thompson:

> Pouco importa que *The Kiss* tenha sido uma série de "selinhos". No momento em que foi exibido, dia 23 de abril, no Koster & Bials Music Hall, em Herald Square, Nova York, o filme tornou-se a mais falada sensação do *show business*, criando tanta excitação que o ator Rice iniciou uma nova carreira, oferecendo aulas de beijos e demonstrações no circuito *vaudeville*.[9]

Se esse primeiro beijo causara excitação no público e na mídia, ousadia maior viria a seguir na produção clandestina intitulada *Le Coucher de la mariée* (1896), dirigida por Kirchner e produzida por Eugène Pirou. Nesse pequeno filme francês, a atriz Louise Willy fazia o primeiro *striptease* da história do cinema. Para alguns pesquisadores, esse também é o primeiro filme pornográfico francês, embora no período de sua realização também pudesse ser classificado como sensual ou erótico. Dos sete minutos originais de duração, apenas dois minutos restam hoje em arquivos cinematográficos na França. No mesmo ano, sob a ousadia limitada do

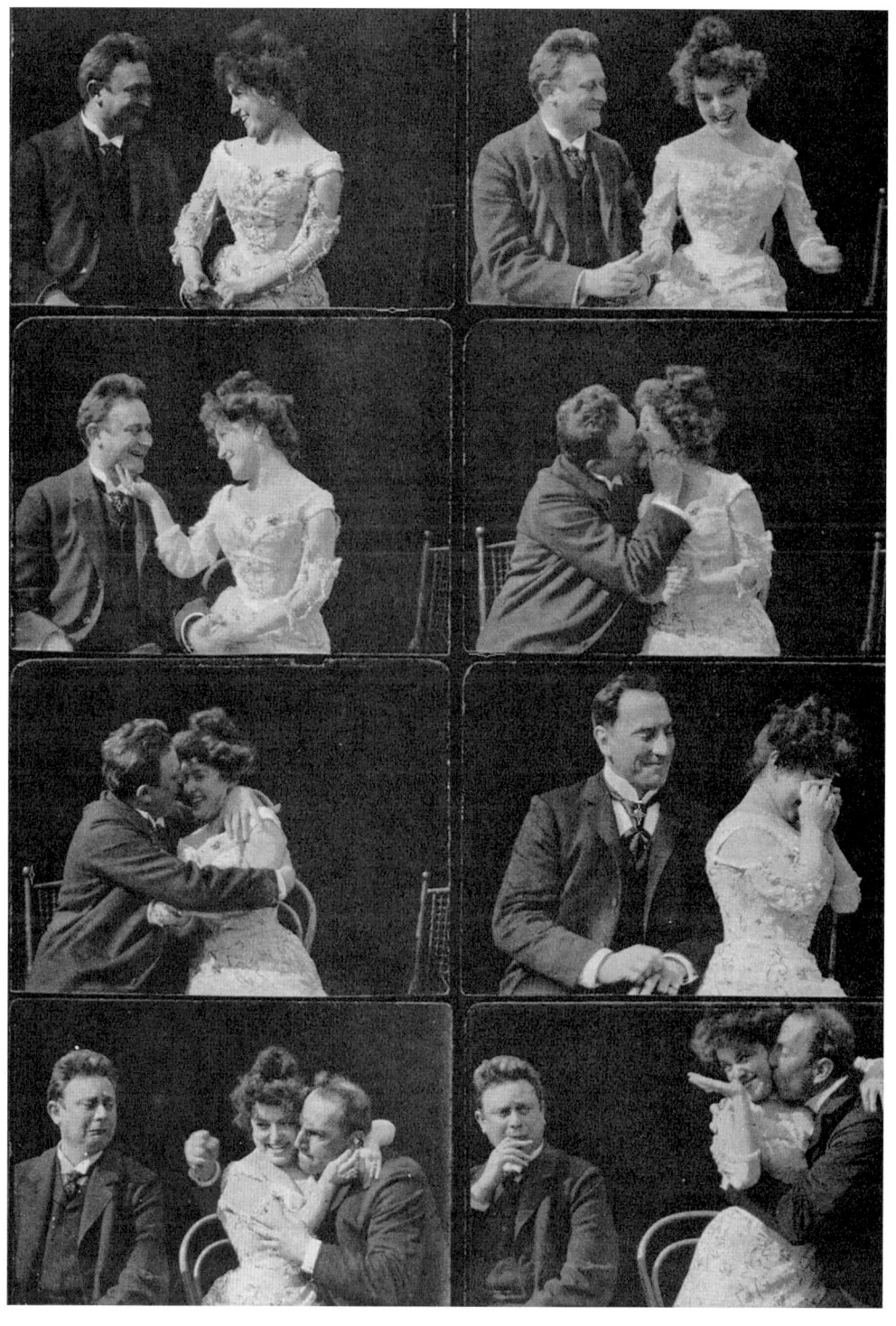

5 Filmado por Thomas Edison, este segundo beijo, **Kiss** (1899), já codificava uma narrativa do ato ao público.

mainstream norte-americano, o filme *Fatima's Coochee-Coochee Dance* (1896), de Edison, também foi censurado por exaltar o rebolado da dançarina do ventre Fatima. O problema era que o umbigo da dançarina aparecia explícito em cada movimento rítmico de seu corpo, mesmo tendo sido sua barriga coberta por faixas brancas, que pretendiam "esconder" seu corpo.

O ilusionista francês Méliès também dirigiu um "filme para adultos", *Après le bal* (1897) que aventurava mostrar um nu sob a óptica voyeurística de quem espionava uma mulher tomando banho. Os irmãos Pathé também "invadiram" a privacidade de uma mulher, Louise Willy, despindo-se quase que inteiramente por conta de uma pulga, no filme francês *La Puce* (A Pulga, 1896)[10]. Na trama, ela lê um livro em uma luxuosa sala até que sua tranquilidade é abalada por uma pulga entre seus seios. Ela pede silêncio aos espectadores e, com os dedos, a apanha. Em um segundo quadro, enquanto a empregada a ajuda no banho, chega um pretendente com um ramalhete de flores que, impaciente pela espera, resolve espioná-las por cima de um biombo. Logo ele é descoberto pela senhora, que sai da banheira enfurecida com os seios de fora e o derruba de bruços na água. As duas moças riem enquanto ele abana as mãos sem saber o que fazer. Após *La Puce*, os irmãos Pathé produziram películas ainda mais ousadas com cenas de "atração de banhos", como *Bains des dames de la cour* (1901) e *Baignade interdite* (1903); com cenas de sedução erótica, em *Flirt en chemin de fer* (1902) – dirigido por Ferdinand Zecca; e com cenas de voyeurismo em *L'Amour a tous les étages* (1904) e *Par le trou de la serrure* (1901), ambos de Zecca.

Um significativo filme britânico produzido no fim do século XIX dá indícios de como o erotismo e as relações afetivas seriam abordados no cinema do século seguinte: *The Kiss in the Tunnel* (O Beijo no Túnel, 1899), de Smith, revela o que ocorre no vagão-leito entre dois amantes quando o trem adentra um escuro túnel. A trama já traz certa "narratividade" e pretende relatar uma história, por mais simples que seja. Enquanto o casal se beija e troca carícias, a câmera caminha nos trilhos em direção ao túnel. Lá dentro, ela se torna subjetiva. A cena é cortada do ambiente externo para o interno, para a ação privada dos amantes, que se beijam ainda mais à vontade. Logo o trem sai do túnel e, em uma imagem externa, o filme termina. Mesmo pouco narrativo, a alternância dos planos das ações no filme é interessante: as cenas internas, de caráter sexual, são situadas em um ambiente privado e íntimo, na escuridão do túnel. No mesmo ano, outro cineasta britânico, James Bamforth, refilma *O Beijo no Túnel* (1899), com novos planos e a mesma história.

O "voyeurismo explícito" também se instaura nos filmes de Smith. Em *As Seen Through a Telescope* (1900), um astrônomo distraído flagra, com sua luneta, um elegante homem acariciando os tornozelos de uma moça, no meio da rua, enquanto ele a ajuda a ajustar seu sapato. A cena flagrada é mostrada em um plano-detalhe, ao qual só o espectador – e o astrônomo – tem acesso, transformando todos em potenciais *voyeurs* ou "não *voyeurs*", já que, para Costa, o público "não mantém a imunidade configurada por um lugar fora da diegese". Após assistir àquele momento

6   Cena de **Après le bal** (1897), de Méliès.

único, o astrônomo recebe seu castigo: um transeunte dá-lhe um tabefe na cabeça, derrubando-o ao chão. Sobre o voyeurismo nesses primeiros filmes, Costa ainda observou, em diálogo com Gunning, que eles diferem das personagens *voyeurs* do cinema diegético posterior, pois compartilham com o espectador "o prazer de ridicularizar ou usufruir o que estão vendo", dirigindo-se constantemente à audiência em um "cinema de atrações".

> O *cinema de atrações* repousa sobre o reconhecimento da presença do espectador, porque é antes de tudo um ato de exibição de um espetáculo visível. O voyeurismo explícito nos primeiros filmes tem essa característica de experiência quase coletiva, pois o público ao qual o ator-interpelador se dirige nunca é construído como observador solitário. É nesse sentido que se pode afirmar a existência de uma espécie de público coletivizado no primeiro cinema: um público não *voyeur*, pelo menos, um público que não mantém a imunidade configurada por um lugar fora da diegese.[11]

Esses filmes já insinuavam por meio do "voyeurismo exibicionista" que o sexo em sua abordagem explícita, no âmbito da pornografia, estava por vir, compartilhando com o espectador o exibicionismo do sexo. Em 1903, uma série de pequenos filmes chamados de *blue movies* foi criada. Realizados em estúdios norte-americanos da American Mutoscope & Biograph Company situados em Manhattan, Nova York, tinham narrativas um pouco mais elaboradas que as anteriores. Contudo, não tinham nada de "explícito" como logo se veria nos primeiros filmes pornográficas. O "explícito" no caso era a combinação da nudez com elementos de sedução.

From Show Girl to Burlesque Queen (1903) situava-se em um quarto privado onde uma moça se despia atrás de um biombo e, em seguida, saía fantasiada com uma espada nas mãos apontada para o espectador, afrontando-o por seu voyeurismo – ou por seu voyeurismo forçado, pois se tratava de uma cena intencionalmente exibicionista de uma espionagem *fake* estimulada pela personagem. *Fire in a Burlesque Theatre* (1904) combinava a ação dos "filmes de incêndio" com erotismo espontâneo: o fogo era o motivo para que vários bombeiros invadissem um teatro onde várias mulheres com trajes curtos apresentavam o espetáculo erótico *Fred Irwin's Majestics*. Costa pontuou: "não encontramos aqui uma história que se desenrola. A causa do fogo não aparece, nem interessa o que acontece depois. [...] O principal é mostrar, exibir os movimentos inusitados e excitantes das coristas, ao mesmo tempo que são observadas por olhares masculinos"[12]. Também com mulheres travestidas, *Troubles of a Manager of a Burlesque Show* (1904), escrito por Frank Marion, revelava três moças se trocando em um escritório onde um senhor as recebia trajando terno e gravata e acompanhando o exibicionismo delas. Admirado, ele procura acariciar uma delas, que logo revida com braveza e o atinge com o líquido de um tinteiro. *Airy Fairy Lilian Tries on Her New Corsets* (1905), produzido por Wallace McCutcheon e Frank Marion, mostrava um senhor tentando, de modo atrapalhado, vestir uma cinta na barriga de uma mulher gorda. No aperta e desaperta, ele finalmente consegue prender a cinta na moça. Pelo esforço, ele se joga exausto na cama.

Uma série de filmes austríacos carregados de erotismo, realizados entre 1906 e 1911, foi revelada no início dos anos de 1990 e encontra-se hoje restaurada e arquivada no Österreichisches Filmmuseum (Museu do Filme da Áustria). Realizados pela Saturn Erotic Film Collection, os filmes eram dirigidos, fotografados e distribuídos pelo alemão Johann Schwarzer. Os arquivos estavam sob a guarda do colecionador Albert Fidelius, filho de Schwarzer, também considerado o pai do erotismo austríaco por filmar séries como a *Natur-Szenen* (1906-1911) com cenas de nudez feminina.

No auge de seu reconhecimento europeu, o governo de Viena ordenou que a Saturn acabasse com suas produções cinematográficas por imoralidade, destruindo todos os filmes, negativos, catálogos e cópias – uma porcentagem mínima sobreviveu à censura, como aqueles arquivados por Fidelius. De todo modo, a série austríaca *Natur-Szenen* foi além das produções norte-americanas do período por mostrar, além de banhos, cenas íntimas e de insinuação sexual entre casais. Das cenas de banhos, têm-se os filmes *Das Sandbad* (1906), *Baden verboten* (1906) e *Am Sklavenmarkt* (1906) – considerado o primeiro filme erótico austríaco por já mostrar carícias sexuais tidas como explícitas para a época. Também revelavam a nudez por meio da anatomia artística do corpo os curtas *Das eitle Stubenmädchen* (1908) e *Beim Fotografen* (1908). Vale ressaltar que, nesse cinema, o corpo da mulher era muito mais desnudado e explorado que o do homem: o erotismo da mulher era associado à graça, ao riso, à espontaneidade, ao encanto e à sedução, enquanto o do homem era revestido de grosseria e malícia.

Associado ao exibicionismo e, ao mesmo tempo, à esfera íntima, o erotismo foi se domesticando como atração sexual em narrativas que se desenvolveriam no segundo período, de 1906 a 1915, do primeiro cinema, de crescente narratividade e potencialização diegética. As primeiras representações cinematográficas da nudez e do sexo davam pistas para se reconhecer e desejar os corpos em sua intimidade exposta na tela. Ao mesmo tempo que o cinema começava a estruturar uma linguagem e uma narrativa ficcional ilusória, ele também descortinava a vida, mostrando na tela tudo o que existia, e ainda tudo o que *não* existia.

Nos termos de Eduardo Geada, essa ambição de tudo exibir, todo o real e todo o imaginário, será uma das características marcantes nos filmes chamados de pornográficos: uma "ambição do próprio cinema, cuja estrutura fantasmática é justamente decalcada de uma das dimensões mais importantes da sexualidade: o voyeurismo"[13]. Tanto que, depois de tantos banhos, trocas de roupas, beijos e insinuações sexuais, eis que o sexo explícito é filmado em sua especificidade não domesticada e, em torno de 1904, começam a ser produzidos os primeiros *stag films*.

7 Cenas de filmes eróticos austríacos, realizadas por Johann Schwartzer, entre 1906 e 1911.

PORNOGRAFIA NO CINEMA MUDO: ESPETÁCULO E DESVENDAMENTO

Embora "maldito" e raramente preservado, o arquivo do primeiro cinema pornográfico é valioso. Nele percebemos dados importantes sobre a época em que foram produzidos: valores morais, estéticos, artísticos, padrões de comportamento social, sexual, de vestimentas, beleza etc.

É possível verificar ainda que, desde as primeiras representações cinematográficas do sexo, o desejo já era vinculado aos discursos e práticas do obsceno. Nesse período, entre 1906 e 1915, identificado por muitos historiadores como uma segunda fase do primeiro cinema, já havia uma crescente "narrativização", tanto que o sexo filmado não era casual: os filmes possuíam tramas, ainda que simplórias, incorporavam personagens, muitas vezes fantasiadas com máscaras, óculos de sol, chapéus ou bigodes falsos, que mantinham o anonimato, *mise-en-scène* interna e externa, além do tom piadista. O tom de deboche era comum nos *stag films* – fator que sublimava a moral negativa do puritanismo diante da imagem do sexo explícito e lhe atribuía certa descontração por meio do riso para o espectador intimidado com aquelas primeiras imagens sexuais. Williams[1], ao debruçar-se sobre o arquivo desses filmes, observou que os filmes pornográficos são uma das formas de representação do discurso/saber sobre a sexualidade que limitam o gênero dentro de um campo visual particular, de um sistema de poder que alia o prazer a um uso específico.

Nesse sentido, a pornografia, desde o cinema mudo, também fora uma forma de discurso e de registro de poder sobre o corpo – e ao mesmo tempo de transgressão às normas sociais – que revelava como esse imaginário se relacionava com o poder e com a sociedade que o produziam. No caso, esse "sexo pornográfico" era tido como transgressão e violação dos tabus da época por trazer à cena incesto, adultério, travestimento, bissexualidade, homossexualidade. Sobre isso, Gerald Rabkin e Al Di Lauro dirão que esses filmes têm um caráter antropológico ao revelar a alteridade pelo comportamento sexual.

> O *stag film* foi, e é, o *cinema-vérité* do proibido, um incalculável registro de imagens que abertamente assumiram sentimentos desconhecidos sobre sexo. [...] Eles documentaram aquelas experiências privadas, isoladas e não mencionadas, que, todavia, eram de alguma forma universais. Compartilhando os mistérios da informação sexual mediante rituais coletivos de iniciação masculina [...], recebia-se um curso de iniciação sexual não creditado. Os filmes provavam que um mundo de sexualidade existia fora das limitadas experiências individuais. Neles, havia gente e atividade sexual reais. A personificação estética era tão frágil e simplória, vivida por *performers* e não por "atores", o que tornava tudo mais verdadeiro.[2]

Na busca da verdade total sobre o sexo, a pornografia "documenta" sua própria transgressão por meio da verdade visual sobre o sexo. Para ela, a verdade do ato está na obsessão pelo clímax sexual, suas cenas sempre predizem e insistem pelo orgasmo. Um filme em que os atores desistissem da ação sexual no meio do ato, ou bocejassem, ou dormissem, ou não ejaculassem, seria um filme "transgressor", mas

8 Desde o cinema mudo, em busca da verdade total sobre o sexo, a pornografia documenta sua própria transgressão. Sequência de um **stag film** (1920).

não exatamente "pornográfico". Embora alguns comentadores concluam que *todo* cinema pornográfico seja *igual* a si mesmo, trata-se de uma conclusão equivocada: há uma variedade enorme de estilizações e subgêneros pornográficos. Podemos dizer que a intenção para o imperativo sexual reitera-se, mas os roteiros, mesmo simples, e a caracterização do *performer*, da estética e do ato sexual, apresentam nuances e diferenças notáveis em variados filmes de diversos países.

De acordo com Dave Thompson[3], quaisquer destes conceitos poderiam categorizar um filme mudo com sexo explícito: *dirty movies, smokers* e *beavers*. Contudo, os termos mais usados ainda hoje são *stag film* e *blue movie*. As explicações dos nomes retomam as exibições dos filmes. Geralmente, durante a projeção privada desses curtas, em bordéis ou festas privadas, era comum que o público predominantemente masculino fumasse. Em meio à excitação regada a álcool e fumo, a fumaça do cigarro às vezes encobria toda a tela. Daí a origem do termo *smokers*. Já *dirty movies* traz um juízo de valor perverso: sujo (*dirty*) pela obscenidade, mas também pelo excesso sexual. Tanto no *Oxford Dictionaires* como no *Cambridge Advanced Learner's Dictionary*, o termo *blue movie* refere-se à luz azulada do projetor associado ao léxico *blue*, que, na gramática inglesa da época vitoriana, trazia o sentido de obsceno/obscenidade. Tanto que o termo era usado para insinuar outros fatos sexuais, como uma piada suja (*a blue joke*). *Beavers* era uma gíria referente à vagina e tornou-se o nome dos pequenos filmes também chamados de *girlie movies* por trazerem um "*show* genital" formado por *closes* rápidos do órgão genital. O nome *stag film* tem diversas origens. Uma delas é que tais filmes eram exibidos em despedidas de solteiro (*stag nights*) e festas libertinas para homens (*stag parties*). No *American Heritage Dictionary*, *stag* é um adjetivo que tem origem na potência sexual dos animais: "*stag* é um veado macho adulto. O termo também é usado para um animal macho castrado após o desenvolvimento de todas as características sexuais, a tal ponto de ter a aparência masculina madura. A expressão 'going stag' significa ir a uma festa ou a uma despedida de solteiro"[4].

Ao estudar o *stag film*, encontramos pouca informação e muitos dados truncados sobre sua produção, incluindo controvérsias sobre sua origem. Além da escassa bibliografia temática, outros fatores também cooperaram para o raro estudo. Um deles é o caráter maldito da pornografia, constantemente renegada em estudos acadêmicos e historiografias do cinema. É provável que tal preconceito resida na visão tradicional de muitos historiadores clássicos, como Georges Sadoul e Jean Mitry, para os quais os filmes deveriam possuir um caráter essencialmente narrativo, contando histórias, criando, por meio de sua linguagem própria, um mundo fictício, conforme analisou Costa. Dentro dessa concepção, é evidente que o cinema pornográfico, e ainda mais os *stag films*, pela simplória narrativa, não podia ser integrado à história canônica do cinema. Costa percebeu isso também com relação à produção dos primeiros filmes, "que eram avaliados como propostas hesitantes, primitivas e desarticuladas de se construir uma linguagem propriamente cinematográfica. [...] Preocupados em promover o cinema ao *status* elevado de belas-artes, muitos historiadores afirmaram que os filmes feitos antes de [David] Griffith não eram exatamente obras de arte"[5].

Outro fator que torna o estudo do *stag film* truncado é a clandestinidade. Como a produção desses filmes era clandestina – não havia propriamente uma indústria –, muitos não traziam créditos, nem mesmo título, data ou autoria. Entre os poucos ainda preservados e arquivados, muitas vezes os nomes no catálogo são trocados por outros títulos, tendo assim o mesmo filme diferentes títulos, por exemplo, o filme norte-americano *A Free Ride* (1915), de A. Wise Guy, catalogado também como *A Grass Sandwich*, *Pee for Two* e *The Roaring Twenties*. No âmbito historiográfico, há uma pequena bibliografia[6] sobre o cinema pornográfico silencioso, com estudos acadêmicos mais desenvolvidos, após os anos de 1990, na Europa (principalmente na França e na Espanha) e nos Estados Unidos – países que resguardam em suas cinematecas arquivos físicos raros, como películas e fotogramas –, pois praticamente 90% de toda a produção da época foi perdida, segundo pesquisa de campo realizada pelo cineasta norte-americnao Alex de Renzy. Parte desse arquivo concentra-se hoje em cinematecas (sobretudo na francesa, na alemã, na espanhola e na argentina), museus (principalmente no Museu do Sexo, em Nova York), institutos (como o norte-americano Instituto Kinsey), acervos privados de colecionadores e faculdades[7].

Diante desses fatores, é difícil definir precisamente a origem dessa produção. Embora os primeiros filmes pornográficos remontem aos anos de 1904-1907, conforme notou Renzy no documentário *A History of the Blue Movie* (Blue Movie: O Filme Proibido, 1970), há autores que divergem sobre as origens do *stag film*, e muito disso se relaciona com a dificuldade de encontrar e avaliar os arquivos disponíveis. Thompson aponta o argentino *El Sartorio* (1907-1912) como o primeiro: na trama, várias moças que se banham em um rio são surpreendidas por um diabo que aparece, as seduz e força uma delas a fazer sexo oral nele[8]. Depois, encantadas, acabam todas em uma orgia. No fim, o esperma do diabo é evacuado da vagina de uma das moças. Patrick Robertson considera o francês *À l'écu d'or* (1908) o pioneiro *stag film*, já que *El Sartorio* encontra-se no Instituto Kinsey com uma data de produção entre 1907 e 1912[9]. Williams cita o filme alemão *Am Abend* (1910). Nele, um jovem *voyeur* espia através do buraco da fechadura uma moça se masturbando no quarto. A excitação é tanta que ele invade o recinto e faz sexo com ela, que logo se entrega ao prazer. As cenas são bem simples em sua caracterização estética, situam-se apenas internamente, com planos abertos e poucos *close-ups*. O cineasta Renzy prefere considerar *A Free Ride* como o filme mais antigo do gênero existente no Instituto Kinsey. É evidente que filmes mais antigos se perderam por causa da clandestinidade de sua circulação e destruição voluntária e acidental de arquivos. Muitos outros filmes foram produzidos, acabando esquecidos no fundo dos baús dos colecionadores, perderam-se nos frequentes incêndios em depósitos de cinematecas e nas fogueiras dos regimes totalitários.

Segundo a pesquisa de Renzy em seu documentário, os primeiros filmes pornográficos remontam ao início do século XX, e em 1904 muitos deles eram produzidos em Buenos Aires e vendidos para os Estados Unidos e países europeus, como França e Inglaterra. Em torno de 1910, a Europa já dispunha de uma razoável produção pornográfica, porém com distribuição restrita por causa do alto custo da produção e da clandestinidade da exibição. O público majoritário era o masculino; os bordéis de luxo e as casas de *peepshow* enchiam-se de homens que queriam se excitar com os filmes secretos que flagravam rápidas cenas de sexo. A exibição era tão especial que somente os indivíduos ricos e as casas de prostituição de luxo consumiam os filmes. Na França, até 1915, a entrada para assistir a um deles, em uma cabine, chegava a vinte dólares. Eles também eram alugados e até produzidos sob encomenda para exibição privada, geralmente em despedidas de solteiro ou festas, que os alugavam por cinquenta ou cem dólares, incluindo projetor, tela e vários filmes. A produção dos *stag films* tinha um alto custo, pois eram filmados em equipamentos caros e realizados por profissionais, tanto que, eventualmente, diretores, fotógrafos, roteiristas e editores assinavam o trabalho. Não havia atores como na indústria atual, apenas pessoas dispostas ao registro sexual, entre elas, prostitutas e também gente do povo, comum, que normalmente usava disfarces para não ser identificada.

Os *stag films*, silenciosos e em preto e branco, tinham duração de três a sete minutos. Neles, a *mise-en-scène* era pouco explorada, o recorte cênico (o *master shot*) mantinha a concepção teatral, característica comum aos filmes do primeiro cinema, segundo Abreu: "um plano frontal de conjunto contendo quase toda a ação [...] e o corte para o interior do quadro cinematográfico era geralmente viabilizado pela estratégia utilizada então pelos *voyeurs films*: para destacar alguma personagem, ação ou objeto, fazia-se encontrar o 'olhar' de alguma personagem com o do espectador"[10].

Essa análise reforça a relação do voyeurismo *fake* com a linguagem dos filmes pornográficos. Não basta o espectador ser um *voyeur* como o é na vida real; a narrativa pornográfica também deve partir de um ponto de vista *voyeurístico exibicionista* para que a identificação do espectador com a ação e as personagens seja atrativa. Por isso, era recorrente, principalmente na sequência inicial, o uso de frestas de portas abertas, buracos de fechadura, lunetas, binóculos, lupas e, ainda, a "quebra da quarta parede" pelos olhares dos atores pornôs, que se esforçavam para fornecer ao público instrumentos de empatia e imaginação pornográfica. Disso, ainda com Abreu, "podemos supor que os *stags* construíam mais um prazer visual compensatório para a separação física e espacial do espectador que a possibilidade de projetá-lo na ação"[11]. Assim, o público era mais uma "testemunha de um espetáculo que oferecia cenas explícitas de sexo, um *show* genital, do que identificado com as ações de um evento temporalmente sequenciado". A pornografia atual, por exemplo, aperfeiçoou elementos de empatia com o *cum shot* (ejaculação final para o espectador), o *pornô gonzo* (câmera na mão) e o *cameraman* (espectador-participante: a perspectiva do ato sexual do espectador é a mesma da personagem).

Outra característica marcante, presente até hoje, embora aperfeiçoada esteticamente, são as sequências iniciais que levam as personagens ao ato sexual. Geralmente investem na linearidade de causa e efeito por mais absurda que seja a situação. É como se todas as personagens soubessem de antemão que fossem praticar o ato

9 O recurso imagético do binóculo que simula o olhar voyeurista nos **stag films**.

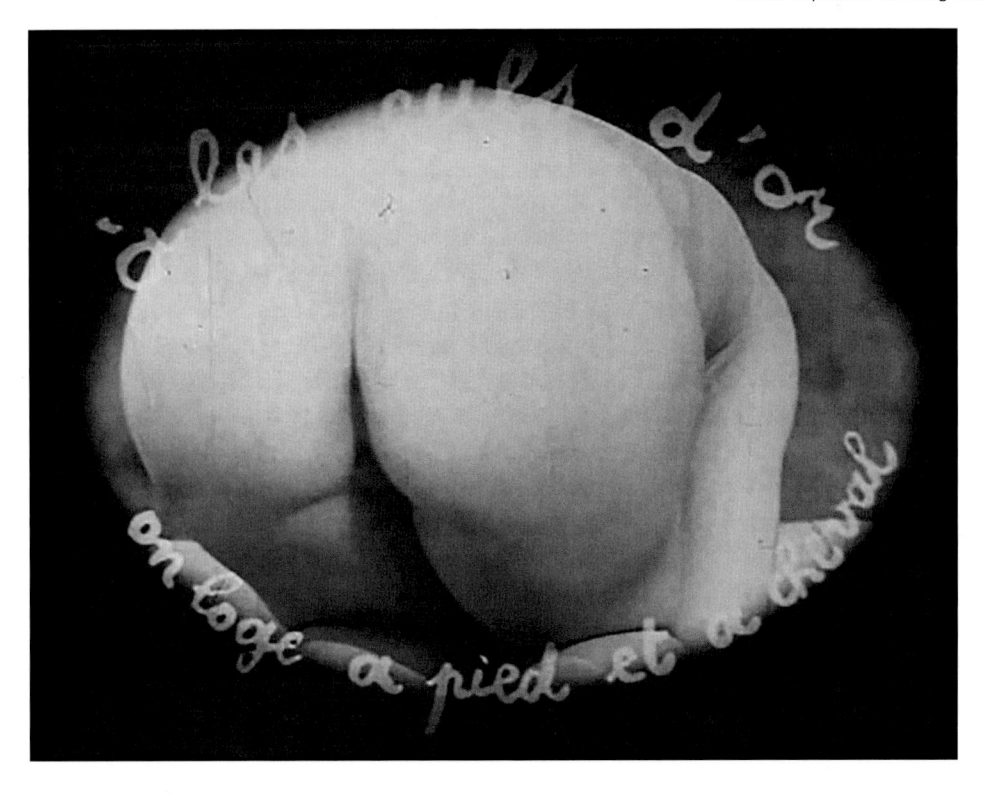

sexual; a ação dialógica não faz a menor diferença dentro da ação diegética. Sontag dirá que tudo converge para o imperativo sexual:

> A pornografia usa um tosco e reduzido vocabulário de sentimentos, sempre relacionado às perspectivas de ação: sentimento que se gostaria de pôr em ação (luxúria), sentimento que não se gostaria de pôr em ação (vergonha, medo, aversão). Não existem sentimentos gratuitos ou não funcionais, não há devaneios, especulativos ou imagísticos, que sejam irrelevantes ao assunto em questão. Assim, a imaginação pornográfica habita um universo que é, por mais repetitivos os incidentes que ocorrem em seu interior, incomparavelmente econômico. Aplica-se o critério de relevância mais estrito possível: tudo deve apontar para a situação erótica.[12]

No primeiro cinema pornográfico, os *closes* genitais ocorrem, mas não exaustivamente; eles pretendem comprovar o ato "de perto", repetindo-o, em uma continuidade atemporal, em plano fixo, como se a sua repetição bastasse como espetáculo. Williams nota que os finais dos filmes eram quase sempre abruptos; eles não concluíam a "trama sexual" com algo que sinalizasse um fim ou mesmo um orgasmo, como as cenas de ejaculação externa. Apenas finalizam o ato repentinamente, pressupondo um orgasmo final das personagens. Um homem ejacular para a câmera (*cum shot*) era raro, quando isso ocorria, era eventual e de modo espontâneo, e raramente direcionado para a câmera. Inclusive a incidência do sexo oral não era uma prática tão comum, estava embutido nela certo pudor sexual relativo à moral da época:

> Para os homens, era bom que uma mulher fizesse isso, mas um homem não deveria fazer o mesmo com a mulher. [...] Eles acreditavam que beijar os genitais de outra pessoa era degradante. Para os homens que se acham superiores às mulheres é mais aceitável ver a mulher se degradar beijando o pênis de um homem que ver um homem se degradar beijando a vulva de uma mulher.[13]

Na caracterização das personagens, as performances são desprovidas de personalidade: transparecem apenas corpos sexualizados em ação, sem emoção nem psicologia; o sexo resume-se à visibilidade do ato de prazer. As personagens raramente nutrem afetividade, como dizer "eu te amo", "te quero"; eles não se abraçam, quase não se beijam. Outra característica marcante em uma pequena parte desses filmes é a presença da homossexualidade, principalmente do lesbianismo. São raros os filmes em que ocorre sexo exclusivo entre homens. Quando essa prática ocorre, geralmente é feita com a presença ativa de mulheres em cena. Ou seja, elas são um intermédio para que os rapazes se excitem juntos e passem a manter relação entre eles. Quando o sexo é entre mulheres, geralmente um homem entra em cena para formar um *ménage* ou é ele quem as espia ou as estimula. De acordo com Thomas Waugh, percebemos a homossexualidade em *Le Télégraphiste* (1921-1926); *L'Heure du thé* (1925); *The Surprise of a Knight* (1930); *Surpris par le garde-Champêtre* (1930); *La Tournée des grands ducs* (1930); *Nektoub: foutaine árabe* (1930); *La Maîtresse du capitaine de Meydeux* ou *The Exclusive Sailor* (1924); *Le Ménage moderne du Madame Butterfly* (1920); e *Eveready Harton in Buried Treasure* (1929)[14].

Produzida nos Estados Unidos pela Climax Fables, *Eveready Harton in Buried*

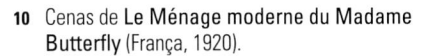

10   Cenas de **Le Ménage moderne du Madame Butterfly** (França, 1920).

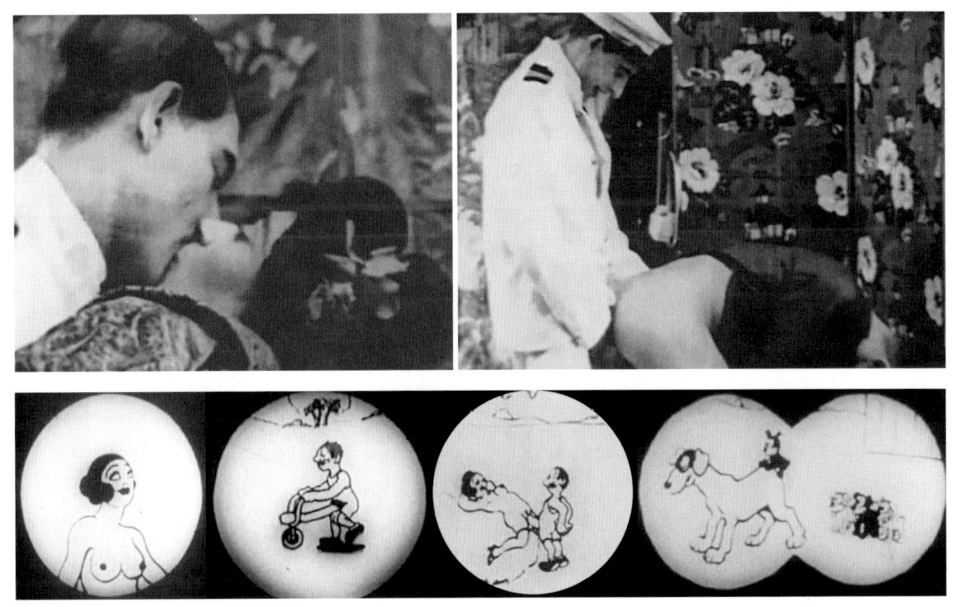

11   Cenas de **Eveready Harton in Buried Treasure** (EUA, 1929), tida como a primeira animação pornográfica do cinema.

Treasure (Tesouro Escondido, 1929), que também trouxe insinuação homoerótica, é provavelmente a primeira animação pornográfica. A história é inusitada: ao ser perseguido por amazonas, o protagonista Harton refugia-se em uma ilha deserta, de onde não consegue escapar. Lá passa a dividir seu "tesouro" (o pênis) com tudo o que encontra pela frente: caranguejo, vagina, motociclo, areia, ânus (de homem) e um cavalo. No fim, depois das aventuras sexuais, seu pênis cintila de prazer, reluzindo feito ouro. Esse tom cômico era comum nas produções *stag*. Não apenas como "descontração" ao público, mas como tentativa de narrativização de algum mote dramático, além do sexo, por mais simples que fosse a trama. Além disso, no formato de curta-metragem é muito mais comum e eficaz desenvolver o humor, pelo pouco tempo do filme e pela dinâmica da ação, capaz de criar situações de *nonsense*. Nos *stag films*, havia ainda outros empecilhos para o desenvolvimento de uma narrativa complexa, segundo listam Ramón Freixas e Joan Bassa: a clandestinidade da produção, a perseguição da polícia, a escassez de atores, a falta de roteiros mais complexos, o pouca variedade de planos (predominando o plano geral) e a insistência no formato do curta-metragem[15].

Assim, mesmo clandestinos, restritos em recursos e técnicas do cinema, pouco narrativos e limitados aos tabus da época, os *stag films* representaram o sexo com os meios disponíveis, levando sexo, riso e humor em muitas produções pornográficas, como em *A Free Ride* e *On the Beach* (1915-1920), por exemplo. *A Free Ride* tem início com o intertítulo: "Em lugares ao ar livre, onde homens são homens e as mulheres são mulheres, as colinas estão cheias de romance e aventura". Nas primeiras cenas, um rapaz que dirige por uma estrada encontra duas mulheres perdidas. Logo trava o diálogo com elas e oferece carona. Em seguida, aparece o letreiro: "Quando a juventude se junta, a festa começa" – é como se as personagens caíssem em tentação sexual no contato livre com a natureza, sem pecado ou moral. Após muito sexo e *ménage à trois*, no fim, a constatação moral em forma de letreiro: "Tudo bem quando acaba bem". Já *On the Beach* começa com o aviso: "Praia da vadiagem onde os homens são vadios e as mulheres são selvagens". Anthony Browning era "tão vadio que acreditava em fadas e sereias". Na sequência inicial, vemos Browning com seu pênis ereto penetrando um furo em uma cerca de madeira. Depois que ele vê algumas mulheres, alguém passa a fazer felação nele. Ele imagina serem as mulheres que fazem isso, contudo temos a informação que se trata, na verdade, de um carneiro que o lambe. Tudo era uma conspiração das moças. No fim, Browning percebe o truque: uma das moças que o seduziu e fingiu transar com ele, simula uma gravidez instantânea colocando enxertos na barriga, parecendo assim grávida. Ela revela o truque ao moço, pega seu dinheiro e ainda joga toda a roupa que estava em sua barriga por cima dele. Em seguida, as três moças mostram as nádegas para Browning e para o espectador. Daí surge o letreiro com a moral da história: "Veja o que você faz! Porque nasce alguém a cada segundo". Fim do filme.

O cinema brasileiro, embora não tivesse uma produção pornográfica industrial nesse período, já trazia "filmes restritos para cavalheiros" com tramas repletas de cenas de nudez feminina. Em 1916, *Lucíola*, filme dirigido por Franco Magliani e adaptado do romance homônimo de José de Alencar, exibia uma cena de nudez da atriz romena Aurora Fúlgida. *Alma Sertaneja* (1919), de Luiz de Barros, revelava a protagonista Otília Amorim banhando-se nua em uma cascata. Mais tarde, *Vício e Beleza* (1926), de Antônio Tibiriçá, mostrava as protagonistas Yolanda de Maio e Lolita Rosa seminuas. O filme de Tibiriçá é tido como o primeiro filme erótico nacional. No mesmo ano, *Depravação*, de Luís de Barros, focalizava "antros ignóbeis sem higiene e luxuosas casas de sonhos onde se fuma ópio e se aspira cocaína em cenas realistas onde emprestam colaboração mulheres de rara beleza e corpos perfeitos" – dizia um jornal carioca da época[16]. Bem depois, em 1951, Virgínia Lane aparecia dançando seminua em *Anjo do*

Lodo, também dirigido por Luís de Barros. Daí o cinema nacional desenvolveu mais o erotismo em cena, sempre esbarrando nas restrições morais de sua época, até culminar nas pornochandas nos anos de 1970 e naquele que é tido como o primeiro filme pornográfico brasileiro, *Coisas Eróticas* (1982), de Raffaele Rossi.

Nas décadas de 1920 e 1930, os filmes propriamente pornográficos potencializaram suas transgressões morais, bem como sua narrativa e estética. Muito disso por conta do advento das novas tecnologias da época – novas câmeras, novas películas, novos formatos, o advento do som e da cor etc. – que favoreceram o aprimoramento narrativo e técnico. Ao mesmo tempo, com o desenvolvimento da linguagem cinematográfica, a pornografia passou, aos poucos, a ser domesticada por uma cultura de massas que já assimilava os códigos sexuais e diegéticos sem muito espanto. É notável, por exemplo, um filme francês intitulado *Devoirs de vacances* (também chamado *Holiday Homework*, 1920) com apuro estético-narrativo e cujas transgressões morais deixam a produção francesa *L'Âge d'or* (A Idade de Ouro, 1930), de Luis Buñuel, com ares de sessão da tarde. Há sexo explícito entre freiras que, entre uma reza e outra, se masturbam e se entregam às práticas sadomasoquistas na sacristia. A blasfêmia sexual não para aí: um cachorro é constrangido a fazer felação em uma delas por debaixo do hábito; um senhor entra em cena e participa da orgia surrealista, dividindo seu pênis com o cão e a freira. No fim, elas se ajoelham e clamam por misericórdia: com o terço na mão, masturbam-se e realizam sexo oral.

Assim, com os novos recursos audiovisuais, essa produção expandiu-se pelo mundo, em países como Itália, Espanha, França, Argentina e Estados Unidos, estabelecendo-se no mercado como um legítimo fetiche econômico – uma mercadoria que dá prazer, excita e ainda traz o lucro. A visibilidade do sexo, principalmente nos *stag films*, agarrou-se não apenas ao *status* de obscenidade, mas passou a fazer parte de uma cultura visual de mercantilização das imagens sexuais, motivada pelo estímulo, pelo consumo e pela repressão.

12 Divulgação do primeiro filme pornográfico brasileiro

3 EROTI

ECEM

ZAÇÃO
SURA

EROTISMO E CENSURA NO CINEMA MAINSTREAM

Se o primeiro cinema já trazia erotismo e ousadia sexual em produções como *Le Coucher de la mariée* (1896), de Albert Kirchner; *Fatima's Coochee-Coochee Dance* (1896), de Thomas Edison; e *Après le bal* (1897), de Georges Méliès, os *stag films* desmascaravam o sexo em sua totalidade, levando-o para a cena explícita. Neles, a representação visual do sexo era direta, objetiva e comunicativa aos propósitos pornográficos. Contudo, a "narratividade" e a estética dos *stag films* não eram tão aprimoradas, se comparadas à linguagem narrativa do cinema *mainstream*, que se estruturava concomitantemente ao tabu pornográfico. Fato é que o cinema pornográfico, em seu início, andou nas margens do *mainstream*, não teve sua narrativa erótica tão domesticada pelo puritanismo da época, pois ficou encarcerado em seu nicho, à parte do circuito comercial, próximo da realidade do "teatro de variedades" dos *vaudevilles*, salas de cinema da época que surgiram "com conotações exclusivamente eróticas – que, em geral, funcionavam anexos aos chamados 'salões de curiosidades' (*curio halls*, que exibiam coisas como mulheres barbadas, anões, bichos de duas cabeças e outras aberrações) dos *dime museums* (museus cujas atrações custavam dez centavos). Mas nas últimas décadas do século XIX o *vaudeville* já estava deixando de ser um espaço pervertido" (com público predominante de homens, de classe baixa, com bebidas alcoólicas, prostitutas), segundo Flávia Cesarino Costa[1].

Depois das "ousadias" de Edison, Méliès e Kirchner, e do advento promissor dos *stag films*, o *mainstream* continuou a abordar o sexo à sua maneira. Assim, após 1915, a representação do desejo sexual continuou a ser dramatizada em tramas que aludiam ao envolvimento sexual por meio de metáforas, simbolismos, elipses, *closes*, olhares e silêncios – e isso mesmo antes das restrições sexuais do Código Hays que se estabeleceu em 1934, nos Estados Unidos.

As produções erotizavam a cena por meio de corpos nus, casais namorando na cama, jogos de sedução, flertes, homens e mulheres com vestes íntimas, beijos prolongados, abraços apertados etc. O desejo sexual no *mainstream* acompanhava a lógica da ficção, de uma construção imaginária em torno do sexo, diluindo-o na diegese. Mas, de todo modo, segundo Nuno César Abreu, "a representação do obsceno continuou seu percurso, seja pelas formas arrevesadas dos filmes científicos, seja na sombra pesada da clandestinidade *hard-core*, seja pela conquista do nu sob feição ficcional *soft-core* à luz do dia da legalidade"[2]. Miguel Ángel Barroso fez um levantamento dos *stag films* desse período, que, embora sem autoria conhecida, foram preservados em cinematecas europeias: *El Confesor* (1919-1921), *The Goat* (1920-1926), *Consultorio de Señoras* (1923), *El Ministro* (1923), *The Casting Couch* (1924), *Saffo e Priapo* (1922) – este com autoria atribuída a Gabriellino D'Annunzio. E, conforme acervo digitalizado por Michel Reilhac no documentário *Polissons et Galipettes* (2002), verificamos outras produções francesas do período: *Agénor fait un levage* (1925); *The Musketeer's Dinner* (1920); *Devoirs de vacance* (também chamado *Holiday Homework*, 1920); *L'Atelier faiminette* (1921); *La Voyeuse* (1924); *L'Heure du thé* (1925); *School for Spanking* (1925); *Miss Butterfly* (1925); *Mr. Abbot Bitt at Convent* (1925); *Massages* (1930), entre outros[3].

Abreu percebe que, no cinema *mainstream*, a ampla produção "pseudo ou protoerótica" teve abordagem sexual mais evidente, explícita, mas não pornográfica, a partir de *Traffic in Souls* (1913), de George Loane Tucker, filme de caráter documental sobre o tráfico sexual de escravas brancas nas ruas de Nova Iorque, Estados Unidos. O sucesso de público foi tamanho que, na estreia, em novembro de 1913, uma multidão aglomerou-se na entrada do Webber's Theatre, na Broadway. Custou 5,7 mil dólares e rendeu 450 mil dólares. Foi um dos primeiros filmes a demonstrar que o sexo nas telas era rentável, tanto que, na mesma época, outras produções abordaram temas similares sob o viés melodramático: *The Inside of the White Slave Traffic* (1913), de Frank Beal; *Damaged Goods* (1914), de Tom Ricketts; *The Sex Lure* (1916), de Ivan Abramson. Nesses filmes, o corpo era explorado e despido, visto ora como objeto de desejo, ora como maldição satânica, ora como inspiração divina, ora como estímulo sexual rentável.

O erotismo restringia-se à nudez e era mais evidenciado pela exploração visual do corpo das mulheres, como nas personagens de Lulu (Louise Brooks) em *Die Büchse der Pandora* (A Caixa de Pandora, 1929), de Georg Wilhelm Pabst; e Lola (Marlene Dietrich) em *Der blaue Engel* (O Anjo Azul, 1930), de Josef von Sternberg. As atrizes despiam-se em ficções e documentários, como: Margaret Edwards em *Hypocrites* (1915), de Lois Weber; Audrey Munson em *Inspiration* (1915), de George Foster Platt; Annette Kellerman em *A Daughter of the Gods* (1916); de Herbert Brenon; June Caprice em *The Ragged Princess* (1916), de John G. Adolfi; Yvonne Gardelle em *The Tree of Knowledge* (1920), de William C. de Mille; entre outros filmes mais ousados como *The Branding Iron* (1920), de Reginald Barker; *The Isle of Love* (1922), de Fred J. Balshofer; *Häxan* (1922), de Benjamin Christensen; *Lover's Island* (Ilha dos Namorados, 1925), de Henri Diamant-Berger; *Das Spielzeug von Paris* (1926), de Michael Curtiz; *Glorifying the American Girl* (Glorificação da Beleza, 1929), de Millard Webb; *In the Line of Duty* (1931), de Bert Glennon; *Red Dust* (Terra Abrasadora, 1932), de Victor Fleming. Isso não significou que não existissem abordagens eróticas focadas no corpo masculino. Em *The Sheik* (Paixão de Bárbaro, 1921), de George Melford, *Blood and Sand* (1922), de Fred Niblo, e *The Son of the Sheik* (O Filho do Sheik, 1926), de George Fitzmaurice, Rudolph Valentino provocava fantasias românticas e eróticas nos espectadores, seduzindo com suas personagens seminuas. Em uma cena de *Paixão de Bárbaro*, a personagem de Rudolph Valentino rapta a senhora Diana Mayo, vivida por Agnes Ayres, para sua tenda. Ela, de imediato, pergunta: "Por que me trouxe aqui?" Ele responde: "Serás mulher suficiente para saber". O corpo musculoso seminu de Ramon Novarro em *Ben-Hur: A Tale of the Christ* (Bem-Hur, 1925), de Fred Niblo, também provocava o mito erotizado do herói, que depois foi potencializado pelos protagonistas de *Don Juan* (1926), de Alan Crosland; *Casanova* (1927), de Alexandre Volkoff; e *Tarzan the Fearless* (Tarzan, o Destemido, 1933), de Robert F. Hill.

Os peitorais masculinos prometiam erotismo: Peter, personagem de Clark Gable, em *It Happened One Night* (Aconteceu Naquela Noite, 1934), de Frank Capra, abria a camisa para Ellie, interpretada por Claudette Colbert, insinuando sexo. Em *A*

1 Theda Bara em cena de **Cleópatra** (1917), de J. Gordon Edwards.

Streetcar Named Desire (Um Bonde Chamado Desejo, 1951), de Elia Kazan, Stanley, vivido por Marlon Brando, extravasava desejo dentro da regata suada ao clamar pela amada Stella, a atriz Kim Hunter. Mas os peitorais masculinos poderiam excitar demais o público: depois que William Holden mostrou seu peito cabeludo e o público incendiou-se, ele se viu obrigado, por ordem da produção, a raspá-lo antes de aparecer em uma cena de *PicNic* (Férias de Amor, 1955), de Joshua Logan, para não parecer tão "obsceno".

O estereótipo do vampiro também permitiu certo simbolismo sexual: o "monstro" penetrava explicitamente suas vítimas pela dentada no pescoço, em um ato de possessão simbólica, troca de fluidos e prazer erótico. Em 1915, foi filmado *A Fool There Was*, dirigido por Frank Powell, o primeiro filme de Theodosia Goodman, famosa como Theda Bara. Ela se tornou a *vamp* do cinema mudo, a instigante musa mórbida que exclamava: "Kiss me, my fool!" Theda Bara fez dezenas de filmes, incluindo o clássico *Cleopatra* (1917), de J. Gordon Edwards. Ao lado das *vamps* apareciam

2 Bela Lugosi em **Drácula** (1931), de Tod Browning.

ícones sexuais com caracterização oposta: a castidade da virgem associada ao sacrilégio. É o caso de Clara Bow, amiga do cineasta David Griffith, que, aos dezesseis anos começou sua carreira atuando em *Pippa Passes; or, The Song of Conscience* (1909) e logo atingiu a fama, pelo corpo juvenil e olhar inocente, em filmes como *Daddy-Long-Legs* (1919), de Marshall Neilan; *Pollyanna* (1920), de Paul Powell; e *Hula* (1927), de Victor Fleming.

Renomados cineastas abordaram o desejo erótico em representações ousadas para a época: Cecil B. DeMille questionou a moral e o casamento em *Male and Female* (Macho e Fêmea, 1919), *Why Change Your Wife* (1920) e *Adam's Rib* (1923); sem contar seus épicos bíblicos em que a nudez era constante. Uma cena de *The Cheat* (Enganar e Perdoar, 1915) mostrava uma mulher endividada que tinha suas roupas arrancadas pelo brutal credor que desejava o pagamento da dívida com sexo. As costas nuas da credora eram marcadas com ferro em brasa após ela resistir ao estupro. Griffith explorou o corpo de Lillian Gish em *The Birth of a Nation* (O Nascimento de uma Paixão, 1915) e *Intolerance: Love's Struggle Throughout the*

Ages (Intolerância, 1916), além de mostrar com frequência homens beijando-se na boca, bem como as mulheres, como prova e "selo" de uma grande amizade, conforme analisou Luiz Nazario[4].

Erich von Stroheim fez *Foolish Wives* (Esposas Ingênuas, 1922), *The Merry Widow* (A Viúva Alegre, 1925) e *Queen Kelly* (Minha Rainha, 1929), filmes cujo subtexto sexual rondava temas como a fidelidade e a virgindade. Charles Chaplin mostrou um atrapalhado beijo entre homens em *Behind The Screen* (1916). Três anos depois, o alemão Richard Oswald representou o homoerotismo entre homens em *Anders als die Anderen* (Diferente dos Outros, 1919), com a colaboração do pioneiro da sexologia mundial Magnus Hirschfeld. Quanto ao lesbianismo, *Mädchen in Uniform* (Mulheres de Uniforme, 1931), de Leontine Sagan, com direção artística de Carl Froelich, abordava a atração sexual entre mulheres em um colégio interno. Realizado em plena efervescência do movimento nazista, ao qual Froelich logo aderiria, o filme parece sugerir a necessidade de canalizar a homossexualidade feminina para o culto do *Führer*, redirecionando a paixão entre alunas para a jovem professora.

Nos Estados Unidos, durante os anos de 1920 e 1930, além das comédias com teor sexual protagonizadas por Mae West e dos seriados de Tarzan provocarem e desafiarem a "boa" moral da época, outras produções apostavam em tramas de sedução amorosa, casamentos desajustados e desordem social. São exemplos os filmes de George Melford (*The Sheik*, 1921); Fred Niblo (*The Mysterious Lady*, A Dama Misteriosa, 1928); Howard Hughes (*Hell's Angels*, Anjos do Inferno, 1930); Wesley Ruggles (*The Plastic Age*, Luar, Música e Amor, 1925); Robert Z. Leonard (*The Divorcee*, A Divorciada, 1930); entre outros "ousados" para a época, como *Manslaughter* (1922), de Cecil B. DeMille; *Prodigal Daughters* (Filhas Pródigas, 1923), de Sam Wood; *The Temptress* (Terra de Todos, 1926), de Fred Niblo e Mauritz Stiller (não creditado); *The River* (O Rio da Vida, 1929), de Frank Borzage; *Our Blushing Brides* (Noivas Ingênuas, 1930), de Harry Beaumont; *Night Nurse* (Triunfos de Mulher, 1931), de William A. Wellman; *Girls about Town* (Pra Que Casar, 1931), de George Cukor; *The Easiest Way* (Tentação de Luxo, 1931), de Jack Conway; *Red-headed Woman* (A Mulher Parisiense dos Cabelos de Fogo, 1932), de Jack Conway; *Three on a Match* (Três... Ainda É Bom, 1932), de Mervyn LeRoy; *Faithless* (Mulher Infiel, 1932), de Harry Beaumont; *Call Her Savage* (Sangue Vermelho, 1932), de John Francis Dillon; *Terra Abrasadora* (1932), de Fleming; *Scarface: The Shame of the Nation* (Scarface: A Vergonha de uma Nação, 1932), de Howard Hawks e Richard Rosson; *Footlight Parade* (Belezas em Revista, 1933), de Lloyd Bacon; *Gold Diggers of 1933* (Cavadoras de Ouro, 1933), de Mervyn LeRoy; *Employees' Entrance* (Negócio É Negócio, 1933), de Roy Del Ruth; *Convention City* (Que Semana!, 1933), de Archie Mayo; *Ex-lady* (Amante do Seu Marido, 1933), de Robert Florey; *Ladies They Talk about* (Mulheres do Mundo, 1933), de Howard Bretherton e William Keighley; *The Story of Temple Drake* (Levada à Força, 1933), de Stephen Roberts; *Flying Down to Rio*

(Voando Para o Rio, 1933), de Thornton Freeland; *Of Human Bondage* (Escravos do Desejo, 1934), de John Cromwell.

Nesse período, Hollywood trazia esses temas polêmicos ao *american way of life*, mas, ao mesmo tempo, construía um *star system* tão admirado pelo público que não deixava de desejar seus ídolos nas telas, mesmo que o mais explícito entre os ídolos fosse a tão esperada cena de beijo entre os amantes. Os beijos eram tão cinematográficos, coreografados, romantizados que muitos deles tornaram-se clássicos por representarem mais do que um ato físico de prazer: indicavam alguma transgressão da norma ou mesmo, dependendo do contexto, uma metáfora do sexo, como os beijos entre John Barymore e Dolores Costello em *The Sea Beast* (A Fera do Mar, 1926), de Millard Webb; Greta Garbo e John Gilbert em *Flesh and the Devil* (A Carne e o Diabo, 1926), de Clarence Brown. Ou, ainda, o beijo amistoso entre Charles "Buddy" Rogers e Richard Arlen, que protagonizaram um beijo gay no drama de guerra *Wings* (Asas, 1927), de William A. Wellman e Harry d'Abbadie d'Arrast (não creditado). Temos ainda o beijo como prova de amor que fez o trânsito parar em *Sunrise: A Song of Two Humans* (Aurora, 1927), de Friedrich Wilhelm Murnau; o beijo de Rhett Butler (Clark Gable) que provocou o desmaio de Scarlett O'Hara (Vivien Leigh) em *Gone with the Wind* (E o Vento Levou, 1939), de Victor Fleming e George Cukor. A diversidade sexual aparecia nas personagens de Marlene Dietrich em *Morocco* (Marrocos, 1930), de Josef von Sternberg, e de Greta Garbo em *Queen Christina* (Rainha Cristina, 1933), de Rouben Mamoulian, e *The Painted Veil* (O Véu Pintado, 1934), de Richard Boleslawski – filmes nos quais as duas maiores divas do cinema beijavam livremente suas admiradoras. Porém, com as limitações que viriam com o Código Hays, os beijos tornam-se cada vez mais discretos, porém mais simbólicos. Um beijo no fim da trama poderia sugerir algo mais que um *happy end*: o fim da virgindade, um pacto, a união do casal, a penetração. E mesmo uma cena *sem beijos* era simbólica, como aquela em que Humphrey Bogart e Ingrid Bergman se despedem em *Casablanca* (1942), de Michael Curtiz.

Por conta dessa aura de *glamour* e erotização explícita, Hollywood era considerada pela opinião pública como a "cidade do pecado", não apenas pelas tramas sexualizadas, mas também pelos bastidores, comemorações e *wild parties* envolvendo escândalos entre as celebridades. Em 1921, a imagem do pecado aumentou quando Roscoe "Fatty" Arbuckle, comediante da época, foi acusado de estuprar, com uma garrafa, e matar, em uma de suas *parties*, Virginia Rappe, uma aspirante à atriz hollywoodiana. Outros dois casos polêmicos cooperaram: o assassinato do diretor William Desmond Taylor e a morte por *overdose* do ator Wallace Reid, considerado o "amante perfeito" nos filmes da época. Desde então, grupos religiosos e políticos clamaram por "decência no cinema", levando ao estabelecimento do Código Hays, que passou a controlar, dentro dos estúdios, as imagens do obsceno, antes que o poder externo do governo atendesse às reclamações moralistas e agisse proibindo-as, acarretando grande prejuízo: cenas de conteúdo sexual – beijos, abraços, afetos demasiados, cenas de cama – e imagens com impacto visual foram proibidas. Esse controle também atuou na distribuição dos filmes estrangeiros que chegavam aos Estados Unidos, prendendo-os nos serviços alfandegários ou mutilando cenas indevidas. O sexo assumiu então a forma perversa do tabu no cinema diante da hipótese repressiva. Como toda censura que se faz por meios negativos, ela se revelou ambígua: o cinema erotizou-se ainda mais por meios simbólicos. Ramón Freixas e Joan Bassa aludem que "o sexo é um perfeito campo para que os censores exerçam sua função [...] o sexo é algo que ocupa espaço físico, é medido em centímetros e, se depender, até em centímetros cúbicos"[5].

Mas, mesmo antes da autorregulamentação do cinema norte-americano em 1934 sob a pressão das diversas igrejas unidas pelo moralismo, já era evidente desde os primeiros filmes do período silencioso certo furor dos censores políticos diante de produções "obscenas" que mostravam beijos ousados, danças sensuais e tramas conjugais, como os filmes de Edison, George Fleming, Edwin Porter, Frederick S. Armitage, David Hartford e DeMille. Como os filmes foram se tornando cada vez mais públicos, massificados, a repressão ao cinema logo aperfeiçoou suas táticas por meios legais e de dispositivos de restrição etária. Carlos Araújo elaborou um panorama com a cronologia da censura, em vários países, desde o primeiro cinema:

3 O beijo final de **Asas** (Wings, 1927), de William A. Wellman.

na França de 1909, o Ministério do Interior estabeleceu a censura, equiparando os filmes aos "espetáculos de curiosidades", geralmente tidos como burlescos e obscenos. No mesmo ano, a censura era estabelecida na Suécia. Na Inglaterra, no mesmo ano, foi aprovado o Cinematograph Act e, em 1912, o British Board of Film Censors (BBFC), órgão independente, não governamental, fruto da própria indústria cinematográfica, que controlava a produção dos filmes ingleses. O BBFC vigorou até 1984, quando foi substituído pelo sistema de restrição etária, marcado pelo uso de selos que indicavam para que público e idade o produto se destinava. Ainda hoje ele atua firmemente[6].

Entre 1913 e 1920, a censura também foi instaurada em países como Dinamarca, Estados Unidos, Alemanha, Holanda, Itália, Espanha, Portugal e Bélgica. Em 1915, a Suprema Corte dos Estados Unidos via o cinema como uma indústria como outra qualquer, cujos "produtos" deveriam ser inspecionados antes do lançamento no mercado. Tanto que, como exemplo, por questões ideológicas e de mercado, *Enganar e Perdoar* foi interdito e retalhado em vários estados, bem como a ampla produção de Stroheim – um dos cineastas desse período que mais sofreu com as mutilações em seus filmes por serem vistos como satíricos, obscenos ou longos demais, não lucrativos. Entre seus longas-metragens, *Esposas Ingênuas* foi reduzido de 21 para catorze bobinas pelos produtores que achavam o filme longo demais, e as cenas de sátira também foram vetadas. *Greed* (Ouro e Maldição, 1924), de Erich von Stroheim, foi o recordista: cortado de 36 (mais de oito horas de duração) para dezesseis bobinas (quatro horas de projeção). Como se isso não bastasse quanto ao filme original, na França, os censores, acompanhados de produtoras e distribuidoras, "inventaram" outra versão do filme, que durava apenas duas horas. Mesma sina ocorreu com *A Viúva Alegre*, também de Stroheim, que passou de catorze para dez bobinas, e *The Wedding March* (1927), que de 24 bobinas foi encurtado para dezesseis e com montagem final elaborada por outro cineasta, Sternberg. Um legítimo filme-frankenstein, todo retalhado e ainda assim genial.

No Brasil, embora não existisse uma censura oficial do cinema, como na ditadura militar posterior, havia a marca que restringia as exibições tidas como obscenas somente para adultos, conforme anunciava um jornal carioca de 1921 sobre as novidades do Cinematógrafo Edison, localizado na rua do Ouvidor, na capital do Rio de Janeiro, que distinguia um programa familiar da imoralidade: "Os espetáculos realizados nos domingos e dias santificados são dedicados às exmas. famílias e às crianças, pois, nessas apresentações não há nada imoral. Aproveitem porque é por poucos dias."[7] Essa sala de cinema exibia constantemente sessões de filmes com conteúdo sexual restrito "para maiores", desde filmes estrangeiros das companhias Pathé (França), Nordisk (Dinamarca), Cines (Itália), Bioskop (Alemanha), Edison (Estados Unidos) e Biograph (Estados Unidos) até produções nacionais.

• •

Vale ressaltar que nos Estados Unidos, antes mesmo do Código Hays, e na Inglaterra, a partir dos anos de 1920, ambos produziram propagandas conservadoras antipornografia sob a embalagem dos *sex hygiene films*, série de filmes temáticos de "higiene e saúde sexual", criados a partir do reacionário viés biopolítico higienista que pretendia alertar a população sobre as doenças venéreas e sobre o mal que as "perversões" sexuais, como a pornografia, traziam ao homem[8]. Os filmes buscavam a saúde da nação, orientando inclusive os soldados da Segunda Guerra Mundial a não terem relações sexuais com prostitutas, vistas como inimigos sociais e sexuais. Neles, o sexo era visto como impuro, maléfico e perverso. É o que aborda *Sex Hygiene* (1942), filme dirigido pelo cineasta John Ford, que focou as sequências dramáticas, e pelo médico Otto Brower, que detalhou as doenças venéreas. Roteirizado por W. Ulman, o longa-metragem faz uma imersão no cotidiano dos cabos do Exército. Na diversão, um deles resolve envolver-se com uma prostituta e acaba contraindo uma doença sexual. Por isso, para a repercussão contrária, sua representação visual diegética era limpa e saudável – sempre associada à família, aos bons costumes e à limpeza. Tal como no Código Hays, estavam reprimidas as possibilidades do desejo sexual (homossexualidade, masturbação, orgia, lesbianismo, bissexualidade, fetichismo etc.) e as técnicas favorecidas pela moderna ciência sexual (aborto, inseminação artificial, preservativos etc.). O universo da pornografia era associado ao submundo da prostituição, ambos abomináveis em filmes como *Pitfalls of Passion* (1927), produzido por Sam Steamship Millard e dirigido por Leonard Livingstone, e *Is Your Daughter Safe?* (1927), de Louis King e Leon Lee, um melodrama "educativo" considerado pela revista *Variety* da época como o mais forte e ousado filme de higiene já feito[9].

Na Inglaterra, a série *The Joy of Sex Education*[10], de 1917 a meados dos anos de 1970, apontava condutas morais e comportamentais para uma sexualidade sadia. Revelava por imagens explícitas de doenças e com um narrador em cena, ou em *off*, advertências sexuais para soldados (sobre o sexo promíscuo), adolescentes e estudantes (os "riscos" da puberdade), meninas (sobre gravidez indesejada) e casais (como ter um bom casamento). Em todas as abordagens, a homossexualidade era vista de modo negativo. Já nos Estados Unidos, a abordagem era mais direta, principalmente nos filmes dos anos de 1960. Eles deixavam evidente sua tese moral no próprio título. *Sex Madness* (1938), de Dwain Esper, discutia orgias, festas libertinas e promiscuidade, terminando com um alerta sobre a sífilis. *Birth of a Baby* (1938), de A. E. Christie, trazia a maternidade como ideal de vida. *Perversion for Profit* (1965) e *Anti-pornography Film* (1965), ambos de Charles Keating (produção), atacavam a indústria do sexo, alegando que a pornografia perverte a mente. *Social--sex Attitudes in Adolescence* (1953), de Crawley Films (produção), apostava em uma trajetória de vida idealizada: mostrava como dois jovens se apaixonaram para depois seguirem em uma relação sexual estável e finalmente se casarem. *Physical Aspects of Puberty* (1953), de Crawley Films (produção), *Molly Grows Up* (1953), diretor não creditado, e *Your Body During Adolescence* (1955), de Harold S. Diehl e Anita D. Laton, versavam sobre os desejos sexuais, as emoções e as mudanças corporais dos adolescentes. *Girls Beware* (1961), de Davis (Sid) Productions, ensinava as mulheres como manterem a castidade e a "pureza" para os homens. *Boys Beware* (1961), de Sid Davis, filme anti-homossexualidade, alertava sobre os perigos de se tornar gay ou de se misturar com eles, inimigos "contagiantes" capazes de potencializar os conflitos e as revoluções internas. Eventualmente, além do discurso médico, os filmes traziam certo ranço religioso, com citações bíblicas que criavam empatia com o público fiel e ainda davam indícios para legitimar a tese final. Nos Estados Unidos, as produções eram independentes e articuladas à American Social Health Association (ASHA), organização fundada em 1914, e às políticas locais, que geralmente buscavam apoio moral nos grupos religiosos conservadores, já que as exibições eram circulantes por diversas cidades. As produções eram curtas e médias-metragens, ficcionais e com personagens, outras documentais e com apresentadores, que geralmente traziam o aval médico-legal[11].

Após a incursão da ideologia conservadora dos *sex higyene films* no Código Hays, ela metamorfoseou-se em publicidades e comerciais televisivos, após os anos de 1960 e até hoje – como veremos adiante –, que estilizaram os ideais higiênicos e sexuais em prol das políticas do corpo do século XXI, antipornográficas e de controle da prática sexual, como em algumas políticas religiosas de evangélicos e católicos.

Constatamos que cada país exerceu sua censura cinematográfica de acordo com o moralismo vigente, os interesses comerciais, a legislação e os fins políticos, muitas vezes aleatórios. Em alguns casos, a censura dependia, por exemplo, da influência da Igreja e da política local. Vale ressaltar que o conceito de pornografia, aliado à legislação, recebe em cada país uma definição e uma advertência diferente. Isso revela que a censura é uma ideologia repressiva que, por ser assim, se relaciona com a moral de seu momento histórico, sendo, portanto, cambiável ao *efeito obsceno* que o *status* da arte proporciona. Uma cena tida anteriormente como obscena hoje pode soar como pífia. Mas por que um filme ou uma cena pode incomodar tanto os governos? É evidente que "não é certamente o cinema que deteriora os costumes. O problema é bem mais vasto: está em questão toda a base moral da sociedade"[12], comentou o cineasta Michelangelo Antonioni.

Não entraremos no exame da censura nos regimes totalitários e ditatoriais, como a Itália de Benito Mussolini, a Alemanha de Adolf Hitler, a Rússia de Josef Stálin e, mais tarde, a China de Mao Tsé-Tung e mesmo a ditadura militar no Brasil, que censurou centenas de filmes nacionais e estrangeiros acusados de obscenidade, pornografia e indecência aos "bons costumes" do país. Convém lembrar apenas que a censura totalitária não elimina necessariamente a expressão do desejo, que passa a emergir por meios simbólicos e do *underground*. Hoje, no Ocidente a censura oficial ao cinema praticamente deixou de existir, apesar das pressões constantes dos grupos religiosos e das restrições etárias enviesadas das produtoras e distribuidoras[13]. Em muitos países islâmicos fundamentalistas, encontramos listas intermináveis de proibições. Portanto, não pretendemos fazer aqui uma história da censura no cinema mundial; focaremos apenas o cinema norte-americano, controlado pelo Código Hays, de 1934 a 1966.

O SEXO CENSURADO: O CASO DO CÓDIGO HAYS

Para impor a "decência" no cinema norte-americano, foi instituída, em 1927, uma lista chamada *Don'ts and Be Carefuls*, acoplada à Motion Picture Producers and Distributors of America (MPPDA) e advogada por Will Hays, membro da Igreja presbiteriana e amigo do então presidente norte-americano Herbert Hoover. Para legitimar suas restrições perante o governo e Hollywood, vários acordos foram firmados entre ligas sociais e religiosas, que logo aderiram à repressão: a Legião da Decência, formada por bispos e fiéis católicos; as associações protestantes; a Liga Civil de Massachusetts; e algumas organizações judaicas e cristãs, todas entusiasmadas com a censura ao cinema.

Em 31 de março de 1930 foi adotado o Código Hays – também chamado de Código de Produção –, contudo, apenas em 1934 é que sua aplicação passou a ser efetivada, supervisionada pela Production Code Administration (PCA) e administrada pelo católico Joseph Breen até 1954. Até 1956 não houve grandes alterações em seus dogmas, mesmo com a saída de Breen; os códigos continuaram atuando nas produções hollywoodianas. Isso não afetou diretamente o *underground* norte-americano nem o cinema pornográfico, já que ambos tinham produções e experimentos visuais restritos a um circuito produtor/exibidor cineclubista, marginalizado ou privado. Segundo os dogmas do Código Hays, os filmes deveriam ser bons exemplos, sempre dirigidos para o lado fantasioso e casto da vida, de um mundo sem sexo (ou sem a visibilidade dele), crime ou perversão. Lia-se logo no início de seus Princípios Gerais:

> Não se produzirá qualquer filme suscetível de baixar a moralidade daqueles que o verão. Assim, a simpatia do público nunca tenderá para

os vícios, o pecado e o mal. Mostrar-se-á um modo de vida decente, dependendo apenas das exigências da intriga e do divertimento. Não se porá a ridículo a lei, natural ou humana, e não se promoverá simpatia por aqueles que a violem.[1]

O obsceno estava proibido. As instituições religiosas e familiares deveriam manter-se nas tradições sacramentadas: "a santidade da instituição do casamento e do lar será mantida. Nenhum filme dará a entender que as relações ocasionais ou promíscuas sejam aceitáveis ou comuns" – alertava Hays[2]. Adiante, "a paixão deverá ser tratada de forma a não estimular as emoções mais básicas"[3]. Por isso, cenas retratando a primeira noite de sexo eram vetadas. O moralismo era tão grande que mostrar um homem e uma mulher deitados juntos na mesma cama, mesmo vestidos, estava vetado. E mais: os maridos tinham que manter um pé no chão enquanto beijavam suas esposas; as camas separadas substituíam as camas de casal, de modo que no estrangeiro criou-se a ideia de que os casais norte-americanos não gostavam muito de sexo e preferiam cada qual dormir em sua própria cama ou, como ironizou o escritor George S. Kaufman com alguma imprecisão: "[nos filmes] quando duas pessoas estavam na cama tinham que ser casadas ou estarem mortas"[4]. Na verdade, os filmes raramente mostravam os casais, por mais bem-casados, deitados juntos na mesma cama.

Entre as proibições, o código também censurava pornografia; nudez (inclusive o umbigo); sedução; cenas contra a nação ("o sentimento nacional deve ser tratado com consideração e respeito"); imigração de pessoas; homicídio ("a técnica do homicídio será mostrada de maneira a não suscitar a sua imitação"); prostituição; contrabando;

violação da lei ("a vingança na época contemporânea não será justificada"); estupro; sedução de garotas; cenas de paixão ("não devem ser introduzidas se não forem absolutamente essenciais à intriga"); beijos prolongados, principalmente se a intensidade fosse realçada (nunca podiam ser dados de lábios abertos e de língua); exibição da genitália infantil; alusão ao amor entre brancos e negros; suicídio; crueldade contra animais; higiene íntima; subversão da família ("o caráter sagrado da instituição do casamento e do lar será mantido"); perversão sexual (entendida como tudo aquilo que fugisse dos "padrões" sexuais); homossexualidade; ridicularização de funcionários públicos; masturbação; adultério e qualquer comportamento sexual "ilícito" ("se necessários para a construção da intriga, não devem ser tratados explicitamente, nem justificados, nem apresentados de forma atraente"); orgias; cenas intensas de paixão ("não devem ser introduzidas se não forem absolutamente essenciais à intriga […] nunca se deve ir além da sugestão, e somente quando são suscitadas pela ação. Nunca se deve mostrá-las de maneira explícita"); uso de linguagem profana (que faça referência a Deus, ao Diabo, ao inferno); uso de algumas palavras e frases (geralmente gírias sexuais); posturas e gestos obscenos; ofensa deliberada contra nações, raça ou credo; ridicularização do clero; cenas de parto; abortos; cirurgias; doenças venéreas; brutalidade ou coisas repugnantes; técnicas para cometer crimes; tráfico e uso de drogas; simpatia pelo criminoso, entre outras. Quanto à nudez e às cenas de sexo, o código estabelecia:

> O recurso à nudez ou à seminudez com o simples fato de "apimentar" um filme deve ser classificado entre as ações imorais. É imoral no seu efeito sobre o espectador médio. A nudez não deve em caso nenhum ser duma importância vital para a intriga. A seminudez não deve ser traduzida por exibições inconvenientes ou obscenas. Roupas transparentes ou translúcidas e silhuetas são muitas vezes mais sugestivas do que uma nudez de fato[5].

Tratava-se de uma autocensura do próprio cinema: todos os produtores, atores, diretores e roteiristas de filmes nos Estados Unidos tinham que obedecer ao código se quisessem obter o selo de aprovação e verem seus filmes exibidos nas grandes salas de cinema. Para não irem à falência nem deixarem de produzir filmes, as grandes produtoras viram-se, sob a pressão das igrejas e das ligas moralistas, limitadas à obediência de modo direto (a multa era de 25 mil dólares pela desobediência) ou indireto: se necessárias à trama, as cenas proibidas vinham mascaradas por metáforas e simbolismos na *mise-en-scène* ou traziam diálogos de duplo sentido. Assim, grandes cineastas souberam sublimar o sexo, erotizando outros elementos da trama. Antes do código, e ainda mais depois dele, os contextos histórico ou religioso eram usados como blefe para camuflar o erotismo. Em *Intolerância*, de Griffith, há odaliscas seminuas e o rei Balthazar, que, na batalha final, se despede de seu mais fiel guerreiro com um apaixonado beijo na boca. Em *The Sign of the Cross* (O Sinal da Cruz, 1932), de Cecil B. DeMille, uma cristã nua amarrada em um poste se vê ameaçada por um gorila no Coliseu.

O filme tcheco *Ekstase* (Êxtase, 1933), de Gustav Machatý, insinuou adultério e orgasmo fora do casamento por meio de metáforas visuais. Na trama, Eva (interpretada por Hedwig Kiesler, depois conhecida como Hedy Lamarr, em Hollywood, durante os anos de 1930 e 1940) vivia um casamento de aparências com um milionário mais velho até rebelar-se e se envolver com Adam, engenheiro viril e carinhoso. O subtexto visual incidindo sobre a liberdade sexual da protagonista era claro: em uma cena, ela corria nua entre as árvores, banhava-se em um rio, livre e com prazer, depois acariciava um cavalo com expressão de prazer, até encontrar o homem de seus sonhos. O excerto, fotografado por Jan Stallich, multiplicava o corpo de Eva através de seus reflexos na água. O encontro com o novo amante era retratado por uma flor sendo acariciada, "deflorada".

4 Crédito de filme aprovado pelo Código Hays.

5 Hedy Lamarr em cena do filme tcheco **Êxtase** (Extase, 1933), de Gustav Machatý

O filme teve sua importação proibida pelos serviços alfandegários norte-americanos, sendo confiscado, destruído e queimado. Na França, as plateias bradavam "Êxtase! Êxtase!", quando Eva alcançava o clímax em seu defloramento simbólico. Na Mostra Internazionale d'Arte Cinematografica (Festival Internacional de Veneza), na Itália, de 1933, o filme tornou-se um escândalo após o Vaticano protestar contra sua exibição no periódico *L'Osservatore Romano*. A polêmica prosseguiu quando Fritz Mandl, milionário austríaco da indústria armamentista e então marido de Hedwig Kiesler, ficou paranoico e tentou comprar para destruir todas as cópias do filme que restavam em uma tentativa de evitar que o mundo visse sua mulher nua. Felizmente a obra sobreviveu.

Alfred Hitchcock foi um dos grandes cineastas que souberam contornar as limitações do código. No *thriller* romântico *Notorious* (Interlúdio, 1946), driblou o veto aos beijos que durassem mais de trinta segundos, fazendo que os amantes Cary Grant e Ingrid Bergman trocassem carícias diversas vezes. Eles se beijam por até trinta segundos, conversam com os rostos próximos, acariciam-se e beijam-se novamente. Adiante, erotizou o voyeurismo de James Stewart, em *Rear Window* (Janela Indiscreta, 1954), através de sua câmera, com lentes objetivas, que penetrava na intimidade alheia da vizinha e que sublimava sua passividade no relacionamento, dada a frustração sexual da noiva, interpretada por Grace Kelly. Em *To Catch a Thief* (Ladrão de Casaca, 1955), Hitchcock lançava a provocadora questão: "Você quer perna ou peito?", durante um piquenique com a sedutora personagem de Grace Kelly vivendo uma mimada herdeira

6 Kiss (1963), de Andy Warhol. Produzido no **underground**, o artista ironizou o veto do Código aos beijos prolongados ao filmar diversos casais se beijando por mais de 50 minutos.

na Riviera Francesa. Ela se envolve com a personagem de Cary Grant, que vive John Robie, um ex-ladrão de joias. Na sequência de beijos apaixonados entre eles, a cena é acompanhada de fogos de artifício, que simbolizavam o orgasmo. *Vertigo* (Um Corpo Que Cai, 1958) revelou obsessão e certa dose de necrofilia de um homem por uma mulher idealizada. Fálica também foi a cena final em *North by Northwest* (Intriga Internacional, 1959), em que os recém-casados, vividos por Eva Marie Saint e Cary Grant, beijam-se ardentemente dentro de um confortável vagão de trem, até que ele penetra rapidamente por um túnel e o filme acaba.

Outras produções contornaram o código com os beijos que até foram cronometrados, como o caso de Regis Toomey e

Jane Wyman, que se beijam por três minutos e cinco segundos na comédia *You're in the Army Now* (Pode Ser... Ou Está Difícil?, 1941), de Lewis Seiler. Elizabeth Taylor e Montgomery Clift beijam-se romanticamente em *A Place in the Sun* (Um Lugar ao Sol, 1951), de George Stevens, em um dos maiores *close-ups* de um beijo. *From Here to Eternity* (A Um Passo da Eternidade, 1953), de Fred Zinnemann, torna-se mítico ao revelar Burt Lancaster e Deborah Kerr entre beijos e abraços na orla do mar, em meio ao bater das ondas em "orgasmo" constante. *Island in the Sun* (Ilha dos Trópicos, 1957), de Robert Rossen, rompeu com a proibição dos censores sobre as relações inter-raciais, exibindo o beijo do ator branco James Mason e da atriz negra Dorothy Dandrige. E, em *Casablanca*, o intenso beijo entre Humphrey Bogart e Ingrid Bergman só existe na imaginação do espectador. De acordo com o historiador Nazario,

> O sexo era sublimado num gesto de segurar a mão do parceiro para acender um cigarro, numa perna feminina que escorregava para fora em uma meia de seda ao se abrir a porta de um automóvel, no beijo cinematográfico no final da trama que simbolizava a relação sexual.[6]

Vale mencionar que nos anos de 1940 alguns *thrillers* do gênero *noir* também traziam sensualidade por meio da figura imponente da *femme fatale*, que seduzia homens, culminando a trama em crime, desordem e traição, em filmes como *Out of the Past* (Fuga do Passado, 1947), de Jacques Tourneur, e *The Postman Always Rings Twice* (O Destino Bate à Porta, 1946), de Tay Garnett. E existiam ainda, de acordo com A. C. Gomes Mattos, os chamados *filmes B*, filmes de exploração (*exploitation films*) que tratavam o sexo sem tabus, "abordavam temas proibidos pelos corpos de censura e mecanismos autorreguladores da indústria organizada, tais como higiene sexual, nudismo, prostituição, *striptease*, uso de drogas, atrocidades, exotismo pseudoetnográfico ou qualquer outro assunto considerado de mau gosto"[7]. Nesses filmes, o apelo sexual era tão forte que primeiro os produtores escolhiam um título bem chamativo, depois encomendavam um pôster, que era enviado para aprovação para alguns exibidores e distribuidores. Só após tê-lo aprovado é que encomendavam o roteiro, de acordo com a pesquisa de Mattos[8].

Alguns cineastas não se preocuparam tanto com as sanções por desobediência. Howard Hughes radicalizou em *The Outlaw* (O Proscrito, 1943) ao utilizar sutiãs especiais para realçar ao máximo os seios de Jane Russel, sem o selo de aprovação. O filme revelou-se um sucesso. O censor Breen, ao ver o filme na pré-estreia, criticou Hughes: "Em mais de dez anos de analista crítico de filmes, eu nunca vi nada tão inaceitável quanto as tomadas do busto da personagem Rio (Jane Russell)". Breen obrigou o diretor a cortar 37 *closes* dos seios da atriz. Hughes, porém, recusou-se a modificar a obra e, desafiando o censor, lançou o filme em 1946 em uma única sala, em São Francisco, Estados Unidos. A cópia que forneceu era a versão sem cortes e o dono da sala de cinema acabou preso sob a acusação de atentado à moral. Com esses problemas, a distribuidora United Artists resolveu ceder ao código e exibir o filme em várias cidades, lidando com os conselhos de censura locais. Essas polêmicas apenas ajudaram o *marketing* do filme, que, por onde passava, era prestigiado. Somado a isso, Hughes fez uma publicidade provocadora: contratou aviões para escrever no céu o título do filme dentro de dois balões com um pequeno círculo no meio, em uma clara referência aos mamilos de Jane Russell. Conforme Gaston Haustrate declarou, "a censura cinematográfica é uma grande atriz que desencadeia todas as paixões"[9].

Nos anos de 1950, as produções ousavam ainda mais, na medida em que o código perdia eficácia. Otto Preminger, diretor de *The Moon is Blue* (Ingênua Até Certo Ponto, 1953), utilizou na trama palavras como "virgem", "seduzir" e "amante" para enfatizar a curiosidade interrogativa da protagonista: "Não acha melhor que uma rapariga esteja preocupada com o sexo do que ocupada com ele?"[10]. Ele exibiu também, sem o selo de aprovação, *Man with the Golden Arm* (O Homem do Braço de Ouro, 1955), em que mostrava o tráfico de drogas e um viciado em heroína, interpretado por Frank Sinatra. No mesmo período, *Baby Doll* (A Voz do Desejo, 1956), de Elia Kazan, *Sweet Smell of Success* (A Embriaguez do Sucesso, 1957), de Alexander Mackendrick, e *Lolita* (1962), de Stanley Kubrick, polemizavam o sexo com adolescentes.

A Voz do Desejo foi violentamente condenado pela Legião da Decência Católica por suas insinuações sexuais, como na cena inicial em que a protagonista aparece chupando o dedo ou no jogo de esconde-esconde, acompanhada de um homem, no sótão da casa. *The Anatomy of a Murder* (A Anatomia de um Crime, 1959), de Preminger, tratava do estupro. Outros faziam referências claras ao tabu da homossexualidade: *Tea and Sympathy* (Chá e Simpatia, 1956), de Vincente Minnelli, mostrava um gay suicida; *Rebel without a Cause* (Juventude Transviada, 1955), de Nicholas Ray, insinuava a paixão reprimida entre os jovens amigos Plato, papel de Sal Mineo, e Jim Stark, interpretado por James Dean. *Cat on a Hot Tin Roof* (Gata em Teto de Zinco Quente, 1958), de Richard Brooks, aludia à homossexualidade perturbada da personagem vivida por Paul Newman, que rejeitava sua bela esposa (Elizabeth Taylor). A trama de *Suddenly, Last Summer* (De Repente, no Último Verão, 1959), de Joseph L. Mankiewicz, com roteiro adaptado por Gore Vidal da peça homônima de 1958 de Tennesse Williams, incluía fortes sugestões homoeróticas.

DA DECADÊNCIA DO CÓDIGO AO SISTEMA DE RESTRIÇÃO ETÁRIA

No fim dos anos de 1950, a decadência do Código Hays era evidente. Constantemente eram feitas concessões às novas cinematografias que afloravam nos Estados Unidos e na Europa, que traziam em doses cada vez mais explícitas tramas sensuais e contextos

eróticos sem tabus. A onda do feminismo que eclodia na América e na Europa poten-
cializava ainda mais a sexualidade nas artes. O advento dos programas televisivos mostrava *tudo* o que o código proibia. O cinema de autor europeu trazia visões bem íntimas
e autorais sobre o erotismo e as relações amorosas, principalmente nos filmes franceses como *Et Dieu… créa la femme* (E Deus Criou a Mulher, 1956), de Roger Vadim;
Les Amants (Os Amantes, 1958), de Louis Malle; e *L'Amant de lady Chatterley* (1955),
de Marc Allégret. No cinema oriental, sexualidade, violência e crime eram eviden-
ciados em Rashōmon (1950), de Akira Kurosawa. A pornografia estava disponibilizada
para toda a cultura de massas e em diversos produtos: fotos, filmes e revistas. A *Playboy*, revista de nu feminino, era distribuída em bancas de revistas desde 1953. Crescia
potencialmente o número de filmes de *stripteases*, em que as mulheres se despiam por
alguns minutos, fazendo caras e bocas que insinuavam excitação. Tais produções, francesas e norte-americanas, até hoje fascinam muitos, pelo registro *vintage* e também
pela curiosidade sexual, tanto que foram restauradas e digitalizadas na coleção *History
of Sex in American Culture*, com filmes separados pelas temáticas: *burlesque dancers,
women and show, female naked, nude, sexy girl strippers vídeo, stag night, films & parties.*

Mesmo não sendo explícitos, também havia a produção dos *burlesque films* –
filmes eróticos em 16 mm exibidos em *burlesque houses* (casas de *shows* e exibições
eróticas) –, muitos deles protagonizados pela modelo norte-americana Bettie Page,
que logo se tornou um sucesso nos Estados Unidos. A *pinup* fazia *striptease* e performances sadomasoquistas em filmes como *Striporama* (1953), de Jerald Intrator

7   **De Repente, no Último Verão** (Suddenly, Last
Summer, 1959), de Joseph L. Mankiewicz.

e *Varietease* (1954) e *Teaserama* (1955), de Irving Klaw – fotografados pelo próprio e estrelados por Lili St. Cyr. Nesses filmes, o erotismo associava-se ao riso e à diversão, conforme aponta Jorge Leite Jr.:

> Estas imagens seguiam a tradição das *pinups*, fotos ou desenhos de garotas em poses sensuais criadas durante a Segunda Guerra e feitas para os soldados, que as penduravam em seus alojamentos. […] A marca registrada de suas imagens são o sorriso nos lábios, criando um clima de brincadeira e divertimento, a espontaneidade das risadas e os sapatos de salto alto.[11]

Em 1955, um senador norte-americano investigou com o FBI a influência da pornografia na juventude do país. Considerada imoral, toda produção relacionada com Bettie Page foi vetada. Aos 34 anos de idade, ela abandonou Nova York e desapareceu do universo midiático, caindo no anonimato. Sua biografia, da fama ao anonimato foi às telas no docudrama *The Notorious Bettie Page* (Bettie Page, 2005), de Mary Harron. Na mesma época, eclodia nos Estados Unidos uma variante *teen* dos *exploitation films* que versava sobre questões relativas à sexualidade dos jovens, em filmes como *Blue Denim* (Blue Jeans: O Que os Pais Desconhecem, 1959), de Philip Dunne, e *A Summer Place* (Amores Clandestinos, 1959), de Delmer Daves. Eram exibidos ao ar livre, em *drive-ins* geralmente frequentados por jovens que buscavam sexo e diversão, temas recorrentes nesses filmes. De acordo com Mattos:

> Em 1959, a frequência dos *drive-ins* equiparava-se à dos cinemas de quatro paredes. Os exibidores promoviam os *drive-ins* como a resposta para a diversão noturna da família, uma maneira para um jovem casal com crianças pequenas evitar gastos com babás e estacionamento. […] Os operadores de *drive-ins* cortejavam os adolescentes com pistas de dança ao ar livre, programas triplos ou quádruplos especiais a partir da meia-noite. Obviamente as possibilidades românticas de um encontro no *drive-in* eram o induzimento mais poderoso para os clientes habituais.[12]

No fim dos anos de 1950 e início dos de 1960, estava em ascensão o estilo dos filmes *nudies*[13], produções em que o corpo nu era retratado de modo explícito sob o viés "naturalista", supostamente sem erotismo ou intenção sexual. Os filmes geralmente situavam-se no campo, em montanhas, praias ou locais desertos – tudo para mostrar a vida alegre e "saudável" das pessoas, em situações cotidianas, sem intenções sexuais. Apesar da permissividade do corpo, a nudez total era discreta, pois ela ainda não estava inteiramente liberada. Quem soube explorar a sexualidade dos filmes *nudies* foi o cineasta norte-americano Russ Meyer, considerado o "rei dos *nudies*". Essa exploração do sexo no cinema também recebeu o nome de *sexploitation*, que, para Mattos,

> podem ser descritos como filmes de exploração que focalizavam o nudismo, situações sexuais e atos sexuais simulados (i.e. não explícitos/*soft-core*) tendo como objetivo o entretenimento. Eles assumiram uma importância especial ao reconhecerem não somente o desejo sexual masculino, mas também o das mulheres, dos jovens e daqueles considerados de alguma forma como "desviados" dos padrões sexuais[14].

Na verdade, Meyer parodiava os *nudies* para ir além: erotizava o contexto do corpo nu, e não apenas o físico. Em *The Immoral Mr. Teas* (O Imoral Sr. Teas, 1959), o entregador de encomendas Mr. Teas, após uma visita especial ao dentista, passa a ter a visão de raio x – conferindo-lhe a possibilidade de enxergar as pessoas nuas. A naturalidade em ver o mundo todo nu converte-se em erotismo ao direcionar o olhar de Mr. Teas apenas para o corpo das mulheres, atribuindo-lhe um olhar libidinoso. Meyer assim perverte a "boa intenção" dos filmes naturalistas, criando o subgênero *nudie-cutie* (nudismo com malícia). Leite Jr. comenta sobre o filme que,

> pela primeira vez, uma fita apresentando mulheres nuas com intenções eróticas assumidas é apresentada em salas respeitáveis. O êxito foi enorme, originando o subgênero *nudie-cutie* e criando mais de cento e cinquenta imitações, tornando-se um marco do sexo no cinema. Da mesma forma, essas produções ampliam os circuitos de exibição, até então concentradas nas mãos de um pequeno grupo de empresários[15].

Os filmes de Meyer, para Mattos, embora limitados ao olhar falocêntrico, aceitaram a sexualização do outro e a erotização da realidade, contribuindo "para a 'democratização' ou revolução sexual, que estava em curso no período em que foram feitos"[16]. O *sexploitation* reinou até o fim dos anos de 1970, quando, com a popularização dos filmes *hard-core* de sexo explícito, desapareceu para sempre.

Nos anos de 1960, os tabus sexuais rondavam às claras o *mainstream* norte-americano: Billy Wilder abordava o adultério em *The Apartment* (Se Meu Apartamento Falasse, 1960) e ironizava a homossexualidade por meio do travestismo em *Some Like It Hot* (Quanto Mais Quente Melhor, 1959). Hitchcock trazia em *Psycho* (Psicose, 1960) *voyeurismo*, sedução sexual, crime, cenas sexuais na cama, nudez no banho e violação. *The Dirty Girls* (1965), de Radley Metzger, esclarecia a prostituição; e *These Three* (Infâmia, 1936), de William Wyler, o lesbianismo. *Something's Got to Give* (1962), de George Cukor, mostrava Marilyn Monroe nua em uma piscina; King Donovan revelava a nudez da *sex symbol* Jayne Mansfield em *Promises... Promises!* (1963). Em 1965, Julie Christie aparecia nua no filme britânico *Darling* (Darling:

A Que Amou Demais, 1965), de John Schlesinger, que rendeu à atriz o Oscar pela melhor atuação. No mesmo ano, Sidney Lumet revelava erotismo e nudez na trama que envolvia a prostituta negra interpretada por Thelma Oliver em *The Pawnbroker* (O Homem do Prego, 1964), primeiro filme com teor sexual aprovado pelo Código Hays. *Who's Afraid of Virginia Woolf?* (Quem Tem Medo de Virginia Woolf?, 1966), de Mike Nichols, desabafou duras verdades íntimas, morais e sexuais de um casal fracassado de intelectuais. O filme passou despercebido pelo código, que não percebeu a "imoralidade" dos diálogos.

Além deles, as produções europeias aportavam na América com temas proibidos: o cineasta espanhol Luis Buñuel mostrava *Viridiana* (1961) e *Le Journal d'une femme de chambre* (O Diário de uma Camareira, 1964), provocações que aliavam catolicismo, erotismo e política – esta última considerada por Ado Kyrou como uma "masturbação da santidade". Buñuel foi adiante com a temática da transgressão sexual em *Tristana* (1970) e, especialmente, em *Belle de jour* (A Bela da Tarde, 1967), em que uma moça burguesa, interpretada por Catherine Deneuve, descobria seus fetiches sexuais por meio da prostituição. O sueco Ingmar Bergman relacionava religiosidade, culpa e perturbação sexual em filmes metafísicos e filosóficos como *Jungfrukällan* (A Fonte da Donzela, 1960), em que uma moça estuprada e morta fazia brotar um milagre na terra; *Såsom I en Spegel* (Através de um Espelho, 1961), em que o irmão caçula supostamente efetivava um incesto por iniciativa de Karin, personagem louca que, em um contato quase erótico com Deus, trazia epifanias à realidade tenebrosa; *Tystnaden* (O Silêncio, 1963), em que mostrava reminiscências de uma relação incestuosa entre duas irmãs que viajavam juntas; *Persona* (Quando Duas Mulheres Pecam, 1966), que insinuava o afeto homoerótico entre duas mulheres, uma enfermeira e uma atriz de ópera sem voz, isoladas em uma ilha.

Nessa época, a produção sueca era vanguardista quanto à representação do sexo no cinema. Os filmes mostravam o desejo sexual inserido em narrativas mórbidas, geralmente sem muitos tabus ou vergonhas. A sexualidade era vista como uma força subversiva e necessária para a existência humana. Fredrik Eklund, do Centro Nacional da Cinematografia Sueca, chegou a afirmar sobre a censura nos anos de 1960:

> Quando as pessoas falam de censura pensam imediatamente em mulheres nuas. É um erro. A censura opõe-se à brutalidade, ao sadismo, à violência, às forças destrutivas que nos cercam. As relações entre os sexos não devem ser tratadas como algo de criminoso. A sexualidade é uma das forças estimulantes da vida. A censura sueca não tem por objetivo sufocar a arte, e é por isso que não exigimos cortes nos filmes de Ingmar Bergman. Se o fizéssemos seria como se quiséssemos castrar as esculturas gregas ou emascular Shakespeare.[17]

Erik Skoglund, diretor do Instituto Sueco de Cinema, reprimia a pornografia: "Trata-se de diferenciar pornografia e arte. Uma cena de amor normal, realista, que faz parte de um todo artístico, nunca é pornográfica. Todavia, algumas cenas isoladas podem ser pornográficas."[18] Ainda na Suécia, Joseph Sarno dirigiu *Jag: Em Oskuld* (1967), filme sobre uma virgem neurótica, Inga (Marie Liljedahl), repleta de impulsos sexuais. E o filme *Jag är nyfiken: En Film i Gult* (Sou Curiosa, Amarelo, 1967), de Vilgot Sjöman, tornou-se um marco na historiografia do cinema ao revelar, às claras, cenas explícitas de sexo e carícias sexuais dentro de um filme de arte. Embora Sjöman não limitasse seus filmes *somente* ao erotismo, engajando-os de crítica política, ele só adquiriu fama pelo forte conteúdo sexual das tramas, chegando a ser processado diversas vezes, principalmente nos Estados Unidos, por obscenidade e pornografia. Lá, o filme foi apreendido pelos serviços alfandegários; na França, suprimiram 25 minutos, além de cortarem todas as cenas que mostravam órgãos sexuais; na Itália, o filme foi autorizado de acordo com a versão francesa; na Suécia, o filme foi proibido pelo presidente oficial da Comissão de Censura, mas depois autorizado mediante uma curta batalha iniciada pelos membros dessa comissão, formada por psicólogos, educadores e intelectuais, que tornou possível sua exibição na versão original em outubro de 1967, de acordo com levantamento feito por Marcel Martin[19].

Na Itália, o erotismo viu-se reprimido pela urgência da denúncia sociopolítica motivada pelos traumas do pós-guerra – que originou um cinema crítico, o neorrealismo. Contudo, nos anos de 1960, outros cineastas escreveram em imagens um *outro cinema* mais erotizado e também deflagrador político. Antonioni fetichizou o olhar mediante temas da contracultura, do erotismo e do universo *pop* em *Blow-up* (Blow-up: Depois Daquele Beijo, 1966) e *Zabriskie Point* (1970, coproduzido nos Estados Unidos), em que os ideais marxistas levavam as personagens a uma orgia no deserto da Califórnia. *Blow-up* sofreu censura pela amizade sexual evidente do fotógrafo com as garotas; tudo no filme exaltava algo mais: as cores, as canções, as roupas, a performance.

A censura do sexo no cinema italiano, realizada dentro do próprio país, aliada à esfera política e religiosa, perseguiu Federico Fellini nos longas-metragens *La dolce vita* (A Doce Vida, 1960) e *Boccaccio '70* (1962), no curta-metragem *Tre passi nel delirio* ou *Histoires extraordinaires* (Histórias Extraordinárias, 1968), entre outros. Nos anos de 1970, Marco Ferreri e Bernardo Bertolucci também sofreram censuras. Contudo, Pier Paolo Pasolini foi o cineasta italiano mais censurado. Praticamente toda a sua produção cinematográfica foi censurada na Europa, nos Estados Unidos e na América Latina. Foi Pasolini quem impôs ao cinema comercial a nudez masculina total, em sua trilogia da vida – formada por *Il Decameron* (O Decameron, 1971), *I Racconti di Canterbury* (Os Contos de Canterbury, 1972) e *Il Fiore delle mille e una notte* (As Mil e Uma Noites de Pasolini, 1974) – e em outros filmes como *Teorema* (1968), *Porcile* (Pocilga, 1969) e *Salò o le 120 giornate di Sodoma* (Saló ou os 120 Dias de Sodoma, 1975), conforme veremos adiante.

Em 1966, o Código Hays foi abolido, ao mesmo tempo que cedia lugar ao novo código de restrições, patrocinado por Jack Valenti, presidente da MPPDA. Em 1968, o código foi substituído pela Motion Picture Association of America (MPAA), que implementou o sistema de classificações (G, M, PG, R e X) e de recomendação etária. Em tese, o novo sistema foi concebido para ter o caráter meramente informativo, descrevendo previamente ao espectador o conteúdo do filme que veria. Contudo, esse indicativo também se tornou aleatório. O que define uma cena como mais ou menos obscena que a outra? É possível classificar a violência em menos ou mais violenta? Definir um filme todo por uma breve cena de sexo ou violência não é limitá-lo em sua complexidade narrativa? "Não tem sentido perguntar se a censura tem alguma validade quer do ponto de vista moral quer artístico. [...] E não me falem de censura preventiva: é um absurdo"[20], declarou Antonioni. "A censura é sempre censura: uma dor de cabeça é sempre uma dor de cabeça. [...] Não é com as censuras, ou seja, com meios negativos, que se educa o autor e o público, mas sim com meios positivos, pois a educação deve ser uma contribuição, não uma subtração"[21].

Assim, esse sistema de classificações passou indiretamente a proscrever os filmes, definindo-os somente, por exemplo, com base em cenas de nudez/insinuações sexuais (que levavam a classificação R) ou cenas eróticas, de nu frontal masculino e de sexo explícito (levavam a classificação X) – esquecendo todo o restante do filme. Isso trouxe um efeito ambíguo: dizer que os filmes tinham classificação R ou X incitava ainda mais o público a vê-los, graças ao caráter sexual, que atraía o grande público para ver o sexo em proporções gigantescas. Assim, esse caráter informativo tornou-se um apelo publicitário para que muitos incluíssem nos cartazes de divulgação vários X, sugerindo que o público pudesse ver ali muito sexo e sem censura alguma.

Diante disso e por outros fatos sociais, como a pornografia impressa em revistas especializadas, além do erotismo que chegava nos lares via televisão, nos anos de 1980 foi feita uma nova classificação para os filmes: NC-17 para os filmes com cenas sexuais "ousadas" e "fortes"; e X para os filmes pornográficos *hard-core*, com sexo explícito. Tais questões foram abordadas pelo documentário *This Film is Not Yet Rated* (Este Filme Ainda Não Tem Censura, 2006), que investigou o sistema de censura da MPAA nos dias de hoje. Para o diretor Kirby Dick, o sistema vitimiza centenas de diretores anualmente com base em critérios obscuros e implementados por meio de um processo privado e sem transparência. No filme, diretores retaliados pela MPAA, como Atom Egoyan, John Waters e Kevin Smith, dão seus depoimentos.

4 EXTASE NO EXTREME

CINEMA
PERIM
NTAL

CINEMA DO DESEJO: DAS VANGUARDAS AO UNDERGROUND

Enquanto o cinema industrial aprimorava sua linguagem diante das novas possibilidades de som e cor, nas décadas de 1920 e 1930, *outro cinema*, experimental e alternativo ao esquema industrial de produção/distribuição eclodia na Europa e na América. Se todos os Estados Unidos estavam reprimidos pelas censuras do Código Hays, esse *outro cinema*, de vanguarda, ousava na experimentação narrativa, estética e temática, desafiando os tabus e as censuras sexuais de sua época. Por outro cinema, termo que mais tarde será aprimorado por Pasolini como "cinema de poesia", compreendemos aquele estilo cinematográfico experimental e independente dos grandes estúdios, em que a estilística do autor era sublinhada pela estética e pelo caráter ideológico. A ideologia não residia necessariamente na trama, mas também na narrativa, cuja transgressão rompia com a linguagem clássica e linear para a construção de um cinema poético, experimental e muitas vezes artesanal. O termo experimental, para Jacques Aumont, designa em sua raiz todo filme que *experimenta*, "que faz alguma experiência em uma área qualquer: narrativa, figurativa, sonora, visual etc.[1]"

É um tipo de filme que, segundo Dominique Noguez, responde a todos os seguintes critérios ou a parte deles: ele não é realizado no sistema industrial; não é distribuído nos circuitos comerciais (mas, eventualmente, em outros circuitos); não visa à distração nem, necessariamente, à rentabilidade; é majoritariamente não narrativo; trabalha questionando, desconstruindo ou evitando a figuração[2].

No campo narrativo, o experimental esteve atrelado à lógica visual das artes plásticas vanguardistas do início do século XX, como o futurismo, o dadaísmo e o surrealismo. Por isso, as narrativas fílmicas eram não lineares e abstratas, traziam à cena o universo onírico, a lógica dos sonhos e o inconsciente por meio de imagens desconexas, sensoriais e conceituais. No campo estético, por conta da experimentação, a iluminação era diferenciada; os filmes possuíam novos ângulos da câmera, sobreposição de imagens e características plásticas no estilo futurista ou surrealista. *Studie II: Hallucinationer* (1952), um dos primeiros filmes de vanguarda de Peter Brook, que depois dirigiu *Marat/Sade* (1967), trouxe um painel difuso de imagens plásticas sobrepostas que embaralhavam erotismo, inconsciência e orgasmo por meio de vários corpos nus, fragmentados, como se estivessem perambulando em vigília e em êxtase sexual. Por vezes, os filmes incorporavam o modelo hollywoodiano para depois desconstruí-lo em uma nova linguagem, como *Meshes of the Afternoon* (1943), de Maya Deren, "que substituía a forma narrativa tradicional pelo encadeamento simbólico de imagens oníricas; e *Dreams that Money Can Buy* (Sonhos Que o Dinheiro Pode Comprar, 1944-1946), de Hans Richter, que fundia a linguagem das artes plásticas com a do cinema"[3].

Louis Delluc, pioneiro cineasta vanguardista, foi quem cooperou com a criação de cineclubes de arte e mobilizou alguns artistas ligados aos movimentos artísticos de vanguarda para lançarem-se às experimentações cinematográficas: Marcel Duchamp, Salvador Dalí, Abel Gance, Jean Epstein, Dimitri Kirsanoff, Man Ray, entre outros. Eles experimentavam um *cinema in process*, composto de imagens em movimento que, por meio da lógica conceitual e intuitiva, provocavam estilísticas inovadoras e temáticas ousadas, muitas delas cheias de simbologias sexuais, como as de Jean Cocteau e Dalí.

Independente das convenções cinematográficas e livre dos grandes estúdios e distribuidoras, esse cinema inventava uma arte visual que estampava o prazer do próprio ofício, celebrava o desejo por meio da experimentação da vida, do sexo, do cinema. Experimental na essência, formalista na preocupação estética. O encadeamento ideológico estava na própria narrativa/estilística: *Un Chien andalou* (Um Cão Andaluz, 1928), de Luis Buñuel e Dalí, era tão subversiva aos padrões burgueses quanto, por exemplo, *Bronenosets Potiômkin* (O Encouraçado Potiômkin, 1925), de Serguei Eisenstein.

Assim, esse cinema *avant-garde*, concebido entre os anos de 1920 e 1930, por aproximar-se das artes plásticas, estava distante do ímpeto realístico – colocando, portanto, a fantasia, o êxtase e as pulsões de vida como epicentros temáticos. Por isso é que Linda Williams acerta em associar cinema de vanguarda e pornografia no âmbito da exploração das obscenidades sociais e sexuais:

> Onde a pornografia é formulativa, comercial e repetitiva, a vanguarda é anticomercial, inovadora e em geral profundamente pessoal. Por outro lado, ambas, pornografia e vanguarda, são historicamente o lócus no interior da cultura imagética em que se percebe um interesse franco pelo sexo e em que atos sexuais não são tabus.[4]

Muitos eram os filmes experimentais ousados para a época, pois, além da estilística diferenciada, traziam as sexualidades distantes dos tabus que abordavam homossexualidade, lesbianismo, relações poligâmicas, orgias, masturbações, *ménage à trois*, fetiches – tudo inserido em universos fantasiosos, alegóricos, políticos. Por mais repressores que fossem os ambientes hostis das personagens, dificilmente eles eram condenados pelos cineastas: o desejo das personagens é o que movia a ação. Eram, portanto, subversivos na proposição estética e transgressivos diante da moral social ao dinamitar tabus em novas estratégias narrativas. Amos Vogel, ensaísta especializado na crítica do cinema de vanguarda, dirá:

> Em um sentido mais amplo, toda subversão nada mais é que um reflexo de um conflito material na sociedade, em que ambos os lados usam armas ofensivas e defensivas para se proteger. [...] Se a definição de subversão é a tentativa de minar as instituições e os valores vigentes, a palavra de ordem é "existir"; o subversivo ataca algo que está "sob controle" e espera substituí-lo pelo que ainda não existe e que, portanto, não tem poder.[5]

O anarquista Man Ray foi um deles. Fotógrafo, pintor e cineasta, Man Ray já havia registrado a nudez de várias formas: em 1928, fez o filme *L'Étoile de mer* (A Estrela do Mar, 1928), cheio de referências surrealistas, e, em 1930, produziu *The Fantasies of Mr. Seabrook* (1930). Nesse período, Man Ray também produziu um *stag film* em 16mm[6].

O curta-metragem *Two Women* (1928) é um filme pornográfico homoerótico, com lesbianismo e estética vanguardista: o desejo é experimental. Nele, duas mulheres nuas masturbam-se, praticam sexo oral, beijam-se, trocam carícias, penetram-se com um vibrador e, por fim, brindam alegremente o orgasmo com uma taça de licor. Talvez seja um dos primeiros filmes vanguardistas a trazer sexo explícito em uma narrativa estilizada diferente da abordagem sexual comum aos *stag films*. A novidade não era a figuração explícita do sexo, mas o modo como ele foi estilizado, mais próximo da narratividade estética do que diegética: a forma era o mais importante, tratava-se enfim de um filme experimental de vanguarda.

No mesmo ano, outro filme artístico incorporou o discurso pornográfico diante do sadomasoquismo: *Messe Noire* (1928), que trata da iniciação de uma jovem em um culto satânico que termina em orgia. Em seis minutos, vemos mulheres seminuas que se vestem com roupas fetichistas sobretudo pretas: máscaras, sapatos prateados e velas nas mãos completam o ritual. Elas se ajoelham e clamam por Lúcifer, diante de um mentor situado à frente delas. A jovem virgem fica nua e posicionada em cima de um altar, onde o mentor beija sua vagina. Depois ele mutila o pulso de uma das moças, tirando sangue e oferecendo o líquido sacro em uma taça para beberem. No altar, rituais de sadomasoquismo iniciam-se: correntes, algemas e chicotes são utilizados para a iniciação sexual-religiosa. Diante da dor e das mutilações, as jovens demonstram obediência e prazer, chegando ao orgasmo. Rastejam até iniciarem um ritual de cunilíngua entre elas – destacando aí o lesbianismo – e com o mentor religioso, que penetra uma das moças. No crédito final, sem autoria, um desenho com a palavra "fim" destaca dentro da tipografia das letras pessoas nuas, em posições sexuais de excitação (os homens estão com o pênis ereto) e obediência (o posicionamento dos braços "avante", acima dos ombros e para frente). Esses pequenos filmes fornecem indícios de que, no fim dos anos de 1920, os limites do pornográfico no contexto artístico já eram experimentados – inclusive quanto às representações das práticas BDSM (*bondage* e disciplina, dominação e

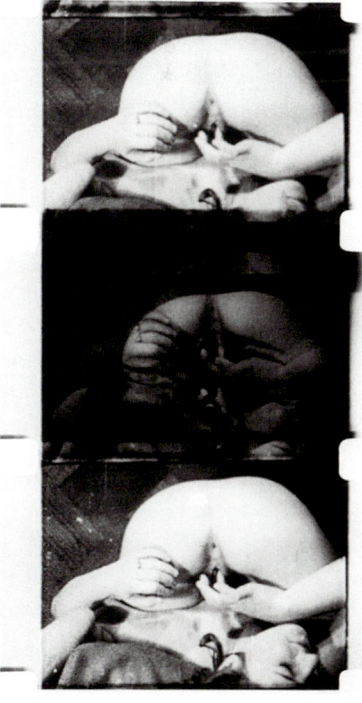

1 Duas sequências de **Two Women** (1928), de Man Ray.

2 Fotogramas de **Messe Noire** (1928).

3 Sequências de **Um Cão Andaluz** (Un chien andalou, 1929), de Luís Buñuel e Salvador Dalí.

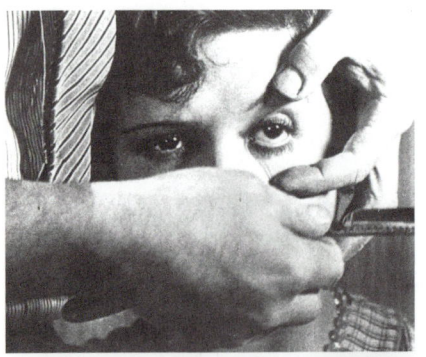
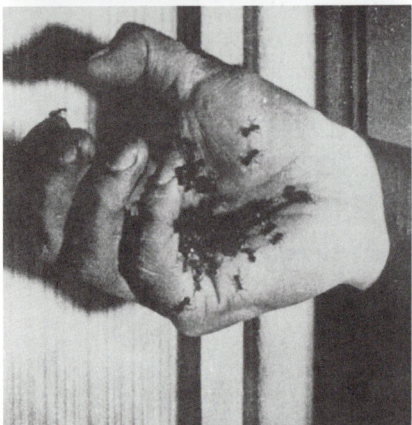

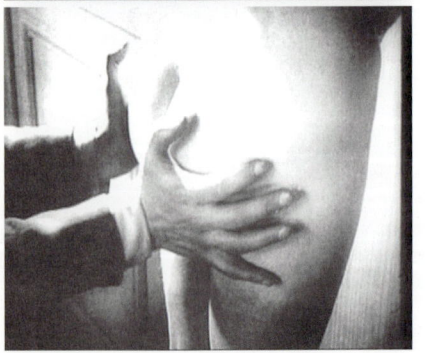

submissão, sadismo e masoquismo). O intuito dessa aproximação, em vez de polemizar, incorporava a ação sexual como fator singular da vida, festa dos sentidos, em um cinema que sacralizava o sexo para profaná-lo de prazer.

Flertando com o pornográfico, o curta-metragem surrealista *Um Cão Andaluz* representou o sexo em sua estilística truncada: a sexualidade é fragmentada, complexa, carregada de culpa e neuroses. Dirigido por Buñuel e Dalí, o filme foi elaborado com base na amizade e nos sonhos compartilhados por ambos. O cão do título aludia ao desejo animal desenfreado, que deixava as personagens no cio. Andaluz era uma provocação de Dalí ao afeto que nutria por Federico García Lorca, poeta e dramaturgo espanhol da região de Andaluzia, que rompera com ele durante o ano do filme[7].

Um Cão Andaluz trouxe influências da psicanálise e da *avant-garde* francesa para explorar o inconsciente e a sexualidade, em uma sequência de imagens oníricas, desconexas, pautada na lógica dos sonhos e no automatismo psíquico: método paranoico-crítico que procura ordenar imagens subconscientes e fantasiosas. Pelos "automatismos", ou seja, qualquer forma de expressão em que a mente não exercesse nenhum tipo de controle, os surrealistas tentavam plasmar, por meio de formas abstratas ou figurativas simbólicas, as imagens da realidade mais profunda do ser humano: o subconsciente. O curta é um pesadelo com formato de sonho. As personagens movem-se pelo desejo, mas este sempre é interrompido e reprimido, ora pela família, ora pelas convenções sociais. A trama insinua um mundo pecaminoso, cristão e repressor, em que "é perigoso projetar-se para o interior"[8] – frase que seria o primeiro título do filme. Na verdade o filme defende o *princípio de prazer*, o mundo interno desgovernado: com a navalha cegando o olho, Buñuel parece indicar que a partir daquele momento não interessa mais o *princípio de realidade*, o mundo da visão externa, mas aquele universo emotivo dos sonhos, o mundo alucinante do prazer. E o olho, ícone do surrealismo, é o lugar de confronto e conforto, articulação e comunicação, liga o interior ao exterior, o subjetivo ao objetivo e vice-versa.

Além do conteúdo, a própria narrativa, para Salvador Dalí, era subversiva por representar os fatos de um modo não linear, absurdo e sem maiores explicações. Em uma cena, a personagem reprimida carrega nas costas o peso da religião e da virilidade, ambos sinalizados por um piano (a falsa harmonia/a educação clássica, burguesa), dois seminaristas (repressão religiosa) e um cavalo morto. Mas seu desejo sexual não cessa, ele acaricia os seios nus da moça que, em uma sobreposição de imagens, se convertem em nádegas. O rapaz delicia-se de prazer e em seguida deixa escorrer saliva de sua boca feito um cão. Mas a repressão persiste e a chaga do desejo ataca a mão masturbatória: formigas saem aos montes de um buraco em sua palma. No fim, outro fracasso do casal burguês: o casamento, figurado aqui por um casal soterrado até o pescoço e envolto por gigantescos gafanhotos.

O historiador Georges Sadoul chegou a afirmar que "o roteiro de Buñuel e Dalí foi uma tentativa de explicação do mundo por [Sigmund] Freud, Lautréamont, o Marquês de Sade e... Karl Marx"[9]. Em Paris, *Um Cão Andaluz* ficou diversos meses em cartaz, com sucesso e polêmica. Segundo Buñuel, o filme foi acusado de obsceno e contrário aos valores burgueses: "Houve quarenta ou cinquenta denúncias de pessoas que se apresentaram no comissariado da polícia afirmando: 'Vocês têm que proibir esse filme obsceno e cruel'. Começou então uma longa série de insultos e ameaças, que me perseguiram até a velhice"[10]. Em seguida, Buñuel produziu *L'Age d'Or* (1930), também sobre a interdição do desejo sexual, e que entre outras manifestações quase explícitas do desejo, o casal se atraca numa poça de lama e a mulher, em um momento de ansiedade e carência, põe-se a chupar o dedão do pé de uma estátua[11].

O filme foi lançado, como *Um Cão Andaluz*, no Studio 28, e exibido durante seis dias para a sala cheia. Depois disso, enquanto a imprensa

4   Cena de **L'Age d'or** (1930), de Luís Buñuel.

de direita vociferava contra o filme, os Camelots Du Roi e as Jeunes-
ses Patriotiques (organizações do movimento integralista) atacaram o
cinema, rasgaram os quadros da exposição surrealista organizada no
saguão, lançaram bombas na tela, quebraram poltronas. Foi o "escândalo
de *A Idade de Ouro*". Uma semana mais tarde, em nome da manuten-
ção da ordem pública, o chefe de polícia Chiappe pura e simplesmente
proibiu o filme. Proibição que permaneceu válida durante cinquenta
anos. O filme só podia ser visto em sessão privada ou em cinematecas.
Foi finalmente lançado em Nova York, em 1980, e em Paris, em 1981.[12]

Essa vanguarda produziu experiências fílmicas ousadas quanto ao erotismo. Diferentemente do cinema industrial, esses filmes traziam nudez e bruxaria, como em
Häxan (Häxan: A Feitiçaria Através dos Tempos, 1922), de Benjamin Christensen;
homoerotismo e orgia, por exemplo, em *Messe noire*, e *Lot in Sodom* (1933), de James
Sibley Watson e Melville Webber; nudez múltipla e em *close-up* dos corpos, como
em *Geography of the Body* (1943), de Willard Maas; homoerotismo platônico na trilogia *Du sang, de la volupté et de la mort* (Do Sangue, da Volúpia e da Morte), com os
filmes *Charmides* (1948), *Lysis* (1948), *Psyche* (1948), de Gregory Markopoulos; entre
outros temas e imagens tabus. Com sua estilística subversiva, esse cinema experimental deixou pistas para o que seria o cinema *underground* dos anos de 1960-1970,
conforme salientou Nazario:

> Pode-se considerar o cinema *underground* como uma floração tardia das
> vanguardas europeias, mas justamente por surgir no bojo da revolução
> sexual e da contracultura dos anos de 1960, ele possui um imaginário
> mais anárquico, retratando sem censura o modo de vida "liberado" dos
> marginais da sociedade. Devedor do surrealismo, o *underground* remonta
> à primeira vanguarda americana, marcada pela intervenção de artistas
> europeus que imigraram para a América, refugiados do nazismo.[13]

Assim, o *underground* dos anos de 1960 apropriou-se das vanguardas europeias
na estilística e na anarquia sexual. Inseridos no bojo da contracultura, os filmes tornaram-se mais explícitos, diretos, menos conceituais e simbólicos. Para Aumont, não
há exatamente uma estética *underground*, pois muitos cineastas "que trabalharam
com essa etiqueta" tinham "estilos e preocupações bem diversas":

> A única característica compartilhada por todos é de ordem econômica
> (recusa dos circuitos tradicionais, reivindicações de marginalidade) e
> ideológica (busca de temáticas também "marginais", mostrando modos
> de vida na ocasião bem minoritários – que entraram, desde então, ao
> contrário, bem na moda, tornaram-se visíveis e midiáticos).[14]

O tom satírico e subversivo continuou a predominar, como no filme de Shuji Terayama, *Tomato Kechappu Kōtei* (O Imperador Ketchup, 1971), que mostrava um grupo de crianças revoltando-se contra a opressão familiar e política japonesa, criando uma ditadura mirim regada a violência, sexo e caos social – o longa foi acusado de pornografia infantil. Ao som de música erudita, tons surrealistas e imagens erotizadas, a trama é uma fábula sobre as ditaduras, situada em um Japão tenebroso ainda pior que *A Clockwork Orange* (Laranja Mecânica, 1971), de Stanley Kubrick: a inocência das crianças é corrompida pelo poder totalitário, levando-as à escravidão sexual e à violência radical contra o Estado e as instituições religiosas. De acordo com Gabriel Dominato,

> é preciso compreender tal contexto para perceber como O *Imperador Ketchup* (1971) fora concebido e em que ânimos estava o mundo por volta dos anos de 1970, quando o filme estava em produção. Terayama suscita grande parte destes aspectos, principalmente a revolução que culminou no fim dos anos de 1960, numa espécie de fábula anárquica. Num futuro não muito distante, uma espécie de regime totalitário surgiu. Em seu núcleo de governo estavam apenas crianças, que criaram um estatuto para esta nova comunidade com três mandamentos obrigatórios: 1. Os Adultos que aborrecem as crianças usando a força física ou sendo muito protetores terão o seu estatuto de cidadão removido; 2. Os Adultos que roubam os doces das crianças, que proíbem a liberdade de expressão e a sexual e que tentam impor castigos em matéria de educação, serão punidos pela pena de morte; 3. Em nome de Deus, todas as crianças aproveitarão as suas liberdades: liberdade de conspiração, liberdade sexual, liberdade para praticar sodomia e liberdade para usar a Bíblia como papel higiênico. Terayama não faz concessões de nenhuma espécie, nem no texto e muito menos na imagem. Muitos, infelizmente, veem o trabalho como apenas imagens produzidas para chocar o espectador, numa época na qual a inventividade estava no seu auge, *Imperador Ketchup* poderia parecer somente mais um filme, mas hoje, com a passagem do tempo, ele ainda persiste com forças inesgotáveis, pois canalizou o espírito de sua época revolucionária[15].

O artista vienense Otto Müehl combinou tabus sexuais em narrativas experimentais como *Mama und Papa* (1963-1969), que aliou prazer gastronômico com fetichismo sexual ao trazer um pênis decepado no meio de uma salada, e *Sodoma* (1970), horror sadomasoquista que misturou elementos da estética dada e surrealista para subverter a ordem física do corpo diante do desejo e das funções sexuais e fisiológicas, com imagens de enemas, urofilia (urinar ou receber urina do parceiro), coprofagia (prática de ingestão de fezes) e sexo explícito em *flash editing*.

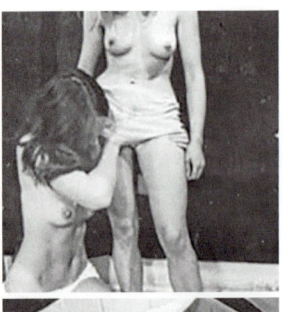
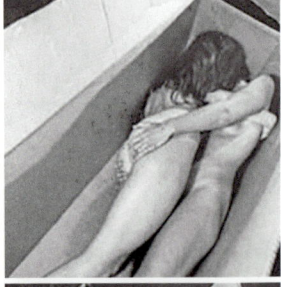

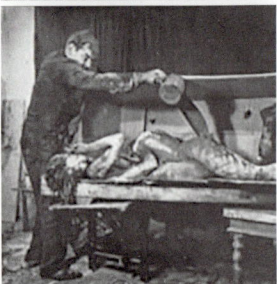
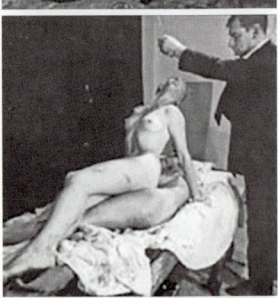

Minha obra é uma subversão psíquica que busca a destruição da pseudomoralidade e da ética do *status quo* atual. Busco a obscenidade, a desmistificação da sexualidade. Faço filmes para provocar escândalos em um público inflexível, mentalmente estagnado, conformista, pervertido pela "normalidade". [...] A pornografia é um meio legítimo para a cura do pânico genital da nossa sociedade. Toda revolta é bem-vinda: somente assim essa sociedade insana, produto da fantasia de loucos primatas, vai finalmente ruir... Meu papel é apenas jogar comida às bestas: deixá-las se entupir disso.[16]

O crítico Vogel, que apreciou *Sodoma*, escreve que a obra de Müehl destruiu o romantismo em torno do sexo, levando a escatologia e o pornográfico para a cena. Em meio às polêmicas, censuras e perseguição judicial, as obras *underground* de Müehl, antes vistas como escatológicas, hoje são levadas ao grande público como obra de arte em exposições em renomados museus. Em 2004, recebeu uma exposição individual no Museu do Louvre, em Paris, França, e ainda uma homenagem no Burgtheater, em Viena, Áustria. Em 2006, teve exposições coletivas no MOMA (Museu de Arte Moderna), em Nova York, Estados Unidos, e no KW Instituto de Arte Contemporânea, em Berlim, Alemanha. Isso anuncia que conceitos tidos anteriormente como marginais (pornografia, escatologia, amadorismo) são mais assimilados hoje, mudando a lógica daquilo que era subversivo/*mainstream* em um movimento dialético das obscenidades[17].

Outro que embaralhou as possibilidades do pornográfico, resgatando as vanguardas expressionistas e surrealistas, foi o cineasta norte-americano Stan Brakhage. Ele concluiu mais de cinquenta experimentos visuais, muitos deles com sexo explícito. *Flesh of Morning* (1956) trouxe a masturbação como enredo central em imagens cubistas que colavam partes do corpo em *close-ups* e movimentos rápidos. *Lovemaking* (1968) mostrou quatro variedades de experimentos sexuais: uma transa explícita de um jovem casal, dois cães seduzindo-se antes do coito, um grupo de pessoas nuas brincando em uma cama em um jogo erótico inconsciente e, por fim, duas pessoas realizando felação mútua, em imagens que privilegiavam os corpos em excitação. Na mesma época, a estética de Brakhage influenciou trabalhos de vários cineastas, como o de Carolee Schneemann, que fez *Fuses* (1967) e *Meat Joy* (1964), cujas imagens traziam o desejo sexual explícito e distorcido por colagens plásticas coloridas.

Alternativo e marginalizado pelo cinema industrial, o *underground* norte-americano, por viver nas bordas sociais, inclusive em sua

5 Duas cenas de **Sodoma** (1970), de Otto Müehl.

exibição[18], enfrentou a normatividade artística, sexual e social ao abordar o proibido e tudo aquilo que era rechaçado no cinema comercial sob o Código Hays: violência, crime, sexo livre, homossexualidade, transgênero, libertinagem, profanações, pornografia, transsexualidade, revolução sexual, blasfêmia religiosa, drogas etc. Assim, dentro da produção *underground*, artistas como Kenneth Anger e Markopoulos (nos anos de 1940), Jean Genet (nos anos de 1950), Paul Morrissey, Andy Warhol e Peter de Rome (nos anos de 1960), e, adiante, Walerian Borowczyk, Dušan Makavejev, Alejandro Jodorowsky (nos anos de 1970) produziram experiências estéticas homoeróticas libertárias, em que a sexualidade aparecia como discurso e ode ao prazer: o sexo era revelador, fonte epifânica de blasfêmia social e conhecimento subjetivo.

Experimentais, os filmes da *avant-garde* e, adiante, do *underground*, influenciaram todo um modo *queer* e *camp* de se perceber e estilizar o sexo, como é visível na geração de cineastas posteriores, como Derek Jarman, Pier Paolo Pasolini, John Waters, Pedro Almodóvar, Gus van Sant, Gregg Araki, e parte do "novo cinema alemão", dos anos de 1970, representado por Werner Schroeter, Rainer Werner Fassbinder e Rosa von Praunheim. Influenciaram ainda cineastas brasileiros do cinema marginal, como Rogério Sganzerla, Júlio Bressane, João Silvério Trevisan, Ozualdo Candeias, entre outros, que teceram fantasias eróticas em filmes políticos, transgressores.

6 Fotograma de **Sodoma** (1970), de Otto Müehl.

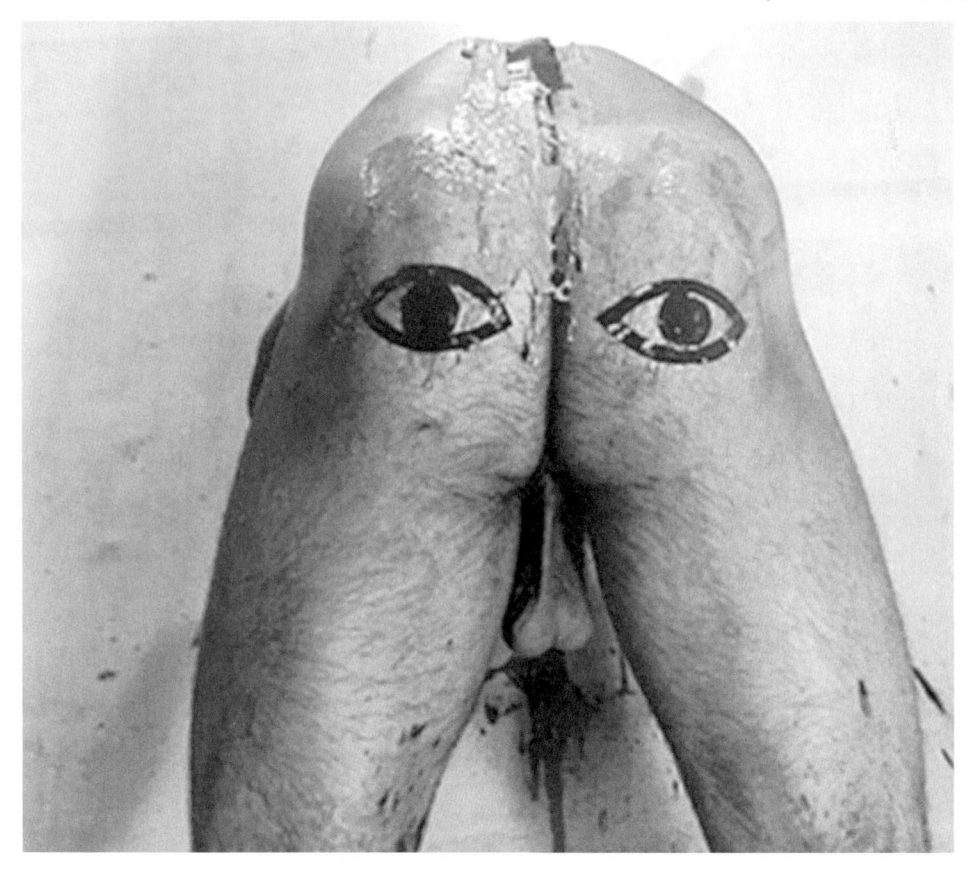

CINEMA POÉTICO DE IMPACTO: DO CAMP AO FILME-PERFORMANCE DE ANDY WARHOL

No cinema de transgressão e *underground*, as sexualidades mostraram-se livres dos rótulos heteronormativos quanto à abordagem e aos códigos instituídos da imagem do desejo. O homoerotismo, por exemplo, colocou-se em cena sem tabus, de modo a privilegiar o orgasmo e as relações marginalizadas pelos padrões instituídos no *star system* do cinema *mainstream*, que endossava estereótipos sexuais. Desde os anos de 1930, cineastas como Jean Genet, Cocteau, Peter de Rome, Kenneth Anger, Paul Morrissey, Andy Warhol e tantos outros projetaram imagens sob a perspectiva da realização do desejo e do êxtase de forma plural. O discurso sexual privilegiava o *prazer* em si mesmo e o corpo em performance; não focava a prática sexual disciplinada, nos termos foucaultianos. Afeto, desejo explícito e o corpo delirante de orgasmo eram valorizados em uma transgressão estética das imagens institucionalizas do prazer. Este cinema da transgressão, além de revelar traços autorais e estilísticos, trouxe todo um estilo *camp*, de "experiência do mundo consistentemente estética", no conceito criado por Susan Sontag:

> *Camp* é um certo tipo de esteticismo. É uma maneira de ver o mundo como um fenômeno estético. Essa maneira, a maneira do *camp*, não se refere à beleza, mas ao grau de artifício, de estilização. [...] A sensibilidade *camp* é descompromissada e despolitizada – pelo menos apolítica. Não só existe uma visão *camp*, uma maneira camp de olhar

as coisas. *Camp* é também uma qualidade que pode ser encontrada nos objetos e no comportamento das pessoas[1].

Com estética experimental, poética e de impacto, a inquietação e o êxtase sexual estavam em jogo numa narratividade guiada pela superfície, pelo simulacro irônico da realidade, cujos sentidos verticais, políticos, eram criados pela sensorialidade do espectador. Os filmes traziam a performatividade da realidade de modo irreverente, delirante. As diversas camadas e relações eróticas que os filmes criavam transpareciam uma atmosfera libertária do desejo que ia um tanto além da sociedade disciplinar, de controle.

Nessa perspectiva, podemos perceber alguns indícios desse estilo, principalmente quanto à primazia da performatividade do corpo, nas imagens estilizadas que o cinema de Cocteau trazia. Pintor, dramaturgo, escritor e cineasta francês, muito influenciado pelas vanguardas europeias, ele projetou em *Le Sang d'un poète* (O Sangue de um Poeta, 1932) um compêndio de imagens oníricas sobre as obsessões de um poeta que se lançava para dentro de um espelho, cheio de solidão e melancolia. Surrealismo, realismo mágico, homoerotismo, poesia, morte, tudo era embaralhado nesse filme da trilogia de Orfeu, também composta de *Orphée* (Orfeu, 1950) e *Le Testament d'Orphée, ou ne me demandez pas pourquoi!* (O Testamento de Orfeu, 1960).

Além de Cocteau, na obra de Genet o corpo em performance também privilegiava as fantasias eróticas em uma realidade poética. Ele dirigiu *Un Chant d'amour* (Um Canto de Amor, 1950), uma imersão nas fantasias homoeróticas de um grupo de presos isolados por paredes espessas, mas que nem por isso os impedem de projetar

7 **Diferente dos Outros** (Ungleich des Anders, 1933), que explora relacionamentos homoafetivos.

suas paixões. A atmosfera é carregada de erotismo, repressão e melancolia. Em vez do simbolismo de Cocteau ou Dalí, Genet optou pela "poética homossexual explícita, com o desejo de um homem por outro sendo representado não mais de maneira alusiva ou simbólica, mas pelos próprios órgãos sexuais masculinos exasperados pelo desejo, explodindo em êxtases perversos, em cenas de masturbação e fetichismo. Esse filme traz o primeiro plano de um pênis, e em ereção"[2]. Por um pequeno furo na parede, as duas personagens mantêm uma relação de subtexto sexual estabelecida pela fumaça de um cigarro que transpassa o orifício, penetrando o hálito em chamas no outro ambiente. De acordo com Miguel Ángel Barroso,

> Genet utiliza o fumo como elemento erótico pelo seu evidente fetichismo: o primeiro amante espera junto à abertura na parede com a boca aberta. O segundo amante sorri e exala uma grande quantidade de fumaça guardada na boca. Assim, dois homens fazem amor (e sexo) mediante um pequeno cigarro quase apagado. O primeiro amante retira lentamente a palha que resta no cigarro e a fumaça retida lá dentro é como se fosse uma ejaculação[3].

Adiante, enquanto se masturbam, do lado de fora da cela um guarda percebe outro prisioneiro que baila e masturba-se esfuziantemente. Apesar da euforia erótica, o filme termina com repressão e violência, mas, segundo Barroso, "um ato de violência que é também um canto de amor ao corpo masculino entregando-se a si mesmo"[4].

Nos Estados Unidos, cineastas mergulhados no estilo experimentalismo da imagem do corpo, produziram filmes com uma nova sensibilidade estética. Markopoulos conduziu a trilogia *Du Sang, de la volupté et de la mort* (Do Sangue, da Volúpia e da

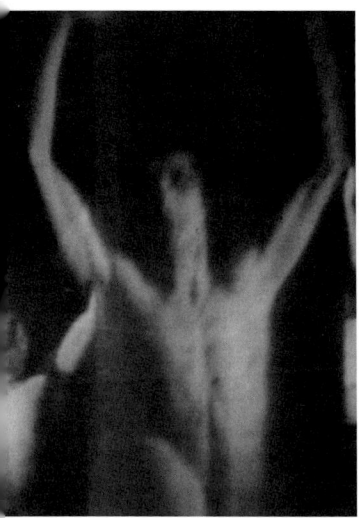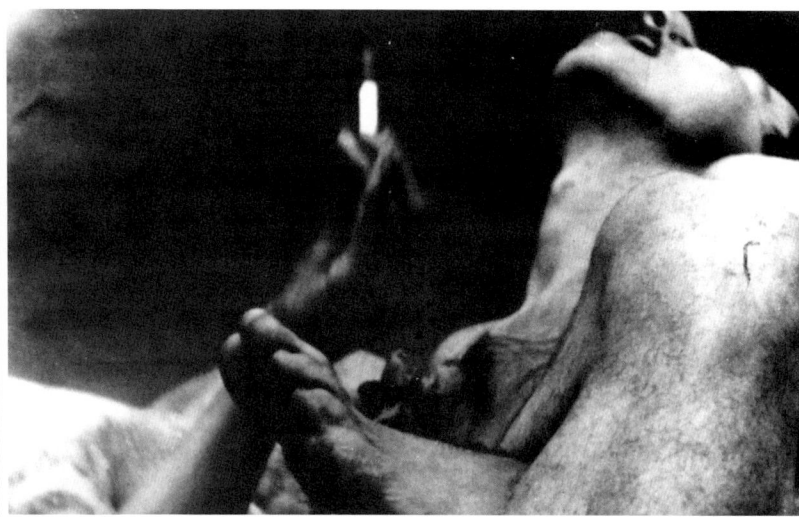

8 Duas cenas de **Lot in Sodom** (1933), de John Watson e Melville Webber, que narra o desejo homossexual, a partir da tristeza e da repressão social.

Morte, 1947-1948) com referências da cultura grega, do homoerotismo e do platonismo, na tríade *Charmides, Lysis* e *Psyche*. Willard Maas, obcecado pelo *close-up* nos corpos nus fez *Geography of the Body* e *Mechanics of Love* (1955), este último com Ben Moore. Depois, influenciado pelo filme *Le Sang d'un poète* (O Sangue de um Poeta, 1930), de Cocteau, dirigiu, também com Ben Moore, o mítico *Narcissus* (1958), que refletia a identidade sexual multiforme do protagonista. Esse foi o projeto mais ambicioso de Maas, e, embora *underground*, o filme estreou em salas comerciais de Nova York, alcançando certo sucesso com o grande público.

O norte-americano Anger, admirador das vanguardas europeias, do *glamour* hollywoodiano, do mundo das fofocas, do cinema pornográfico e experimental, e do ocultismo de Aleister Crowley, uniu todas as suas referências culturais em filmes *camp* como *Fireworks* (1947). Nele, homoerotismo, sadomasoquismo e fetichismo são abordados sob o viés da experimentação e do delírio erótico. Filmado em sua casa, em um fim de semana que seus pais viajavam, o filme é uma fantasia que gira em torno do pênis de um marinheiro, visto como uma árvore de Natal que, ao final, explode fogos de artifício. Experimental e direto, *Fireworks* levou o desejo homoerótico sem tabus ao centro da trama, sendo por excelência um filme abertamente *camp*, que introduziu "o artifício como ideal, a teatralidade"[5], nos termos de Sontag, em que os fogos de artifício, no entendimento do crítico Scott MacDonald, seriam como uma declaração de raiva e independência diante da repressão homossexual na América[6]. Era como se Anger reconhecesse por meio da raiva seu forte desejo sexual por outros homens dentro de uma sociedade hiper-heterossexualizada. Anger foi acusado de obscenidade pela Suprema Corte da Califórnia. Apesar disso, em 1949, ele ganhou o Prix du film poétique do Festival du film maudit (Festival de Cinema Maldito) de Biarritz, França, presidido por Cocteau, que o elogiou bastante. Em sua residência na França, Anger fez alguns curtas e foi assistente de Henri Langlois na Cinemateca Francesa, em Paris. Lá conviveu com referências culturais de todo o mundo, escreveu livros e realizou *Rabbit's Moon* (1950-1979), *Eaux d'artifice* (1953) e *Historie d'Ou* (1959-1961). Depois, nos Estados Unidos, aprimorou o erotismo *camp* em *Inauguration of the Pleasure Dome* (1954-1956), *Scorpio Rising* (1963) e *Lucifer Rising* (1966-1981), configurando um cinema de estilo bem autoral: "Arrumam--nos em categorias como *avant-garde* ou experimental, o que é verdade, porque cada um dos meus filmes é uma experiência, não me copio a mim próprio, ou, dito de outro modo, tudo é novo"[7], declarou Anger. Em 1959, Anger escreveu *Hollywood Babilônia*, livro com declarações, fatos, mitos e fofocas sobre os bastidores do universo cinematográfico, tomando como exemplo seus amigos e inimigos de profissão: atores, amantes, roteiristas e produtores. Em 1986, ele publicou um segundo volume com novas intrigas e fofocas de teor sexual. Ambos sofreram processos judiciais por ofensas e danos morais.

Durante os anos de 1960 e 70, outro cineasta que deflagrou o êxtase de suas personagens que se masturbavam para a câmera foi Peter de Rome. O cineasta inglês fez quase cem filmes experimentais homoeróticos, rodados em Super 8, com estética apurada e por vezes *kitsch*, em que rapazes faziam sexo livre em clima contracultural. Tido como o "vovô do pornô gay", Peter filmou em uma época em que pornografia e homossexualidade ainda eram crime nos Estados Unidos. De modo espontâneo, como quem liga a câmera para flagrar o sexo em performance, Peter chegou a rodar escondido da polícia uma sequência de sexo explícito em um vagão com passageiros no metrô de Nova York.

Quem levou aos limites da representação as transgressões estéticas e referências do corpo em performance foi Warhol. Inserido na contracultura dos anos de 1960, o artista capturou sua época em múltiplos aspectos, aparentemente controversos, da *mass media*, do *underground*, do *cultmovie*, do *trash*, do *glamour* hollywoodiano, das divas, da pornografia, dos acidentes de carro, da televisão, do intelectualismo, das fofocas, das vanguardas europeias, do submundo gay etc. "Na verdade, seus filmes combinados podem ser considerados parte de uma vasta obra, documentários definitivos sobre os socialistas, *stars*, viciados, homossexuais, modelos, artistas e gente por dentro que está englobada no *monde* bizarro de Nova York"[8], ponderou Sheldon Renan em seu estudo sobre o cinema *underground*.

Entre 1963 e 1972, Warhol registrou em 16 mm milhares de metros de filmes insólitos, subversivos, experimentais. Seus registros capturavam a performance do corpo no cotidiano, estetizando e teatralizando a própria vida de modo *camp*. Filmes como *Flesh* (1968), *Trash* (1970) e *Heat* (1972), produzidos em parceria com Morrissey, tinham roteiros simplórios, funcionavam mais como indicações dramatúrgicas. Abordavam a intimidade das pessoas, o acordar, conversar, brigar, excitar-se, transar, drogar-se etc. A atmosfera fílmica era espontânea, como se uma *candid camera* captasse a realidade, tornando-a extraordinária. Patrick Smith chegou a compará-lo a um "cinema da crueldade", inspirando-se no conceito de Antonin Artaud da ação levada ao extremo, aos seus limites da própria representação, principalmente os sexuais[9]. Para Nazario:

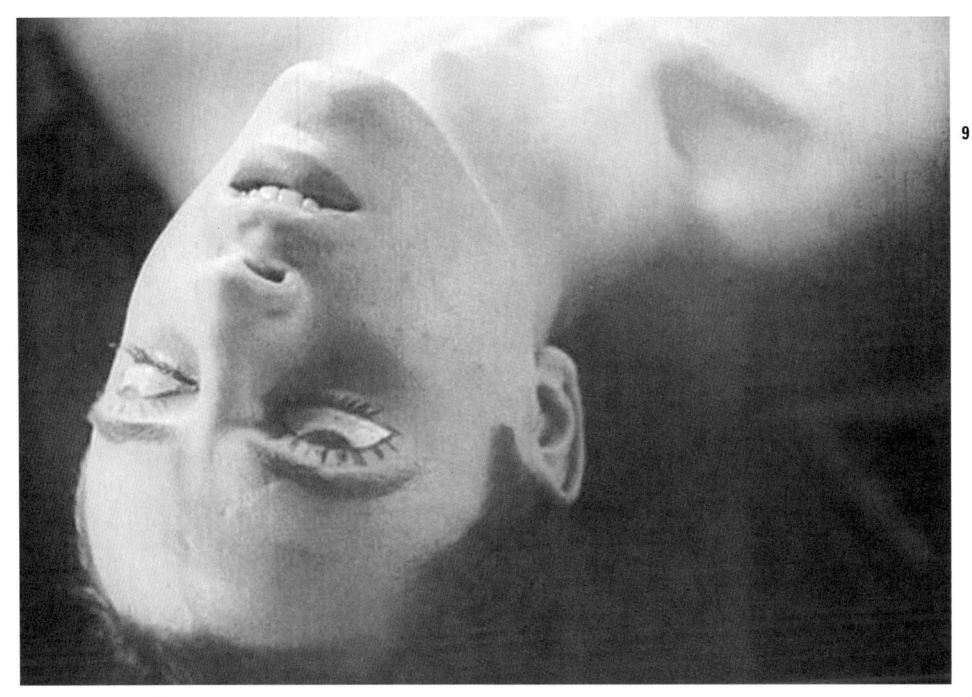

9 O Sangue de um Poeta (Le Sang d'un poète, 1930), de Jean Cocteau.

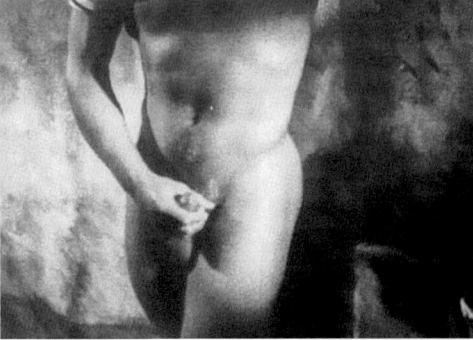

10 Um Canto de Amor (Un Chant d'amour, 1950), de Jean Genet.

Warhol inventou o *reality-show* como estilo cinematográfico. O estilo inspirava-se na pornografia, mas não se confundia com ela […]
O filme-performance de Warhol radicaliza o cinema *underground*. Sem enredo, *plot* ou roteiro predeterminado, o diretor limitava-se a deixar a câmara rodando, sem marcação de movimentos; frequentemente, ausentava-se do *set* em plena filmagem, encarregando seus assistentes de prosseguirem com as tomadas, muitas das quais nem requerendo um operador, já que os primeiros filmes do artista eram inteiramente estáticos[10].

Esses filmes estáticos, chamados de *screen tests*, eram curtas-metragens de três a cinco minutos, filmados em preto e branco e revelados em dezesseis quadros por segundo (a câmera registrava em 24 quadros por segundo). Eles registravam "retratos-vivos" de personalidades e amigos que gravitavam na Factory, estúdio de Warhol, em Nova York. Com essa modulação de tempo na revelação do negativo, os filmes tornavam-se mais lentos, dando ao espectador *todos* os detalhes da cena, até mesmo os mais imperceptíveis, como um piscar de olhos ou um olhar umidificado por lágrimas. Isso de certa forma endeusava aqueles rostos, ao mesmo tempo que dava ao espectador uma sensação de intimidade com gente como Sontag, Dalí, Nico, Edie Sedgwick e Baby Jane Holzer, além de ilustres desconhecidos. A Factory era mais do que um ateliê. Lá, Warhol promovia os mais inusitados encontros e experimentos estéticos: dos *print screens* seriais aos desenhos de pés de dançarinos para seu *Feet Book* (1956) e de falos para o *Cock Book* (1957), além de sessões fotográficas de nus, falos, nádegas e dorsos masculinos de conhecidos e anônimos das ruas de Nova York que cediam a nudez à lente da Polaroid de Warhol. Ainda segundo Nazario, "no período entre 1970 e 1980, sempre que algum homem – sem importar sua idade ou tendência sexual – visitava a Factory, Warhol pedia-lhe que abaixasse as calças para que ele pudesse fotografar sua genitália. Andy Warhol criou imagens do corpo humano com destaques para partes ou fragmentos: rostos, torsos, pênis e pés"[11].

Warhol erotizava *tudo*: das ações mais comuns aos corpos e edifícios. Seu longo registro em plano-sequência do topo do Empire State, em Nova York, é como uma personalidade arquitetônica, fálica, em ereção constante. Em uma entrevista, Warhol comparou o estalar das luzes no edifício com uma ejaculação: "Empire é um filme pornográfico. Quando as luzes se acendem sobre o Empire State, se supõe que representa."[12] *Blow Job* (1964) fixa em *close-up*, durante 35 minutos, somente o rosto de um rapaz que recebe um *fellatio* não revelado explicitamente, apenas sugerido e imaginado pelo espectador. *Sleep* (1963) observa à distância o poeta John Giorno dormindo, durante cinco horas e 21 minutos. A perspectiva é erotizada: a nudez de Giorno é enquadrada do púbis à testa. Em *Kiss* (1963), Warhol registrou 55 minutos com diversos casais se beijando durante três minutos e meio cada um deles, criando uma iconoclastia do beijo, além de uma paródia ao beijo hollywoodiano durante a censura.

Ainda há outros da série, como *Mario Banana* (1964) e *Eat* (1964). Warhol aprimorou o fetiche erótico-estético do "corpo em performance" em longas-metragens produzidos nos Estados Unidos após 1965: *Vinyl* (1965) marca a estreia de Edie Sedgwick em uma trama sobre delinquência juvenil e sadomasoquismo inspirada em *A Clockwork Orange* (Laranja Mecânica, 1962), de Anthony Burgess.

My Hustler (1965) mostra as aventuras eróticas de um garoto de programa com dois casais durante um fim de semana em Fire Island. Ao colocar em pauta a prostituição masculina em um contexto heterossexual, Warhol a subverte por focalizar a atenção para o corpo masculino como objeto de desejo do homem e da mulher, o casal. *I a Man* (1967), dirigido com Morrissey, mostra em oito episódios o envolvimento erótico de um homem, Tom Baker, com oito *superstars*. Warhol considerava este o seu primeiro filme realmente pornográfico: "É realmente sujo, com mais *close-ups* que *Chelsea Girls*."[13]

Lonesome Cowboys (1968) insinua homoerotismo entre dois vaqueiros imersos em um tempo mítico em que as mulheres são raras. *Blue Movie* (1968) foi rodado dentro de um apartamento, em um sábado de outono em Nova York, com planos quase estáticos, sem cortes, e na exata duração de cada bobina. O filme não teve montagem ou pós-produção. É um registro espontâneo de um casal de amantes que se encontram em um apartamento para fazer e discutir sexo. Warhol desejava fazer um filme focado no teor sexual há tempos: "Sempre quis fazer uma película em que só se transasse, assim como foi com *Eat*, que só se comia, e *Sleep*, que só se dormia."[14] O longa-metragem é como um flagra que capta aquele casal divagando sobre cotidiano, amor, política, casamento, transgressão moral, detalhes sexuais. Seria um filme só de "preliminares" pelo clima de tensão (ou excitação) sexual que gradualmente vai levando os amantes ao ato em si. Mas Warhol subverte a ordem convencional da representação do sexo comum aos filmes pornôs *hard-core*. O cineasta acredita que tudo aquilo já é um ato sexual, pois há excitação, diálogo intimista entre os corpos, toques, flertes, ereção, prazer genital etc. Tudo é explícito, porque é sexo. Mas não "explícito" como no *hard-core* com *closes* de penetração, felação etc. Warhol investe no romantismo do casal, explicitando a preparação para o sexo que já é sexo. É nesse sentido que *Blue Movie* é um filme pornográfico transgressor. Para Warhol, a ideia de sexo é mais interessante que o sexo em si; o casal se acaricia, a moça argumenta que não vai transar porque o pênis do amante está flácido, depois bocejam, voltam à excitação, falam de política, questionam o casamento. No banho, se excitam novamente, dialogam sobre o sentido do amor, falam de sexo oral, trocam carícias genitais. "Neste sentido, *Blue Movie* é uma história de amor antipornográfica."[15] Em certa altura, ela diz: "Não sei se são suas ideias políticas ou o sol que está me deixando excitada." Na época, o crítico Vincent Canby, do *The New York Times*, salientou a dramatização sexual como um "blefe" para fazer um protesto político, tanto que o texto de divulgação indicava tratar-se de "um filme sobre a guerra do Vietnã e sobre o que nós podemos fazer"[16].

O título seria *Fuck*, mas Warhol resolveu alterá-lo para um menos explícito com receio da censura. Apesar disso, após sua estreia em 21 de julho de 1969, a polícia apreendeu a cópia que estava sendo exibida no Garrick Theater e indiciou o cinema por posse de material obsceno. Em 18 de setembro de 1969, o tribunal de Nova York considerou o filme como pornográfico, vetando sua carreira comercial na Alemanha (1972) e na Dinamarca (1973). Raivoso, Warhol transcreveu os diálogos espontâneos entre as cenas de sexo do filme e os publicou em um livro ilustrado com mais de cem fotogramas, segundo levantamento de Alberte Pagán:

> Blue Movie é uma bela história de amor, um final otimista para a carreira cinematográfica de Warhol, depois do sadismo de *Vynil*, da violência psicológica de *Beauty #2* e *Screen #2*, e do desespero de *Chelsea Girls*. Nesse sentido é que o filme se opõe ao mal-estar existencial de *O Último Tango em Paris*, de Bertolucci, que Warhol acusou de ser um plágio de *Blue Movie*. Também é um final de carreira "orgásmico", depois de tanto sexo *interruptus*, simbólico, intuitivo, sugestivo, fora de campo, não consumado, frustrado e nunca explícito. O longa de Warhol é um filme de amor sobre o amor, e o cineasta demonstra afeto por suas personagens.[17]

Por fim, Morrissey e Warhol produziram a trilogia *Flesh*, *Heat* e *Trash*, em que a atmosfera homoerótica revela-se no fetichismo ao corpo do ator Joe Dallesandro. As tramas são despretensiosas e a nudez é despudorada (homens e mulheres nus, falos eretos, masturbação, *fellatios* discretos). As personagens são do submundo de Nova York: michês, prostitutas, travestis, *junkies* – todos figurados em um estilo *glam--trash-camp*. Não há quase conteúdo ou trama; a estética prevalece como ponto de vista sobre a realidade. Referenciamos novamente a descrição do *camp* por Sontag:

> *Camp* é a experiência do mundo consistentemente estética. Ela representa a vitória do "estilo" sobre o "conteúdo", da "estética" sobre a "moralidade", da ironia sobre a tragédia. [...] A questão fundamental do *camp* é destronar o sério. O *camp* é jocoso, antissério. Mais precisamente, o *camp* envolve uma nova e mais complexa relação com o "sério". Pode-se ser sério a respeito do frívolo, e frívolo a respeito do sério. Sentimo-nos atraídos pelo *camp* quando percebemos que a "sinceridade" não é suficiente. A sinceridade pode ser simples vulgaridade, estreiteza intelectual.[18]

Com tramas banais, o "teatro da vida filmado" de Warhol, segundo Nazario, capturou o *Zeitgeist* de sua época, de um ponto de vista *camp* delirante. Para o autor, "a obra de Andy Warhol é um monumento à futilidade: nela não se deve buscar nenhuma complexidade metafísica, nenhuma preocupação social. E, no entanto, no fundo dessa futilidade, havia um lado sombrio, misterioso e macabro, e também um sonho desesperado, incansável, de beleza e perfeição, de glória e eternidade".[19]

11 A imagem fora de campo dinamizando
o pornográfico em **Blow Job** (1964),
de Andy Warhol

• •

Sontag levou ao *status* de obra-prima o "ultrajante" e "chocante" filme de Jack Smith que estreava em meio a polêmicas e censuras por ser um filme pornográfico: *Flaming Creatures* (Criaturas Flamejantes, 1963). Esse "cinema poético de impacto" é, para a autora, "uma festa para os sentidos", em que também se incluem: "*Un Chien andalou* e *L'Âge d'or*, de Buñuel; partes do primeiro filme de Eisenstein, *A Greve*; *Freaks*, de Tod Browning; *Les Maîtres-fous*, de Jean Rouch; *Le Sang des bêtes*, de Franju; *Labirinto*, de Lenica; os filmes de Kenneth Anger (*Fireworks*, *Scorpio Rising*); e *Noviciat*, de Noël Burch"[20].

Na trama de *Flaming Creatures*, a pluralidade sexual era explorada por criaturas flamejantes, travestis, hermafroditas, *drag queens*, vampiros e sereias – que traziam androginia e ambivalências de gênero. Retomando o *glamour* e o *trash*, de Anger a Deren, *Flaming Creatures* foi adiante na exacerbação da sexualidade e do estilo *camp*: pênis flácidos, seios gigantes, sexo oral, masturbação e orgia preenchiam em primeiro plano uma narrativa visual confusa e improvisada, explícita e omissa – prenunciando o *soft-core* e o *pornô cult* que seriam aprimorados nos anos seguintes.

As personagens são hipersexualizadas, ambivalentes. Não se distingue gênero ou identidade no filme: "*Flaming Creatures* fala muito mais da intersexualidade do que da homossexualidade [...] Ao contrário dos filmes sérios e excitantes sobre a beleza e o terror do amor erótico, *Fireworks*, de Anger e *Un Chant d'amour*, de Genet, o importante nas figuras do filme de Smith é que não se consegue distinguir quais são os homens e quais são as mulheres. São seres ardendo na alegria intersexual e polimórfica."[21] Com câmera livre das convenções, montagem aleatória, inspirações que vão de Hollywood à televisão, do orientalismo ao *kitsch*, o filme imantou um novo grafismo visual de representação da sexualidade. Acusado de obsceno e pornográfico, *Flaming Creatures* foi detido pela polícia na estreia, em 1963, e censurado pela Corte Criminal da Cidade de Nova York. Contudo, na visão de Sontag:

> *Flaming Creatures* não é um filme pornográfico, se pornografia pode ser definida como a intenção e a capacidade manifesta de excitar sexualmente. A representação da nudez e de vários amplexos sexuais (como a notável omissão do sexo explícito) é ao mesmo tempo demasiado repleta de *páthos* e demasiado ingênua para ser lasciva. As imagens de sexo de Smith são, ao contrário, ora infantis ora espirituosas, e não sentimentais ou luxuriosas.[22]

12 Sequência de **Blue Movie** (1968), de Andy Warhol.

Também flertando com aspectos do pornográfico em uma estética alegórica e *camp*, os gêmeos Mike e George, os irmãos Kuchar, começaram a filmar na década de 1950, aos doze anos de idade, com uma câmera de 8 mm. Eles usavam vestidos da mãe como figurino e formavam elenco com seus vizinhos do Bronx nos filmes inspirados em melodramas de Douglas Sirk, *b-movies* de terror e produções *trash* de ficção científica. Os irmãos criaram um estilo exagerado, irreverente, em curtas e médias-metragens, feitos em 16 mm, durante os anos de 1960, como *Corruption of the Damned* (1965) e *Hold me While I'm Naked* (1966), ambos de George, e *Sins of the Fleshapoids* (1965) e *The Secret of Wendel Samson* (1966), os dois de Mike Kuchar – o último filme traz um vocabulário expressionista e a fantasia *pop* para narrar a história de um homem atormentado pela diminuição de seu desejo sexual pela namorada e relações gays insatisfatórias. Nos anos de 1970, George Kuchar parodiou o próprio *underground* e a cinefilia com *The Devil's Cleavage* (1973), que ironizava todo tipo de referência cinematográfica, de Hitchcock a Preminger, além de nos remeter aos melodramas dos anos de 1940 e 1950.

Nos anos de 1970, o filme *kitsch* de James Bidgood, *Pink Narcissus* (1971), englobou a solidão masturbatória e as fantasias homoeróticas de um jovem, admirador de música e moda, em um pequeno quarto em Nova York.

> Músicas e cores vibrantes, nus masculinos delirantes, as veias da personagem de Bobby Kendall pulsam alucinadamente durante sua viagem erótica em corpos de homens dominadores, másculos, gladiadores, árabes e *cowboys*. Obcecado pela juventude eterna, a personagem de Narcissus explora todos os arquétipos do jovem gay e seus mais viscerais desejos. Passando do extravagante pelo épico ao *underground*, a mistura de estilos serve para ilustrar com bastante precisão o encantamento pelo nu masculino e sua carga de homoerotismo que imperam no universo homossexual[23].

O filme teve uma longa e interrompida produção; as cenas em super-8 filmadas no apartamento, por exemplo, demoraram sete anos para serem concluídas, de 1963 a 1970.

Outro cineasta que radicalizou a estética *underground*, experimentando em cada filme uma nova maneira de se fazer cinema, foi o inglês Derek Jarman. Filmes como *Caravaggio* (1986), *The Angelic Conversation* (1987), *Jubilee* (1978) e *Sebastiane* (que ele fez com Paul Humfree, 1976) sacralizavam de religiosidade cristã o corpo masculino, edificando-o de lirismo e artificialidade, em um sentido oposto, por exemplo, da abordagem pasoliniana diante da religiosidade e do homoerotismo. Na história de são Sebastião, tradicional ícone gay, Jarman trouxe cenas com os primeiros nus frontais masculinos do cinema britânico. Seu cinema, aliado radicalmente aos

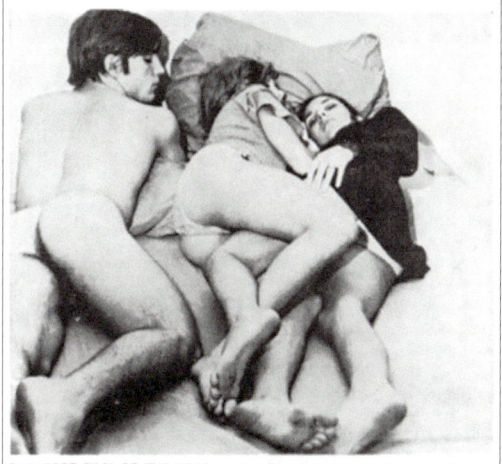

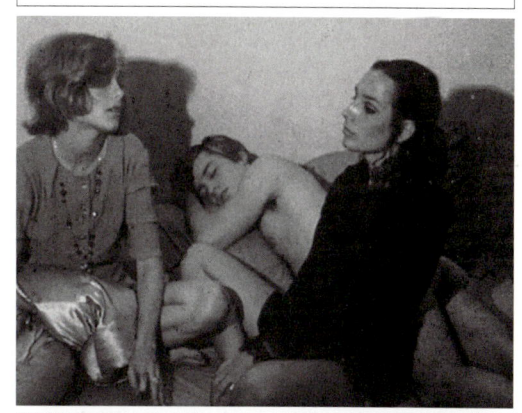

13 Cartaz e cenas de **Flesh** (1968), de Andy Warhol.

conceitos das artes plásticas, tendeu ao conceitualismo, como no mórbido *Blue* (1993), seu último filme, elaborado antes de adoecer de Aids, com uma hora e meia de tela azul preenchida apenas com ruídos e conversas com amigos no quarto onde estava internado.

Ao lado desses, outros cineastas tiveram produções relevantes no campo do homoerotismo e do corpo em performance, seja dentro do estilo conceitualizado por Sontag, o *camp*, que adiante mostrou-se intenso no cinema de John Waters e Almodóvar, seja no aspecto político da nova representação *queer* identificada por Ruby Rich, após os anos de 1990, no pioneiro *Paris Is Burning* (1990), de Jennie Livingston, e obras de Todd Haynes (*Poison*, 1991), Isaac Julien (*Young Soul Rebels*, 1991), Derek Jarman (*Edward II*, 1991), Tom Kalin (*Swoon*, 1992), Gregg Araki (*The Living End*, 1992), entre outros. Ou ainda no cinema independente brasileiro contemporâneo, que tem inovado discursos em formatos experimentais interessantes.

Desde então, abordagens expandidas foram produzidas em diversos países, cada qual questionando valores condicionados socialmente ou endossando preconceitos normativos, inclusive dentro do próprio universo LGBT, ou ainda inserindo-se numa lógica da tolerância adequada ao universo heteronormativo.

• •

Embora o cinema *underground* tenha dado maior vazão à pluralidade do universo homoerótico (gays, lésbicas, bi e transsexuais), importante ressaltar que o *mainstream* também o abordou, porém por meio de insinuações e representações imersas em uma lógica heteronormativa de conservação de clichês e limitações estereotipadas do masculino/feminino, homem/mulher etc. Ele incorporou justamente a caracterização da "personagem" homossexual do século XIX, nos termos de Foucault: tudo na trama indicava a sexualidade, limitava a personagem a seu desejo.

> O homossexual do século XIX torna-se uma personagem: um passado, uma história, uma infância, um caráter, uma forma de vida; também é morfologia, com uma anatomia indiscreta e, talvez, uma fisiologia misteriosa. Nada daquilo que ele é, no fim das contas, escapa à sua sexualidade. Ela está presente nele todo: subjacente a todas as suas condutas, já que ela é o princípio insidioso e infinitamente ativo das mesmas; inscrita sem pudor na sua face e no seu corpo já que é um segredo que se trai sempre[24].

Nesse sentido, por muito tempo, até os anos de 1990, a homossexualidade foi retratada nesse cinema comercial por meio do aspecto normativo da "discrição" ou pela visão caricatural de gênero e identidades. No cinema mudo, por exemplo, o tom irônico aparecia em filmes como *Behind the Screen* (1916), de Charles Chaplin, e

Ich möchte kein Mann sein (1918), de Ernst Lubitsch. O viés melancólico e sem final feliz era abordado no longa alemão *Diferente dos Outros* (1919), realizado por Richard Oswald com a colaboração do sexologista Magnus Hirschfeld.; *Mikaël* (1924), de Carl Theodor Dreyer; *Geschlecht in Fesseln: Die Sexualnot der Gefangenen* (1928), do alemão Wilhelm Dieterle, e no norte-americano *Lot in Sodom*, um dos pioneiros a revelar uma orgia homoerótica, em 1933. Para Vogel, "o retrato do homossexual passou momentos bem definidos de ridicularização, invisibilidade, eliminação e transformação em uma figura menos 'ofensiva', que morria com muito sofrimento ou com suicídio"[25]. Já para os documentaristas Rob Epstein e Jeffrey Friedman, de *The Celluloid Closet* (1995), o ponto de vista da visibilidade é o mais importante: "Melhor uma imagem negativa que nenhuma"[26].

Na Hollywood dos anos de 1920 e 1930, pré Código Hays, e em grande parte do cinema europeu deste período, os cineastas adotaram a visão heteronormativa como padrão estético e moral – tudo que desviava à regra era por eles marginalizado em representações pouco explícitas que apenas insinuavam a temática em subtextos narrativos. *Flesh and the Devil* (A Carne e o Diabo, 1926), de Clarence Brown, por exemplo, com John Gilbert e Greta Garbo, utilizava o melodrama para estilizar um triângulo amoroso. O faroeste *A Wanderer in the West* (1927), de Robin Williamson e Joseph E. Zivelli, revelava, em subtexto homoerótico, a aproximação afetiva de dois amigos em um ambiente hostil. O drama de guerra *Wings* (1927), de William A. Wellman, mostrava a história trágica entre dois amigos, Jack Powell e David Armstrong, pilotos durante a Primeira Guerra Mundial. Parceiros de guerra, mas rivais na conquista da bela Sylvia Lewis, ambos nutrem um desejo reprimido só declarado no clímax final na ocasião do ferimento de um deles, que o leva à morte, amparado nos braços do amigo: "Você sabe que não há nada no mundo tão significante pra mim quanto a sua amizade". O outro responde: "Eu sempre soube disso. Todo o tempo..." E selam essa confissão com um beijo na boca. *Tagebuch einer Verlorenen* (Diário de uma Perdida, 1929), de Gerod Wilhelm Pabst incorporava o imaginário gay em várias cenas, como a das meninas nas camas do reformatório. No início da década posterior,

> a homossexualidade marcava presença nas telas sob a forma de alusões maliciosas, como no bizarro *Just Imagine* (1930), de David Butler. O lesbianismo – que despontou no filme alemão *Mädchen in Uniform* (Mulheres de Uniforme, 1931), de Leontine Sagan – é sugerido na deliciosa comédia *Night after Night* (Noite Após Noite, 1932), de Archie Mayo, quando, após uma noite de bebedeira, Mae West acorda na cama de outra senhora, que se transforma, depois desse contato, de puritana infeliz em alegre aventureira. Em *Marroco* (Marrocos, 1933), de Joseph von Sternberg, Marlene Dietrich, vestindo fraque e cartola, beija na boca uma garota da plateia durante um número musical[27].

Nos clandestinos *stag films*, a abordagem era mais espontânea e frequente. *A Free Ride* (1915), de A. Wise Guy, que marcou o olhar falocêntrico pornográfico tradicional até os filmes mais experimentais como *Two Women*, de Man Ray, e *Messe Noire*, que traziam lesbianismo. O homoerotismo entre homens era mais raro, mas existia em que algumas produções que o filmava como um desejo espontâneo das personagens em ação sexual. Não à toa, em alguns filmes, os homens em cena sexual trocavam suas parceiras para ficarem entre si, como em *L'Heure du thé* (1925). *Surprise of a Knight* (1929), tido por Thomas Waugh e Linda Williams como o primeiro *stag film* norte-americano, trazia um transformista em cena e mostrava relações entre homens[28]. *Le Ménage moderne du Madame Butterfly* (1920), dirigido pelo romeno Bernard Natan, trazia bissexualidade e homossexualidade. A animação *Eveready Harton in Buried Treasure* (1929), da Climax Fables, revelava uma personagem de animação excitado, que, em busca do tesouro perdido, se deparava com situações sexuais diversas, penetrando mulheres, homens e até mesmo um caranguejo e um cavalo.

Com o Código Hays, conforme vimos, a sexualidade era forjada por meio do erotismo sublimado e da adoção dos padrões heterossexuais construídos socialmente pelo grande público. Fora dos EUA, como na Alemanha nazista, as leis de censura eram mais rígidas. Desde a República de Weimar, o parágrafo 175 do Código Penal criminalizava a homossexualidade como ato de indecência, pornografia. Filmes, artistas, ativistas, bibliotecas, institutos e quaisquer referências à *temática* homossexual eram vetados, queimados, punidos, chegando-se ao homicídio e à destruição dos arquivos. Richard Plant apontou que o tema da perseguição contra os homossexuais durante o nazismo e o Holocausto é assunto ainda silenciado por muitos historiadores[29]. Também no cinema foram raras as ficções e os documentários sobre o tema. Na década de 1960, Luchino Visconti revelou ao grande público em *La caduta degli dei* (Os Deuses Malditos, 1969) o massacre da S.A. em plena orgia homossexual.

14 Cena do filme alemão **Mulheres de Uniforme**
(Mädchenin Uniform, 1931), de Leontine Sagan.

Apenas no fim dos anos de 1990 o diretor Sean Mathias tratou diretamente da perseguição nazista aos homossexuais em *Bent* (1997), um painel das vítimas do "triângulo rosa" nos campos de concentração. Em 1999, o diretor alemão Max Färberböck filmou *Aimée & Jaguar* (1999), sobre a perseguição nazista às lésbicas, mas destacando em tom revisionista o amor desesperado de uma dona de casa alemã, casada com um oficial nazista, por uma judia. No mesmo ano, Rob Epstein e Jeffrey Friedman lançaram *Paragraph 175* (Parágrafo 175, 1999), documentário sobre a perseguição nazista contra os homossexuais em que utilizaram imagens de arquivo e o depoimento de cinco sobreviventes.

Mesmo após a Segunda Guerra Mundial os cineastas europeus não promoveram uma imagem plural do homoerotismo. "Mesmo na obra dos homossexuais Pier Paolo Pasolini e Luchino Visconti, ou dos heterossexuais Federico Fellini e Ingmar Bergman, as personagens que assumem o desejo pelo mesmo sexo estão invariavelmente condenadas à decadência[30], pontuou Nazario. Assim, até os anos de 1980, o homoerotismo foi quase sempre retratado no *mainstream* com base na versão heteronormativa da sexualidade, com exceção das abordagens no cinema experimental e *underground*.

Após os anos de 1980, aos poucos, a ênfase do homoerotismo em cena cinematográfica expandiu-se. Por vezes aparecia aliada ao discurso "coming out" (saindo do armário) em adesão ou crítica à forma conservadora que a sociedade da tolerância do momento lidava com as sexualidades em uma agenda que transparecia inclusão, mas dentro de uma ordem heteronormativa. Por outro lado, muito por conta dos discursos homofóbicos e reacionários em combate à epidemia da Aids, principalmente nos EUA, como veremos adiante, alguns cineastas (Münch, Cleo Uebelmann, Tom Kalin, Laurie Lynd, Araki, etc), sob o espectro *queer,* dinamitaram o termo "cinema gay" em experiências audiovisuais mais libertárias e em combate à repressão sexual. Na Espanha, Almodóvar, que celebrou o desejo e os sujeitos marginalizados em seus primeiros filmes, como *Laberinto de Pasiones* (Labirinto de Paixões, 1982) e *La Ley del Deseo* (A Lei do Desejo, 1987), questionou a expressão "cinema gay": "Os filmes não têm qualquer tipo de sexualidade. Não é porque eu queira esconder algo – não mesmo. Mas essa é a mais homófoba das expressões. Acho que é muito norte-americana. Estou certo de que eles gostariam de colocar isso em seu passaporte – sua orientação sexual"[31]. Desde então, diversas tramas passaram a retratar temas transversais à identidade de gênero e às sexualidades.

Querelle (1982), de Fassbinder, e *Making Love* (Fazendo Amor, 1982), de Arthur Hiller, tornaram-se relevantes por dotar ao prazer uma visibilidade cinematográfica explícita. O filme de Hiller provocou frisson na época por trazer em *close up* um beijo gay ao grande público. *Paris Is Burning*, filmado durante os anos de 1980, explorou a cultura LGBT de origem afro-latina em Nova Iorque, especialmente os concursos de *drag queens* no Harlem, dando visibilidade às manifestações pouco faladas naquela época. Nos anos de 1990, algumas comédias abordaram o tema do preconceito em produções como *The Adventures of Priscilla, Queen of the Desert* (Priscilla, A Rainha do Deserto, 1994), de

Stephan Elliott; *The Birdcage* (A Gaiola das Loucas, 1996), de Mike Nichols; *In & Out* (Será Que Ele É?, 1997), de Frank Oz; *Touch of Pink* (Um Toque de Rosa, 2004), de Ian Iqbal Rashid; *Breakfast with Scot* (Uma Família Bem Diferente, 2007), de Laurie Lynd; *Mine vaganti* (O Primeiro Que Disse, 2010), de Ferzan Ozpetek; entre tantas outras.

Dos aclamados *hits* norte-americanos *Philadelphia* (Filadélfia, 1993), de Jonathan Demme, e *O Segredo de Brokeback Mountain*, de Ang Lee, aos orientais *Chun Guang Zha Xie* (Felizes Juntos, 1997), de Wong Kar-wai; *Ba wangbie ji* (Adeus, Minha Concubina, 1993), de Chen Kaige, e *O Rio* (He liu, 1997), de Tsai Ming-Liang, a homossexualidade mostrou-se melancólica ao enfrentar conservadorismo e homofobia em tramas complexas sobre relações afetivas. *Before Night Falls* (Antes do Anoitecer, 2000), de Julian Schnabel, *Milk* (Milk: A Voz da Igualdade, 2008), de Van

15 **Um Estranho no Lago** (L'Unconnu du lac, 2012), de Alain Guiraudie.

16 Tiresia (2003), de Bertrand Bonello.

Sant, *Bent*, de Sean Mathias, e *Love is Strange* (O Amor é Estranho, 2014), de Ira Sachs, enfrentaram homofobia e preconceitos na luta por direitos civis igualitários. *Cruising* (Parceiros da Noite, 1980), de William Friedkin, *Plata Quemada* (2000), de Marcelo Pineyro, e *L'Inconnu du lac* (Um Estranho no Lago, 2013), de Alain Guiraudie, fizeram a libido explodir em violência. A busca pelo amor encontrou solidão em *La Vie d'Adèle* (Azul É a Cor Mais Quente, 2013), de Abdellatif Kechiche; *Keep the Lights On* (Deixe a Luz Acesa, 2012), de Ira Sachs; *O Fantasma* (2000) e *Morrer Como um Homem* (2009), ambos de João Pedro Rodrigues. Em *Shortbus* (2006), de John Cameron Mitchell, as sexualidades cruzaram-se em uma luta hedonista contra o vazio existencial. A transexualidade apareceu em *Tiresia* (2003), de Bertrand Bonello; *Hedwig and the Angry Inch* (2001), de John Cameron Mitchell; *Transamerica*

17 **Azul É a Cor Mais Quente** (La Vie d'Adèle, 2013), de Abdellatif Kechiche.

18 O beijo dos amantes em **Plata Quemada** (2000, de Marcelo Pineyro).

(Transamérica, 2005), de Duncan Tucker; xxy (2007), de Lucía Puenzo; *Wild Side* (Lado Selvagem, 2004), de Sébastien Lifshitz; e *Laurence Anyways* (2012), de Xavier Dolan. *Tomboy* (2012), de Céline Sciamma, discutiu de modo aberto questões de gênero, comportamento e identidade sexual no drama de uma garota de dez anos que todos pensam ser um menino pelo jeito que ela se veste. Em *In Their Room* (2009), Travis Mathews filmou a intimidade e o cotidiano de rapazes dentro de seus apartamentos em uma série de episódios realizada em São Francisco, Berlim e Londres. Romântico, *I Want Your Love* (2010), também de Travis, mergulhou na experiência sexual de dois amigos dentro de um quarto que, entre um flerte e outro, terminam a noite em sexo. Com James Franco, em 2013, o diretor produziu *Interior. Leather Bar*, filme-ensaio inspirado nos quarenta minutos censurados e nunca vistos de *Cruising* (Parceiros da Noite, 1980), de William Friedkin. Na época, o longa de Friedkin dizimou cenas de sexo para evitar a classificação de pornográfico. Com imaginação pornográfica, *Interior* funde documentário e ficção sobre o processo de "recriação" desses quarenta minutos. De modo metalinguístico, o resultado discute elementos do moralismo e da representação do sexo explícito no cinema atual.

No cinema nacional, a partir dos anos de 1990, a abordagem do homoerotismo pluralizou-se da visibilidade dos discursos às abordagens claramente políticas: cineastas do circuito independente passaram a filmar a expressão do desejo como discurso desestabilizador das normatizações sexuais. Apesar disso, importante mencionar que, antes desse período, já tínhamos em cena a diversidade sexual em filmes como: *Augusto Aníbal Quer Casar*, do diretor Luiz de Barros, que, em 1923, mostrava um rapaz apaixonado por um travesti. Nos anos de 1940, *O Cortiço* (1946), de Barros, *Poeira de Estrelas* (1948), de Moacyr Fenelon, e *Carnaval no Fogo* (1949), trouxeram personagens gays. Nos anos de 1950, produções da Atlântida investiam no transformismo de Oscarito em contextos carnavalescos cômicos. *Mulher de Verdade* (1954), de Alberto Cavalcanti, levava à cena o transsexual brasileiro Ivaná.

Noite Vazia (1964), de Walter Hugo Khouri, *O Menino e o Vento* (1966), de Carlos Hugo Christensen, e *Memória de Helena* (1969), de David E. Neves, foram os filmes mais sintomáticos dos anos de 1960 que abordaram o afeto entre mulheres e entre homens de modo mais explícito, sem tabus. Mas foi o cinema marginal (1969-1973) que subverteu estereótipos das pornochanchadas e ampliou a abordagem da diversidade sexual em filmes de Sganzerla (*Copacabana Mon Amour*, 1973), Júlio Bressane (*O Anjo Nasceu* e *Matou a Família e Foi ao Cinema*, ambos de 1970), João Silvério Trevisan (*Orgia ou o Homem Que Deu Cria*, 1971), entre outros. Posteriormente, produções de Djalma Limongi Batista, Carlos Reichenbach, Neville de Almeida, Hector Babenco, Sergio Bianchi, Walter Lima Jr., entre outros, abordaram de diversos modos o homoerotismo em tramas complexas. *Onda Nova* (1983), por exemplo, dirigido por José Antônio Garcia e Ícaro Martins, pregava a liberdade sexual em "uma colagem surrealista sobre a juventude paulistana", segundo os realizadores, em que as personagens transitam à procura de diversão e sexo. O filme trouxe nudez, *ménage à trois*, lesbianismo e o tabu da homossexualidade no universo futebolístico. No auge de uma sequência erótica, dois esportistas transam sem culpa. *Asa Branca, um Sonho Brasileiro* (1982), dirigido por Limongi, insinuou homoerotismo ao contar a história da personagem título (Edson Celulari), um jogador de futebol interiorano que vai para São Paulo tentar carreira. Em constante crise afetiva, ele se envolve com mulheres, mas seu vazio existencial só aumenta. Em um de seus sonhos, Asa Branca projeta-se nu no meio do estádio vazio do Maracanã, de noite, em êxtase com uma bola. O diretor afirmou que a nudez de Edson Celulari no meio do campo provocou revolta nos dirigentes e membros do meio futebolístico, que tinham apoiado a produção do filme pensando que seria uma homenagem ao futebol, mas de repente se apavoraram com o rumo homoerótico do longa, exigindo inclusive cortes em muitas cenas. "Segundo Djalma, a própria Embrafilme, na época a estatal financiadora dos filmes nacionais, fez pressão para que suprimisse algumas cenas de nudez de Edson, e que se diminuísse o teor gay da obra. Produtores envolvidos no filme também tentaram sufocar o lado homossexual que o filme mostrava. [...] De qualquer forma *Asa Branca* foi bem de bilheteria e sagrou-se grande vencedor do Festival de Brasília e do Festival de Gramado de 1982."[32]

Dos anos de 1990 em diante, um montante de filmes nacionais pluralizou a abordagem: de *Jenipapo* (1995), de Monique Gardenberg, a *Amores Possíveis* (2001), de Sandra Werneck, os filmes apresentaram diferentes possibilidades do desejo das personagens. *A Concepção* (2005), de José Eduardo Belmonte, edificou a sexualidade livre como subversiva e política; *Cronicamente Inviável* (2000), de Sérgio Bianchi, trouxe um garçom homossexual explorando sua libido em saunas e clubes gays; *Cama de Gato* (2002), de Alexandre Stokler, e *Cidade Baixa* (2005), de Sérgio Machado, mostraram sedução e *ménage à trois*. O travestismo apareceu no cotidiano e na intimidade de João Francisco dos Santos, personagem da boemia carioca, *Madame Satã*, em filme dirigido por Karim Aïnouz, em 2002. *Dzi Croquettes* (2009), de Tatiana Issa e Raphael Alvarez, documentou a performatividade do grupo em espetáculos transgressores, *camp*. *Meu Amigo Cláudia* (2009), de Dacio Ribeiro, mostrou a travesti Claudia Wonder, atriz e cantora, em sua luta pelos direitos humanos; *Filme de Amor* (2003), de Júlio Bressane, e *Como Esquecer* (2010), de Malu de Martino, mostraram relações sexuais entre mulheres, com tom de poesia e romance, respectivamente. Em *As Melhores Coisas do Mundo* (2010), de Laís Bodanzky, um pai de família se assumia gay, desencadeando diversas reações entre seus filhos e os alunos adolescentes de um colégio particular. *A Festa da Menina Morta* (2008), de Matheus Nachtergaele, revelou uma relação incestuosa de um rapaz, tido como santo, com seu pai. *Do Começo ao Fim* (2009), de Aluízio Abrantes, também abordou o incesto, mas entre dois meio-irmãos que se amam desde crianças. *Praia do Futuro* (2013), de Karim Aïnouz, acompanhou o desejo homoerótico da personagem salva-vidas, vivida por Wagner Moura, por um turista alemão, da praia cearense até Berlim. *Elvis & Madona* (2010), de Marcelo Laffitte, trouxe a intensa paixão entre uma entregadora de pizza e uma cabeleireira, que é travesti. *Vestido de Laerte* (2012), de Pedro Marques e Claudia Priscila, documentou um dia na vida de Laerte

Coutinho, cartunista transgênero. *Favela* Gay (2014), de Rodrigo Felha, percorreu favelas cariocas para refletir como é a vida da comunidade LGBT em meio ao preconceito, violência, tráfico e igrejas evangélicas. *De Gravata e Unha Vermelha* (2014), de Miriam Chnaiderman, discutiu em tom *queer*, as possibilidades de (re)construção do próprio corpo por meio de entrevistas com Ney Matogrosso, Laerte, Rogéria, Johnny Luxo, João Nery, entre outros. No ótimo *Tatuagem* (2013), Hilton Lacerda dirigiu uma trama situada na ditadura por volta de 1978, em que um grupo de artistas de teatro provoca a moral da época conservadora em espetáculos irreverentes, eróticos, anárquicos e de resistência política. Lufe Steffen, diretor de curtas como *Meu Namorado é Michê* (2006) e *A Cama do Tesão* (2000), dirigiu dois documentários sobre a pluralidade da cena LGBT que permeou as noites de São Paulo, da contracultura (*São Paulo em Hi-Fi*, 2013) à contemporaneidade (*A Volta da Pauliceia Desvairada*, 2012). Ambos trazem um retrato sociopolítico das tendências e transgressões das épocas ao mapear de modo histórico a expressão da diversidade sexual diante de seus vilões nas épocas, como a ditadura militar, a Aids e o preconceito. Por fim, o premiado *Hoje Eu Quero Voltar Sozinho* (2014), de Daniel Ribeiro, que conquistou o Teddy Award, o prêmio da International Federation of Film (Fipresci) e o segundo lugar do Prêmio do Público na Berlinale 2014, trouxe dois adolescentes que se descobrem apaixonados em meio à homofobia, à superproteção da mãe e ao universo escolar conservador. No auge da paixão, um beijo em *close up* sela o desejo entre eles.

Produções independentes expandiram ainda mais a discussão de gênero ou trouxeram novas roupagens para se falar e filmar o sexo cinematográfico. Muitas incorporaram os discursos marginalizados e estereotipados pelo *status quo* para empodera-los de protagonismo afirmativo em sua autonomia militante, de modo irônico, pelo deboche inteligente. Sob olhar *queer*, o Coletivo independente Surto & Deslumbramento, por exemplo, de Pernambuco, nasceu em 2012 com a intenção de legitimar "o artificialismo, o lúdico, a paródia, o deboche, a viadagem, a pinta, o pop e a cultura de massa, afastando-nos, por consequência, de boa parte dos elementos que davam a tônica da produção cinematográfica nacional independente da época"[33]. Desde então, o coletivo produziu *Virgindade* (2014), de Chico Lacerda, entre outras obras, como *Casa forte* (2013), de Rodrigo Almeida. O média-metragem *Nova Dubai* (2014), de Gustavo Vinagre, também diretor de *Filme Para Poeta Cego* (2011), politizou o sexo (ou, antes, a imagem do sexo explícito) como afirmação obscena transgressora. Em tom hedonista desenfreado, o filme traz personagens – o diretor também está em cena – que realizam pegação sexual em espaços aliados ao *status quo* neoliberal. O sexo explicita um discurso contestador que ocupa os espaços (e também a imagem cinematográfica), mas não de modo a defender uma tese e sim à guiza libertária da *dessublimação do desejo* que, feito um cão andaluz, radicaliza pela espontaneidade. Nessa perspectvia, vale ainda mencionar *Batguano* (2014), de Tavinho Teixeira, e *Doce Amianto* (2013), de Guto Parente e Uirá dos Reis, que, pela artificialidade e excesso, do *trash* ao *kitsch*, trazem inquietações propositivas que perpassam os limites das representações tradicionais do sexo no cinema nacional. Isso sem contar o filme-coletivo *O Animal Sonhado* (2015), de Breno Baptista, Luciana Vieira, Rodrigo Fernandes, Samuel Brasileiro, Ticiana Augusto Lima, Victor Costa Lopes, e os curtas-metragens de José Agripino, Marcelo Caetano, Rafael Aidar, Eduardo Mattos, René Guerra, entre outros, que trazem discussões interessantes sobre a pluralidade do sexo e do desejo.

Apesar de alguns avanços democráticos, no Brasil, ainda é tabu para o grande público representações corriqueiras como um simples beijo na boca entre dois homens ou duas mulheres nas telenovelas, por exemplo. Ainda há homofobia e preconceito em larga escala, infelizmente potencializado por discursos fundamentalistas e reacionários em muitas sociedades ocidentais e orientais. O cinema, sob a ótica da deflagração em trazer à tona o interdito, o marginal e obsceno, tem relevância política nesse cenário de enfrentamento e desestabilização dos discursos ideológicos e imagéticos instituídos e normatizados como legítimos.

19 Lázaro Ramos em cena de **Madame Satã** (2002), de Karim Aïnouz.

5
O IMPÉ
ERO

RIODO
ISMO

CONTRACULTURA, LIBERAÇÃO E ALIENAÇÃO SEXUAL

Discutimos aqui algumas imagens sexuais significativas que se desdobraram em filmes produzidos durantes as décadas de 1960 e 1970, não apenas no sentido cronológico, mas também relativo ao conteúdo dos processos sociais imbricados no período e incorporados pelas cinematografias. Essas imagens problematizaram propostas de transformação sociais e sexuais, em um movimento dialético marcado por conflitos, mobilizações e contravenções, nas quais a questão da liberdade era fundamental. Contra a opressão socioeconômica e política, debatia-se também sobre as sexualidades, o racismo, a emancipação da mulher, os direitos humanos igualitários, a liberdade de expressão, ou seja, tudo o que o cinema vigiado pelos códigos de censura reprimira anteriormente. Para Michel Foucault:

> Os movimentos ditos de liberação sexual devem ser compreendidos como movimentos de afirmação a partir da sexualidade. Isto quer dizer duas coisas: são movimentos que partem da sexualidade, do dispositivo de sexualidade no interior do qual nós estamos presos, que fazem com que ele funcione até seu limite; mas, ao mesmo tempo, eles se deslocam em relação a ele, se livram dele e o ultrapassam.[1]

Mergulhado no processo de contracultura, iniciado em meados de 1960, grande parte do cinema industrial, fundamentalmente o europeu, apropriou-se dos ideais libertários para questionar nos filmes modos de vida, comportamentos, alienação, posições políticas e relações sexuais. Não à toa, essa produção cinematográfica trouxe tramas que englobavam temas como o *flower power* dos *hippies*, o Maio de 1968 em Paris, a contracultura dos *beatniks* e dos *junkies*, o movimento *punk*, o movimento operário, a *pop art*, o *rock'n'roll* e o *rhythm n'blues*, os cinemas novos (Brasil, França, Alemanha, Itália, Japão) e a sexualidade como matriz de *mudança* social. Os ideais revolucionários eram motivados pela postura libertária de Herbert Marcuse, pelo existencialismo sartriano e pela noção de revolução sexual preconizada por Wilhelm Reich. Para este, a sexualidade assumia o prazer do corpo, concentrado no orgasmo e na genitalidade, e teria uma ampla função social utilitária de dissipar as neuroses sexuais coletivas e individuais. O orgasmo era a catarse ideológica da contracultura. Para Marcuse, uma ordem não repressiva, de maior liberdade histórica, mesmo em um quadro cultural de autoridade, viabilizar-se-ia pelo "alto grau de liberdade pulsional sem perder as suas conquistas ou entravar o progresso"[2].

> A direção básica de uma tal libertação, que está indicada na teoria freudiana, seria a recuperação de grande parte da energia pulsional desviada para o trabalho alienado, e a sua libertação no sentido de satisfazer as necessidades dos indivíduos cujo desenvolvimento seria autônomo e não mais manipulado. [...] A dessublimação, que em vez de destruir as manifestações "mais espiritualizadas" da energia humana, antes as projetaria como possibilidades de satisfação feliz. [...] Mas, toda felicidade é apenas felicidade social, e a liberdade do homem aumenta no campo da não liberdade.[3]

1   **As Mil e Uma Noites** (Il fiori delle mille e una notte, 1974), de Pier Paolo Pasolini.
2   (centro) Cartaz de **W.R.: Os Mistérios do Organismo** (M.R.: Misterije Organizmos, 1971), de Dušan Makavejev. O sexo como discurso político libertário.

Muitos filmes, ao colocarem o *princípio do prazer* em detrimento do *princípio da realidade*, questionaram a tradição do amor romântico e burguês, aliado à monogamia, ao casamento e às relações de poder entre os sexos. Alguns cineastas, como Pasolini, subverteram a raiz dos valores, dando noções mais diversificadas sobre a política dos corpos na nova sociedade libidinal que adorna o sexo como ideologia libertária, mas também repressora e perigosa. Outros diretores, como Nagisa Ōshima, apenas reforçaram tradições ao reproduzirem o conservadorismo histórico em nome do formalismo cultural e da alienação sexual das personagens no contexto diegético, como imaginou Bernardo Bertolucci em *The Dreamers* (Os Sonhadores, 2003). São três personagens, um casal de gêmeos franceses e um colega norte-americano, que vivem encantados pelo universo fantasioso do cinema, praticando jogos de adivinhação cinematográfica que são punidos com castigos sexuais. Enclausurados em uma rica mansão antiga, na Paris de 1968, os jovens alienam-se do próprio idealismo: esses sonhadores não saem de casa nem mesmo para saber como anda a revolta que explode lá fora. São jovens burgueses em crise, trancafiados no conforto caseiro, em uma inocente tentativa de autoafirmação e culpabilidade. No fim, depois de dormirem nus e praticarem incesto, a moça pretende incinerá-los com gás de cozinha em uma tentativa frustrada.

3 **Os Sonhadores** (The Dreamers, 2003), de Bernardo Bertolucci.

Assim, essas imagens cinematográficas do desejo sexual e do desejo da revolução ocuparam os filmes, que projetavam na expressão do sexo uma forma de discurso político. A pornografia também incorporava questões comportamentais, tendenciosas à liberação feminina, como nos filmes *Mona: The Virgin Nymph* (1970), de Michael Benveniste e Howard Ziehm, e *Garganta Profunda* (1972), de Gerard Damiano, que colocavam as mulheres como protagonistas do desejo que reivindicavam o orgasmo. Tudo figurou em uma aparente libertação, deslocando o eixo da dominação masculina para o desejo irrealizável daquelas mulheres frustradas que só atingem o orgasmo com os homens, praticando muita felação e sexo com eles, conforme notou Eduardo Geada:

Sob a aparência da total libertação da mulher, o cinema pornográfico dos anos setenta não fez mais do que intensificar as formas de repressão feminina, pois ao tratar a mulher como simples objeto sexual, o filme pornográfico tornou ainda mais nítidas a hipocrisia e a conclusão moral de muitos filmes puritanos: a luta pela vida, típica dos ideais concorrenciais e individualistas, assume na mulher a mais pura objetivação da luta pelo homem.[4]

Para Foucault, o mais importante nos movimentos de liberação da mulher não reside somente na reivindicação da especificidade da sexualidade e dos direitos referentes a ela, mas no "fato de terem partido do próprio discurso que era formulado no interior dos dispositivos de sexualidade [...] para [chegarem] a uma verdadeira dessexualização [...] a um deslocamento em relação à centralização sexual do problema, para reivindicar formas de cultura, de discurso, de linguagem etc."[5]

O duplo sentido entre o discurso libertário e o machismo aparecia no cinema de Russ Meyer, que dirigia, escrevia, produzia, fotografava e montava seus filmes, repletos de tramas rocambolescas, com personagens femininas que incorporavam os estereótipos da *femme fatale*, dominadora, erotizada e pronta para tudo. Com *O Imoral Sr. Teas* (1959), Meyer despiu perversamente as mulheres sem que elas soubessem ou quisessem. Adiante, realçou o papel das dominadoras, potentes, que pegam em armas e lutam por seus ideais, em filmes como *Faster, Pussycat! Kill! Kill!* (1965), que mostrava três dançarinas de *striptease* rodando com um carro novo no deserto californiano e se envolvendo em confusões com homens; *Mondo Topless* (1966), documentava os devaneios das dançarinas da noite de São Francisco; *Good Morning... and Goodbye!* (1967), revelava mulheres vivendo a sexualidade fora do casamento por conta da impotência dos maridos; *Beyond the Valley of the Dolls* (De Volta ao Vale das Bonecas, 1970) trata de uma banda de *rock*, formada por mulheres, envolvida com o mundo do sexo e das drogas; *Beneath the Valley of the Ultra-Vixens* (1979), trazia uma sátira ao comportamento da classe média por meio de uma trama que envolvia um casal interiorano que enfrentava problemas sexuais e procurava conselheiros inusitados.

A representação do sexo e das sexualidades ocorria com maior intensidade no cinema brasileiro durante o período da pornochanchada, nos anos de 1970. Imbuídas nos movimentos sociais e na contracultura brasileira (o cinema novo, o tropicalismo, a revolução sexual e a liberação da mulher), as produções respondiam às demandas de um público que passava por mudanças de comportamento provenientes da liberação dos costumes. Para Nuno César Abreu, "a pornochanchada foi mais a expressão de uma atualização ou reflexo da onda de permissividade, de liberação dos costumes da época. Uma tematização da 'revolução sexual' à brasileira"[6]. Assim, produzia e reproduzia imagens estereotipadas de comportamentos sexuais e atitudes políticas, sempre em tom de deboche e com personagens caricatas.

As produções materializavam o desejo sexual sob as formas corporais femininas; todo imperativo erótico era reduzido aos atributos físicos das mulheres, principais atrativos dos filmes, chegando a substituir a própria consumação sexual. Mesmo quando os filmes pretendiam subverter a imagem da mulher-objeto, eles também eram machistas, como bem notou Jean-Claude Bernardet sobre *O Bem-Dotado, o Homem de Itu* (1979), de José Miziara, em que "o machismo era o mesmo, só tinha mudado de sexo"[7]:

> Um filme em defesa da sexualidade feminina. Só que é mais uma pornochanchada entre as tantas, desta vez substituindo a mulher-objeto

4   Cartaz de **Faster, Pussycat! Kill! Kill!** (1965), de Russ Meyer.

pelo homem-objeto. Um verdadeiro reino do falo, onde tamanho e vigorosidade determinam as relações, as ansiedades, as decepções e os resultados [...] Tudo muito claro: quem é bem-dotado, ótimo, vai ter um sucesso incrível. As dimensões genitais do homem de Itu provocam reações mecânicas nas mulheres. É só elas verem para ficarem tomadas por um comportamento compulsivo. Elas são totalmente dependentes do falo. E maior o tamanho, maior o gozo. Em *O Homem de Itu*, o feminismo é a vitória da falocracia! Pouca coisa mudou: a caça à mulher de um rabo de saia substituído pela mulher que não se aguenta diante da braguilha. Invertem-se os signos, mas o machismo continua o mesmo, só que encampado por personagens femininas.[8]

A dependência falocrática também aparece no cinema pornográfico desse período, mergulhado na liberação feminina, como em *Mona: The Virgin Nymph* e *Garganta Profunda*, em que as protagonistas disputam, democraticamente, o acesso ao falo para poderem usufruir seus desejos que somente um falo pode oferecer. Nesses filmes, após o gozo, as diferenças sociais aparecem. As mulheres prosseguem insatisfeitas, submissas e frustradas diante dos homens. Nas pornochanchadas em que as mulheres eram protagonistas, seus papéis sociais eram submissos: colegiais, secretárias, empregadas e atendentes. Cristina Kessler identifica personagens típicas das pornochanchadas, desde as mulheres suscetíveis, passivas e virgens até os homens dominadores e malandros:

> Como as noivas, há outras personagens típicas nas pornochanchadas. Assumidamente voltados ao público masculino, os filmes representavam tipos femininos para todos os gostos: virgens, viúvas, mulheres experientes, quase sempre belas e desinibidas. As personagens masculinas eram geralmente tipos machões, espertos, cafajestes e malandros (vinculados ao sucesso sexual), ou então garotos virgens e maridos impotentes (relacionados ao fracasso). Os homossexuais, em geral, eram ridicularizados.[9]

O olhar fetichista da câmera tornava as mulheres objeto de culto erótico: a exposição de seios, nádegas, pelos pubianos, ou seja, de tudo, materializava o desejo falocêntrico daquele corpo. O contrário quase nunca era mostrado; o falo era preservado até mesmo dos espectadores. Essa não visualidade do falo também indiciava o machismo diante da exposição do desejo: só se mostrava o desejo, nunca o objeto dele.

Supostamente transgressora com relação à ordem vigente já que aborda, por exemplo, a traição sexual, o sexo na velhice, o tabu da virgindade e o mundo das orgias, as pornochanchadas limitaram o desejo à representatividade dominante, heteronormativa, sem subverter de fato os valores conservadores do país submerso na ditadura militar. Elas apenas reafirmaram muitos preconceitos sobre homossexuais, mulheres, homens e sobre o próprio país, este nunca destinado à seriedade. O sexo à brasileira nas pornochanchadas fora motivo de piada, alienado de pulsão erótica reprimida pelo conservadorismo nacional. Sales Filho identificou com precisão o caráter conservador subjacente à aparência transgressora (até certo ponto) das pornochanchadas:

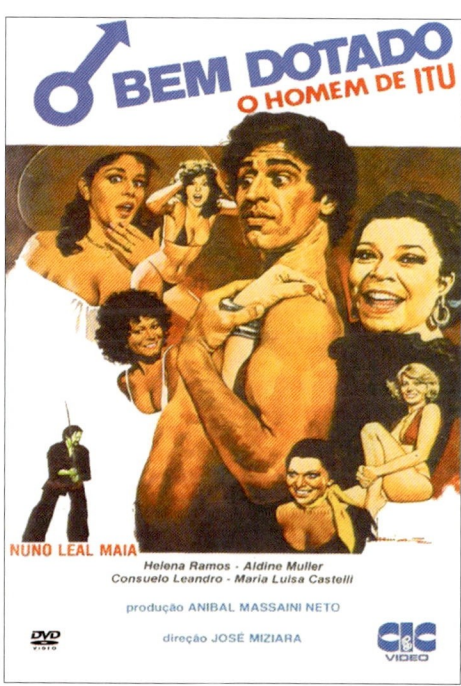

5 Cartazes da pornochanchada brasileira.

Em uma primeira análise, o que é retratado na pornochanchada nos faz concluir que o que mais distingue nossa sexualidade é um certo desejo pela transgressão. O casamento é indissolúvel (até certo ponto), a fidelidade é inquestionável (até que apareça uma primeira oportunidade), a integridade da família é suprema (às vezes), somos todos católicos. […] Uma análise mais detalhada desses filmes, entretanto, literalmente desmonta e faz desmoronar qualquer ideia sobre a transgressão que até agora tem sorrateiramente caracterizado a identidade brasileira. Parece que o que mais claramente nos distingue é o conservadorismo. Conservadorismo não apenas no sentido da preservação dos chamados bons costumes, mas sim de todas as ideias e conceitos em que estamos mergulhados: sejam eles bons costumes, sejam preconceitos, ou estereótipos.[10]

Incluído nisso havia outro efeito que as pornochanchadas operavam no espectador comum, que se projetava nos galãs e canastrões sexualmente potentes. A identificação pode ser vista como alienação diante dos valores morais, já que não ocorria nenhuma subversão ou tentativa de transgredir aquela situação social. O público "preferia os prazeres do sexo ao sofrimento das extenuantes jornadas de trabalho e baixos salários" do Brasil em modernização. Os "filmes mostravam um povo que ainda acreditava na ética da malandragem, na risada que ridicularizava os valores predominantes (ainda que para fortalecê-los ao final)", conforme salientou Jorge Leite Jr.[11]

Na contramão das pornochanchadas, do final dos anos de 1960 até meados dos anos de 1970, o movimento conhecido como "cinema marginal", no Brasil, com produção localizada no centro da cidade de São Paulo, na "Boca do Lixo", e encampando também produções do Rio de Janeiro e Bahia, deflagrou de forma ousada e libertária os dilemas de época. Radical na essência, da linguagem à estilística, do conteúdo ao modo de produção marginalizado, esse "cinema de invenção" radicalizava as convenções cinematográficas e sociais por meio da subversão dos tabus em novos experimentos estéticos. Para além do rótulo marginal, ele era marginalizado pela produção e distribuição industrial vigente na época, muito por conta da censura, ficando à margem dos circuitos de exibição. Com câmeras super-8, que facilitavam a circulação e o fluxo das imagens distante dos estúdios, cineastas como Ozualdo Candeias, Rogério Sganzerla, Neville de Almeida, Álvaro Guimarães, José Agripino de Paula, André Tonacci, Júlio Bressane, Eliseu Visconti, entre outros, flagraram a sociedade limítrofe e opressora com tramas inusitadas de desejo e política. Cinema do desespero, cinema-limite, histriônico, com sarcasmo político e personagens *outsiders*. Experimental como o desejo, esse cinema produziu um montante de filmes independentes, de gêneros variados, do filme-ensaio a melodramas eróticos; geralmente as tramas alucinantes versavam sobre o contexto sociopolítico conservador, mas em tom de paródia, liberdade, destruindo ícones e heróis nacionais, trazendo à cena poliamor, travestimento, pornografia, homoerotismo, lesbianismo, orgias e tudo aquilo que a sociedade taxava de obsceno.

O genial *Copacabana Mon Amour* (1970), de Sganzerla, por exemplo, traz a fera oxigenada, Helena Ignez (que atuou em *A Mulher de Todos*, 1969, do mesmo diretor), como a Sônia Silk, musa que tem pavor da velhice e cujo maior sonho é ser cantora da Rádio Nacional. Do morro ao asfalto, com trilha de Gilberto Gil, o cineasta faz um ensaio performático visual de fundo tropicalista, futurista, orgânico, sobre a identidade brasileira, destruindo clichês nacionais e almejando a liberdade de expressão com gritos, rituais de umbanda e sexo explícito. Carlos Reichenbach também erotizou suas personagens em tramas libertinas (*A Ilha dos Prazeres Proibidos*; *Sede de Amar*; *As Libertinas*); Ozualdo Candeias revelou ousadas e violentas cenas de sexo em *Zézero* (1974), filme político sobre as condições do operariado; o escritor João Silvério Trevisan dirigiu *Orgia ou O Homem Que Deu Cria* (1970), protesto de inspiração pasoliniana, tropicalista, transgressor na essência, em prol de uma arte libertária; entre outros cineastas que, no mesmo período, trafegavam erotismo e política nas tramas.

No início dos anos de 1980, com a diluição da censura na ditadura militar brasileira, já se permitia a entrada de filmes pornográficos *hard-core*, que se expandia em cinemas de rua. Para se adaptar ao novo mercado e com o esvaziamento do "cinema marginal", muitos cineastas incorporaram o modelo estrangeiro e fizeram produções com sexo explícito, o chamado "ciclo da pornochanchada", com sexo explícito em melodramas pornográficos, como nos filmes de José Mojica Marins (*24 Horas de Sexo Ardente*, 1985) ou Cláudio Cunha (*Oh! Rebuceteio*, de 1984, em que um grupo de jovens atores fazia de tudo, em cima do palco, para participar de uma peça). Vale mencionar nesse período o trabalho de Ody Fraga, que escreveu, roteirizou e dirigiu, das pornochanchadas ao cinema marginal, até o fim dos anos de 1980, mais de cinquenta filmes populares que abordavam o erotismo à brasileira, mas sempre em tom piadista, caricato e geralmente machista, a começar pelos títulos: *Senta no Meu, Que eu Entro na Tua* (1985), *Erótica, a Fêmea Sensual* (1984), *Reformatório das Depravadas* (1978) etc.

Essas produções erotizadas, somadas às pornochanchadas, deram ao cinema brasileiro certo estigma pejorativo, na abordagem de Jorge Leite Jr.:

> A conexão destas produções com a ideia de pornografia é uma forma de desqualificação, sugerindo que a temática sexual ultrapassou os limites da estética e moral aceitáveis. O enorme sucesso de público, gerando uma fase de ouro para o cinema brasileiro, também criou a associação entre filme nacional = filme de sacanagem, e inaugurou o termo "pornochanchada" como um adjetivo pejorativo que dura até hoje.[12]

Na Europa, imbuídas na contracultura, algumas cinematografias utilizaram o prazer do sexo como catarse social. Algumas produções até criaram métodos eficazes de como atingir o orgasmo. Em *Barbarella* (1968), o diretor Roger Vadim criou uma máquina simbólica chamada Orgasmatron, onde Jane Fonda flutuava em uma fantasia *sci-fi*, acompanhada por um anjo erotizado e seminu que acabava seduzido e "depenado" pela heroína. Nos filmes do iugoslavo Dušan Makavejev, como *W.R.: Misterije Organizma* (W.R.: Mistérios do Organismo, 1971) e *Sweet Movie* (Sweet Movie: Um Filme Doce, 1974), projetava-se o orgasmo como epicentro de transformação social, associando-o aos valores anarquistas de erradicação dos valores políticos capitalistas. As iniciais W.R. referiam-se a William Reich, psicanalista dissidente de Sigmund Freud, que teorizou sobre a sexualidade, procurando ver no sexo um elemento de libertação. Em *Sweet Movie*, o capitalismo era figurado na personagem de um magnata do petróleo, cujo pênis ostentava riqueza, por ser revestido de ouro, mas sofria de impotência sexual. Ao politizar o sexo e erotizar a política, o cinema de Makavejev refletiu a derrocada socialista de seu país, fazendo do sexo metáforas que aludiam ao fetichismo, capitalismo, marxismo, alienação social e anarquia total, simbolizada pela escatologia.

Na França, o erotismo era romantizado na figura das mulheres sensuais em meio às relações monogâmicas burguesas, cheias de complicações amorosas. Enquanto Brigitte Bardot apresentava seu biquíni à América em *E Deus Criou a Mulher* (1956), de Roger Vadim, as neuroses sexuais acumulavam-se em tramas da *Nouvelle vague*: *Os Amantes* (1958), de Louis Malle; *Hiroshima, mon amour* (Hiroshima, Meu Amor, 1959), de Alain Resnais; os filmes de François Truffaut e Jean-Luc Godard, que misturavam discurso político e estético em prol da revolução social, esquivavam-se das questões sexuais. Nos anos de 1970, filmes mais ousados foram produzidos. O diretor francês Just Jaeckn inaugura o estilo *soft-core* com a série *Emmanuelle* (1974), que lançou a atriz Sylvia Kristel, e filmes como *Histoire d'O* (A História de O, 1975), drama erótico sobre a história de uma jovem que convence o namorado a experimentar variedades sexuais, incluindo sessões de sadismo e masoquismo. Serge Gainsbourg dirigiu *Je t'aime moi non plus* (Paixão Selvagem, 1976), que mostrou o envolvimento sexual de uma garota andrógina (Jane Birkin, sua mulher na ocasião) com um caminhoneiro homossexual, interpretado por Joe Dalesandro, ícone gay dos anos de 1970. Todos esses filmes incorporavam o discurso pornográfico em voga, de liberação sexual pela própria atividade sexual.

6   Sweet Movie: Um Filme Doce (Sweet Movie, 1974), de Dušan Makavejev.

Na Inglaterra, *Women in Love* (Mulheres Apaixonadas, 1969), de Ken Russell, mostrava o primeiro nu frontal masculino do cinema britânico. Em cena, os atores Oliver Reed e Alan Bates brigavam euforicamente, enciumados, agarrando-se um ao outro, até caírem no chão, nus e suados, em uma catarse homoerótica. O diretor polonês Roman Polanski registrava *Repulsion* (Repulsa ao Sexo, 1965), *thriller* psicológico sobre as neuroses sexuais da reprimida personagem vivida por Catherine Deneuve, que vive enclausurada em seu apartamento projetando paranoias sexuais que a levam para um suposto assassinato. Imagens simbólicas dão indícios da sexualidade contida: rachaduras no chão, buracos nas paredes, mãos masculinas que penetram por furos nas paredes, o teto movediço etc. O estilo *camp* aparecia em produções que exaltavam

7 Cartaz de **The Rocky Horror Picture Show** (1975), de Jim Sharman.

a androginia, o exagero e o artificialismo, como *The Rocky Horror Picture Show* (1975), de Jim Sharman; *Sebastiane* (1976), de Derek Jarman; e *Performance* (1970), de Donald Cammell e Nicolas Roeg, que explorava a imagem pansexual do músico Mick Jagger. Falavam do mundo do ponto de vista mítico e glamorizado; o aspecto social realista estava distante desse ideal fílmico de "estetização da vida".

Futurista e realista ao mesmo tempo, repleto de metáforas do comportamento sexual e violento, foi *Laranja Mecânica* (1971), um dos filmes ingleses mais emblemáticos dos anos de 1970. O diretor Stanley Kubrick explorou sexo e violência em uma perspectiva pessimista. O roteiro, adaptado do livro homônimo de 1962 de Anthony Burgess, defendia em clima de contrarrevolução sexual que "mais vale optar pela violência do que não optar por nada"[13], reagindo ao mundo pela violência extrema e não pelos ideais libertários e humanistas. Nesse universo, a libido explode em violência extrema e traz excitação às personagens mediante o sadismo que as torturas incitam: não à toa, estupro, enforcamento e espancamentos causam excitação sexual no anti-herói Alex, interpretado por Malcolm McDowell. O perfeccionismo estético de Kubrick estilizou a violência sexual, tirando o erotismo do sexo e, ao mesmo tempo, pornificando a violência de modo a deixá-la sensualizada, coreografada, ritmada, focada em si mesma. A estilização cooperou: cenários *à la pop art* (objetos fálicos, quadros e esculturas erotizadas); figurinos erotizados da gangue de Alex (o nariz e o bastão fálicos penetrando os ambientes); atuações histriônicas; trilha sonora erudita focada especialmente no quarto movimento da Nona Sinfonia de Ludwig van Beethoven (tocada nos momentos de violação, deixando as cenas violentas coreografadas); estilização das personagens (caracterização fria, asséptica, sem grandes emoções ou catarse; são personagens-robôs); sociedade normatizada (com base na teoria do condicionamento elaborada pelo fisiologista russo Ivan Pavlov, no início do século xx, e desenvolvida adiante pelos comportamentalistas John B. Watson e Burrhus F. Skinner, psicólogos norte-americanos); realismo extremo (no gozo e na morte); sexo mecânico (que flertava com o pornográfico). O longa-metragem, depois da estreia, foi proibido em vários países, por causa da suposta apologia da brutalidade que veiculava, já que criminosos reais, caracterizados como as personagens do filme, cometiam infrações pela Inglaterra. Diante das acusações, Kubrick pediu que o filme saísse de circulação do país. No Brasil, a censura rechaçou apenas as cenas de nudez integral, violentas ou não, pouco se importando com a mensagem do filme. Com isso, o longa recebeu tarjas pretas em formato de bolinhas por cima dos órgãos genitais das personagens que, ao se movimentarem, faziam que as bolinhas saíssem de cima do órgão, alterando a estética do filme e, pior, deixando grotesca uma cena violenta, como as de estupro.

Nos países nórdicos, principalmente Suécia e Dinamarca, além de Holanda, a representação do sexo fora mais direta e com poucos tabus. Na Suécia, Arne Mattsson

8 Poster de **Mônica e o Desejo** (Sommaren med Monika,1953), de Ingmar Bergman.

filmou a nudez da protagonista, que nadava nua, apaixonada e sem pudores, no filme *Hon dansade en sommar* (Última Felicidade, 1951). Ingmar Bergman provocara desejo, ciúmes e insinuações sexuais em *Sommaren med Monika* (Mônica e o Desejo, 1953), que trazia a traição ao centro da trama sobre a vida de uma monótona dona de casa (Harriet Andersson). Fez *Persona* (1960), sobre a aproximação afetiva, e subliminarmente sexual, entre uma cantora de ópera, que perdia a voz, e sua enfermeira, ambas isoladas em uma ilha, em um contato íntimo e paranoico. O prólogo cifrado anunciava a esquizofrenia do desejo por meio de imagens truncadas: excitação (na imagem de um pênis ereto, censurada nos cinemas da época), culpa (a crucificação), chacota (caveiras dançando), medo (aranhas), sacrifício (um carneiro sendo morto). Pelo suposto lesbianismo presente no filme,

mais mental que efetivo, *Persona* recebeu em muitos países a classificação de filme erótico, ganhando no Brasil o esdrúxulo título de *Quando Duas Mulheres Pecam*. Torgny
Wickman pretendeu retratar a sexualidade dos suecos com *Ur Kärlekens Språk* (1969)
e *Sweden is Love* (1970), filmes de caráter documental sobre liberdade sexual, prostituição, posições sexuais, pornografia e sexo livre – com depoimentos e cenas de sexo
explícito. Ainda na Suécia, Joseph Sarno dirigiu *Jag; En Oskuld* (1968), relato sobre
uma virgem neurótica repleta de impulsos sexuais. A trilogia *Dom kallar oss mods* (*Eles
nos Chamam de os Desajustados*, 1968), de Stefan Jarl e Jan Lindkvist, apresentava
a vida de dois jovens diante das transições sociais na Estocolmo da época. Em tom
realístico, os filmes traziam ações explícitas (uso de drogas, sexo, violência, interna-
ções) para discutir política e comportamento. Nos filmes seguintes, *Ett Anständigt
Liv* (1979) e *Det Sociala Arvet* (1993), as mesmas personagens, mais velhas, comen-
tam as experiências passadas.

A cinematografia sueca mostrou-se expandida com relação à sexualidade explícita, realística, quando Vilgot Sjöman filmou *Sou Curiosa, Amarelo* (1967), marco
na cinematografia do país por revelar às claras uma cena explícita de sexo (felação
e masturbação) dentro de um filme de ficção não pornográfico. Rodeado de polêmicas, o filme levantou a questão de até que ponto uma imagem explícita do sexo é ou
não obscena ou pornográfica se inserida na dramaturgia. Erik Skoglund, diretor do
Instituto Sueco de Cinema, comentou na ocasião: "Trata-se de diferenciar pornografia e arte. Uma cena de amor normal, realista, que faz parte de um todo artístico,
nunca é pornográfica. Todavia, algumas cenas isoladas podem ser pornográficas."[14]
Marcel Martin o defendia como não pornográfico por não trazer excitação sexual
nem "maus pensamentos":

> Na sua versão integral, esse filme, muito embora de uma audácia e de
> uma precisão sem precedentes no domínio sexual, não pode de modo
> algum ser acusado de pornografia, porque mostra o amor como uma
> coisa natural, não nos transformando em espectadores atormentados
> por maus pensamentos. [...] A atmosfera do filme nada tem de cho-
> cante e [...] as liberdades das personagens não podem de modo algum
> ser consideradas como um incitamento à perversão[15].

É curioso notar o posicionamento moralista de Skoglund, que contempla algumas distinções do obsceno diante de argumentos culturais e artísticos: ele considera adequado apenas uma cena de amor, e uma cena de amor não é uma cena de
sexo. Esse "amor", se realista em cena, deve ser imbuído de estetização, para assim
não ser configurado como pornográfico.

Sou Curiosa, Amarelo protagonizado por uma jovem, Lena, que passa o tempo des-
cobrindo tudo a seu redor, aos poucos, recolhe as informações e as arquiva secretamente.
Em sua busca, vive relacionamentos afetivos e sexuais, envolve-se em manifestações

políticas e termina na prática de meditação. Um ano depois, Vilgot fez *Jag är nyfiken: En Film i Blåt* (Sou Curiosa, Azul, 1968). O título de ambos refere-se às cores da bandeira sueca. O diretor foi processado diversas vezes, principalmente nos Estados Unidos, por pornografia. Na Europa, a mutilação da película também foi intensa, conforme levantamento feito por Martin, que pontuou a censura e os cortes em alguns países:

> Na versão distribuída na França, amputaram vinte e cinco minutos, [...] assim como todas as cenas em que aparece o sistema piloso dos protagonistas. [...] Na Suécia, o filme foi autorizado na sua versão original em Outubro de 1967, depois de uma curta batalha iniciada pelos membros da Comissão de Censura (psicólogos, educadores, intelectuais) contra o parecer negativo do presidente oficial dessa mesma Comissão. [...] Na Bélgica, a censura é facultativa [...] depois de dois dias de exibição, o filme foi apreendido pelo Ministério Público, que intentou uma ação correcional e solicitou uma projecção. [...] Na Itália, o filme foi autorizado, mas numa versão semelhante à que se viu na França: cortes draconianos na primeira parte e [tarjas pretas na segunda. Mas o filme ainda não entrou no circuito comercial, pois nenhum empresário se decidiu a correr este risco! Nos Estados Unidos, o filme foi imediatamente apreendido pelos serviços alfandegários, que o consideraram mercadoria obscena.[16]

Nos anos de 1970, o cinema sueco trazia o pornográfico como mote dramático, sem pretender, em tese, a excitação, para o cinema *mainstream*. Bo Arne Vibenius, que colaborou com Bergman durante décadas, resolveu largar o cinema metafísico em prol do *sexploitation*, dirigindo aquele que seria o filme favorito de Quentin Tarantino, *Thriller: En Grym Film* (Thriller: Um Filme Cruel, 1974). O longa trouxe violência extrema e sexo explícito para contar a sina de Madeline (Christina Lindberg), uma menina que perde a voz depois de ser violentada por um mendigo. Ela se torna prostituta e, como vingança da violação passada, violenta seus clientes, até ter um dos olhos arrancados por um deles e receber a alcunha de One Eye. Foi o primeiro filme a ser banido da Suécia por conta das cenas de sexo e violência.

Hoje, um dos novos expoentes do cinema escandinavo e que conjuga as influências suecas é o diretor Lukas Moodysson. Suas produções criticam, ainda que de maneira bastante negativa e violenta, a sociedade de consumo e o comportamento humanos, como em *Lilja 4ever* (Para Sempre Lilya, 2002), sobre o pesadelo de uma jovem que tenta a vida no exterior, mas é levada a fazer sexo forçado e tráfico de drogas, e *Ett Hål i Mitt Hjärta* (Um Vazio no Meu Coração, 2004), que mostra a vida entediante de um adolescente e seu pai, enclausurados em um pequeno apartamento onde o inquilino está gravando um filme pornográfico. O envolvimento nas

9 Cartaz de **Sou Curiosa, Amarelo** (Jag ar nyfiken: En Film i Gult, 1967), de Vilgot Sjöman.

filmagens faz todos perderem o controle dos fatos e o pornô vai se tornando cada vez mais violento. A sátira de Moodysson à contracultura e aos valores comunistas veio com *Tillsammans* (Bem-Vindos, 2000), sobre uma comunidade *hippie* que tenta aliar seus ideais anarquistas à convivência com burgueses na Suécia dos anos de 1970. Praticam sexo livre e pregam o marxismo e a liberdade incondicional, embora existam limitações na casa, como a proibição das crianças de assistir à televisão. Aos poucos, os conflitos individuais eclodem em contradição de valores, colocando em risco aquele ideal comunista. A resistência aos valores burgueses também aparece no divertido *Vi är bäst!* (*Nós Somos as Melhores*, 2014), sobre um trio de jovens adolescentes em Estocolmo que encontra na cena punk um escape afirmativo contra o moralismo vigente no âmbito familiar religioso e normativo. A adolescência, etapa espontânea da autoafirmação e rebeldia, já figurava em seu primeiro filme, *Amigas de Colégio* (1998), sobre o despertar do desejo homoerótico entre duas amigas.

Na Dinamarca, mesmo antes da descriminalização da pornografia em 1969, os filmes já assimilavam o sexo de modo liberal, fosse ele explícito ou simulado, em narrativas melodramáticas ou sórdidas, como no sádico *Uden en Trævl* (1968), em que a direção de Annelise Meineche investe na sexualidade da personagem Lilian, uma estudante frígida que aos poucos descobre sua sexualidade com a ajuda de um perverso médico que lhe propõe anotar suas experiências sexuais no veraneio europeu. Ao contrário desse *sexploitation*, o dinamarquês Jens Jørgen Thorsen, influenciado pelo situacionismo da *avant-garde* e pela estética da *Nouvelle vague*, fez o híbrido *Stille Dage i Clichy* (1970). O filme, estilizado em preto e branco e inspirado no romance erótico homônimo de Henry Miller, de 1956, mostrava a rotina sexual de duas personagens na suburbana Paris do início dos anos de 1970, na cidade de Clichy. A trama pornográfica localizava-se quase que praticamente dentro do apartamento de Joey (Paul Valjean), escritor norte-americano fracassado que divide a casa com Carl (Wayne Rodda), amigo francês com quem vive situações eróticas na companhia de prostitutas reais, contratadas pelo diretor. Contracultural, o filme trouxe sexo *hard-core*, com *closes* genitais, penetrações e felações. Há ainda inserções de legendas do romance de Miller, que ocasionalmente piscam na tela, e balões de história em quadrinhos artificializam a trama na tentativa de transparecer os pensamentos íntimos de Joey. *Stille Dage i Clichy* teve lançamento proibido no Reino Unido e foi apreendido pelo governo dos Estados Unidos sob acusação de obscenidade pelo Catholic Bishops Board of Review.

Ao lado de *Stille Dage i Clichy*, outras produções dinamarquesas trouxeram cenas *hard-core* e ousadias formais. A série *I Tyrens Tegn* (1974), *I Tvillingernes Tegn* (1975) e *I Løvens Tegn* (1976), dirigida por Werner Hedman, tem glamorosa produção e apurada estilística cinematográfica: "chega ao exagero de expor um corpo de baile inteiro, completamente nu, fornicando ao som de valsas etéreas"[17], declarou o cineasta brasileiro Carlos Reinchenbach, admirador de filmes *soft-core* e *hard-core* estilizados artisticamente.

Também imerso na amplitude da permissividade sexual da cultura dinamarquesa, o cineasta Lars von Trier, a partir da década de 1980, apropriar-se-á de distintos elementos para configurar, como veremos adiante, um cinema metafísico e transgressor, que embaralha pornografia, melodrama, sagrado, profano, religiosidade, cultura *pop*, terror, formalismo, experimentação, em filmes como *Os Idiotas* (1998), que discute o comportamento social dos indivíduos por meio da idiotice, no caso, da liberdade individual, sexual e política.

A liberação pornográfica escandinava rendeu aos Estados Unidos um novo mercado erótico, já que nesses países a pornografia ainda era tabu: a documentação daquela nova realidade sob as vistas da permissividade, mas com ideologia imbricada no conservadorismo que testava os limites do obsceno, conforme atestou Leite Jr.:

> Com a legalização da pornografia na Dinamarca em 1969, surge no mercado americano um novo tipo de cinema: os documentários sobre

10 Stille Dage i Clichy (1970), de Jens Jørgen Thorsen, baseado em romance de Henry Miller.

o negócio do sexo na Escandinávia, cujo objetivo central é a apresentação de corpos nus e cenas de atividade sexual, mesmo sem *closes* ou penetração. [...] Além disso, esses filmes incrementaram uma discussão que já estava no ar há algum tempo: a liberdade de expressão pode incluir a sexualidade dita explícita e o obsceno? Aparece então uma série de produções testando os limites da censura, misturando linguagem documental com cenas cada vez mais ousadas. Até mesmo um filme baseado no livro *Psychopatia Sexualis* é produzido: *Case Histories from Krafft-Ebing* (1971).[18]

O caráter documental "justificava" a amostragem das cenas *hard-core* e/ou "bizarras", sempre com interlocuções e entrevistas de médicos, juízes, personagens, diretores e opinião pública, tirando delas (ou pretendendo) o teor erótico e teoricamente excitante. Só nos anos de 1970 foram produzidos os documentários norte-americanos *Censorship in Denmark: A New Approach* (1970), de Alex de Renzy, com cenas pornográficas comentadas; *A History of the Blue* (1970), também de Renzy, sobre a história da pornografia desde o primeiro cinema até os anos de 1970; *Sexual Freedom in Denmark* (1970), de John Lamb, que questionava "O que é obsceno?"; *He and She* (1970), de Matt Cimber, que fingia ser um filme de educação sexual para denotar caráter mais "sério" às cenas sexuais explícitas; *Sexual Liberty Now!* (1971), de John Lamb, continuação de *Sexual Freedom In Denmark*; e *Animal Lover* (1971), de DeRenzy, que trouxe sexo *hard-core* com animais em tom documental, com direito a monólogos do próprio diretor explicando essa modalidade de filme acompanhados de entrevistas feitas com a protagonista, que, após manter relações com um cachorro, se deita em esterco de porco e se lambuza de sêmen de cavalo no fim, toda sorridente. A pornografia estava em pauta, provocando discursos e sendo mais difundida para a *cultura de massas*.

Ao lado de Meyer e Sarno, o diretor Radley Metzger investia no gênero *sexploitation*: *Score* (1972) versava sobre a bissexualidade de um casal liberal que transava com outros casais. Na filmagem original, beijos e cenas de sexo oral explícito entre os homens pretendiam comoção, mas atingiam apenas a superfície do "choque" explícito,

11 O **boom** dos documentários engajados sobre a liberdade sexual nos anos de 1970.

sem reflexão; logo as cenas foram vetadas. *Sweet Sweetback's Baadasssss Song* (1971), marco do cinema independente norte-americano, apostou no *blaxpoitation* ao aliar racismo, sexo explícito e violência em uma trama em que o ator, produtor e diretor Melvin van Peebles interpreta um garanhão desejado pelas mulheres e temido por inimigos racistas.

No cinema italiano, após a recuperação econômica, durante os anos de 1960, alguns cineastas estilizaram o desejo como metáfora da própria Itália, graças também à influência liberal da legalização pornográfica na Europa e dos movimentos da contracultura sexual. Federico Fellini consagrou essa nova, rica e burguesa Itália em *A Doce Vida* (1960), na figura ostensivamente sensual de Sylvia Rank (Anita Ekberg), atriz hollywoodiana, e da alta burguesia de Roma, representada pelo jornalista Marcello Rubini (Marcello Mastroianni), que vive rodeado de celebridades, festas glamorosas e sexo. Embora fosse um mundo marcado pelas aparências e pela alienação existencial, as personagens descobriam na Itália modernizada novos sentidos para suas vidas. Fez ainda filmes que refletiam sobre a sexualidade masculina e suas variações: *Boccaccio '70* (1962), *Tre passi nel delírio* (*Histoires extraordinaires*, Histórias Extraordinárias, 1968) e fundamentalmente *Satyricon* (1969), adaptação da peça de Petrônio, uma crônica da vida na Roma antiga e metáfora ao momento de reordenação dos valores morais italianos durante os anos de 1960. Na trama, Encópio e Ascilto são dois jovens itinerantes que alimentam ciúmes e paixão pelo mesmo homem, Gitão. Por ter feito profanação aos deuses, Encópio é amaldiçoado pelo deus da ereção, Príapo, e começa uma jornada na qual encontra todos os tipos de pessoas e de acontecimentos, entre eles uma orgia e um desfile de prostitutas.

Oposto à celebração da vida proposta por Fellini, o cinema existencialista de Michelangelo Antonioni celebrava as crises psicológicas de personagens alienadas de amor na chamada trilogia da incomunicabilidade, composta dos filmes *L'avventura* (A Aventura, 1960), *La notte* (A Noite, 1961) e *L'eclisse* (O Eclipse, 1962). Contudo, diante da movimentação sociocultural, seu cinema passou a projetar discretamente ideais da contracultura. *Blow-up* (1966) fazia do desejo sexual e da câmera do fotógrafo condutores para a desvirginização do mundo, fornecendo ao espectador um "outro olhar" diante das aparências. A realidade não era somente aquilo que se mostrava, a câmera fotográfica capturava o invisível às massas: um assassinato em plena luz do dia. Segundo Paulo Menezes, isso trazia "a possibilidade de transformar em atividade física visual direta a capacidade de *penetração* que o aparato fotográfico porta em si mesmo"[19]. Com cores extravagantes e signos da contracultura (*hippies*, *pop art*, universo da moda, trilha sonora *pop*), o filme imantou libido no novo cinema italiano em cenas de sedução que insinuavam orgia e simbolismos sexuais, como nas sequências em que as duas modelos se entregam seminuas no estúdio do fotógrafo, mas desde que ele participe do ato junto à interpelação de sua câmera fálica.

Outro que questionou a sociedade de consumo capitalista e a ostentação da riqueza por meio de imagens metafóricas escatológicas e sexuais foi Marco Ferreri.

Em *La Grande bouffe* (A Comilança, 1973), filmou quatro senhores (interpretados por Marcello Mastroianni, Ugo Tognazzi, Michel Piccoli e Philippe Noiret), cansados da vida, trancafiados dentro de uma mansão em um fim de semana para unicamente comer e transar até a morte. Entre pratos gigantescos, carnes cruas, estoques lotados de comidas, prostitutas, orgias, gula e depressão, todos os representantes da alta burguesia vão se desmoronando em escatologia e corpos fétidos nesse banquete da carne. Entregar-se aqui ao excesso de comida e de sexo sublima o vazio existencial das personagens, imersas na melancolia e alienação diante dos valores burgueses. O sexo era reduzido ao consumismo: os senhores pagam para terem prazer; compram carne e sexo. A visita das prostitutas à mansão se reduz à materialidade da carne e não à sublevação do espírito, como imaginou Dušan Makavejev. E, se até no sexo (ou no orgasmo) não havia transformação individual, era porque qualquer possibilidade de subversão social estava falida. A clausura atingiu proporções sadomasoquistas em outros filmes italianos do período: *Il Portiere di notte* (O Porteiro da Noite, 1974), de Liliana Cavani, sobre uma judia masoquista, Lucia (Charlotte Rampling), sexualmente atraída pelo sádico Maximilian (Dirk Bogarde), que a torturara em um campo de concentração. Casualmente hospedados no mesmo hotel, depois da guerra, eles se entregam à paixão sadomasoquista. *Interno di un convento* (Atrás dos Muros do Convento, 1978), de Walerian Borowczyk, mostra as ousadias sexuais, heterossexuais e lésbicas, dentro de um convento onde as freiras praticam orgias e mantêm em segredo ferramentas para a masturbação.

    O cineasta Bertolucci, que já havia retratado ideais marxistas em *Prima della rivoluzione* (Antes da Revolução, 1962), mais tarde configurou a liberdade sexual com contexto social efêmero em *Ultimo Tango a Parigi* (Último Tango em Paris, 1972), um dos filmes mais polêmicos e censurados dos anos de 1970. Nos Estados Unidos, ao mesmo tempo que a renomada crítica Pauline Kael considerava que o filme tinha "mudado a face de uma forma de arte"[20], ele também era indiciado e condenado por pornografia em diversos países. Na Itália, Bertolucci, o produtor e os atores foram indiciados por uma corte em Bolonha por participarem de um longa-metragem pornográfico. Foram absolvidos, mas o cineasta perdeu o direito ao voto durante certo tempo. A versão original do filme tinha cerca de quatro horas de duração, contudo foi editada por conta de cenas polêmicas, como aquela em que Paul coloca-se de quatro e late feito um cachorro para expulsar da porta de seu apartamento um vendedor de bíblias. Quanto à censura, na Inglaterra, foi preciso que os censores diminuíssem em dois minutos a cena de sodomia para que o filme estreasse no país. Mesmo assim, políticos conservadores lamentavam a decisão como "uma licença para a degradação". Na Itália, o filme estreou com três anos de atraso e, uma semana depois, a polícia confiscou todas as cópias por ordem judicial. A Suprema Corte Italiana ordenou que todas as cópias fossem destruídas. Bertolucci recebeu diversos processos e teve seus direitos civis e políticos cassados por cinco anos. Somente em 1987 é que o filme foi exibido na íntegra na Itália. No Brasil,

12 Cena de **Último Tango em Paris** (Ultimo Tango a Parigi, 1972), de Bernardo Bertolucci.

por conta da censura militar, o filme só foi liberado em 1979. No Chile de Augusto Pinochet, o filme ficou proibido por trinta anos.

A trama contava o encontro casual entre dois anônimos, interpretados por Marlon Brando e Maria Schneider. Além da urgência do sexo, o filme abordava a angústia existencial daquelas personagens que não sabiam para onde seguir. A ideia da trama partiu das próprias fantasias eróticas do cineasta, que, certa vez, afirmou que viu uma bela mulher caminhando pela rua e imaginou ter relações sexuais com ela sem nem mesmo saber quem era. Desse fetiche inicial, Franco Arcalli, Agnès Varda e Bertolucci aprimoraram o roteiro inserindo diálogos, para não ser apenas um "filme de confinamento" sexual: um apartamento e muito sexo. Marlon Brando encena Paul, burguês norte-americano de meia-idade perdido em Paris pelo luto da recente morte de sua mulher. Ao alugar um apartamento, depara-se lá dentro com uma jovem parisiense, Jeanne, também interessada pela locação do local. Depois da surpresa, eles trocam meias palavras e iniciam um jogo sexual composto de muitas transas, algum romantismo, humilhação, violência e blasfêmia. No decorrer da trama, surgem indícios de uma breve paixão, quando ambos começam a se conhecer melhor; contudo, pelo envolvimento retirar o anonimato da relação, tudo começa a minar caoticamente. As cenas sexuais, simuladas, tornaram-se polêmicas na época pelo contexto moral em que se situavam. Em uma delas, a personagem de Paul pratica forçadamente sexo anal com Jeanne, que reluta e chora; em outra cena, é ela quem o penetra com os dedos, intencionalmente, após o pedido do amante. A primeira cena citada, "a cena da manteiga", ficou famosa pelo ato e pelo uso de manteiga como lubrificante sexual. Mas, pensamos que nesse e em outros filmes em que apareceu a violação anal, com ou sem prazer aparente, o maior incômodo residia no tabu desse tipo de sexo. Pois por que é então que a representação desse ato sexual tornou-se tão obscena, mesmo sem ser explícita? A cena representou à personagem duas violações, a do sexo anal forçado e a da profanação dos conceitos centrados na família tão importantes para ela. Nos dizeres de Raquel Kämpf, "o sexo anal, tão presente no cinema pornográfico, é a forma de sexo que em si mesmo é a negação de qualquer ideia de família em geral e da família cristã em particular, por ser o sexo que pode ser só prazer, sem qualquer referência possível à procriação, ocasional ou intencional, o lugar da não fertilidade por excelência"[21]. Durante o ato, ele pede para que ela declame palavras blasfemas à instituição familiar e religiosa, aludindo que dentro daquele ânus virgem existiriam "segredos de família": "Vou lhe falar de segredos de família, essa sagrada instituição que pretende incutir virtude em selvagens. Repita o que vou dizer: sagrada família, teto de bons cidadãos. Diga! As crianças são torturadas até mentirem. A vontade é esmagada pela repressão. A liberdade é assassinada pelo egoísmo. Família, porra de família!", ele conclama a Jeanne, ao sodomizá-la, com violência e excitação. Por ambas as violações concentrarem-se no mesmo ato, Menezes percebeu como essa imagem sexual trouxe uma ambiguidade discursiva:

> A relação de Jeanne com essas duas violações simultâneas é algo ainda muito mais complexo. Do que ela realmente chora? Da violação física que a maltrata? Da violação espiritual que a entristece? Ou da união

de ambas através do sexo anal? A forma de sexo que é em si mesma a negação de qualquer ideia de família cristã em particular, por ser o sexo que só pode dar prazer (ou prazer com dor, ou prazer na dor, ou só dor), sem qualquer referência possível à procriação, ocasional ou intencional, o lugar de não fertilidade por excelência. Temos aí a conjunção de duas violações que, justamente por se distinguirem, acabam se misturando, indissociando-se[22].

A atriz Maria Schneider, estreante na época, declarou que o filme foi "o único arrependimento de sua vida", já que ele havia "arruinado sua carreira". Ainda comentou que Bertolucci era um "*gangster* e um cafetão", e, sobre a cena sexual:

Eu deveria ter chamado meu agente ou meu advogado ao *set*, porque não se pode forçar alguém a fazer algo que não esteja no roteiro, mas, na época, eu não sabia disso. Marlon me disse: "Maria, não se preocupe, é só um filme". Mas durante a famosa cena, mesmo que ele não estivesse me possuindo realmente, eu me senti humilhada e as minhas lágrimas eram verdadeiras. Me senti algo estuprada, tanto por Brando quanto por Bertolucci. Após a cena, Marlon não me consolou nem se desculpou. Felizmente, foi gravado em apenas uma cena[23].

O romantismo daquele encontro casual vinha revestido de um poder simbólico de dominação sexual. Agarrar-se a esse poder de dominação/vitimização era justamente o que os mantinha naquele desejo de mudança.

A SEXUALIDADE COMO DISCURSO POLÍTICO

Imersos na contracultura, nos movimentos gays (Stone-Wall)[1] e feministas, muitos filmes abarcaram discussões em torno do homoerotismo e do feminismo, projetando a sexualidade engajada como discurso político. Os filmes avançaram mais na discussão política para explorar com maior liberdade a pluralidade sexual em obras polêmicas que questionavam inclusive a permissividade da época como forma alienada de assimilação. Pasolini, por exemplo, via na permissividade uma forma de *reificação* das relações, pois lá existia sim uma liberdade sexual, mas uma liberdade limitada, concedida àquilo que era concebido como possibilidade dentro dos critérios morais: o sexo aparecia então como metáfora do poder.

No campo do feminismo, a realizadora que mais evocou a temática foi Barbara Hammer. Ela rodou diversos filmes sobre os desejos, permeados de erotismo sob o ponto de vista das mulheres, em produções como *Dyketactics* (1974), *Menses* (1974) e *Multiple Orgasm* (1976). Por meio de depoimentos, encenações, imagens de arquivos e cenas explícitas da excitação e do sexo entre mulheres, Hammer documentou o afeto homoerótico e, em *Nitrate Kisses* (Beijos de Nitrato, 1992), rompeu mais ainda os tabus ao mostrar o sexo entre mulheres mais velhas. Além dela, outras cineastas também trataram a temática lésbico-feminista, mas sob a ótica do humor, questionando estereótipos culturais: Jan Oxenberg, Greta Schiller, Su Friedrich e Lizzie Borden.

John Waters, cineasta norte-americano independente, levou o obsceno à cena cinematográfica de modo irreverente e *camp*. Sem grandes metáforas ou simbolismos sexuais, seus filmes *outsiders* eram concretos, mostravam tramas mirabolantes situadas em cidades interioranas dos Estados Unidos e vividas por personagens histriônicas. Waters flagrou os discursos e práticas sexuais marginalizados: trans-sexualidade, travestimento, orgia, pornografia, escatologia e elementos tidos como "bizarros"[2] eram estilizados em uma estética autoral, irônica em relação ao verniz dos *cultmovies*, crítica à Hollywood. Transgressor na essência, seus filmes traziam o erotismo revestido de humor, escatologia em tom familiar, ambientação *kitsch* em narrativas convencionais, tramas subversivas ao *status quo* dentro de uma estrutura de um falso melodrama de família feliz. Exemplo mais emblemático foi *Pink Flamingos* (1972), em que toda transgressão ao padrão burguês ocorria por meio do discurso transgressor do obsceno, a começar pela trama: um concurso para eleger a pessoa mais nojenta do mundo. O pornográfico aparecia em cenas imbuídas de piadas e riso, que traziam masturbação, ejaculação, escatologia, zoofilia, sexo oral e incesto. Leite Jr. notou, ao analisar a pornografia bizarra como entretenimento, que essas representações sexuais bizarras trazem "práticas que causam espanto, desejos que impressionam e, principalmente, um corpo que faz maravilhas":

> Maravilhas estas que, se por um lado atraem e revelam um riso pró-prio, convidando o espectador a apreciar tais jogos e brincadeiras, ao mesmo tempo ridicularizando as proibições sociais, naturais ou estéti-cas e as revalorizando por contraste, também causam medo ao escan-carar os limites entre o possível, o desejado e o permitido, tanto nos corpos como nas relações sociais. Enfim, a pornografia dita "bizarra" apresenta não apenas a transgressão "exagerada" dos prazeres e limites do corpo, mas ela própria pode ser compreendida como um exagero,

13 Salò (1975), de Pier Paolo Pasolini

14 Pink Flamingos (1972), de John Waters. O cartaz de divulgação da época alertava ao público: "Um exercício de mau gosto". "Escrito e dirigido com pura alegria e uma nova dose de absurdo" (Robert Downey). "Vai além da pornografia. O filme americano mais próximo de **Um Cão Andaluz**, de Buñuel" (**New York Magazine**). "**Pink Flamingos** é o filme mais doente de todos os tempos. E um dos mais engraçados" (**Interview**). Pink Flamingos é dez vezes mais interessante que O Último Tango em Paris" (Jonas Mekas, **Village Voice**).

uma versão grotesca da representação obscena, ressaltando assim um íntimo parentesco com o universo dos monstros da Antiguidade e seus descendentes, os "perversos" e os "anormais"[3].

Assim, Waters mostrou personagens em situações aparentemente "grotescas", mas totalmente verossímeis na *diegese*: uma obesa é mantida em cativeiro dentro de uma gaiola humana, onde vigia a vida do irmão e cultiva ovos de galinha de vários tamanhos; um casal heterossexual pratica coito explícito com uma galinha viva no meio deles, até que, pela fricção dos corpos, o animal mutila-se em meio a sangue e orgasmo; mãe (vivida por uma travesti) e filho lambem e cospem saliva pelos móveis de uma sala na casa do vizinho inimigo para "infectarem" o ambiente. Depois disso, em outra cena, a mãe oferece ao filho o "maior presente que uma mãe pode dar": ela arria as calças do rapaz e pratica sexo oral nele – em cena explícita –, em um êxtase inverso ao da amamentação materna. Em vez de ele sugar os seios da mãe, é ela quem suga o pênis do filho, embaralhando o complexo de Édipo do avesso. No fim, a personagem da travesti Divine, para provar que é a pessoa mais nojenta do mundo, come fezes recém-saídas do ânus de um cãozinho *poodle*, tudo em tom realístico-documental; ou a cena em que um rapaz faz *show* genital, contraindo e relaxando o ânus, em ritmo de pompoarismo.

Embora não fale sobre esse filme, Leite Jr. apontou ainda que todo esse

> universo do riso erótico e do corpo grotesco, exagerado e indisciplinado, alimentam o imaginário sobre a grande família indefinida e confusa dos anormais (Foucault, 1997, 61), que fascina e assusta nossa sociedade de controle, que procura urgentemente novas maneiras de torná-los úteis e integrados, neutralizando assim o que pode ainda restar de vigor transgressivo[4].

Isso recai sobre o cinema de Waters, legítimo transgressor da imagem do sexo institucionalizada como "adequada" e do discurso heteronormativo em torno da família burguesa, a começar pelo protagonismo da travesti Divine, em vários filmes, que subverte os papéis sociais consolidados, desde a musa no *star system* cinematográfico à figura materna nos melodramas. Waters lança luz ao *underground* de modo *camp*, jocoso e irônico, inteligente, legitimando a diferença como expressão autônoma. Ele justamente explicita figuras e comportamentos *outsiders*, considerados incômodos, para dotá-los de autonomia e empoderamento. De certa forma, o cinema de Waters, em seu elogio à estranheza, congrega várias características que a teoria e o cinema *queer*, adiante, irão endossar.

> Um traço marcante da teoria *queer* e das práticas culturais que a acompanham é o elogio dos corpos "desviantes", ou dos corpos "outros"

(transexuais, transformistas), que se furtam a um condicionamento genital-biológico. Tais corpos vêm ao encontro de toda uma produção contemporânea (de textos, manifestos, performances, filmes) empenhada em pensar a sexualidade fora de uma matriz heteronormativa e insubordinada à noção freudiana de "diferença sexual". Nesse contexto, as personagens de travestis, bem como as de lésbicas *butch*, assumem um papel fundamental no New Queer Cinema, na medida em que sublinham o caráter eminentemente performático (ou seja, não naturalmente dado, mas socialmente construído) do gênero e da sexualidade. Um espetáculo de travesti pode ser uma performance militante que desconstrói ativamente os códigos de masculinidade/feminilidade passivamente assimilados pela maioria[5].

Restrito ao circuito exibidor dos *filmes da meia-noite*, de filmes não comerciais, Waters afirmou que "o público médio nunca entendeu filmes como *Pink Flamingos*. Fui exibir o filme numa prisão e os detentos quiseram me linchar. Eles me chamaram de tarado e pervertido. E olha que esses caras eram todos assassinos e estupradores!"[6]. A inserção, ou melhor, compreensão, das obras de Waters no cinema *mainstream* veio com *Polyester* (1981), filme em que Francine Fishpaw (Divine) é uma mãe de família alcoólatra casada com um senhor que mantém uma sala de cinema pornô clandestina. Eles têm dois filhos, uma ninfomaníaca e um rapaz violento e podólatra viciado em desinfetantes. O mais curioso, na ocasião do lançamento nos cinemas, foi o cartão Odorama: a partir de referências numéricas projetadas durante o filme, o espectador podia sentir o "cheiro" das cenas raspando o número correspondente no cartão. Os odores eram dos piores: fezes, inseticida, suor etc.

Waters nasceu e ainda vive em Baltimore, cidade de classe média do estado de Maryland, costa leste dos Estados Unidos. Em sua *dogville* ele projeta uma cidade *freak*, muito influenciada pelo estilo dos filmes B dos anos de 1950 e 1960: os *horror movies* e *sexploitation*. Hoje, com a filmografia inteira disponível no mercado, Waters é levado à altura de *cult*. Um tanto compreensível dentro da lógica do mercado audiovisual recente. Pois, se até o fim dos anos de 1970 ele era *trash* por indefinição, ou por realmente estar fora de qualquer raciocínio cinematográfico da época, agora justamente o "ultrajante, escatológico e bizarro" ganha o *status* de alternativo e moderno. Tanto que ele foi homenageado no Internationale Filmfestspielen Berlin (IFB), em 2006, com *This Filthy World* (Este Mundo Imundo, 2006), documentário de Jeff Garlin sobre a carreira singular do cineasta, além de detalhes engraçados de sua vida privada.

Até mesmo a cinematografia portuguesa, imersa na ditadura de António Salazar nos anos de 1970, deu sinais explícitos da abordagem homoerótica nos filmes *underground* do cineasta João Paulo Ferreira. Ele dirigiu filmes em super-8, como *Fatucha Superstar: Ópera Rock...Bufa* (1976), registro musical inspirado em *Jesus Christ Superstar* (Jesus Cristo Superstar, 1970), de Andrew Lloyd Webber, mas com sátiras às questões políticas lusitanas. Ferreira transgride ao desconstruir um símbolo religioso português, ostentado pelo Estado Novo: as aparições de nossa senhora de Fátima. No filme, a santa é representada por um travesti que surge para três pastores *fashionistas*, com óculos escuros e dançantes. Em uma ousada cena, *à la* Luis Buñuel, anjos, freiras e Deus dançam despudoradamente em uma pista de dança. Em outra, situado no altar da igreja para substituir a figura religiosa, um enorme falo simboliza o objeto de culto pagão.

No novo cinema alemão, Fassbinder encontrou uma gramática cinematográfica autoral para dialogar elementos do desejo homoerótico com a opressão na sociedade capitalista. As diferentes classes sociais apareciam em *Faustrecht der Freiheit* (1974), o afeto entre mulheres era abordado em *Die bitteren Tränen der Petra von Kant* (Lágrimas Amargas de Petra von Kant, 1972), e o impulso sexual atingiu seu auge no supracitado *Querelle*, adaptação da novela homônima de Jean Genet, de 1947, que incluía cenas sexuais protagonizadas pelo ator Brad Davis, que logo se converteu em símbolo dentro do universo homoerótico.

Diferente dos melodramas de Fassbinder, o cinema de Rosa von Praunheim foi mais engajado quanto ao erotismo, de estética *camp*, e quanto à crítica da cultura gay *mainstream*. Rodou mais de cinquenta filmes, desestabilizando clichês e estereótipos sobre a homossexualidade em prol de questionamentos mais complexos. Fez *Der Einstein des Sex* (O Einstein do Sexo, 1999), cinebiografia de Magnus Hirschfield, e *Nicht der Homosexuelle ist pervers, sondern die Situation, in der er Lebt* (Não É o Homossexual Que É Perverso, Mas a Situação Que Ele Vive, 1971), que mostrou, no estilo *cinema-verité*, os dilemas vividos pelos homossexuais, em uma abordagem explícita do afeto, com exibição de nudez, beijos e carícias. Praunheim era tão radical na "causa gay" que chegou a manifestar ódio ao então amigo Werner Schroeter, cineasta e homossexual, afirmando que ele era um "covarde e insuportável" porque tinha se recusado a assinar uma petição contra a repressão dos homossexuais. Em entrevista a Foucault, Schroeter detalha esse caso e aponta sua resposta ao cineasta: "Eu gostaria muito de assinar sua petição, mas não posso escrever algo contra a repressão dos homossexuais, porque se há uma coisa de que nunca sofri na minha vida, é de homossexualidade."[7]

Nesse contexto, Pasolini foi um dos cineastas que mais explorou a sexualidade como discurso político. Criticou a sociedade consumista, chamada de neocapitalista, que assumia a forma do consumismo em massa, em que uma burguesia homogênea, de classe média, preocupava-se com a ascensão social e com seus prazeres de consumo. Criticou ainda a tolerância sexual, a permissividade oriunda da contracultura, e estampou em *Saló ou os 120 Dias de Sodoma* a tese de que:

> O sexo é hoje a satisfação de uma obrigação social não um prazer contra as obrigações sociais. O sexo em *Salò* é uma representação, ou metáfora, dessa situação, que vivemos nesses anos: o sexo como dever e feiura.

15 Cartaz de **Querelle** (1982), de Fassbinder, em arte de Andy Warhol.

[...] Além da metáfora da relação sexual (obrigatória e feia) que a tolerância do poder consumista nos faz viver nesses anos, todo o sexo existente em *Salò* (e existe em enorme quantidade) é também a metáfora da relação do poder com aqueles que lhe estão submetidos. Em outras palavras, é a representação (talvez onírica) daquilo que [Karl] Marx chama de reificação do homem – a redução do corpo a coisa (através do desfrute). Então, o sexo, no meu filme, desenvolve um papel metafórico horrível. O oposto da Trilogia [da Vida] (se, nas sociedades repressivas, o sexo era também uma transgressão inocente do poder).[8]

Além de cineasta, Pasolini era, sobretudo, um dos maiores pensadores do século XX e também poeta, romancista, teatrólogo, ensaísta, articulista, pintor. Conforme estudou Luiz Nazario, Pasolini era um intelectual de esquerda fora da esquerda oficial. Seu cinema era libertário do ponto de vista sexual – inclusive ao mostrar nus –, provocativo quanto à política (de esquerda e direita) e subversivo ao deslocar o sentido religioso para prestigiar o caráter sagrado e mítico do mundo. Em *Teorema* (Teorema, 1968) ele projetou um anjo exterminador, interpretado por Terence Stamp, símbolo da sexualidade libertária, para dentro de uma família burguesa conservadora, que se entregava à defloração, dado o encantamento do anjo. O anjo levava a sexualidade como mote revolucionário, social e individual; todos ali, homens e mulheres, se alienavam após a experiência sagrada do desejo. Apenas a empregada (de classe social "não contaminada" pelos valores consumistas) atingia a sublevação do espírito no fim. Em sua trilogia da vida, adaptada de textos clássicos, ele mostrou como o desfrute sexual era uma compensação à repressão exercida pelo poder.

> A Trilogia liberava a expressão dissimulada da sensibilidade homossexual: sua câmera demorava-se no enquadramento dos falos e as personagens femininas representavam o desejo do próprio diretor, ao escolher para amantes jovens sem barba. Se os poetas e santos da *Trilogia* eram autocaricaturas, Pasolini recorria aos casais de amantes de Bocaccio, Chaucer e dos contos árabes para exprimir mais livremente sua *homossexualidade* através da *heterossexualidade*.[9]

Consumido pelos neocapitalistas, na esteira da "nova onda" de obscenidades da época, esses filmes perderam o sentido libertário original e foram logo rotulados como pornográficos e obscenos.

> O *Decameron*, sua maior bilheteria, teve oitenta denúncias por pornografia, sem falar nas cidades onde a cópia foi sequestrada pela justiça; *Os Contos de Canterbury*, na Itália, foi acusado de obscenidade

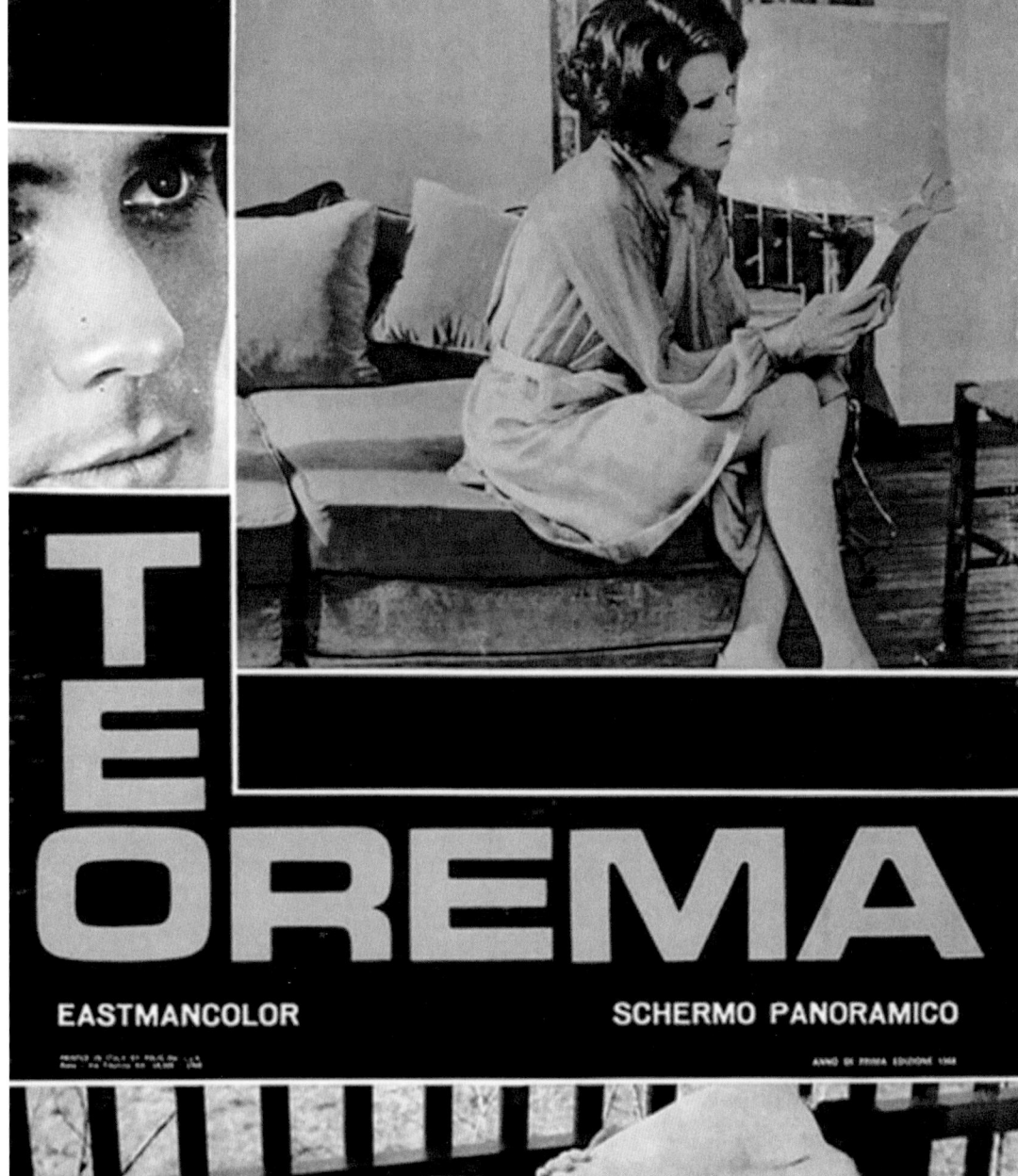

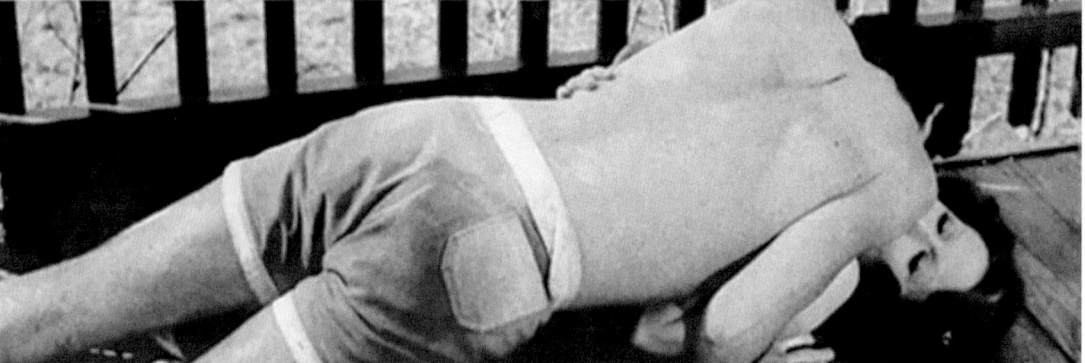

16 Teorema (1968), de Pier Paolo Pasolini.

e as autoridades tentariam por três vezes sequestrar as cópias. Como a indústria [da pornografia] estava começando a se espalhar, para em seguida explodir no mercado com o surgimento do videocassete, era muito conveniente que seu conteúdo fosse neutralizado pela sociedade que fazia da repressão seu modo de vida.[10]

Seu último e polêmico filme, *Saló ou os 120 Dias de Sodoma*, que estreou duas semanas antes de seu assassinato, em novembro de 1975[11], tratou da Itália fascista de Mussolini sob o viés libertino de Marquês de Sade presente no livro *Les 120 journées de Sodome ou l'école du libertinage* (Os 120 Dias de Sodoma ou a Escola da Libertinagem, 1785), mostrando cenas de violação sexual, escatologia, pedofilia, humilhação sexual, coprofagia e tortura. Pasolini o concebeu após a trilogia da vida em um sentido libertário oposto: se lá o sexo era instrumento de prazer e libertação, em *Saló ou os 120 Dias de Sodoma* ele é apresentado como alienação diante do poder, como instrumento de castigo, metáfora da nova liberação sexual que concedia uma liberdade vigiada, uma tolerância sexual. Pasolini comentou:

> Tem uma frase que faço uma personagem do meu filme dizer que é "Onde é tudo proibido, quem realmente quiser pode fazer tudo tem a possibilidade real de fazer tudo; onde, ao contrário, alguma coisa é permitida, pode-se fazer apenas essa alguma coisa." É o caso da Itália hoje: pode-se fazer alguma coisa. Antes, nada era permitido, na realidade; as mulheres eram quase como nos países árabes; o sexo era todo escondido, não se podia falar nele, não se podia sequer mostrar meio seio nu numa revista, lembra? Antes era tudo proibido, agora algo é permitido: fotografias de mulheres nuas, uma grande liberdade nas relações dos casais heterossexuais [...] Mas é uma liberdade pra inglês ver, porque tem que ser aquela. E é obrigatória: justamente, assim como foi permitida, tornou-se obrigatória.[12]

A trama adaptada situa-se na província de Saló, norte da Itália, onde quatro senhores (duque, banqueiro, presidente de tribunal, bispo), representantes de quatro autoridades (nobiliário, econômico, judiciário, eclesiástico, respectivamente), reúnem dezesseis jovens em um palácio, com guardas, criados, garanhões e quatro mulheres de meia-idade (três narradoras e uma pianista), para relatar histórias de Dante Alighieri e Sade – o Círculo das Manias, o Círculo da Merda e o Círculo do Sangue. Os jovens nus e escravizados são divididos em quatro grupos: vítimas, soldados, colaboradores e serviçais. Depois da escravidão sexual e mental, os jovens são executados enquanto cada libertino toma o seu lugar como *voyeur*.

Pasolini "observava a sexualidade como sendo a própria realidade"[13], pontuou Nazario. E a tolerância sexual fazia do sexo algo obsessivo, na medida em que o tornava mais um item social a ser cumprido, na promessa de liberdade/felicidade burguesa.

> Talvez eu tenha sentido, um pouco profeticamente, que a coisa mais sincera em mim, naquele momento, era fazer um filme sobre um sexo cuja alegria fosse uma compensação – como de fato era – da repressão, fenômeno que estava para acabar para sempre. A tolerância, dali a pouco, faria do sexo algo triste e obsessivo. [...] Agora, estamos naquele presente (forçosamente permissivo) de modo irreversível: nos adaptamos. A nossa memória é sempre débil. Vivemos o que está acontecendo: a repressão do poder tolerante – que, de todas as repressões, é a mais atroz. Não há mais nada de alegre no sexo. Os jovens são feios ou desesperados, débeis ou reprimidos.[14]

Protestando contra a sociedade tolerante e consumista, Pasolini fez com *Saló ou os 120 Dias de Sodoma* um filme tão cruel e moderno que, depois dele, qualquer filme tornou-se insosso quanto às relações entre sexo e poder. Para Nazario, "Pasolini realizou a mais desesperada tentativa de arrancar o homem moderno da mecânica cega do gozo e do consumo inescrupuloso do outro, *o canto fúnebre do erotismo*"[15].

A "NOVA ONDA" PORNOGRÁFICA: POR DENTRO DE GARGANTA PROFUNDA

No início dos anos de 1970, vários países ocidentais passaram por um período de revisão das leis de censura em torno da obscenidade, muito impulsionada pelo advento de legislações permissivas[1] e da descriminalização das formas de pornografia na Europa (em países pioneiros como Dinamarca e Suécia, em 1969, e França, em 1975) e nos Estados Unidos (começando com São Francisco, em 1969), que difundiram a nova "onda pornográfica" como libelo de liberação sexual. Além disso, desde 1968, as restrições morais do Código Hays estavam suspensas nas produções cinematográficas norte-americanas, dado que estimulou produtores e cineastas às novas representações erótico-pornográficas, agora livres do trauma da censura, mas sujeitas a imposição restritiva da classificação nos filmes elaborada pela Motion Picture Association of America (MPAA)[2]. Com a pornografia liberada e mercantilizada, seu efeito obsceno passou a ser revisto, sob uma nova óptica moral, tanto no cinema como na sociedade, que, para compreender o universo pornográfico, projetou ampla discussão política em torno das sexualidades. Nesse sentido, Abreu percebe que na mercantilização do sexo há a ordenação do obsceno, que, por sua vez, também reordena seus níveis de transgressão.

> Com o desenvolvimento da indústria cultural, a pornografia se traduz em produtos, de acordo com princípios de produção em massa. A representação transgressiva da sexualidade ganha formatos e padrões, tornando-se mercadoria, cuja circulação se faz influente na

estruturação da sexualidade nas chamadas sociedades de consumo. Essa ordenação do obsceno implica uma delimitação do que seja a pornografia, que pode ter todas as variáveis, mas, seja o que for, precisa sempre parecer proibida.[3]

Se antes a produção de pornografia era clandestina, agora ela passa a ser produzida, consumida e oferecida como produto rentável e de prazer para a cultura de massas. À medida que a pornografia era popularizada, seu caráter proibido sublimava e se reinventava aos poucos.

> O produto pornográfico deve ser consumido como algo interdito, pois através da transgressão se estabelece uma relação simbólica com o consumidor. Oferecendo sexualidade como mercadoria embalada sob forma discursiva, ele possibilita a liberação catártica (em sentido amplo) das fantasias (reprimidas ou não) de seus consumidores – mentes e corpos libertinos, liberais, libertários ou moralistas –, transformando seus fetiches em desejos ou seus desejos em fetiches. Há para todos os gostos e apetites.[4]

Assim, a pornografia passou a projetar novas transgressões do obsceno para manter o nível de proibição/subversão e alcançar os fetiches e desejos de seus consumidores. Pois "a transgressão é infalivelmente o fio condutor da produção pornográfica, e é através dela que se estabelece uma relação simbólica entre produtor e consumidor.

Haveria entre ambos uma cumplicidade tácita que muitas vezes o primeiro manipula como instrumento de poder"[5], conforme descreveram Eliane Robert Moraes e
Sandra Maria Lapeiz. Nesse sentido, podemos afirmar que a transgressão na pornografia é um poder dialético, histórico, que orienta o caráter obsceno em suas várias
ramificações de prazer, convenções e proibições. Por isso é que, nos anos de 1970, no
bojo da revolução sexual, a pornografia expandiu suas transgressões de forma organizada. Passou, por exemplo, a dividir a representação do sexo em *soft-core* e *hard-core*.

Leite Jr. notou que essa delimitação sexual também tem base em um poder simbólico de legitimação das imagens socialmente aceitas, no caso, as imagens *soft-core*
são mais bem-vistas, por trazer o "sexo implícito, sugerido e normalmente dentro de
um 'contexto'. É o equivalente ao erotismo dentro do mercado reconhecido como
pornografia"[6]. Já o termo *hard-core* tem sua origem nos Estados Unidos "para seg-
mentar justamente um mercado (o pornográfico) já grande o suficiente, mas ainda
ilegal, e diferenciar os produtos de seu concorrente 'leve' (o *soft-core*)". Abreu investigou que a origem do termo remonta à esfera jurídica norte-americana, pronunciado
pela primeira vez em 1957 em um discurso do procurador-geral J. Lee Rankin na
Suprema Corte dos Estados Unidos, no qual argumentou que a pornografia *hard-
-core* — fotos, filmes e livros que traziam relações sexuais de todos os tipos em que
havia excitação sexual — era o objeto principal de sua investigação sobre o ilícito.

Embora as décadas de 1960 e 1970 tenham estimulado o discurso sobre o sexo e
a confissão sexual, somente o sexo "convencional" é que estava em pauta no *mainstream*; os discursos excluíam ou moralizavam o fetichismo e as práticas sexuais
sadomasoquistas, por exemplo[7], conforme notou Leite Jr.

Na amplitude discursiva, o cinema expandiu-se às sexualidades e ao sexo de
modo intenso. Como a exibição da nudez total já não era novidade no *mainstream*
nem provocava histeria coletiva, pelo menos na Escandinávia, naquele momento,
o sexo *hard-core* passou a figurar fora do universo da pornografia com maior tenaci-
dade. Ele era estampado em documentários sobre o efeito social da pornografia, nos
Estados Unidos e na Europa; o pornográfico aparecia como mais um elemento da
ação dramática no bojo das produções alternativas do *mainstream*. O efeito pornográfico era abertamente discutido por sexólogas, feministas e gays, que se entusias-
mavam com a abertura sexual, ao mesmo tempo que a pornografia era polemizada
pelo governo dos Estados Unidos que via, na liberação pornográfica, um mal social
a combater[8]. A censura, como na Inglaterra e na França, passou a rever seus critérios morais, já que a obscenidade depende do *status* cultural da arte e da sociedade.
Entre as publicações impressas, difundiam-se novas revistas pornográficas (*Private*,
Playboy), vendidas em bancas somente para adultos.

O cinema pornográfico, já mais expandido em sua estrutura produtiva e narrativa, era revisto pelos próprios pornógrafos, que passam a produzir pornografia como
um *establishment*, uma economia lucrativa inserida em um "cinema *mainstream*
pornográfico", com seu próprio nicho produtivo (*star system* autônomo, seu próprio

Oscar, próprias regras narrativas) e seu autônomo *hall* de valores obscenos. Nesse momento, seguindo a lógica da tolerância gradual da pornografia, é que surgia *Garganta Profunda*, e reafirmava-se, dentro do próprio cinema pornográfico, uma divisão conceitual/moral: o sexo convencional e o sexo bizarro, além da já citada divisão estética *hard-core* e *soft-core*, conforme entendeu Leite Jr.:

> A partir de então, a década de 70 vai iniciar a legalização da pornografia como negócio, estabelecendo uma indústria propriamente dita de filmes pornôs. Para tal, a descriminalização desses produtos torna-se fundamental, gerando uma série de debates que visam aumentar a tolerância social às imagens obscenas. Linda Lovelace e *Garganta Profunda* geraram intermináveis e calorosas discussões na mídia americana. É nesse momento que, como estratégia para ampliar o público consumidor, as produções vão se concentrar prioritariamente nos filmes de sexo "convencional". O sadomasoquismo, o fetichismo e as práticas "bizarras" participam apenas de um mercado pequeno e paralelo ao grande caminho aberto pelas novas produtoras.[9]

Os filmes pornográficos alcançavam aceitação dentro da indústria cinematográfica principal, eram filmados com altos custos de produção, tinham bons lucros e alguns estreavam em cinemas comerciais para o grande público. A par disso, o cinema alternativo incorporava, cada vez mais, o pornográfico em suas produções de arte, como *O Império dos Sentidos* (1976), de Nagisa Ôshima, que analisaremos adiante. Era um movimento dialético de *dessublimação* e repressão sexual: a pornografia produzia e liberava o sexo em escala industrial; o cinema de ficção captava o *boom* da permissividade e introduzia variações do pornográfico em filmes *soft-core*. Para Kämpf[10], a denominação *hard-core* e *soft-core*, embora criada com vistas ao mercado, também tem a ver com o caráter da fantasia romântica em torno do envolvimento sexual.

> Estes filmes [*hard-core*] usam uma instância antirromântica abrangente para dar suporte e marcar seu *status* como obsceno e como uma forma transgressiva. [...] Apesar do modo como os vários aspectos do filme *hard-core* criam um senso de transparência e imediatismo, eles também convidam o expectador a fantasiar. No entanto, existe diferença entre os tipos de fantasia. Nos filmes *soft-core* as fantasias são mais românticas, enquanto nos filmes *hard-core* são fantasias de potência e consumo sexual. Em quase todos os filmes *hard-core*, a satisfação sexual é atingida por todos os participantes; eles se apresentam sem problemas psicológicos e morais e não têm dificuldade para chegar à plenitude sexual.[11]

Elementos do pornográfico eram então vistos em vários formatos e estilos: em 3D (*The Stewardesses*, 1970, de Allan Silliphant); em animação (*Fritz the Cat* [Fritz, o Gato], 1972, de Ralph Bakshi; *Allegro non tropo* [Música e Fantasia], 1976, de Bruno Bozzetto; *Heavy Metal* [Heavy Metal: Universo em Fantasia, 1981, de Gerald Potterton); no estilo vanguardista (*Lions, Love and Lies*, 1969, de Agnès Varda); em *Fantasm* (1976), de Richard Franklin, que trazia o ator pornô John Holmes fazendo uma personagem não pornô; em *The Image* (1975), de Radley Metzger; nos filmes de James Broughton (*The Golden Positions*, 1971); de Joseph W. Sarno (*Young Playthings*, 1972; *Confessions of a Young American Housewife*, 1974; *Misty*, 1976; *Butterfly* [Liberdade Para as Borboletas], 1974); de Walerian Borowczyk (*La Bête* [A Besta], 1975; *Contes immoraux*, 1974; *Les Héroïnes du mal* [As Heroínas do Mal], 1979); e de Alejandro Jodorowsky (*El Topo*, 1970); no pastiche de *Flesh Gordon* (1974); e nos *soft-core Histoire d'O* (A História de O, 1975), de Just Jaeckin; e na série *Emmanuelle* (1974), que imantou a fantasia pornográfica em filmes *soft-core* em que as protagonistas mergulhavam em uma jornada sexual de autoconhecimento, com retoques de inocência sexual, virgindade, experimentação, romantismo e melodrama. Tudo isso ao mesmo tempo que a pornografia *hard-core* pretendia-se mais ficcional ao se aproximar da estrutura de um filme *mainstream*, que utilizava as convenções narrativas clássicas, com fantasias e dramas nas tramas.

Ainda para Kämpf, ancorada por Foucault, essa liberação pornográfica que favoreceu a amplitude discursiva sobre o sexo e a sexualidade, também se mostrou perversa: espécie de dispositivo de observação e mensuração para estabelecer poder sobre o corpo:

> Essa intensificação emergiu na proliferação dos discursos sobre a sexualidade, os quais têm produzido um campo de comportamento sexual categorizado como perverso. Para Foucault, essa implantação de perversões é o resultado do encrustamento do poder nos corpos e seus prazeres. Segundo Foucault, não se escapa de uma determinação social quando se recorre aos prazeres supostamente naturais do corpo, pois essas formas particulares que os prazeres formam são produzidas pela necessidade de poder. A invasão da sexualidade e a implantação de suas perversões têm sido bastante evidentes depois da invenção do cinema, provocando uma intensificação do olhar direcionado ao corpo. Esse maquinário, que também funciona como um veículo de observação e mensuração tornou-se um instrumento menos imparcial no estabelecimento do poder sobre esse corpo, constituindo-o como sujeito e objeto do desejo, oferecendo uma imagem degradada do mesmo.[12]

O cinema pornográfico, ao expandir a sexualidade e implantar suas "perversões", esforçava-se então para diversificar as produções: o realismo tornou-se mais explícito, ultrarrealista (mostravam-se mais e mais *closes* vaginais, anais, na ejaculação, nos orifícios todos); os filmes tinham algum mote dramático (o *plot*), geralmente de fundo sexual, que era desenvolvido na narrativa (como os problemas conjugais, de ereção e de orgasmo); as estéticas eram mais aprimoradas (edições paralelas, inserção de *flashbacks* de sonhos e lembranças, excertos em preto e branco, cenários e figurinos avantajados, locações luxuosas); uso de trilha sonora *pop*; paródias pornográficas de filmes conhecidos do circuito *mainstream* (de filmes como *Laranja Mecânica* [1971], *Alice no País das Maravilhas* [1951], 007 [1962]); inserção de elementos blasfemos e tabus (cruzes, símbolos religiosos, alusões demoníacas, sexo entre freiras e padres); aproximação do *soft-core* pela dramatização da fantasia sexual (contato com outros povos, com extraterrestres, com deuses e demônios); difusão do sexo anal como um "fetiche" ; entre outras "transgressões" pensadas como *leitmotiv* narrativo e lucrativo.

A pornografia legalizada redimensionava a transgressão com elementos sexuais pensados logicamente, em uma estratégia de consumo de representações de corpos em ação sexual. A sociedade "tolerante" a digeria em seu consumismo indiscriminado e totalizante. Tratava-se de consumir uma obscenidade aceita publicamente, regulada por um novo ramo da indústria audiovisual, sem se esquecer que um "outro lado" da pornografia, considerada na época marginal e "bizarra", camuflava-se em outros nichos.

O filme que mais representou esse movimento pornográfico foi *Garganta Profunda*, de Gerard Damiano. Depois dele tivemos um montante de filmes que inseriram "dramaturgia" em meio às ccnas sexuais *hard-core*, em uma tentativa de justificar o ato sexual, aproximando-se, assim, do universo ficcional. Para Kämpf, essa nova onda pornográfica "não apenas celebra a permissividade sexual liberada pela revolução sexual americana"[13].

> Esses filmes e vídeos são explícitos, porque mostram o sexo falado em si mesmo [...]. Em 1972, com o filme *Garganta Profunda*, um discurso científico sobre a sexualidade propondo evocar confissões ou verdades sobre o sexo mais uma vez encenou seu maior papel. A pornografia *hard-core* tornou-se então um tema doméstico e familiar [...], pois saiu das grandes telas com suas convenções e restrições para circular no espaço íntimo de quatro paredes.[14]

Assim, as tramas mostravam dilemas sexuais que eram resolvidos por meio do próprio sexo; os filmes levavam ao público as personagens em suas mais íntimas confissões, como o desabafo "público" da protagonista de *Garganta Profunda*, que nunca havia tido orgasmo. Nesse raciocínio, Linda Williams averiguou que esse filme situou-se no campo deferido por Foucault, o da *sciencia sexualis*, por incitar discursos "científicos" sobre a sexualidade por meio da confissão:

Na transição dos filmes pornográficos para a legalidade, as narrativas ficcionais que irromperam com a consciência coletiva em 1972 com *Garganta Profunda*, iniciaram uma "discussão científica da sexualidade", usada propositalmente para revelar "verdades" sobre o sexo. Em 1972, a pornografia explícita *hard-core* tornou-se lugar-comum, sendo chamada de modo cada vez mais familiar pelas abreviaturas "*porn*" e "pornô". Pela primeira vez, filmes que continham cenas explícitas de sexo foram resenhados pelos veículos de entretenimento e vistos por uma grande parcela da população, principalmente por mulheres. Atores e diretores ficaram assim cada vez mais "conhecidos".[15]

Foucault discorre sobre a confissão como uma relação de poder consentida, como "um ritual de discurso onde o sujeito que fala coincide com o sujeito do enunciado":

> A confissão é também um ritual que se desenrola numa relação de poder, pois não se confessa sem a presença ao menos virtual de um parceiro, que não é simplesmente o interlocutor, mas a instância que requer a confissão, impõe-na, avalia-a e intervém para julgar, punir, perdoar, consolar, reconciliar; um ritual onde a verdade é autenticada pelos obstáculos e as resistências que teve de suprimir para poder manifestar-se; enfim, um ritual onde a enunciação em si, independentemente de suas consequências externas, produz em quem a articula modificações intrínsecas: inocenta-o, resgata-o, purifica-o, livra-o de suas faltas, libera-o, promete-lhe a salvação.[16]

Abreu notou que essa pornografia situou o sexo como discurso, problema e solução em si mesmo:

> O *hard-core* quer "falar" sobre sexo. Apresenta sexo como problema e, através da prática sexual, busca a solução. Os filmes do gênero consistem de ação sexual *na* e *como* narrativa. Como observou Foucault (1980, p. 63), "nossa civilização precisa falar sobre sexo, não somente para confessá-lo, mas para reconstruir, no ato e em torno dele [...] as imagens, desejos, modulações e a qualidade de prazer que o anima.[17]

Apesar de *Garganta Profunda* ter sido o mais divulgado nesse panorama consensual, é importante pautar que antes dele tivemos seu precursor: *Mona: The Virgin Nymph* (1970), produzido e dirigido por Michael Benveniste e Howard Ziehm. Para o crítico Richard Corliss, esse foi "o primeiro longa-metragem em que o sexo explícito está integrado em um enredo ficcional"[18]. Para o historiador catalão Román Gubern, trata-se do "primeiro filme do gênero com estrutura argumental e motivação psicológica"[19]. Embora

"A RARE CLASSIC! THE GREATEST X-RATED MOVIE OF ALL TIME!"
—Adult Film Mag.

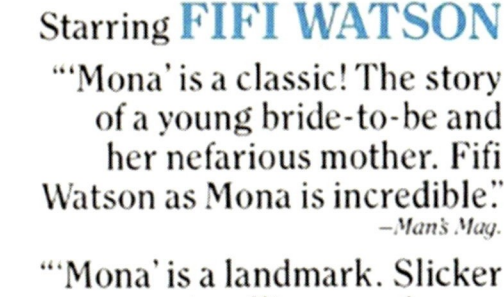

Starring **FIFI WATSON**

"'Mona' is a classic! The story of a young bride-to-be and her nefarious mother. Fifi Watson as Mona is incredible."
—Man's Mag.

"'Mona' is a landmark. Slicker more intelligent and more erotic ... Mona and her sisters-in-sin are where the skin action and word-of-mouth is at." *—Variety*

"'Mona' is a classic. One of the all-time best X-rated movies, and I've seen 'em all! There'll never be another Mona!"
—Silverman, Erotic Review

Plus DEBORAH ALLEN and SUSAN DAVID in

EASTMANCOLOR · RATED XXX

SCHOOL GIRL

17 Cartaz de **Mona: The Virgin Nynph** (1970), dirigido por Michael Beveniste e Howard Ziehm.

a historiografia do cinema pornográfico careça de fontes legítimas para comprovar tal ineditismo (afinal muita pornografia dos anos de 1960 ainda tinha produção clandestina), é provável que *Mona: The Virgin Nymph* tenha de fato esse *status*.

Mona: The Virgin Nymph foi escrito por Bucky Searles e codirigido por Michael Benveniste (os diálogos) e Ziehm Howard (as cenas *hard-core*). Filmado em apenas três dias, em 16 mm, a partir de improvisações e com singelos 7 mil dólares, foi projetado em diversas metrópoles dos Estados Unidos, atingindo repercussão de público e alta lucratividade, sem ser interceptado pela polícia. O roteiro trouxe uma trama que depois seria incorporada por *Garganta Profunda*: a demasiada prática da felação como suporte para as outras frustrações sexuais da protagonista. No caso, Mona (Fifi Watson) está noiva de Tim (Ric Lutze), mas não pode ter relações sexuais com ele porque prometeu à mãe viúva que resguardaria sua virgindade até o casamento. A repressão faz seu desejo sexual eclodir, concentrando-o unicamente na prática do sexo oral. Ela passa a praticá-la enlouquecidamente, não só com o noivo, mas também com mulheres e homens desconhecidos e em lugares inusitados, em becos, parques públicos e cinemas. Collis aponta que *Mona: The Virgin Nymph* inovou ao misturar diversas influências e estilos:

> *Mona* foi uma mistura natural de dois gêneros negligenciados: o *soft-core* – filme leve de apelo sexual, basicamente de baixo orçamento, com insinuações intensas, transas simuladas, e exposição ocasional do corpo – com o pornográfico antigo, silencioso, preto e branco, feito com um ou dois rolos de filme. Colocar os dois gêneros juntos – em um longa-metragem de sexo explícito, colorido e sonoro – foi quase que inevitável, especialmente por conta do gradativo relaxamento das leis contra o erotismo nos filmes desde o final dos anos 1960. *Mona* foi o primeiro filme a fazer e exibir isso.[20]

O filme significou uma espécie de caminho para o filme de Damiano, a protagonista Mona simbolizaria a mocidade de Linda Lovelace, que depois só sentirá orgasmo na prática do sexo oral. Ambos se tornaram marcantes por esse novo estilo dentro do cinema pornográfico, aliando sexo *hard-core* em uma perspectiva *soft-core* dos filmes de ficção. Por ser assim, *Mona: The Virgin Nymph* trouxe à pornografia o uso da trilha sonora (sons aleatórios que remetiam à John Cage e Walter Carlos) e *flashbacks* (um deles mostra Mona sendo abusada sexualmente quando criança; ao mesmo tempo que acaricia uma boneca, ela faz sexo oral no pai). No fim, não penetrada, a volúpia sexual de Mona atinge totalidade em sua boca, que termina por fazer sexo oral em dois rapazes e duas mulheres ao mesmo tempo.

Na trilha dessa produção pornô independente surgiu *Garganta Profunda*, filmado em 16 mm, por Damiano, em 1972, durante seis dias, em Miami, e com o custo de 24 mil dólares. Logo teve de ser ampliado para 35 mm para adaptar-se aos projetores dos cinemas comerciais, onde angariou enorme sucesso. Três meses depois estreou no cinema New World Theater, da rua 42, em Manhattan, Nova York, e arrecadou nos Estados Unidos cerca de 20 milhões de dólares. Em 1981, estimava-se que o filme havia lucrado 100 milhões. Nunca um filme pornográfico havia lucrado tanto. Vetos e proibições ajudaram a granjear mais fama.

Banido em 23 estado, o então presidente Richard Nixon pediu ao Congresso que organizasse um estudo completo sobre a influência da pornografia na cultura e na mente dos indivíduos; de nada adiantou. O público acorria às salas que exibiam *Garganta Profunda* para acompanhar o drama sexual de Linda Lovelace, mulher frígida que após descobrir que seu clitóris localizava-se na garganta, procurava obter orgasmo desesperadamente por meio de felações. Após muitas felações, em falos eretos cada vez maiores, Linda atinge o orgasmo. Para marcar seu êxtase, o filme mostrou imagens de fogos de artifício explodindo no ar e imagens concretas de *money shot*, recurso visual da pornografia, no qual a ejaculação masculina ocorre no rosto, no corpo ou na boca da mulher. Para Williams, o *money shot* é um recurso "perverso" que pretende mostrar aquilo que não é possível ver, substituindo uma imagem por outra. Se o clitóris de Linda Lovelace e o seu orgasmo não são visíveis ao espectador, então o uso desse recurso "comprovava" o orgasmo masculino e simbolizava, em tese, a expressão de satisfação da mulher. Contudo, de acordo com Williams, comprovar o orgasmo da mulher por meio de um falo "é a mais flagrante de todas as representações fálicas de um filme *hard-core*, o *money shot* pode ser visto como o exemplo mais representativo do poder fálico e prazer". Apesar disso, ele dá "visibilidade ao que seria um passo para a representação heterossexual do ato sexual: a possibilidade de ver o clímax. Mas essa nova visibilidade se estende apenas à mecânica da ejaculação masculina, que, apesar de ser do interesse de muitos, é um pobre substituto para o conhecimento e para a busca das maravilhas do orgasmo feminino"[21].

No âmbito da imagem pornográfica, o uso do *money shot* também serve para identificar uma cronologia narrativa das esquetes sexuais, indicando que ali o filme acaba, no clímax final, no *happy end*. A tentativa de mostrar por meio de imagens o orgasmo sexual remonta ainda à ideia de Bazin, que já discutimos, sobre a não representatividade *total* do ato sexual. Para Gubern, a representação do orgasmo no cinema pornográfico, com imagens da ação sexual realista e explícita, é antielíptica e antimetafórica, diferente, por exemplo, das possibilidades de simulacro e fantasias que o cinema *mainstream* favorece. Este pode, por exemplo, representá-lo (em vez de mostrá-lo) por palavras, gestos, metáforas, cenas ou canções. As imagens de fogos de artifício em *Garganta Profunda* "não representam o orgasmo produzido e visto", mas de todo modo reforçam seu sentido (o do orgasmo) mediante a comparação redundante e aos procedimentos retóricos. Já o *money shot*, segundo Gubern, reforça o orgasmo masculino pela imagem, em *close-up*, do pênis ereto ejaculando, ao passo que, o orgasmo feminino, em uma cena assim, é reforçado não pela imagem genital, mas pela expressão facial da mulher, em primeiro plano, figurando prazer, simulado ou não. Disso, percebe-se que, na pornografia, a iconografia do rosto só atinge eficácia na supremacia do orgasmo.

A estilização diferenciada do *hard-core* tradicional junto ao humor também marcou a estrutura do filme: os atores transavam ao som de música *pop*, o tom *nonsense* predominava – a começar pela trama –, os cenários *kitsch*, os atores não eram galãs, as atuações não sexuais dramáticas eram *over*, as metáforas grotescas, os diálogos eram sérios, mas truncados – tudo remetia a uma comédia sexual, conforme analisou Miguel Ángel Barroso, que viu no filme uma expansão dos limites da pornografia:

> Damiano inventou a comédia no cinema *hard-core* moderno e a integrou com perfeição ao melodrama por meio de diálogos sérios e bem escritos. Demonstrou que o gênero pornográfico não se limita unicamente a gemidos e ao sexo repetitivo até a saturação, mas que pode se construir com rigor e cumprir uma função artística tão respeitável quanto qualquer outra.[22]

Leite Jr., ao analisar o riso na pornografia desde os *stag films*, notou que após *Garganta Profunda*, pela maior aceitação social da representação pornográfica, a associação entre humor e pornografia "vai ficando cada vez mais limitada, permanecendo apenas o elemento do riso como uma constante. Os temas humorísticos e as piadas visuais vão diminuindo cada vez mais"[23].

> No filme, o enredo, a edição, a interpretação dos atores e até as sequências de sexo são mostradas como uma piada. Se não fossem as cenas explícitas, poderia muito bem ser classificado como comédia. [...] O humor contido em *Garganta Profunda* não é crítico, mas absurdo. [...] É o *nonsense* que dá o clima de descontração e estimula os risos tanto dos atores quanto da plateia. Apesar do sucesso, pode-se dizer que a partir desse filme a intenção programada de fazer o espectador rir tanto quanto se excitar sexualmente vai rapidamente perdendo terreno nas produções pornográficas[24].

No âmbito da prática social do cinema, outro fator marcante com *Garganta Profunda* foi o modo como ele aproximou o grande público de um filme pornográfico, além do fato de a pornografia *hard-core* ter saído do gueto para um amplo esquema de distribuição e importação. Ainda de acordo com Leite Jr., a pornografia estava acessível em cinemas populares, embalada por "uma narrativa ficcional estruturada de forma linear e convincente [que] apresentava cenas coloridas e sonoras de sexo explícito com *closes* das genitálias de ambos os sexos, levando aos cinemas pornográficos uma enorme parcela de público que, a princípio, não se identificaria com tal temática"[25].

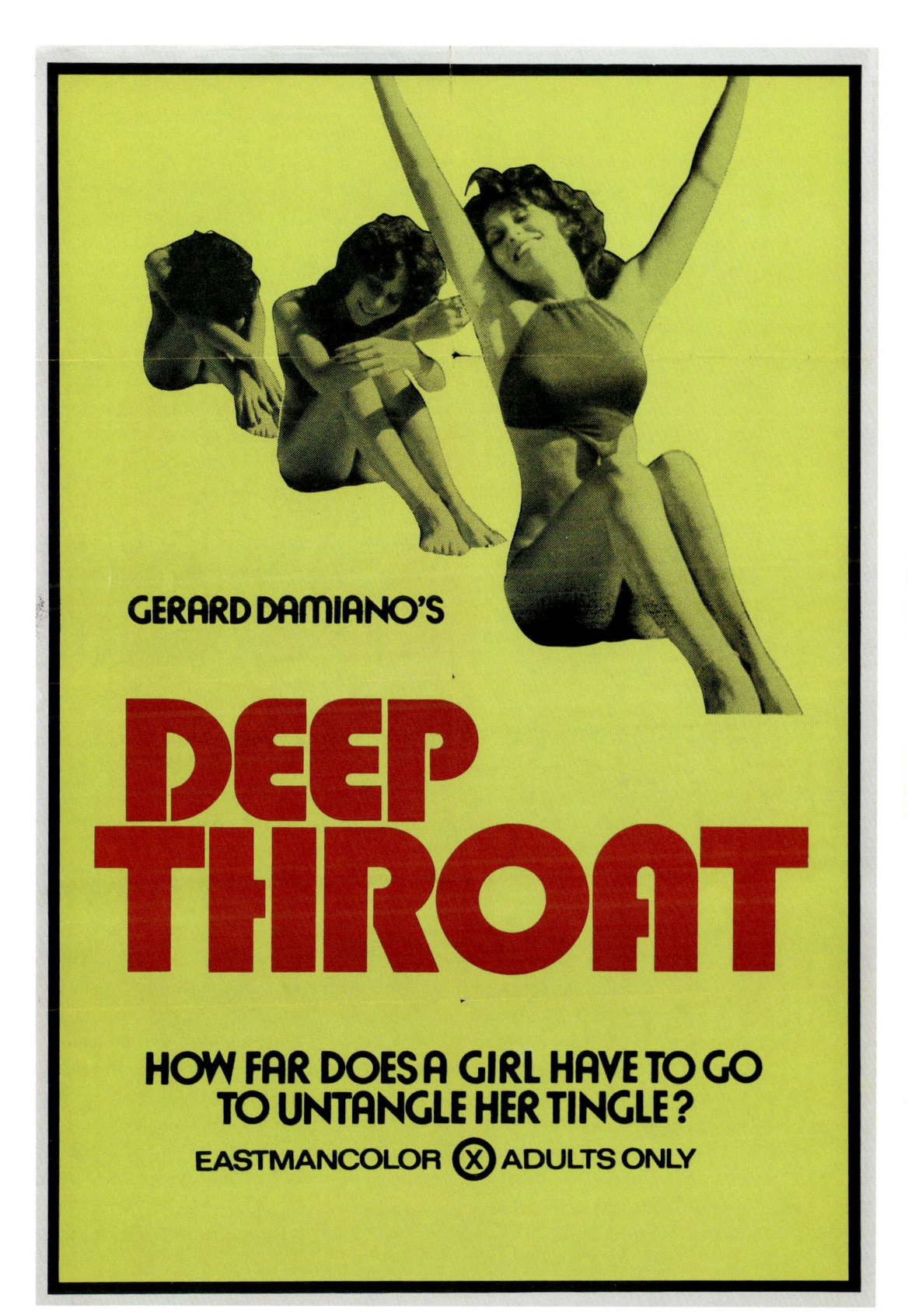

18 Linda Lovelace no cartaz de divulgação de
Garganta Profunda (Deep Throat, 1922)
de Grard Damiano.

Comercializado, o filme manifestou-se como produto da cultura de massa dentro da lógica de mercado: debates, *souvenirs*, pôsteres estilizados[26], sessões da meia-noite – tudo atraiu o grande público, jovens, mulheres, cinéfilos e artistas como John Waters, Andy Warhol, Mike Nichols, Warren Beatty, Frank Sinatra, Truman Capote, que corriam às salas para se "divertirem" com as confissões sexuais de Linda Lovelace. *Garganta Profunda* massificou a pornografia como uma "forma de entretenimento" adulto alternativo (no sentido cunhado por Leite Jr.), que podia ser degustado abertamente, sem complicações morais.

O sucesso dessa "nova onda" pornô, iniciada por *Mona: The Virgin Nymph*, também residiu na potencialização do caráter fictício da trama, que estimulava não apenas a imaginação pornográfica, mas também o mínimo de empatia do público com as personagens. Nesse sentido, Eduardo Geada sinalizou que:

> Ao mostrar tudo, o filme pornográfico tem por efeito bloquear a dimensão do imaginário indispensável ao registro do desejo. Da mesma maneira, ao eliminar o desenvolvimento narrativo da ficção, privilegiando uma sucessão de quadros vivos quase sempre sem nexo, abstratos no próprio contexto da cena, invariavelmente repetitivos, o filme pornográfico corta as raízes aos mecanismos de emoção, da subjetividade e da identificação, que são os pilares da eficácia formal do aparelho cinematográfico.[27]

Na diegese do filme, não se via apenas corpos em ação sexual, mas personagens humanizadas, com dilemas sexuais. Ele dotou as personagens de personalidade, potencializando a credibilidade do mundo ficcional. Os atores não eram somente *performers* sexuais, mas também personagens com histórias para contar, como nos filmes de ficção. Isso criava certa aceitação por parte dos espectadores, que criavam um mínimo de empatia com a história e com as personagens. A atenção dirigia-se não somente aos corpos, mas também à ficção, à fantasia – dado que retirava de *Garganta Profunda* seu teor exclusivamente pornográfico, oferecendo ao público uma "pornografia alternativa".

Assim, diferentemente dos filmes pornográficos tradicionais anteriores, *Garganta Profunda* explorou um conflito sexual na trama, concentrado na confissão da protagonista. O filme não limitou o sexo somente à excitação nem o concentrou somente no ato sexual como clímax ou *leitmotiv* narrativo. Tampouco subverteu a abordagem convencional do sexo na pornografia. Ele apenas dotou o sexo de desejo, de um desejo específico, diegético, que simbolizava o drama da protagonista que não tinha orgasmo. Nesse sentido, o filme "problematiza a satisfação em si mesma", na análise de Kämpf, uma vez que a personagem principal não condizia com o teor do filme, de excitação e orgasmo, já que ela não tinha esses prazeres. Seria o mesmo se ocorresse em um filme de faroeste em que o *cowboy* não soubesse galopar a cavalo,

caindo toda hora. Daí o público acompanhava o dilema (o *plot*) de Linda Lovelace
e torcia para que sua sina em alcançar o orgasmo desse resultado.

> *Garganta Profunda* é um filme típico da nova onda pós-1972; a nar-
> rativa *hard-core* nesse caso problematiza a satisfação em si mesma.
> A dificuldade que Linda confessa no início do filme não é um peca-
> dinho de uma aventura sexual transgressiva, mas um crime muito
> mais vergonhoso: a falha em encontrar "completude" absoluta nessas
> aventuras. O filme começa com a ideia de que o prazer sexual não é
> o mesmo para todos ou, como a amiga mais velha e sábia de Linda
> explica, há a necessidade de *different strokes for different folks*. Esse
> clichê bem conhecido dos anos setenta é a descrição da nova ética
> do filme *hard-core*, a qual dá as boas-vindas e encoraja uma grande
> variedade de práticas sexuais.[28]

Assim, já desde o início, o filme problematiza a existência de prazer distinto para
o homem e para a mulher, além de interpelar sobre a importância do orgasmo. De
acordo com a interpretação de Williams, *Garganta Profunda* inova por incidir sobre
a "verdade" do prazer feminino de um modo notável se compararmos aos filmes pornográficos anteriores. As diversas situações e experimentações sexuais pelas quais
ela passa funcionam como terapia para que ela encontre o *seu* prazer, ainda que só
o encontre por meio de um falo. Nesse raciocínio, pode-se dizer que, ao discursar
sobre o clitóris, o filme "fetichiza" visualmente o pênis, já que o clitóris da protagonista é invisível ao espectador, está escondido na garganta. Kämpf acredita que,

> apesar de o filme eliminar a representação visual do clitóris de Linda
> Lovelace e apesar de o fetiche do *money shot* ocultar esse órgão, sua
> narrativa está constantemente solicitando e tentando achar um equi-
> valente visual para os momentos invisíveis do orgasmo clitoriano.
> Então, se por um lado o filme tenta ocultar a diferença sexual atra-
> vés de um recurso que apresenta a prática da felação de forma mais
> natural, por outro, esse mesmo ocultamento pode alegorizar o pro-
> blema da diferença[29].

Assim, Williams concorda que a implantação do clitóris na garganta de Linda
Lovelace é contraditória, pois o filme pretende desenvolver uma narrativa discursiva sobre a importância desse órgão sem jamais ter de olhá-lo. Por isso, sua
representatividade não ocorre em si mesma, mas no prazer que ele proporciona.
Contudo, esse prazer só é efetivo, no filme, mediante um pênis ejaculador sempre
ereto, fazendo que a visualização do clitóris e do orgasmo seja, na verdade, representado pelo prazer masculino, explicitado pelas cenas de *money shot*, substituto

real para o mito fálico da castração e para aquilo que não pode ser visto. Ainda para a autora, pensando o fetichismo em termos marxista e freudiano, ela alude que o *money shot* também pode ser visto como exemplo de um fetichismo *commo-dity* entre o poder fálico e o prazer sexual: uma cena dessas em um filme *hard-core* simboliza a entrega da mercadoria do prazer sexual, tanto para as personagens, na diegese, como para os espectadores.

Garganta Profunda foi um marco tanto para o cinema pornográfico como para o *mainstream*. Seu sucesso foi tamanho que a revista *Variety* o classificou como o *"Ben-hur* do filme pornográfico", e o presidente da Paramount, Frank Yablans, considerou-o *"O Poderoso Chefão* do cinema erótico"[30]. Em cartaz por meses consecutivos, o filme faturou milhões e potencializou uma nova tendência no cinema pornográfico *hard-core*, a de dramatizar, o mínimo que fosse, a cena pornográfica – o que levou a reportagem de *The New York Times* a classificá-lo como "pornô chique". Além disso, o longa estabeleceu alguns clichês utilizados ainda hoje, conforme localizou Leite Jr.: a constância do *money shot* (ejaculação para a câmera), o sexo oral como premissa básica (todas as mulheres praticam entre elas ou nos parceiros sexuais), a presença de pelo menos uma cena de lesbianismo; a circuncisão na maioria dos homens, e a inserção do *star system* dentro da indústria pornográfica, que projetou nomes como Linda Lovelace, Marilyn Chambers, Cicciolina, John Holmes, Rocco Siffredi, Georgina Spelvin, John Stagliano etc. Desde então, houve o intercâmbio entre os atores do *star system mainstream* com o *star system* do cinema pornográfico: atores e músicos famosos lançam-se às produções de sexo *hard-core*, ao passo que atores pornôs se lançam às produções artísticas, como Marilyn Chambers, que atuou no filme *Rabid* (Rabid: Enraivecida na Fúria do Sexo, 1977), de David Cronenberg; Rocco Sirgfried, que participou de dois filmes da cineasta francesa Catherine Breillat, *Romance X* (1999) e *Anatomie de l'enfer* (Anatomia do Inferno, 2004); e François Sagat, que fez *Homme au bain* (2010), de Christophe Honoré.

Na tendência "pornô com história" seguiram-se outros filmes reverenciados no gênero, que misturaram terror, fantasia e ficção: *The Devil in Miss Jones* (O Diabo na Carne de Miss Jones, 1972), de Gerard Damiano, *Behind the Green Door* (Atrás da Porta Verde, 1972), dos Mitchell Bros; *The Sex Garage* (1972), de Fred Halsted; *Alice in Wonderland: An X-rated Musical Fantasy* (Alice no País das Maravilhas: Uma Fantasia Musical Não Censurada, 1976), de Bud Townsend; *Escalofrío* (*Satan's Blood*, 1978), de Carlos Puerto; *Porno Holocaust* (1981), de Joe D'Amato etc. Em 2005, estreou nos Estados Unidos e em festivais de cinema de arte, como a Berlinale (Alemanha) e o Festival do Rio (Brasil), o documentário *Inside "Deep Throat"* (Por Dentro da "Garganta Profunda", 2005), de Fenton Baily e Randy Barbato, que pretendeu revelar a trajetória do filme nos Estados Unidos, dos atores após o sucesso e das polêmicas envolvidas, como a do caso Watergate, e a onda de censura no cinema. Imagens da época mostram artistas como Jack Nicholson e Warren Beatty defendendo o filme contra o moralismo do país; escritores como Gore Vidal e Camille Paglia especulam sobre o impacto do filme nas discussões sobre a representação da sexualidade; Bailey e Barbato apontam que *Garganta Profunda* marcou uma época em que a indústria pornográfica era sinal de rebeldia.

O filme projetou a pornografia de sua época, mediante os padrões morais estabelecidos e as convenções visuais existentes. Sua transgressão do obsceno foi calculada com base naquilo que era repudiado socialmente, ou seja, o filme só teve sentido subversivo diante daquilo que a representação sexual legítima via como infrator. Tratou-se de uma transgressão limitada, justamente para manter o sexo *hard-core* em destaque como mais um produto ordenadamente proibido e disponível para o consumo. E, mesmo que *Garganta Profunda* tenha querido buscar "a satisfação sexual plena, a transgressão dos tabus, o apaziguamento dos desejos e a realização do gozo total"[31], como em toda pornografia que promete a suprema e paradisíaca felicidade, nos termos de Leite Jr., ele não conseguiu realizar esse intento, mas, de todo modo, garantiu sua permanência como negócio.

O PORNOGRÁFICO EM O IMPÉRIO DOS SENTIDOS E CALÍGULA

Com a explosão comercial da indústria pornográfica nos anos de 1970, os níveis de condenação moral sob as formas de obscenidade foram revistos e flexibilizados. Não apenas com relação ao universo pornográfico, mas também sob o cinema *mainstream*, que passou a incorporar e a compreender o pornográfico como mais uma representação possível do sexo nas produções artísticas. Não se tratava, portanto, de um cinema do *underground* que subvertia a estrutura sexual da sociedade por meio do pornográfico; pelo contrário, tratava de um cinema *mainstream* que adequava em suas narrativas as imagens daquela liberação sexual de modo explícito, com cenas realistas da excitação sexual. Então, imagens convencionais do sexo *hard-core* passaram a figurar em filmes tidos como não pornográficos: cenas de penetração vaginal, felação, cunilíngua e masturbação.

O impacto do pornográfico fora do seu nicho desloca sentidos ao permitir *um outro discurso* para além da diegese sexual. A imagem explícita, imersa em um contexto dramático não restrito ao *show* sexual, redimensiona de imediato a normatividade padrão das imagens sexuais no *mainstream* (geralmente filma-se o sexo implícito das personagens), e apresenta um retrabalho estético da imagem do sexo diferente daquele operado na pornografia. Não importa saber se tais filmes são ou não pornográficos, mas sim pensá-los à guisa de novas possibilidades de imagens que representam a pluralidade do sexo explícito. A imagem pornográfica tradicional é somente *uma* maneira de se representar o sexo, há outras inúmeras possibilidades estéticas no universo cinematográfico, inclusive no bojo das pornografias alternativas.

> Para Ôshima, o importante não é classificar o seu filme como pornô, erótico ou arte. O que importa para ele é que "os tabus advindos da visão santificada das relações sexuais monogâmicas foram quebrados neste filme". [...] [mas] depois que o filme foi proibido no Japão, ele se transformou em um filme perfeitamente pornográfico. Qualquer que seja o seu conteúdo, ele existe enquanto pornô.[1]

Embora as fronteiras simbólicas do pornográfico e do erótico tenham se dissolvido um pouco nos anos de 1970, podemos perceber que o cinema *mainstream* incorporou o caráter mais tradicional do erotismo estabelecido dentro das práticas e padrões da sexualidade burguesa. Mesmo com imagens explícitas, não se mostrava, por exemplo, características do universo tido como *hard-core* (sexo anal, sadomasoquismo, homossexualidade, *money shot*, orgias, *ménage à trois*, anilíngua – sexo oral no ânus –, as práticas bizarras etc.) nem a estética típica do gênero (*close-up*, *show* genital, edição ágil, cortes bruscos, o imperativo sexual). Todavia, mesmo convencionais, essas imagens de sexo projetaram um jogo ambíguo de aparências que deflagravam moralidades: pareciam pornográficas, mas não obscenas; eram obscenas, mas não eram tidas como pornográficas; eram pornográficas, mas não consideradas "vulgares" como o senso comum as vê na pornografia. Por isso, sem saber ao certo o limite obsceno daquilo e descontextualizando as imagens da trama fílmica, a censura de muitos países repudiou somente cenas de sexo explícito em muitos filmes, cortando ou escondendo-as com tarjas pretas.

Mas foi *O Império dos Sentidos* (1976), de Ôshima, que, nesse momento, mais representou a fusão de elementos gráficos da pornografia *hard-core* com a narrativa erótica. *Ai no korïda* possui como tradução literal do japonês o significado de "A tourada do amor", o que, de antemão, prenuncia a abordagem distinta da tradução brasileira. No Brasil, a tradução focou "os sentidos", no caso, os corporais e sexuais; no Japão, o título original traz a conotação romântica, do *páthos* envolvido nas relações afetivas e sexuais, a *ars erotica*. Se no Brasil o filme adquiriu sentido sexual, sendo censurado por obscenidade e pornografia pela ditadura militar, no Oriente a conotação permeou o romantismo, embora tenha sido censurado no Japão.

O seu processo de censura teve início quatro anos antes que o filme chegasse ao Brasil. Conforme reportagem de Wilson Silveira e Cristina Grillo[2], o processo de veto incluiu o parecer de doze analistas que não tinham visto o filme e, mesmo assim, pediram sua proibição. O arquivo da censura, que reúne 94,1 mil processos de 1962 a 1988, encontra-se em poder do Arquivo Nacional, como parte do acervo da Censura Federal. No processo, com base nos comissários de menores do Juizado de Menores de São Paulo, temos, por exemplo, as seguintes avaliações assinadas por Maria Alice Sampaio Rezende e Armando Sampaio Rezende: "É uma história terrível, uma loucura sexual." "A moça não é normal, ao se colocar em cima do amante no ato sexual." "É obra cinematográfica de enredo chocante e de mensagem duvidosa", para a censora Teresa Marra. "A película em seu todo torna-se nociva à nossa sociedade", afirmou Telmo Lino. Segundo Silveira e Grillo, "o filme foi submetido à Censura em fevereiro de 1980, proibido em maio e liberado em setembro, após recurso ao então recém-criado Conselho Superior de Censura, que dificilmente mantinha uma proibição"[3].

O roteiro traz a encenação do fato verídico ocorrido com Sada Abe, interpretada por Eiko Matsuda, uma ex-prostituta que se envolvera em um caso de amor obsessivo com o senhor Kichizo Ishida, vivido pelo ator Tatsuya Fuji, dono de uma propriedade onde fora contratada como empregada. Ciumenta e obcecada pelo falo do amante, na noite do dia 18 de maio de 1936, enquanto Kichi dormia, Sada o estrangulou até a morte e depois cortou seus genitais, embrulhando-o em uma revista. Levava-o como um relicário para onde quer que fosse. Ela foi flagrada pelas ruas de Tóquio andando com o pênis decepado nas mãos, com ar de satisfação no semblante. Pelo crime, Sada foi levada à prisão, de onde só saiu após a Segunda Guerra Mundial; depois, ficou famosa pelo filme de Ôshima. A obsessão pelo falo prosseguia mesmo depois do crime: quando foi detida, ela tentava comer literalmente o falo num êxtase necrofílico. "O pênis e os testículos de Kichi permaneceram em exibição pública no departamento de patologia da Universidade de Tóquio até pouco tempo depois da II Guerra Mundial."[4] Sada declarou à polícia:

> É muito difícil dizer exatamente o que era melhor em Kichi. Mas também é impossível não dizer nada a respeito de seu aspecto, sua atitude, sua habilidade como amante, ou a forma com que expressava seus sentimentos. Nunca tinha conhecido um homem tão absolutamente *sexy*

e sensacional. [...] Após matar Kichi, senti-me totalmente à vontade, como se tivesse tirado uma carga pesada de meus ombros, e experimentei uma sensação de clareza absoluta. Apanhei seus genitais porque não podia levar sua cabeça ou o corpo comigo. Escolhi a parte dele que me trazia as melhores lembranças.[5]

A assassina logo se converteu em "exemplo sexual" no *star system* das celebridades orientais, passando a ser idolatrada pela cultura tradicional japonesa. Participou de programas de televisão, deu inúmeros depoimentos e escreveu uma biografia de sucesso, *Memoirs of Abe Sada: Half a Lifetime of Love* (Memórias de Abe Sada: A Metade de uma Vida de Amor, 1948). Ôshima também a elevou ao *status* de personalidade que simbolizava a liberdade contra a opressão, no pensamento de Lúcia Nagib. O diretor declarou: "A gente do povo lançou do fundo do coração gritos de liberdade. Ofereceu a Sada Abe uma tempestade de 'bravos' [...] O povo sabia que se tratava de (um caso) que tinha atravessado toda a história do Japão até os dias de hoje, desde a época mais recuada, quando a sexualidade significava amor e beleza."[6] Embora o filme tenha esse aspecto político, que abrange a opressão das mulheres no Japão, Menezes dirá que:

> A aparente alienação dos "problemas sociais" que experimenta o casal é, pelo contrário, uma atitude questionadora extremamente contundente. Nesse contexto, o que vimos foi uma gradativa exclusão que o casal vai fazendo do mundo exterior, seja ele de relacionamentos sociais, trabalho, família etc., e não ao contrário, como poderia parecer à primeira vista. Não é a sociedade que os exclui. São eles que excluem a sociedade, e ao fazê-lo expõem com crueza seus conceitos e preconceitos, questionando de maneira decisiva seus valores constitutivos. Não vemos, portanto, um reinado do indivíduo, mas, ao contrário, a sua completa dissolução. Está-se, justamente, colocando em xeque uma sociedade que molda a inserção social por uma gradativa exclusão do individual.[7]

A recontextualização do obsceno no filme é elencada por meio de imagens do ato sexual explícito, ou seja, por meio da inserção do pornográfico em meio ao contexto amoroso.

> A contínua e repetida exposição dos órgãos sexuais e de seus detalhes, bem como das relações por todos os lados e perspectivas, leva-nos a pensar se não estaria Ôshima aqui provocando uma recontextualização do que poderia ser visto e aceito, e do que poderia ser taxado como pornográfico. [...] Pela exposição continuada, à qual nossa vista vai

19 Cartaz (acima) e sequência de **O Império dos Sentidos** (Ai no Korïda, 1976), de Nagisa Ôgima.

se acostumando, o que o filme constitui é uma reavaliação dos valores que classificam atitudes, e as imagens dos filmes, em tal ou qual categoria. Pois, pergunta-se Ôshima, "a pornografia não reside justamente no fato de mostrar o que é escondido? [...] As crianças podem ver não importa o que sem ali perceber a menor obscenidade."[8]

Ôshima proporcionou o efeito obsceno pelo grafismo sexual recheado de pulsões de morte. A nova gramática visual do sexo explícito estilizava as imagens de excitação dentro da construção emotiva das personagens.

Tal como os outros filmes citados dos anos de 1970, *O Império dos Sentidos* fetichiza o falo e coloca a relação sexual como epicentro dramático em que tudo se inscreve no terreno da confissão. Menezes enxerga o falocentrismo do filme como sintoma de impotência masculina na sociedade patriarcal:

> É curioso perceber que, mesmo centrado em cima de uma constante exposição do órgão sexual masculino, o filme acaba por reforçar incessantemente não o vigor que em princípio o caracterizaria, mas, justamente, o seu oposto, a sua mais completa e absoluta impotência, do velho no começo ao membro cortado de Kichi, no fim. Assim, o processo da perda de identidade e da castração de Kichi coloca em questão não um caso isolado de amor e morte, mas o próprio lugar do homem nas sociedades patriarcais, e em particular na japonesa[9].

Outro filme relevante, que finalizou a década de 1970, *Calígula* (1979), de Tinto Brass, representou, ao lado de *O Império dos Sentidos*, a legitimação de novas imagens

do pornográfico no *cinema de poesia*. Na juventude, Brass foi ajudante de Alberto Cavalcanti, assistente de Roberto Rossellini e de Joris Ivens, além de funcionário da Cinemateca Italiana, onde teve acesso a centenas de filmes da história do cinema. Como diretor, fez, desde os anos de 1970, dezenas de filmes *soft-core* que versavam sobre o desejo heterossexual por meio do voyeurismo, aperfeiçoando suas narrativas, mas mantendo a temática, em filmes como *Fallo* (Faça Isto!, 2003), *Monella* (Monella, a Travessa, 1997), *L'uomo che guarda* (O Voyeur, 1994) e *Miranda* (1985). Porém, foi *Calígula* que o tornou reconhecido mundialmente.

Com roteiro escrito por Gore Vidal e produção de Franco Rossellini e Bob Guccione, criador da revista *Penthouse*, o filme foi pioneiro em mostrar atores famosos (John Gielgud, Peter O'Toole, Malcolm McDowell, Helen Mirren) envolvidos em cenas de sexo explícito para narrar a ascensão e queda do imperador romano Gaius Caesar Germanicus, mais conhecido como Calígula, interpretado por Malcolm McDowell. Com filmagens secretas, inacessíveis à imprensa, tumultos, polêmicas e brigas (Brass abandonou o projeto no meio, sendo substituído por Giancarlo Lui e, depois, pelo próprio Guccione, que introduziu cenas pornográficas na montagem final, revoltando Brass, Vidal e os atores), essa produção pretendia ser levada ao *status* de monumento cinematográfico erótico: o produtor investiu 20 milhões de dólares, encomendou 64 cenários, 3.592 trajes, contratou artistas famosos para atuarem, mas, mesmo assim, o filme foi mal recebido pela crítica e pelo público.

> Roger Ebert [crítico do jornal *Chicago Sun-Times*, dos Estados Unidos] deu "nota zero", descrevendo-o como "doentio, imprestável, lixo vergonhoso". [...] O crítico Leonard Maltin [crítico e historiador

do cinema] disse que o filme era pouco mais do que "seis minutos de cenas não envolvendo sexo explícito". A revista estadunidense *Newsweek* chamou *Calígula* de "uma enxurrada de depravação de duas horas e meia que parece ter sido filmada através de um vidro de vaselina"[10].

De fato, apesar do investimento, da trama e do elenco de peso, o filme está longe de ser uma obra-prima. *Calígula* resultou em um híbrido artístico-pornográfico diluído em suas próprias intenções. As cenas explícitas somente inovam por ampliar o repertório sexual de um filme de época, no caso, a época romana.

Esses filmes projetaram nos anos de 1970 um cinema autoral em que o cineasta--autor pôde "falar sobre sexo, não somente para confessá-lo, mas para reconstruir, no ato e em torno dele, as imagens, desejos, modulações e a qualidade do prazer que o anima"[11], nos termos de Foucault sobre a confissão. Cada qual ao seu modo, as produções estilizaram o sexo com diferentes propósitos e abordagens. Desde então, novas possíveis imagens e abordagens do pornográfico passaram a ser mais frequentes nas cinematografias. A par disso, o cinema pornográfico *hard-core* tradicional, híbrido em meio às ficções sexuais, começou a enfrentar crise por causa do surgimento dos aparelhos de videocassete e de suas fitas VHS, que levavam pornografia para dentro da casa de qualquer pessoa que a desejasse.

20 Sequência de **Calígula** (1979), de Tinto Brass.

6

CINEMA

PORNOGRAFIA E NOVOS DISCURSOS SEXUAIS: ANOS DE 1980 E 1990

Nos anos de 1980, com o advento do *home vídeo* e a popularização do videocassete e das filmadoras VHS, a indústria cinematográfica vai remodelar não apenas seu modo de produção, mas também seu modo de percepção do sexo. Se por um lado essa nova tecnologia de *reprodutibilidade* da imagem popularizava a gravação e a reprodução do sexo no âmbito privado, por outro, ela dava pistas do enfraquecimento da exibição da pornografia no âmbito público (nos cinemas), conforme Abreu:

> pode-se dizer que o pornô entra em decadência na exibição sem chegar ao auge de suas possibilidades. O público acomodou-se com a projeção de sexo explícito no cinema, e, passada a onda da novidade, as salas já não recebiam a mesma quantidade de espectadores "normais", limitando-se a aficionados, cinéfilos do pornô – uma espécie de "nova brigada encapotada"[1].

O filme *Boogie Nights* (Boogie Nights: Prazer Sem Limites, 1997), de Paul Thomas Anderson, abordou essa transição, a derrocada da pornografia em massa para o seu consumo em videocassete: na trama, um ator pornô bem-dotado, Eddie, estreia no mundo da pornografia produzida por Jack Horner, diretor de filmes que considera seu trabalho como uma forma de arte. Com o apogeu da pornografia no fim dos anos de 1970, ele logo se torna uma celebridade, mas por pouco tempo. Sua fama desvanece-se com o futuro da pornografia em vídeo, anunciada em meio a uma festa, pelo empresário Floyd, que começou fazendo vídeos pornôs artísticos, mas logo cedeu ao mercado e passou a produzir pornografia barata, rápida e com a estética facilitada que o vídeo trouxe para o mundo pornô. No fim, Eddie mostra ao espectador o seu pênis gigantesco, porém sem excitação, adormecido, "desempregado"...

Na medida em que as salas de cinema pornô desapareciam, seus consumidores levavam a pornografia para dentro de casa, alugando ou adquirindo a produção *hard-core* em vídeo, para seu conforto caseiro: dava-se a "privatização do consumo" pornográfico, assim chamada por Román Gubern[2].

Além disso, a nova tecnologia permitia que as pessoas fizessem seus próprios filmes, emergindo daí outro segmento dentro do mundo da pornografia: o vídeo pornográfico amador e também o vídeo *gonzo*, estilo criado pela indústria pornográfica para simular a estética amadora ou de flagrantes sexuais que buscavam fascinar o público pelo hiper-realismo e pela veracidade das ações, conforme verificou Jorge Leite Jr.:

> Trabalhando como atores ou diretores não profissionais, [esses vídeos] tentam fascinar o público [...] pelo argumento da "realidade" de tais atos, tocando em uma das mais fortes noções burguesas de obscenidade: a intimidade sexual como espetáculo. Outra linha de produtos surge da união desse mercado paralelo amador com as produções profissionais, misturando um suposto desleixo e a naturalidade nas gravações, empregando atrizes iniciantes [...] e utilizando equipamento sofisticado. Esse tipo de vídeo é conhecido como "gonzo"[3].

O culto ao amadorismo e aos vídeos escondidos, de flagrantes, teve início nessa década, mas atingiu seu auge nos anos de 1990 a partir do advento de outra importante tecnologia, a qual veremos adiante, que revolucionou o mercado, a indústria e o efeito da pornografia sobre seus consumidores: a internet. As facilidades tecnológicas somadas à *reprodutibilidade* técnica excessiva tornaram a produção industrial de pornografia menos requintada em suas propostas estéticas e narrativas, reduzindo o filme ao essencial do gênero: apenas a visualização explícita do sexo em sua forma mais crua e simples, composto somente de "números" sexuais em detrimento dos aspectos narrativos. Os filmes vhs trouxeram então esquetes que priorizavam o sexo convencional e os recursos tradicionais da pornografia: *close-up*, edição com inúmeros cortes, *cum shot*, lesbianismo etc.

Somente em meados da década, por volta de 1986, é que os temas não convencionais e marginalizados passaram a ser explorados, produzidos e exibidos na pornografia em vídeo e, principalmente, divulgados, com maior incidência[4]. Em 1983, o cineasta canadense David Cronenberg foi pioneiro ao explorar o tema proibido dos pornográficos *snuff movies*[5], no longa-metragem *Videodrome* (A Síndrome do Vídeo, 1983). Nele, o dono de uma rede de televisão a cabo recebe transmissões secretas de um programa clandestino de *snuff movies* que altera a percepção de quem o assiste (em fitas vhs e com um aparelho plugado na cabeça e nos olhos), criando uma mórbida confusão mental entre realidade e fantasia surrealista. Cronenberg também profetizou o surgimento da Aids em *Shivers* (Calafrios, 1975), anos antes de sua proliferação. No filme, situado em um condomínio fechado em uma ilha canadense, os turistas enlouquecem aos poucos por causa de um estranho vírus que infecta o corpo de todos. A forma de contágio é pelo sangue e por secreções humanas compartilhadas. Os sintomas são incontroláveis e trazem aos infectados violência e um desejo sexual intenso.

Concomitantemente à popularização do videocassete, a pornografia diversificava-se no ramo impresso (revistas de nudez e sexo explícito, livros de relatos eróticos, hqs eróticas), no mercado competitivo (a indústria pornográfica montou seu próprio Oscar; estabeleceram-se no mercado as grandes empresas do sexo: Private, Penthouse e Buttman), no cinema de ficção não pornográfico e, ainda, redimensionava sua própria ontologia obscena. Se antes o material obsceno caracterizava-se pelo "sexo fora do campo íntimo" e "pela aparição do universo privado na cena pública"[6], agora ele se recontextualiza de acordo com a disposição das novas tecnologias que remodelavam os olhares, os comportamentos e a moral social. A cena íntima voltava-se para si mesma, para dentro das casas, tornando menor a visibilidade pública pornográfica.

Nesse cenário aparecia a epidemia da Aids e suas metáforas, cujo reflexo ideológico no cinema foi visível. Nos Estados Unidos da época, liderados por Ronald Reagan e George H. Bush, governos de direita, os discursos diante do sexo em combate a epidemia eram reacionários, normatizavam o sexo e enfatizavam preconceitos contra identidades sexuais. O discurso conservador homofóbico projetava termos pejorativos, moralizantes, que se somavam aos discursos científicos *repressivos*. A crise que a epidemia trazia, aliada à falta de informação precisa, afetava a área da saúde, mas também o campo político e social, que promovia reflexões e estigmas sobre o comportamento sexual e suas representações. Além das propagandas explícitas que procuravam condenar a homossexualidade e suas representações visuais, no início dos anos de 1990,

> Hollywood acabou encontrando uma maneira errada de abordar o novo fenômeno, fazendo propagar associações de advertência entre o sexo e a morte, aludindo à doença através da metáfora dos parceiros sexuais suspeitos, perigosos, maníacos, assassinos, de preferência femininos. [...] Tradicionalmente associada ao desejo e à morte, a *femme fatale* passou a encarnar a Aids. [...] Não só as mulheres foram monstrificadas através de uma sexualidade exuberante e fatal. Surgiram também homens aparentemente normais, mas cuja aproximação sexual colocaria em risco a vida de suas esposas e amantes, como os maridos e sedutores desequilibrados. Nesses filmes, a heroína se apaixona pelo sedutor desconhecido e tem relações sexuais com ele, antes de descobrir que no corpo desejável reside a alma de um cafajeste, de um assassino ou coisa pior[7].

Na contramão dessa onda moralista e paranoica que a Aids instaurou no *status quo* e enfrentando a normatização do desejo, diversos artistas, cineastas independentes e realizadores de vídeo partiram, nesse período, para um ativismo audiovisual *queer*. Não se tratava exatamente de um grupo homogêneo, pelo contrário, a diversidade de estilos confluía para a mesma inquietação e posicionamento político de transgressão estética e discursiva. Em múltiplos suportes e formatos (super-8, videoclipes, documentários, ensaios experimentais), os cineastas experimentavam a linguagem cinematográfica como forma de militar *explicitamente* sobre a pluralidade do desejo sexual. Não se limitavam unicamente à representação de temas e personagens da comunidade LGBT, iam além, ao problematizar questões políticas, ideológicas. Aproximar-se do *queer* tem, até hoje, mais a ver com militância e atitude diante daquilo que é dado e instituído socialmente. A crítica de cinema norte-americana B. Ruby Rich nomeou esse movimento de *New Queer Cinema*, quando, em 1992, publicou na revista britânica *Sight & Sound* um artigo que via nos filmes do circuito independente uma resposta ao conservadorismo com relação à heteronormatividade, à homonormatividade e ao preconceito por conta da emergência da Aids – tudo em tom irreverente e transgressor. Rich contextualizou o "fenômeno":

> O fenômeno do cinema *queer* foi apresentado no outono de 1991 no Festival dos Festivais de Toronto, o melhor lugar na América do Norte,

para rastrear novas tendências cinematográficas. Naquela ocasião, repentinamente havia um conjunto de filmes fazendo algo novo, renegociando subjetividades, anexando gêneros inteiros, revisando histórias em suas imagens. Ao longo de todo o inverno, da primavera e do verão, a mensagem foi alta e clara: *queer* é sexy. [...] É claro que os novos filmes e vídeos *queer* não são todos um só e tampouco compartilham um único vocabulário estético, estratégia ou preocupação. Ainda assim, eles são unidos por um estilo comum: chamemos esse estilo de "homo pomo". Há traços em todos esses filmes de apropriação, pastiche e de ironia, assim como uma reelaboração da história que leva sempre em consideração um construtivismo social. Definitivamente rompendo com abordagens humanistas antigas e com os filmes e fitas que acompanhavam políticas da identidade, essas obras são irreverentes, enérgicas, alternadamente minimalistas e excessivas. Acima de tudo, elas são cheias de prazer. Elas estão aqui, elas são *queer*, acostume seus quadris a elas.[8]

Artistas como Isaac Julien, Christopher Münch, Tom Kalin, Gregg Araki, Todd Haynes e Marlon Riggs expressaram pelo cinema e pelo vídeo, como linguagem e veículo, suas angústias, prazeres, orgasmos, de modo a dar visibilidade explícita às sexualidades de modo plural, e, conjuntamente, trazer à cena um discurso político provocativo, *camp*, irônico. *This is Not an Aids Advertisement* (1987), de Isaac Julien, por exemplo, filmado em super-8 e em tom de videoclipe, criticava as publicidades pejorativas e acusatórias de conscientização da Aids à época. Questionava ainda o novo puritanismo que emergia, incluindo aí muitos gays que aderiam ao discurso heteronormativo.

Esse cinema subverteu identidades e convenções de gênero sexuais não apenas pela trama, mas também pelo conteúdo estético que reapropriava o *queer*. Havia um elogio à irreverência, ao estranhamento, ao *camp* como política marginal. Conforme analisaram Mateus Nagime e Denílson Lopes:

> Nada de negar ou deixar nas entrelinhas ou ainda tentar passar uma mensagem conciliadora e magnânima da homossexualidade [...] está tudo bem em ser gay [...]
>
> O *New Queer cinema* nasceu da insatisfação de muitos diretores, produtores, atores e militantes com a resposta política, social e mesmo artística em face à crise da Aids. Com o preconceito cada vez mais forte em relação aos homossexuais, a resposta da comunidade cinematográfica foi em grande parte fazer cinema conciliador, que apresentava homossexuais, transgêneros e bissexuais como engrenagens da mesma sociedade de "todos nós". Uma visão que se

> apresentava como inclusiva, mas na verdade funciona apenas para validar uma visão heteronormativa, e geralmente acompanhada da figura dominante do homem branco. Os incomodados que se mudem. Pois bem, eles se recusaram a sair de cena e de muitas maneiras se fizeram ouvir. Tentaram a todo custo passar sua mensagem, abrir caminho para discussões e polêmicas. Não somente é OK ser diferente, mas é fundamental se posicionar, mostrar na cara da sociedade sempre que possível que aqueles representantes que eles tentam apagar do mapa estão cada vez mais se unindo, se mobilizando e reivindicando ação.[9]

Nesse panorama discursivo sexual, muito motivado pelo conservadorismo da época, é que o cinema *queer* reforçou seu tom de combate e demonstrou abertura autoral ao universo do pornográfico: falar de modo aberto e explícito sobre sexo é uma atitude política. Por outro lado, parte do cinema europeu, durante os anos de 1980 e parte dos de 1990, orientou-se sob a égide do sexo associado à neurose e ao sofrimento: Andrzej Zulawski projetou uma personagem ciumenta que, no auge da loucura, transava até com o diabo, em *Possession* (Possessão, 1981); Jean-Luc Godard sexualizou a virgem Maria, em *Je vous salue, Marie* (Eu Vos Saúdo, Maria, 1985), na pele de uma jovem neurótica que, em crise com o namorado, acreditava piamente estar grávida do Espírito Santo; Jean-Jacques Beineix dirigiu *Betty Blue* (1986) e mostrou como a obsessão sexual pode destruir um romance, levando os amantes à loucura. Marco Bellocchio, reconhecido pelos filmes políticos, trazia erotismo em *Diavolo in Corpo* (Com o Diabo no Corpo, 1987) para narrar a história de uma jovem à beira da perturbação mental após ter o pai assassinado pelo terrorismo. O drama da mulher é intensificado porque o namorado, Pulcini (Ricardo de Torrebruna), é justamente um terrorista à espera do julgamento. É nesse momento que ela conhece Andrea (Federico Pitzalis), jovem estudante por quem se apaixona e com quem passa a viver as mais loucas experiências. O filme causou enorme polêmica com a cena explícita de sexo oral protagonizada pela atriz Maruschka Detmers.

No Brasil, dois filmes associavam erotismo, paranoia e morte. A pornochanchada *Aids: Furor do Sexo Explícito* (1985), dirigida por Fauzi Mansur, levou o temor da Aids às últimas consequências, chegando até mesmo ao crime. Na trama, um milionário que está adoecendo de Aids resolve juntar todos os seus ex-parceiros sexuais para tentar descobrir quem o infectou. Quatro anos depois, a produção *soft-core Via Appia* (1989), do alemão Jochen Hick, situa sua trama na Via Appia, local no Rio de Janeiro onde os michês ficam à noite, para retratar a mesma temática: Frank, um comissário de bordo recém-infectado pelo HIV, vai para o Rio de Janeiro com uma equipe de filmagem à procura de Mário, jovem com quem transou apenas uma noite, e que, antes de partir, na manhã seguinte, deixou uma mensagem escrita no espelho do banheiro: "Bem-vindo ao clube da Aids".

Variações do pornográfico apareciam em um dos primeiros filmes de Paul Verhoeven, *Sem Controle* (1980), um tanto homofóbico e violento. O filme traz três jovens adolescentes sem muitas perspectivas de vida, que só pensam em sexo e em angariar mulheres. Na libido reprimida entre eles, eclodia o desejo homoerótico (em uma cena, os três mostram seus pênis flácidos uns aos outros comparando os tamanhos) convertido em violência. Na Noruega, Svend Wam filmava as obsessões sexuais de um jovem, Morgan, que viajava pelo país em busca de uma prostituta para iniciá-lo sexualmente, em *Hotel St. Pauli* (Conflito de Paixões, 1988). Contudo, em vez disso, ele se envolve com um casal extremamente neurótico, ciumento e violento. Nos jogos sexuais entre os três, cenas de coito vaginal, urinação em cima da esposa e, provavelmente, a primeira cena explícita de sexo oral em *close* (praticada em Morgan por uma mulher) do cinema norueguês. No cinema oriental dos anos de 1980, cineastas japoneses mantiveram a *ars erotica* incorporada à pornografia em filmes como *Ai no borei* (O Império da Paixão, 1980), de Nagisa Ôshima; e *Les Fruits de la passion* (Os Frutos da Paixão, 1981), de Shuji Terayama; entre outros.

Nos Estados Unidos, as comédias sexuais adolescentes promoviam diversão e prazer ilimitados em tramas machistas, homofóbicas e moralistas. Apelidadas de *raunchy teen-sex*[10], geralmente traziam tramas sobre adolescentes excitados e seminus à procura de parceiras(os) sexuais. Nudez feminina, erotismo reprimido (a ação sexual nunca era consentida de fato) e machismo (as mulheres sempre se entregavam facilmente aos homens; os homens *nerds* eram ridicularizados como "maricas", gays) eram comuns nesses filmes de descoberta sexual, *voyeurismo* e permissividade, a exemplo de *The Beach Girls* (As Garotas da Praia, 1982); *The Last American Virgin* (O Último Americano Virgem, 1982); *Porky's* (Porky's: A Casa do Amor e do Riso, 1982); *Private School… for Girls* (Uma Escola Muito Especial – Para Garotas, 1983); *Revenge of the Nerds* (A Vingança dos Nerds, 1984).

Na Espanha, o cinema Destape, movimento que surgiu após o fim da censura no país (que existiu até a morte do ditador fascista Francisco Franco em 1975), erotizava-se por meio das produções populares de Ignacio F. Iquino, como *La Caliente Niña Julieta* (1981), considerado o melhor filme erótico espanhol no período da transição democrática. O diretor investiu em cenas de lesbianismo entre as protagonistas, Julieta e Silvia, casadas com Pierre e Mario, respectivamente. O casamento deles está em crise e, como solução, arriscam-se na troca de casais, mas não aquela consentida como é hoje nos suingues; os casais tornam-se amantes em *off*. Iquino incorporou os estereótipos da mulher independente pós-anos 1970 e das comédias de costumes, projetando uma imagem machista e limitada de gênero, pois ela é vista como objeto de desejo, exploração e troca, em filmes como *Emmanuelle y Carol* (1978), *Jóvenes Amiguitas Buscan Placer* (1982) e *Esas Chicas tan Pu…* (1982).

Na mesma realidade social que Iquino, mas em uma visão oposta de perspectiva moral e cinematográfica mais libertária; o catalão Pedro Almodóvar projetou um cinema do desejo em que a sexualidade era vital às realizações das personagens. Nascido em Calzada de Calatrava, Almodóvar mudou-se sozinho para Madri aos dezesseis anos, com a intenção de estudar cinema. Lá se envolveu com a *movida madrileña*, movimento espanhol marcado pela transgressão sexual e cultural em reação ao período franquista, nos anos de 1980. A representação do sexo em seus filmes foi influenciada pelo cenário *underground* do país e pelas referências do próprio cineasta, que cantava travestido na banda *punk* Almodóvar y McNamara, escrevia fotonovelas eróticas e realizava curtas-metragens erotizados em super-8, como *Dos Putas, o Historia de Amor que Termina en Boda* (1974); *La Caída de Sódoma* (1975); *Sexo Va, Sexo Viene* (1977); *Folle... folle... fólleme Tim!* (1978) e *Salomé* (1978). Suas influências cinematográficas remetem ao expressionismo alemão (Murnau, Lang), aos artistas *underground* (Warhol, Morrissey, Waters) e aos *hollywoodianos* (Douglas Sirk, Bily Wilder, Alfred Hitchcock), chegando a captar a estética televisiva de programas cômicos e das telenovelas.

Sua fase dos anos de 1980 é onde reside maior pulsão sexual como motor do desejo e transgressão dos valores conservadores espanhóis. Prostitutas, viciados, michês, cineastas, lésbicas, freiras, virgens, neuróticas, ninfomaníacas, psicopatas – todas as personagens problemáticas e *outsiders* são as mais adoráveis e humanizadas pelo amor passional. Com estética *kitsch* e cheia de rugas, os filmes dessa época exalam erotismo e flagram pulsões sexuais de personagens extravagantes – por vezes histriônicas –, mas sempre sacralizadas por Almodóvar naquilo que elas têm de mais temeroso e denso. A aparência é mero estereótipo que abafa as fraquezas e paixões, pois suas personagens são todas travestis de si mesmas: travestem uma *persona*, mas revelam outra, surpreendendo o espectador. Tanto que as personagens geralmente são atores, cineastas, escritores, dubladores, prostitutas – ofícios que deflagram várias *personas*.

O primeiro longa-metragem, *Pepi, Luci, Bom y Otras Chicas del Montón* (Pepi, Luci, Bom e Outras Garotas de

1   O labirinto de desejos nos filmes de Pedro Almodóvar. Cartaz de **Carne Trêmula** (1977).

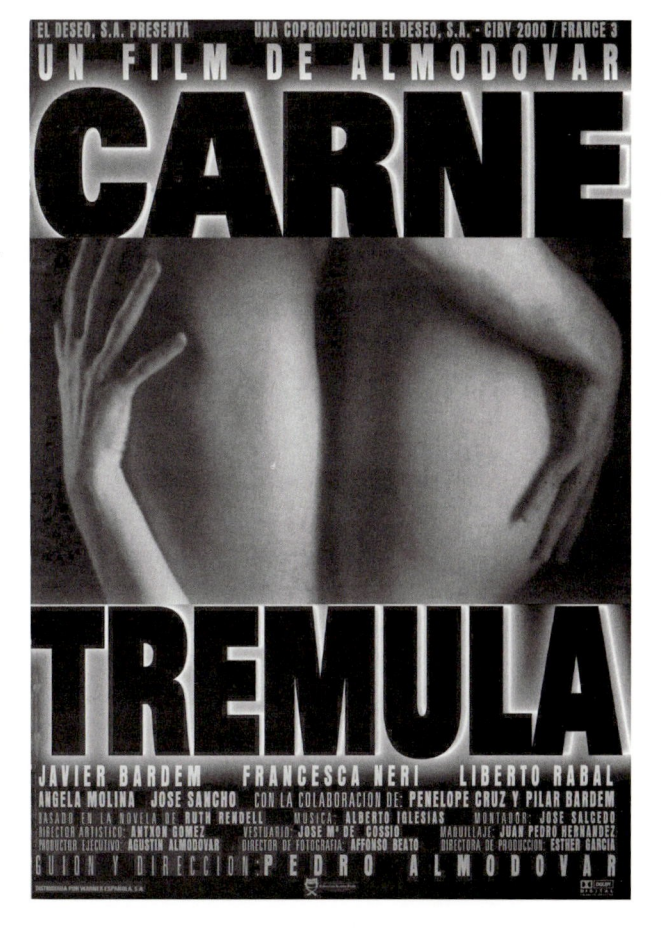

Montão, 1980), trouxe a celebração do desejo, sem juízo de valor, a não ser o da liberdade individual: na trama, adaptada da fotonovela de Almodóvar "Erecciones Generales", Pepi cede sua virgindade para um policial que quer denunciá-la por possuir plantas de maconha em seu apartamento. Ele a chantageia sexualmente. Para não ser presa e não perder a virgindade, ela cede e pede para que ele a penetre pelo ânus. Suas amigas, a quem pede ajuda para vingar-se dele, são *punks* e sadomasoquistas. Depois se seguiram os filmes: *Laberinto de Pasiones* (Labirinto de Paixões, 1982), sobre o filho gay do Imperador da Tirania à procura da liberdade sexual; *Entre Tinieblas* (Maus Hábitos, 1983), sobre a rotina de um convento regado a drogas, sexo e *shows kitsch*; *¿Qué He Hecho Yo Para Merecer Esto?* (Que Eu Fiz Para Merecer Isto?, 1984); *Trailer Para Amantes de lo Prohibido* (1985); *Matador* (1986); *La Ley del Deseo* (A Lei do Desejo, 1987) e *Mujeres al Borde de un Ataque de Nervios* (Mulheres à Beira de um Ataque de Nervos, 1988); entre outros. *La Ley del Deseo*, seu melhor filme, um melodrama, conta a história de um diretor de teatro gay que se envolve com um reprimido fã, apaixonado por ele, enquanto monta uma peça, *La Voix humaine* (A Voz Humana, 1930), de Jean Cocteau, para ser estrelada por Tina, sua irmã transexual que mudou de sexo para manter um caso incestuoso com o pai. Em entrevista a Fredric Strauss, Almodóvar declarou:

> *A Lei do Desejo* […] é um filme-chave na minha carreira e na minha vida. O filme fala de algo muito duro e ao mesmo tempo muito humano, que é minha visão do desejo. Quero exprimir a necessidade absoluta de se sentir desejado e o fato de, nessa roda do desejo, ser muito raro que dois desejos se encontrem e se correspondam, o que é uma das grandes tragédias do gênero humano.[11]

Dos anos de 1990 em diante, seus filmes tornaram-se mais frios, cheios de paixões sutis, passou a figurar mais um cinema de celebração do desejo de vida do que do desejo sexual. "Meus filmes estão *mais abertamente emocionais. Estou me tornando mais direto. Sinto-me mais maduro – até mais, talvez, do que gostaria de ser. Aliás, acho que isso é um sintoma da maturidade*"[12], confessou Almodóvar. Mas, mesmo distante da euforia *underground* e rebelde, Almodóvar continuou autêntico e inventivo na produção cinematográfica atual, rompendo tabus, empoderando estereótipos sexuais marginalizados e construindo suas personagens *outsiders* sob um olhar *queer*. Conforme escreveu Strauss, no cinema de Almodóvar "surgiu um mundo cuja profundidade muitas vezes reside na aparência; um mundo em que o único sentido parece ser um contrassenso, no qual as perturbações vêm restituir a ordem"[13].

CINEMA EXPLÍCITO E EXTREMO

A partir de meados dos anos de 1990, após a onda conservadora que moralizou especialmente o cinema norte-americano da década anterior, o cinema de autor passou a adotar com maior frequência o pornográfico em suas obras. Tratava-se de uma abertura discursiva sexual, com reminiscências desde o cinema *underground* ao *new queer*, que explicitava suas teses de modo direto, sem tabus ou temores. Falar de sexo de modo explícito nessas narrativas é uma atitude que desloca os critérios moralistas de obscenidade, dando a eles outros canais de interpretação.

Do cinema europeu, o mais representativo nesse aspecto, ao norte-americano, do latino ao oriental, novas representações visuais do sexo explícito foram estilizadas em narrativas artísticas inseridas em uma nova tendência contemporânea chamada de *new extremism*, expressão cunhada pelo crítico James Quandt[1]. Ela abrange parte da cinematografia do fim do século XX e início do XXI, identificada como transgressora por explicitar novos padrões visuais de representação do sexo e da violência com propósitos narrativos e elementos geralmente restritos aos filmes *gore*, *hard-core* e *exploitation*. Quandt enxergou nisso uma "nova onda", principalmente ocorrida no cinema francês, aliando pornografia, melancolia e violência convulsiva. Adeptos dessa tendência estariam alguns filmes de cineastas franceses como Gaspar Noe, Bruno Dumont, Catherine Breillat, Philippe Grandrieux, Claire Denis, Patrice Chereau, Bertrand Bonello, Leos Carax, Jean-Claude Brisseau, Virginie Despentes e Coralie Trinh Thi. Jonathan Romney, pesquisador e crítico de cinema britânico, do jornal *The Independent*, bem como Tanya Horeck e Tina Kendall, que organizaram o livro de ensaios *The New Extremism in Cinema: From France to Europe*, expandiram essa categorização (ou antes, impressão) de Quandt para cinematografias europeias, englobando também o cinema nórdico de diretores como Michael Haneke, Lars von Trier, Lukas Moodysson e Faith Akin. Na França, a tendência também foi chamada de *new french extremity* e *new french extremism*.

Na percepção dessa "nova onda" de erotismo explícito, o cineasta brasileiro Walter Salles escreveu um artigo em que notou a inserção do pornográfico no epicentro das tramas artísticas europeias:

> Há sinais por todos os lados. Na pintura, no cinema, na fotografia e na literatura. Depois do conservadorismo dos anos 80 e 90, volta-se a falar da nudez dos corpos, de desejo e de erotismo. O jornal francês *Le Monde* define o momento como um "violento e salutar retorno ao real, em oposição à amnésia imposta – e aceita – nas últimas décadas". Não que o nu estivesse ausente da vida contemporânea. Ao contrário, foi banalizado mundo afora pela publicidade, que disseminou imagens de corpos "asseptizados", retocados digitalmente, para vender todo tipo de produto. Co(r)pos plásticos. *Intimidade*, de Patrice Chéreau, *Romance*, de Catherine Breillat, e *A Vida de Jesus*, de Bruno Dumont, retiram o sexo do escaninho ao qual ele estava relegado, o universo dos filmes x, e o reintegram ao cotidiano.[2]

O cineasta Carlos Reichenbach chamou essa tendência de *cinema extremo*, expressão que, segundo ele, se associa à banalização do erotismo advindo nos anos de 1980, com o "fim da curiosidade, da decadência das salas de cinema (pornográficas) dos grandes centros, do advento da tecnologia digital, com a proliferação de equipamentos de baixo custo: tudo contribuiu para a banalização do erotismo"[3]. Para ele, obras que resgatam o pornográfico, como as de Breillat, Brisseau e Pasolini, "atestam o truísmo de que toda obra de arte deve estimular o intelecto, a sensibilidade, a emoção – e a libido".

O pesquisador de cinema e estudos culturais Jon Lewis, vinculado à Oregon State University, e autor de livros como Hollywood v. Hard-core: *How the Struggle over Censorship Saved the Modern Film Industry* (2000), identificou essa tendência com o conceito de *art-house porn*, a partir da incidência de sexo explícito no filme *Romance* (1999), de Catherine Breillat. Para ele, um novo estilo aportava então: o *cinema de arte pornô*.

> *Cinema de arte* se refere aqui aos nichos desses filmes e, "pornô", é evidente que se trata das cenas com "sexo explícito". Como é usada, a expressão *"cinema de arte"* traz duplo sentido: é também um qualificador para dizer que os filmes não são exatamente pornôs. A distinção é importante por questões de exibição e distribuição e para que o público e os produtores percebam a diferença.[4]

Questionada sobre o *cinema de arte pornô*, em entrevista em 2006, a veterana produtora, diretora e *performer* Joanna Angel deixou claro: "Prefiro fazer algo excitante antes de algo bom. Se dizem que esses filmes [de *art-house*] são pornôs, deviam primeiro assistir a um pornô para saberem o que é."[5] Lewis notou que o gênero *art-house porn* se formatou com o advento de filmes como *Romance*; *Os Idiotas* (1998), de Lars von Trier; *Sitcom* (1998), de Francois Ozon; *Pola X* (1999), de Leo Carax; *Mentiras* (1999), de Jang sun Woo; *Baise Moi* (2000), de Virginie Despentes e Coralie Trinh Thi; *Intimacy* (Intimidade, 2001), de Patrice Chereau; *Lucia y el Sexo* (Lucia e o Sexo, 2001), de Julio Medem. Para o autor, esses filmes trouxeram características peculiares e similares entre si: além do sexo explícito e real (praticado pelos próprios atores da ação diegética) e o rompimento de tabus (pela inserção realista do sexo), ocorreu ainda a preocupação com princípios estéticos diante da abordagem sexual e a incursão em um novo nicho de mercado de sexo explícito no circuito não pornográfico.

> A distinção entre o *cinema de arte pornô* e os filmes comerciais "picantes" é clara: só o pornô artístico... traz "sexo real" na tela: a visível penetração (vaginal e oral). Os filmes de estúdio (*mainstream*) não fazem isso. A ideia de que o sexo explícito tenha ocorrido em filmagens de estúdio é motivo de comentários há muito tempo. […] Esses filmes são menos vistos, mas muito falados. […] Há muito mais em um filme

pornô de arte do que meramente a vontade de mostrar e contar "tudo". Existe uma seriedade no propósito e uma apuração estética almejada pelos filmes, um aceno em busca de um novo realismo cinematográfico feito por atores e diretores que querem mostrar e fazer de tudo o que puderem pela sua arte. [...] O *cinema de arte pornô* é um gênero definido tanto pelo nicho de mercado como pelo espaço de compartilhamento de novos padrões artísticos que introduzem um realismo cinematográfico curioso, mas certamente sincero.[6]

Apesar de flertar com o viés pornográfico, os filmes que trazem intercurso sexual explícito se aproximam e se distanciam ao mesmo tempo da linguagem pornográfica tradicional. Primeiro pela distinta caracterização estética, depois pelo tempo diegético da ação sexual que é outro. Enquanto na pornografia a imagem-tempo do ato sexual é cifrada, editada, repetitiva e em *close*, nos filmes de ficção a cena sexual é cifrada na ação dramática: não há exatamente "*show* genital" nem o "espetáculo do sexo". Além disso, durante a ação sexual geralmente ocorre a inclusão de outros elementos narrativos (pessoas falando, imagens aleatórias não sexuais, narração em *off* etc.). Nesse sentido, ao construírem uma nova gramática de representação do sexo, mais expandida, esses filmes do *cinema explícito* ampliam sentidos e subvertem as convenções pornográficas e do *mainstream* em torno da imagem explícita do sexo.

Em "Taboo: Art Censorship"[7], apontou-se uma listagem, que abrange o período de 1965 até 2010, com mais de 125 títulos que trouxeram a estilização do pornográfico na tendência *art-house porn*, *new extremism*, *cinema extremo* ou, ainda, como nomeamos aqui, *cinema explícito*. Essa expressão aplica-se a tais filmes, pois eles buscam, por meio da variação das imagens do pornográfico, maior nível de realismo da ação sexual e outros propósitos narrativos e ideológicos diante do obsceno. Entre outros fatores, essa busca excessiva pelo realismo cinematográfico, conforme analisou Ilana Feldman, remonta às estratégias "narrativas do espetáculo"[8], que basicamente investem "na construção e intensificação de efeitos de real, como indica a proliferação de vídeos flagrantes, *reality shows*, imagens amadoras e acontecimentos não ficcionais"[9]. Esse apelo realista, de demanda de real, "responde a uma secular 'vontade de verdade': verdade tomada agora como efeito do artifício e consumida como um espetáculo que se autolegitima, astuciosamente, por sua impressão de autenticidade"[10]. Assim, "a crise da crença na imagem (ou crise da ficção)"[11] exige cada vez mais realismo explícito diante da realidade.

Na "demanda de real" ou ainda no "frenesi do visível", segundo Linda Williams, pretendido pelas narrativas com sexo explícito, as operações narrativas não são gratuitas: são construídas e legitimadas na própria linguagem do filme, preconcebidas desde o roteiro; as cenas de sexo, "naturais e realistas", são coreografadas para a câmera. Tudo isso simula um discurso visual daquilo que é entendido como sexo explícito, mas trata-se do *sexo explícito cinematográfico* – ensaiado para ser espontâneo. Portanto, de acordo com Feldman, para elaborar definições em torno do código realista, temos de considerar que a percepção do nível de realismo é cultural; em cada momento histórico ele é tido sob uma amostragem de transparência do real que "apela constantemente à realidade como um regime de visibilidade fascinado pela ilusão da transparência total – tudo ver, tudo mostrar, nada esconder"[12]. Assim, ainda na acepção de Feldman,

> a realidade seria culturalmente engendrada, processada e fabricada por uma variedade de artifícios, discursos, perspectivas dialógicas e dispositivos tecnológicos, os quais entretecem os sentidos por nós experimentados que, em geral, são incorporados como não inventados e recobertos por certo efeito de naturalização. Já o real, assim como a realidade, não é uma instância já dada, apriorística ou natural. No entanto, de modo diverso da realidade, o real seria uma quimera, pois, semelhante à duração temporal em que somos instalados, o real não pode ser conscientemente processado, já que ele tanto ultrapassa como permeia nossa experiência. O real (ou o Real), sob um prisma lacaniano, jamais poderia ser filtrado pela linguagem, já que é ele inapreensível, não capturável e irrepresentável, estando aquém e além da representação.[13]

Isso denota como a percepção de realismo tem relação com as estratégias discursivas culturais sobre a verdade da realidade, sobre a verdade do sexo. No cinema mudo ou mesmo durante o Código Hays, por exemplo, uma cena de um casal com roupas, vestido e deitado em cima da cama em meio às carícias, poderia ser considerada uma cena obscena e realista de sexo. Ou ainda, nessas variações do explícito e do realismo, uma cena de sexo pode parecer realista mesmo sendo uma trucagem, como na orgia de *Os Idiotas*, de Von Trier, cuja cena foi uma montagem elaborada pelo diretor e montador com diferentes *takes* pornográficos que não eram do filme. Ela não foi realizada pelos atores/personagens envolvidos naquela realidade fílmica. Mas o espectador só vê o realismo da cena, pouco importa se sua natureza é *fake*: na diegese ela é realista, e isso é o que importa à narratividade cinematográfica sexual.

Outra questão em torno do caráter realista do sexo estaria naquilo que André Bazin definiu como "efeito obsceno do sexo explícito"[14], cuja analogia residiria na obscenidade da imagem da morte. Como já analisamos anteriormente, o misto de interpretação e experiência real do sexo em um filme de ficção leva a reprodução realística do sexo às últimas consequências para o trabalho do ator, que entrega o corpo físico no ato sexual. Para Bazin, o sexo explícito, como avesso intenso da morte, seria irreproduzível em sua totalidade, dadas a intensidade e a unicidade catártica do ato. Não se trata de filmar unicamente um orgasmo, até porque em muitos filmes isso não é visível e também o ato sexual não se conclui, em tese (pensando na ejaculação masculina). Essa intensidade, de acordo com Fernão Pessoa Ramos, "tenciona a fruição do espectador fazendo com que seja *endereçada*, com força, ao contexto real da tomada, deslocando o universo ficcional"[15].

> O sexo explícito traz algo de real em si mesmo que desloca a interpretação para a vivência concreta do ato. O corpo do ator tem aí uma influência absoluta e o trabalho de interpretação dificilmente consegue interagir e dar à experiência corpórea explícita do sexo o caráter de uma manipulação da expressão corporal, tendo por eixo a personalidade [de] uma personagem. A representação do ato parece perfurar a camada ficcional e, dentro do cenário, passamos a ter não a interpretação, mas a reprodução de expressões e gestos de pessoas que passam por experiências corporais e afetivas reais.[16]

Disso se desprendem outros filmes em que o sexo explícito atrela-se não somente ao caráter realista da imagem, da "verdade" diegética, mas também percorre a narrativa inteira, justificando seu sentido em ser explícito. Geralmente, os filmes que remontam ao pornográfico para representar cenas de sexo falam justamente sobre sexualidade, encontros, crises e descobertas sexuais, aventuras e confissões eróticas. O sexo falando de si mesmo, por meio dele mesmo. Entre alguns exemplos contemporâneos, poderíamos citar: *LelleBelle* (2010), de Mischa Kamp, que mostra uma jovem violinista, Belle, de dezenove anos, que vive em uma pequena aldeia holandesa onde todos são obcecados por sexo: o namorado, a irmã, a mãe. Enquanto ela descobre as potencialidades do violino, uma jornada erótica inicia-se dentro de si. Em *Bedways* (2010), de Rolf Peter Kahl, um ator e duas atrizes ensaiam, em um apartamento de Berlim, Alemanha, cenas de sexo para um filme utópico sobre amor e sexo. Nos filmes de Catherine Breillat, analisados adiante, os temas recorrentes são a perda da virgindade (*Une Vraie jeune fille*, *Parfait amour!*, *Brève traversée*), a jornada sexual feminina (*Romance*, 1999) e o autoconhecimento sexual de si própria e do parceiro (*Anatomia do inferno*). *All About Anna* (Tudo Sobre Anna, 2005), de Jessica Nilsson, aborda a vida sexual de Anna, mulher solteira que não quer se envolver emocionalmente com ninguém, até que em seu local de trabalho, um teatro francês, as tentações sexuais aparecem.

Há ainda os filmes em que a trama centra-se nas experiências sexuais da(o) protagonista, como *The Loss of Sexual Innocence* (A Perda da Inocência, 1999), de Mike Figgis; *La Donna Lupo* (1999), de Aurelio Grimaldi; *Guardami* (Olhe Por Mim, 1999), de Davide Ferrario; *Levottomat* (O Insaciável, 2000), de Aku Louhimies; *The Brown Bunny* (2003), de Vincent Gallo; *Antares* (2004), de Götz Spielmann; *The Japanese Wife Next Door* (*Dai-ni-shô – zetsurin no hate ni*, 2004), de Yutaka Ikejima; *Lie With Me* (Deite Comigo, 2005), de Clément Virgo; *Yihe yuan/Summer Palace* (Palácio de Verão, 2006), de Lou Ye; *The Girlfriend Experience* (Confissões de uma

Garota de Programa, 2009), de Steven Soderbergh; *L'Histoire de Richard O* (A História de Richard O, 2007), de Damien Odoul. Ou aqueles filmes em que ocorre o *voyeurismo* e o desvendamento do erotismo sob a óptica masculina, como nas obras de Jean-Claude Brisseau. Outros recorrem à rotina sexual dos casais no auge do romantismo e suas crises, como *Eyes Wide Shut* (De Olhos bem Fechados, 1999), de Stanley Kubrick; *Lies* (Mentiras, 1999), de Jang Sun Woo; *Lucía y el Sexo* (Lúcia e o Sexo, 2001), de Julio Medem; *La Novia de Lázaro* (2002), de Fernando Merinero; *9 songs* (Nove Canções, 2004), de Michael Winterbottom; *Kissing on the Mouth* (Beijando na Boca, 2005), de Joe Swanberg; *Síndrome* (2004), de Liberto Rabal; *Nights and Weekends* (2008), de Greta Gerwig e Joe Swanberg; *Blue Valentine* (Namorados Para Sempre, 2010), de Derek Cianfrance; entre outros. Há as produções que trazem o sexo como experiência efêmera do desejo, apenas como espectro excitante, mas que amplia o sentido do cotidiano das personagens, vide *The Band* (2009), de Anna Brownfield; *Kaboom* (2010), de Gregg Araki; *Shortbus* (2006), de John Cameron Mitchell; *Ken Park* (2002), de Larry Clark e Edward Lachman; *Ciudad de M* (2000), de Felipe Degregori.

Nove Canções, que tem a trama imersa em um cenário *underground*, com canções de bandas de *indie rock*, foi considerado pornográfico em muitos países, até mesmo no país de origem, Inglaterra, onde a crítica especializada o considerou um "pornô, sujo, pervertido". O diretor Michael Winterbottom argumenta:

> Para mim, é muito claro que o projeto não é pornográfico, mas também estava consciente de que muitas pessoas pensariam o contrário. Na Inglaterra, todos dizem que é um filme pornográfico. E isso só acontece porque todos os outros filmes ingleses que têm sexo são pornográficos. Desde o início, *9 Canções* mostra que não é pornográfico. A pornografia é um gênero com um estilo muito particular. Definido pelo tipo de atuação, a forma de filmar, a organização do material, o objetivo.[17]

O pornográfico no cinema independente atingiu níveis metalinguísticos, tanto cinematográficos como pornográficos. De acordo com Ana Lúcia Andrade[18], a metalinguagem cinematográfica ocorre quando o próprio cinema, por meio de sua linguagem específica, fala sobre si mesmo. Disso se desprendem algumas bifurcações: o próprio filme citando ele mesmo, o filme falando de outro filme, o filme aludindo ao universo cinematográfico, o filme recriando e revelando o artifício de ilusão cinematográfica, o filme construindo-se à medida que fala da construção dele mesmo etc. De todo modo, metalinguagem é uma forma de linguagem que serve para descrever ou remeter a outra linguagem ou versar sobre sua própria linguagem. No cinema, a metalinguagem é um artifício autorreflexivo e pactual, de jogo de identificação entre cinema e espectador, uma vez que potencializa ao espectador os códigos de construção cinematográfica, situando-o de forma privilegiada como detentor de um signo, um segredo cifrado do filme.

No caso, as produções *indies* utilizaram o pornográfico como instrumento de metalinguagem ao próprio universo da pornografia. As tramas remetem ao cinema pornográfico: seus códigos, sua linguagem, estrutura visual, metodologia sexual, artifícios etc. Contudo, diferente dos códigos do cinema pornográfico, ao retratar e buscar esse mote dramático, esses filmes adotaram, ironizaram e discutiram os estereótipos da indústria pornô aos seus modos, chegando até a ridicularizar os estereótipos ou a nutrir certa nostalgia pela pornografia "subversiva" dos anos de 1970.

Nacktschnecken (2004), de Michael Glawogger, propõe o percurso da construção pornográfica fílmica a partir de um grupo de jovens amigos que decidem fazer um filme pornográfico alternativo, com inspirações poéticas e estéticas. Em uma cena de sexo, chegam a recitar Albert Camus e Immanuel Kant. No início da feitura, tudo é muito difícil, mas depois se acostumam com o sexo livre. Apesar do sexo "fácil" entre eles, o grupo debate-se diante das neuroses coletivas mal resolvidas em seus laços afetivos. *Brilliantlove* (2010), de Ashley Horner, flagra um jovem casal de namorados em *affair* que registra seus momentos sexuais explícitos. Contudo, um dia, para o desespero deles, um pornógrafo descobre as imagens fotográficas e decide divulgá-las.

A produção espanhola *Torremolinos 73* (Da Cama Para a Fama, 2003), dirigida por Pablo Berger, utiliza o elemento do riso como metáfora para o caráter "grotesco" e repleto de clichês presente nas produções pornográficas tradicionais. Situado na Espanha, no início da década de 1970, o enredo mostra a rotina de Alfredo López, um humilde vendedor de enciclopédias em domicílio que leva uma vida enfadonha com a esposa. Com a modernização do ramo editorial, sua profissão entra em decadência. Logo seu chefe ordena-lhe a produção de um novo ramo comercial que será lucrativo: fazer e vender vídeos em vhs da *Enciclopédia da Reprodução no Mundo*, que na verdade são filmes pornográficos caseiros filmados em super-8. Como a venda de um filme desses equivale ao valor de 164 enciclopédias, logo o casal se entrega à produção caseira erótica, mas antes decidem fazer um rápido curso, de "Como Realizar Filmes Eróticos", cujo professor (também cineasta e ator pornô) diz ter sido assistente do diretor sueco Ingmar Bergman, utilizando sempre um megafone escrito Bergman para provar o passado. O auxílio de uma atriz pornô dinamarquesa ajuda sua esposa aos truques de sedução e *striptease*. Depois de muitos curtas-metragens, Alfredo decide elaborar seu primeiro longa-metragem, com sua mulher no papel principal, e estética próxima à de Bergman. Ao elaborar essa metalinguagem pornográfica, o filme satiriza os estereótipos da produção *hard-core* que eclodiu nos anos de 1970: de um lado as produções escandinavas que aportavam pela Europa com os clichês visuais de sedução e erotismo; de outro lado, o desenvolvimento estético de pornografias alternativas, oriundas do cinema europeu, que pretendiam subverter as tradições do gênero e levar para a pornografia outras mensagens que não só a sexualmente excitante.

Nesse sentido, outro filme que abarcou a questão foi *Le Pornographe* (O Pornógrafo, 2001), de Bertrand Bonello, que se inspirou na trajetória do cineasta francês Francis Leroi, considerado como "o intelectual do pornô". Filósofo e admirador da *Nouvelle vague*, Leroi trabalhou como assistente de Claude Chabrol e produziu pornografia em meio às revoltas de 1968. No filme, essa inspiração remonta à personagem de Jacques, interpretado pelo ator francês Jean-Pierre Léaud, que vive o famoso diretor de filmes pornográficos. Na velhice, ele decide retornar à produção *hard-core*, tal como era realizada no passado, ao sabor da utopia e das imagens sexuais "ideológicas", políticas. Enquanto filma seus atores em cena sexual, ele fecha os olhos em uma tentativa de reconciliação com o passado. Mas seu retorno pornográfico na modernidade é frustrante. Ele só percebe um montante de clichês sexuais. Nas palavras do diretor,

> ele é um homem confrontado com a necessidade de manter sua dignidade, com a recusa a ser vulgar, mesmo fazendo filmes pornográficos. [Pornografia] é quando nos calamos e mostramos os órgãos sexuais, algo sem interesse nenhum. Para contradizer a pornografia, procurei encontrar dignidade, profundidade e sofrimento na expressão de palavras muito cruas[19].

O tédio da pornografia moderna foi representado por *Um Vazio no Meu Coração* (2004), de Lukas Moodysson, em que as personagens, isoladas em um pequeno apartamento, entram em colapso emocional ao acompanharem de perto as filmagens de um filme pornográfico caseiro realizado pelo pai de um deles, diretor pornô amador.

O filme sérvio *Zivot i smrt porno bande* (*The Life and Death of a Porno Gang*, Vida e Morte de uma Gangue Pornô, 2009), de Mladen Djordjevic, reflete como a "pornografia artística" feita por um Marco, cineasta recém-formado, é rejeitada pela pornografia *mainstream*. Depois de brigar com seus chefes mafiosos, ele decide encenar um espetáculo pornográfico ao vivo com personagens marginalizadas, travestis, *junkies* e gays. O espetáculo torna-se uma espécie de cabaré pornô mambembe com *shows* eróticos de teor político em uma realidade assombrada pela guerra pós-Milosevic. O mesmo diretor lançou em 2005 o documentário *Made in Serbia*, sobre a produção pornográfica na Sérvia. O retrato não é otimista, mostra como muitos atores e atrizes entraram no ramo como meio de sobrevivência diante do caos social.

O pornográfico como metalinguagem para discutir o universo da pornografia/do erotismo apareceu em *La Pianiste* (A Professora de Piano, 2001), de Michael Haneke, no momento em que a reprimida e sadomasoquista pianista adentra em cabines de *peepshow* e de filmes pornográficos. No filme coletivo *Destricted* (2006), organizado pelo curador britânico Neville Wakefield, sete artistas compilaram curtas-metragens sobre sexo e erotismo. A intenção era produzir uma visão artística sobre a pornografia. Todos, sem exceção, abordaram de alguma forma o universo da masturbação, da excitação pelo estímulo, visual ou etéreo. *Balkan Erotic Epic*, de Marina Abramovic, mergulha no folclore dos Balcãs e registra uma série de rituais pagãos que utilizam os genitais como ferramentas de cura ou como fertilizantes da terra. Em uma das cenas, as mulheres acariciam os seios de fora, ao ar livre em um círculo sagrado; em outra, vários homens excitados deitam-se nus, na grama, e cavalgam por cima da terra. Embora com muita nudez e órgãos excitados, o filme de Abramovic fala mais do corpo espiritualizado, fetichizado de signos religiosos, do que do corpo erotizado, fetichizado de erotismo. *Guincho*, de Matthew Barney, simula o entrosamento homem-máquina na performance de um jovem que se masturba com o eixo lubrificado de um caminhão utilizado como trio elétrico no carnaval baiano. Nu e amarrado debaixo do veículo, ele esfrega seu pênis flácido até a ereção e a ejaculação por cima de uma turbina que gira freneticamente. *Sync*, de Marco Brambilla, resgata imagens pornográficas de arquivos suecos, dos anos de 1970, e monta um videoclipe editado em milésimos de segundos. Brambilla revela os clichês da tradição *hard-core*: o mesmo *script* sexual, a padronização dos ângulos, dos gestos, da metodologia sexual (início, meio e fim). *Impaled*, de Larry Clark, volta-se para as expectativas dos adolescentes norte-americanos sobre a sexualidade. Vários garotos são entrevistados e, ao final, mostram seus pênis ao diretor. O escolhido tem a perda da virgindade garantida com uma atriz pornô. Tudo é mostrado explicitamente. *We Fuck Alone*, de Gaspar Noé, como o próprio título alude, é uma defesa da fantasia sexual masturbatória: uma garota se masturba com um animal de pelúcia, ao mesmo tempo que, em outra imagem, um rapaz se masturba com uma boneca inflável. *House Call*, de Richard Prince, apropria-se da estética dos filmes dos anos de 1970 para ressignificá-los mediante a inserção de nova narrativa sonora em um filme copiado diretamente da imagem televisiva, criada por meio de sintetizadores. *Death Valley*, de Sam Taylor-Wood, acompanha, em um plano-sequência de oito minutos, um jovem caminhando por uma paisagem idílica e deserta. Ele retira a camiseta e depois saca o pênis para fora da calça *jeans* e inicia uma jornada masturbatória em um ato tão solitário quanto o da morte. Na onda desse projeto e incentivados por Neville Wakefield, sete artistas brasileiros criaram *Destricted.br* (2010), em uma tentativa de explorar a interseção entre arte e pornografia sob o olhar brasileiro dos artistas Adriana Varejão, Janaína Tschäpe, Julião Sarmento, Lula Buarque de Hollanda, Marcos Chaves, Miguel Rio Branco e Tunga.

O pornográfico como retrato dos cinemas do gênero foi mostrado em *Serbis* (Serviços, 2008), de Brillante Mendoza, sobre uma família que cuida de um decadente cinema que exibe sessões de filmes pornográficos *vintage*. Com a rotina, a família enfrenta a excitação permanente e mal desconfiam que lá dentro do cinema ocorre prostituição. *La Chatte à deux têtes (Porn Theatre*, Cinema Pornô, 2002), de Jacques Nolot, mostrou diversos encontros sexuais entre homossexuais e travestis dentro de um antigo cinema pornô parisiense, em cenas de felação em grupo, sexo anal e o *affair* entre a mulher da bilheteria e um jovem frequentador. Os frequentadores se encontram para a pegação sexual enquanto um filme é projetado na tela.

No Brasil, a pornografia utilizada como metáfora de protesto para sinalizar o fim da Embrafilme, estatal que investia em parte da produção do cinema nacional, durante os anos de 1990, foi estereotipada no curta-metragem *Pornografia* (1992), dirigido por Murillo Salles e Sandra Werneck. Segundo os cineastas, trata-se de um "filme-manifesto. Um desabafo contra a execução sumária do cinema brasileiro. Ele é simples e direto: sexo explícito, texto na tela, Hino Nacional"[20]. De fato, são seis minutos tediosos de sexo explícito em câmera fixa e plano aberto, em que um casal heterossexual transa em várias posições sexuais, em uma atmosfera gélida e esverdeada, ao som do Hino Nacional brasileiro. Por cima da imagem pornográfica, frases de efeito político ilustram o "protesto":

> Hoje não tem plano. Contraplano. Hoje é câmera fixa. Carne descarnada. Você penetra forte, arrogante. Eu imobilizado a 24 quadros por segundo. Sou tela e luz. Nenhuma sedução possível. Minhas intenções, atos, gemidos, nada te interessa. Sua prepotência foi mais forte que o meu desejo. O que sentimos quando nada podemos sentir? Corte seco. Penetração ardida. Depois você sopra mentiras brilhantes. Cinismo evidente, na tela de TV, na foto de jornal. Afogado em números. Impotente. Você só sabe dizer que vai ficar. Tua petulância te isolou. Hoje eu não me exerço. Eu não tenho visão nem voz, mas existo. Você tem imagem e voz, mas não diz. [...] São minhas pequenas perversões que permitem suas grandes perversões. Cinema que NÃO, não é cinema. Cinema é SIM. Você não interessa mais. A vontade é minha. Sou apenas um fabricante de imagens. Quem sabe eu novamente consiga voltar a beijar e gozar. Cinema sem fim.[21]

Para completar a empreitada, entre as imagens sexuais são inseridas imagens de uma televisão que sai do ar a cada três segundos. A melodia do Hino Nacional brasileiro nunca toca inteira, volta sempre ao ponto inicial. No fim, um texto poético sobre cinema é narrado em *off*. Na cena final, o casal de atores se troca. Passam-se os créditos de forma incomum: uma planilha aberta com os custos de produção de curta-metragem explicitam o investimento "mínimo" e necessário para se fazer cinema. A metáfora é caricata: a pornografia é tida como miséria, como cinema da pior qualidade; o sexo é visto como sintoma de desprazer, pois não há investimento capital nele; sem o capital, o sexo (cinema) fica vazio, mecânico, tosco. Cinema sem investimento não é cinema para eles: é pornografia. Embora o curta-metragem insinue que o cinema pornográfico não tem valor artístico e político, o próprio filmete se contradiz ao utilizar esse aparato visual como modelo para elencar um discurso ideológico.

A estilização sexual *kitsch*, de imitação artificial e exagerada, foi produzida por Isabella Rossellini em *Green Porno* (Pornô Verde, 2008), escrito, dirigido e interpretado pela atriz. Trata-se de uma compilação de curtas-metragens sobre o comportamento sexual dos animais em que a atriz fantasia-se de insetos e animais marinhos gigantescos (aranha, libélula, grilos, camarão, minhoca) e, em um monólogo com frases educativas, mimetiza o ato sexual entre os animais. "Eu sou uma libélula-macho. E antes de acasalar com a minha parceira, limpo a sua bolsa vaginal para que apenas o meu esperma fique lá, bem limpinho. Depois eu a faço espalhar seus óvulos pelos campos e enfim a solto", diz sobre o acasalamento da libélula. De Taiwan, *Tian Bian Yi Duo Yun* (O Sabor da Melancia, 2005), de Ming-Liang Tsai, utiliza a alegoria pornográfica para falar sobre as carências em uma cidade urbanizada: Taiwan. Lá, a falta de água faz os indivíduos consumirem muita melancia, pelo montante de líquido que a fruta oferece. Aliás, a mesma fruta já foi símbolo de sexo em outros filmes, como no brasileiro *Vereda Tropical* (1977), de Joaquim Pedro de Andrade, em que o protagonista,

2   Green Porno (2008), de Isabella Rossellini.
3   O Sabor da Melancia (2005), de Ming-Liang Tsai. O sexo como metáfora social.

um professor universitário, adora fazer sexo com a fruta. No filme de Ming-Liang Tsai, o artifício da fruta é metáfora pornográfica que condensa o desejo, o sumo, o tão desejado líquido. Na cena inicial, uma atriz pornô caracterizada como enfermeira deita-se em uma cama com lençol branco, coloca a melancia fatiada ao meio entre as pernas abertas e fica pronta para o defloramento. O médico pornô se aproxima, acaricia a fruta, lambe, depois penetra os dedos, como numa masturbação ou mesmo uma penetração vaginal. A moça tem orgasmos no clímax final, quando ele insere pedaços da melancia, bem suculenta, na boca da moça, que se delicia com o sumo escorrendo pela boca. Assim, esse ato sexual e o *cum shot* final são metafóricos e *kitsch*, tal como as sequências musicais em que as personagens fazem coreografias com um pênis gigante e fantasias e adereços de melancia. Desse modo, o filme inscreve-se no terreno do pornográfico por meio de alegorias e metáforas que tornam aquilo que seria explícito, o sexo, em algo codificado e implícito.

Na França, alguns cineastas versaram sobre a pornografia para abordar as relações amorosas truncadas, tema recorrente desde *Último Tango em Paris* (1972). *Une liaison pornographique* (Uma Relação Pornográfica, 1999), de Frédéric Fonteyne, e *Intimidade* (2000), de Patrice Chéreau, mostram casais heterossexuais que se conhecem ao ocaso e, desde então, passam a se encontrar diariamente apenas para manterem relações sexuais. Contudo, depois de um tempo, partem para uma encruzilhada paixão. O primeiro, apesar de o título aludir à pornografia, não traz cenas de sexo explícito, apenas revela a imaginação pornográfica, de intensidade sexual e vazio emotivo, que nutre a aproximação do casal. Já o filme de Chéreau, que ganhou o Urso de Ouro do Festival de Berlim, mostrou cenas explícitas de penetração vaginal e felação entre os atores Mark Rylance e Kerry Fox, em um contexto antirromântico, anônimo. Tal contexto também apareceu em *L'Ennui* (O Tédio, 1999), de Cédric Kahn, em que o tédio se instalava na ausência de intimidade e sentimento na relação sexual casual. Patrice Chéreau declarou sobre o realismo ensaiado presente nas cenas de sexo em *Intimidade*:

> A razão pela qual as cenas de sexo são incomuns é que as ensaiamos como se fossem cenas de diálogos. Demos tempo aos atores para que entrassem no clima da cena. As cenas foram totalmente escritas e a questão foi não interrompê-las para introduzirmos uma elipse, como normalmente se faz. Se cortássemos, paradoxalmente seria apenas mais uma cena comum de sexo. Mas, assim se vê como é difícil juntar dois corpos de pessoas que mal se conhecem. A ideia que tive com meu roteirista era escrever a cena até o clímax, até gozarem. Claro que muitos atores não conseguiriam isso. Houve atores que queriam fazer a cena, mas se recusaram a seguir esses passos; outros toparam, mas se arrependeram quando já estavam no local de filmagem; e outros estavam animados demais para fazerem isso! Nos

ensaios com Mark e Kerry, eu estabeleci regras. O primeiro ponto foi não focar algo em específico, mas também não esconder nada. Depois, não usaria uma "câmera na mão", pois soaria voyeurístico, e os atores não conseguiriam se esconder disso. E o terceiro ponto foram os ensaios. Os atores não improvisavam essas cenas: cada gesto foi estudado e eles sabiam exatamente onde a câmera estava – por um sinal de respeito –, pois assim poderiam esconder partes do corpo, se quisessem.[22]

4 Azul É a Cor Mais Quente (2013), estrelado por Adèle Exarchopoulos e Léa Seydoux.

Azul É a Cor Mais Quente (2013), de Abdellatif Kechiche, trouxe a gênese do amor sob o olhar da protagonista Adèle, interpretada por Adèle Exarchopoulos, em um intenso romance com Emma (Léa Seydoux). Dramático e belo, o filme, vencedor da Palma de Ouro em Cannes, angariou polêmicas entre as atrizes e o diretor após as declarações que ambas fizeram para a imprensa sobre as cenas de sexo explícito. O filme mostrou a vida de Adèle em todas as suas nuances: da descoberta do amor à solidão, da dor da perda ao recolhimento, das brigas conjugais ao prazer sexual, do orgasmo ao maçante cotidiano. As cenas de sexo explícito, longas e sem cortes, embora aparentemente espontâneas, foram repetidas à exaustão pelas atrizes e com trucagens (utilizaram pequenas próteses na vagina, feitas de uma fina membrana de silicone). As cenas foram orquestradas para a câmera por mais de seis horas. As atrizes afirmaram que se sentiram exploradas no *set* tendo que fingir orgasmo por horas diante daquele maquinário todo. "Eu me senti como uma prostituta. Ficamos diante de Kechiche e da equipe técnica repetindo incessantemente cenas de sexo, sete dias por semana, dez horas por dia. Cheguei a ficar cansada de tanto fazer sexo. Não sabia que passaria por isso. Quando assisti às cenas, me senti mal porque meus pais e meus amigos me veriam naquela situação de amor lésbico"[23], declarou Seydoux.

No cinema *indie* contemporâneo, o sexo explícito também serviu de metáfora para outras temáticas não sexuais que versavam sobre questões sociais, políticas, existenciais, tal como pretendeu parte da pornografia dos anos de 1970 e de cineastas autorais que flertavam com ela como Kubrick, Pasolini, Waters e Dušan Makavejev. O pornográfico, como uma das possíveis representações do sexo, pode ser subversivo e transgressor.

O sexo explícito em *Kynodontas* (Dente Canino, 2009), dirigido por Yorgos Lanthimos, aparece como espontaneidade e inocência diante do impulso sexual daquelas personagens criadas em uma clausura doméstica, isoladas do mundo, sem referências culturais, eróticas ou sexuais. O desejo sexual brota neles de modo animalesco, como cães, sem codificação moral; não à toa os irmãos fazem sexo entre si, rompendo o tabu do incesto. O cineasta afirma: "Queria mostrar como é fácil manipular a percepção que as pessoas têm das coisas e do mundo. Isso serve para uma família, para grupos sociais ou para um país."[24] Outro filme grego, *Mesa sto dasos* (No Bosque, 2010), de Angelos Frantzis, traz três jovens, dois rapazes e uma moça, em descoberta existencial no meio de uma floresta longe da metrópole. O contato com a natureza aflora agressividade emocional e intenso desejo sexual, fazendo que experimentem e desestabilizem suas certezas sexuais.

A metáfora da realidade da Sérvia, imantada por décadas de guerras e açoitada por um pesado retrato político e moral do passado, foi representada pelo diretor Srdjan Spasojevic em *A Serbian Movie/Srpski film* (Terror Sem Limites, 2010). Com violência sexual explícita, o filme centra-se em um já aposentado ator pornográfico que retoma aquela que seria sua última proposta de trabalho para ganhar algum dinheiro e ajudar sua família. Somente durante as filmagens é que ele percebe que está envolvido em um *snuff movie*. Censurado em diversos países pelo sadismo explícito, inclusive no Brasil (no Festival do Rio, em 2011), o filme utilizou a pornografia *hard-core*, ultraviolenta e estilizada, para aludir à moral caótica do país. O sexo grupal que aparecia em *Cama de Gato* (2002), de Alexandre Stokler, mostrava o nível de violência que os três amigos de classe média queriam impor sexualmente à garota estuprada, como uma forma de humilhação e dominação moral, em uma alusão à realidade da juventude sádica e reacionária. Os filmes de Amos Kollek (*Sue*, 1997, *Fiona,* 1998), e *Princesas* (Espanha, 2005), de Fernando León de Aranoa, retratam por meio do sexo o abandono, a prostituição, a violência corporal e a solidão. *Batalla en el Cielo* (Batalha do Céu, 2005), de Carlos Reygadas, traz em *slow motion* uma cena fria de sexo explícito, realizada ao som de uma triste música erudita, como metáforas do mal-estar social mexicano e daquelas personagens. *Sagrada Familia* (Sagrada Família, 2005), de Sebastián Campos, trata de tabus da sociedade chilena, como a homossexualidade, para mostrar a desintegração de uma família burguesa.

No Leste europeu, o retrato de personagens *outsiders* e do comunismo deu-se por meio do pornográfico como metáfora à condição humana. O título húngaro *Taxidermia* (2006), de György Pálfi, refere-se à prática de embalsamamento de animais, mas serve como metáfora para a condição humana e para o comunismo, narrado a partir de aventuras *nonsense* de três gerações: o avô, o pai e o neto. Na primeira geração, ambientada na Segunda Guerra Mundial, temos o avô, um soldado que

5   Cena do húngaro **Taxidermia** (2006), de György Pálfi.

tece fantasias eróticas em torno do falo e almeja ser capaz de ejacular fogo feito um maçarico; na segunda geração, o pai busca o sucesso como um atleta profissional na era pós-soviética. Por fim, o neto, um taxidermista deprimido, almeja a imortalidade e pretende criar a obra de arte mais moderna de todos os tempos enchendo o próprio torso. O pornográfico liga-se ao *kitsh* e ao escatológico como forma de insultar o funcionamento do organismo (dos instintos) daquelas personagens: masturbação em cima de uma carcaça de porco, uma ejaculação de fogo sai de um pênis ereto, mutilação de órgãos, imagens de sêmen, vômito e sangue, tudo figura como símbolo de necessidade sexual, gastronômica, de saúde e "normalidade" social. A vida tediosa e sem muito sentido é focada em *Hundstage* (2001), de Ulrich Seidl, em que seis personagens, durante o verão no interior da Áustria, passam por situações ruins: problemas financeiros, tédio, solidão, agressividade local.

Entre eles, temos um detetive decadente à procura de vândalos, um casal com problemas conjugais, um idoso cuja mulher faleceu há anos e que agora só quer entretenimento sexual. Há cenas de sexo explícito, felação, penetração e *ménage à trois*, incluindo idosos em cena.

A estilização da violência sexual explícita atingiu níveis tão realistas dentro do *cinema explícito e extremo* que as produções receberam não apenas a restrição X, legada aos filmes pornográficos, mas também foram censuradas: *Trouble Every Day* (Desejo e Obsessão, 2001), de Claire Denis, revela um casal em lua de mel em Paris, França. O incontrolável desejo sexual do marido o leva a consultar um médico especialista no estudo da libido humana. Lá, conhece a esposa do médico, tão mais insaciável que ele e ainda com o fetiche sadomasoquista de morder e tirar sangue da carne/pele alheia no ato sexual. Essa insaciabilidade da carne, vista como um impulso incontornável, remete-nos a *Crash* (Estranhos Prazeres, 1996), de Cronenberg, em que as personagens principais se excitam com a carne humana fragmentada, exposta, fraturada e sanguinolenta, depois de um acidente com automóveis. Esse desejo, explorado pelas personagens, é realista, mas não explícito. De todo modo, o filme flerta com o imaginário pornográfico, de rompimento dos tabus e de afirmação do desejo sexual irrestrito. Cronenberg afirmou:

> É óbvio que *Crash* não é pornográfico. A pornografia é criada para você se estimular sexualmente, não tem outra finalidade. As pessoas dizem que ele é sexual, mas não erótico, como se isso fosse uma crítica. [...] Na maioria dos filmes, a história primeiro é interrompida, depois você tem uma cena de sexo, e então a história continua. E não há nada que te impeça de usar uma série de cenas de sexo como elemento estrutural de um filme. Isso é parte da narrativa da vida de alguém.[25]

Baise-moi (2000), de Virginie Despentes e Coralie Trinh Thi, que assumiu a codireção, foi proibido na França pelo excesso de violência e sexo explícito[26]. Depois de estrear, o filme foi retirado de cartaz sob mandato do Conselho de Estado que o acusou de pornografia e obscenidade. Já a crítica especializada de cinema o classificou como um "*road-movie* pornô *trash*". Com elenco formado por atores e atrizes do cinema pornô, a trama versa sobre a trajetória de uma atriz pornô e de uma prostituta assassina em uma França estilo *Laranja Mecânica*, com violência e sexo extremos, tanto que a tradução literal do título do filme seria "Estupre-me". E é o que ocorre com as duas protagonistas, tudo filmado com câmera digital, na mão, estilo Gaspar Noé em *Irreversível*. Nas cenas de sexo explícito, a estilização é aprimorada com trilha sonora no estilo *house* e com cores avermelhadas fortes. As diretoras parecem aderir ao sadismo de Noé. "Você não será o mesmo depois desse filme", cujo "final [...] surpreende o espectador pela sensibilidade e pela inevitável tragédia anunciada"[27], comenta Marcelo Carrard, um admirador do cinema extremo:

> A cena em que as duas mulheres matam um homem, pisoteando-o após uma sessão de sexo oral e cocaína, só não é mais chocante que a cena do massacre no bar depois de uma orgia, onde um homem é obrigado a ficar de quatro, nu, imitando um porco para ser executado em seguida numa das cenas mais grotescas da história do cinema. O discurso alucinado da dupla parece selar tudo com a frase: "Homens são porcos." O final, porém, surpreende o espectador pela sensibilidade e pela inevitável tragédia anunciada. Subversivas em sua jornada de sexo, sangue e crimes se expõe como nenhuma mulher se expõe, num mundo masculino e hostil, elas são forças destruidoras da natureza amorais e desenfreadas. Para os espectadores não iniciados no cinema extremo, *Baise-moi* pode ser um grande choque. Mais perturbador que *Irréversible*, o mergulho anárquico de Coralie e Virginie não deixa nem os mais frios dos fãs de cinema extremo indiferente. Você não será o mesmo depois desse filme, com certeza. Um excelente exemplo de jovem cinema europeu, que só perde ainda em quantidade e qualidade para o jovem cinema asiático.[28]

A violência sexual atingiu níveis sadomasoquistas no cinema do franco-argentino Noé. Para questionar o lado sombrio da condição humana e da violência social, Noé projetou um cinema ainda mais sombrio e mais violento, em que o ser humano é descartável, tal como o tempo é irreversível, justificando assim, perversamente, toda crueldade. Seu cinema maniqueísta divide-se entre vítimas e dominadores, sempre um parceiro sexual sofre, agoniza, chora, sangra ou morre. Para figurar isso em imagem, ele optou pelo grafismo explícito, mais da violência extrema do que do sexo, embora seus curtas-metragens *sexploitation* (como *Sodomites*, 1998) e videoclipes musicais (*Protect me*, do Placebo) tenham sexo explícito associado ao sadomasoquismo estilo *snuff movies*: tortura, dominação, dor, estupro, machismo e violência. O estupro realista de *Sodomites*, com a imagem explícita da penetração na mulher, é aprimorado em *Irréversible* (Irreversível, 2002) em um plano-sequência de nove minutos em que a personagem Alex, interpretada por Monica Bellucci, é estuprada por um homem no túnel subterrâneo em Paris. Em *We Fuck Alone*, curta dirigido por Noé, da série Destricted, o rapaz que se masturba, penetra uma boneca inflável e coloca um revólver em sua boca de plástico. No recente *Soudain le vide* (Enter the Void – Viagem Alucinante, 2009), Noé abordou o submundo da prostituição e do tráfico de drogas em Tóquio, Japão. Depois de muita agressão e violência sexual, na cena final, o diretor apropria-se de um clichê da pornografia e filma uma cena de sexo na visão do espectador, como se ele estive ativamente participando daquele ato. Outra inserção pornográfica, nessa mesma cena, é o ponto de vista sexual: Noé inseriu uma câmera microscópica na vagina da protagonista (ou de uma dublê) na cena de penetração explícita. Vemos por meio dela um pênis ereto adentrando e saindo da vagina. O olhar da câmera passa a ser um olhar fisiológico, de dentro da vagina. O espectador percebe a ejaculação masculina; daí, então, a câmera assume o ponto de vista do sêmen caminhando até o útero. *Love* (2015), sua recente produção em 3D, que, entre os pôsteres de divulgação trouxe um dos cartazes com um pênis ejaculando e outro com três bocas se beijando, tratou do envolvimento sexual entre um jovem e duas moças. A sinopse oficial afirma que o filme celebra o amor como um jogo de poder. "*Love* é esperma, fluidos e lágrimas. *Love* é um melodrama picante e sexy sobre um garoto, uma garota e outra garota".

No cinema metafísico de Bruno Dumont, cineasta francês conterrâneo de Robert Bresson, as personagens vivem em uma realidade violenta, porém, ao mesmo tempo, transcendental: os homens são como santos que trafegam em prol de um martírio, as mulheres são sorumbáticas. Em *La Vie de Jésus* (A Vida de Jesus, 1998), *L'Humanité* (A Humanidade, 1999) e 29 *Palmos* (2003), o retrato sexual é impositivo, o sexo surge como última, e talvez única, opção de prazer à vida pacata das personagens. O ato sexual explícito (cenas de penetração) é cru, carnal, mecânico, não pretende alusões catárticas ou emotivas. Apesar disso, o ato está condensado em um contexto narrativo metafísico, quase sagrado, o que torna a cena sexual díspare, praticamente sem erotismo, no sentido da excitação voyeurística do espectador. O primeiro filme reinventa a história cristã sob a óptica sexual e existencial de uma personagem epiléptica; o segundo traz um traumatizado policial que explode sua reprimida sexualidade em violência; o último mostra um casal de namorados à procura de um cenário ideal para uma sessão de fotos no deserto da Califórnia, Estados Unidos, até que se hospedam em um vilarejo chamado Twentynine Palms. No cenário idílico do deserto, caminham nus, deitam nas pedras, fazem sexo, brigam, até que criminosos locais estupram e violentam o casal.

Nesse panorama de percepção do pornográfico no *cinema de autor*, alguns cineastas estilizaram não apenas o ato sexual, mas também o discurso sobre o sexo, com maior complexidade e pretexto narrativo. Não se trata, por isso, do filme ser melhor ou pior, mais ou menos pornográfico, mas de avaliar como, dentro da linguagem cinematográfica, o quesito do sexo explícito foi melhor desenvolvido na narrativa e na estética. Disso, optamos por focar o trabalho de quatro cineastas que se lançaram com afinco na questão: Catherine Breillat, que projetou um cinema com o viés antirromântico tradicional; Lars von Trier, que imantou seus filmes de sexo explícito sob o pretexto do discurso profano e político; John Cameron Mitchell, diretor do filme *Shortbus*, um libelo do cinema explícito e do vazio existencial contemporâneo; e, por fim, no último capítulo, Bruce LaBruce, pornógrafo que entende a (sua) pornografia como um ato político de vanguarda e subversivo no conservadorismo do cinema moderno. Nas discussões sobre esses cineastas e seus filmes, outros autores serão citados para complementar o embasamento temático.

O CINEMA ANTIRROMÂNTICO DE CATHERINE BREILLAT

No cinema francês, quem trouxe o pornográfico para o cinema de arte com maior complexidade e pretexto narrativo foi Breillat. Seus filmes abordam o tema do sexo e dos tabus vinculados a ele (virgindade, dominação, machismo), questionando as restrições e as castrações da sociedade. As tramas são elaboradas do ponto de vista da mulher e sob o viés antirromântico tradicional; nelas, as personagens femininas são protagonistas do próprio desejo, no caso, o desejo sexual, e partem para a sua realização, mesmo que nessa busca elas se deparem com preconceitos sociais e conflitos individuais.

Nascida em Bressuire, pequena cidade do interior da França, a cineasta iniciou-se desde cedo na literatura erótica. Aos dezoito anos escreveu seu primeiro livro, *L'Homme facile* (O Homem Fácil, 1968), proibido na França para menores de dezoito anos. O livro, segundo ela, "curiosamente, foi escrito do ponto de vista do homem, em primeira pessoa, e a personagem era uma espécie de sedutor de boate, exatamente aquilo que muitas mulheres sonham e desejam. Os desejos dessas mulheres estavam ligados à forma como ele conduzia as conquistas e as instigava"[1]. A provocação já rondava sua obra, aludindo à facilidade das mulheres em se ter um homem sexualmente. Para ela, os homens seriam mais passivos na entrega sexual para as mulheres, pois se entregam facilmente.

Além de escritora, Breillat é atriz e roteirista; debutou em 1972 como atriz coadjuvante no filme de Bertolucci, *O Último Tango em Paris*. Escreveu roteiros para diretores como Maurice Pialat (*Police*, 1985), Federico Fellini (*E la nave va*, 1983) e Liliana Cavani (*La pelle*, A Pele, 1981). Sua incursão como cineasta veio em 1975 com a adaptação de seu quarto romance, *Le Soupirail,* no filme *Une Vraie jeune fille,* que tratava dos desejos sexuais de uma virgem adolescente. No longa, a diretora filma imagens do pornográfico na trama, não no sentido apenas da excitação sexual, mas na égide do questionamento do próprio estatuto daquela imagem que representava algo que não era evidente, explícito. Há closes genitais, cenas de masturbação (em uma delas, o desejado rapaz pela moça, um serralheiro, introduz uma minhoca na vagina dela e, em seguida, faz o animal em pedaços), insinuações de incesto (os mimos do pai, incluindo a cena em que ela o imagina com o pênis flácido exposto) e zoofilia (a moça deita-se com o cão na cama), cenas de traição do matrimônio "perfeito" (o pai trai a esposa, na cena de sexo explícito na praia), metáforas visuais do sexo: a cena em que um forte rapaz abre uma fenda artesanal na seringueira para que escorra o viscoso leite da árvore. Excitada, a moça passa a tocar na gosma, em uma alusão simbólica ao sêmen masculino. Em outra passagem, ela corre até a orla do mar, senta-se na areia, retira a calcinha, e deixa que as fortes ondas, que vão e vêm, a penetrem em um "orgasmo" ritmado. Em outra cena, de vestido e sem roupa íntima, ela se senta perigosamente no meio da linha do trem à espera de que o longo vagão irrompa no meio de suas pernas. Por fim, coloca penas de galinha na vagina, imita uma delas de joelho, corre até o serralheiro e, em um lugar afastado da cidade, no descampado, ambos iniciam um jogo de sedução com beijos, carícias em flores (o "defloramento" da virgindade) e masturbação a dois. Mas só ele atinge o orgasmo (pela imagem da ejaculação em suas mãos) e ela sai furiosa, xingando-o. No fim, tentam novamente fazer sexo dentro de um carro, mas ocorre em seguida a elipse do serralheiro sendo morto, em um sintoma de vingança, culpa e machismo (o pai da moça poderia tê-lo matado).

O filme foi proibido na França durante 25 anos, só estreou no circuito comercial nos anos 2000. Depois seguiram outros filmes na mesma linha temática, da descoberta e exploração sexual do desejo, como *Tapage Nocturne* (1979), *36 Fillette* (1988), *Sale comme un ange* (1991) e *Parfait amour!* (1996). Tais filmes forneciam indícios do cinema autoral de Breillat. Contudo, foi com o lançamento de *Romance* (1999), seu sexto filme, que ela atingiu notoriedade internacional. Depois de inúmeras proibições, muitos países deram a ele a classificação x, restrita apenas aos filmes pornográficos. Breillat tenta transgredir o senso comum do romantismo associado às mulheres e o desejo sexual associado aos homens na pele da personagem principal, Marie (Caroline Ducey), que se recusa a compartilhar de um romance tradicional. *Romance* revela a sexualidade feminina com base no desejo sexual falando de si mesmo. A protagonista vive uma mulher frustrada sexualmente com o marido, o modelo Paul, e, por isso, resolve partir atrás do orgasmo e da satisfação pessoal, reencontrando-se sexualmente. Tal mote dramático nos remete ao tema reiterado nos filmes pornográficos dos anos de 1970, como o da insatisfação sexual da protagonista de *Garganta Profunda*. Marie estabelece então uma jornada de experiências sexuais envolvendo sadomasoquismo, sexo com vários parceiros, masturbação, que lhe darão prazer e medo. No fim da sina, grávida (não necessariamente de Paul), Marie atinge a "redenção" e também a castidade de uma "nova mulher", casada e com filho. "No começo do filme ela vive o fim de um romance, que termina com sua desilusão e a degradação de si mesma. É sempre assim. Acreditamos que é amor aquilo que não passa de desejo de amor. Marie não ama Paul. Ele é o objeto de seu amor, mas não é o sujeito de seu amor", diz a diretora. Com a maternidade, Marie retorna ao romantismo burguês que ela tanto criticava. Ao longo de suas descobertas sexuais, as cores de suas roupas são simbólicas: ela inicia vestida de branco, como uma jovem pura e *clean* diante do casamento falido, de fachada. Depois passa a vestir-se de vermelho em sua volúpia sexual com outros homens. E termina como uma mãe, madura, vestida de preto, sóbria e "fechada", praticamente de luto. Conforme Breillat notou, esse rito sexual, de prazer, sofrimento e redenção, remete ao filme de Lars von Trier, *Breaking The Waves* (Ondas do Destino, 1996). "É uma busca pelo Santo Graal. É uma busca do ideal. Mas é uma jornada de caminho invertido. Para ser capaz de alcançar a pureza você tem que sofrer privações e humilhações. E o que poderia ter sido uma descida ao inferno torna-se a liberação"[2], diz. Contudo, o cinema de Breillat é realista e corpóreo, e o de Von Trier é metafísico e sagrado, mantendo semelhança apenas no nível temático, e não no narrativo e estético.

Romance traz o discurso do sexo falando de si mesmo para melhor compreendê-lo por meio da confissão. Nas cenas sexuais, a diretora adotou o pornográfico em imagens de pênis em ereção, penetração vaginal, masturbação, felação, ejaculação e um parto real, que causou forte impacto, até mais do que as cenas de sexo, em muitos festivais onde foi projetado, como o Melbourne International Film Festival. Rocco Siffredi, famoso ator do cinema pornográfico *straight* italiano interpreta um dos

6 Cartaz de **Romance** (1999).

parceiros sexuais de Marie. Contudo, embora *Romance* assuma cenas pornográficas, há simulação e trucagens. A atriz Caroline Ducey tentou fazer as cenas de felação, mas optou pela trucagem.

> Para mim foi um teste. Acho legítimo tentar. Se há atores que são abertos para transar de verdade durante uma cena, eu sei agora que não sou, porque não há sentido nisso. Talvez, quando eu for mais velha, eu mude de ideia. Mas agora eu penso que o amor pode ser simulado; afinal, estamos falando de cinema. As pessoas transam fora das telas, mas cinema é ficção, não precisa ser real. Faz parte da mágica do cinema; ser for real, é um documentário. Não é ficção.[3]

Breillat suscitou ampla discussão sobre o recurso pornográfico no cinema de arte, levando *Romance* para os cinemas comerciais, populares. Só em São Paulo, Brasil, ele estreou em nove salas, inclusive em *shopping centers*. No fim de século xx, o filme representou para o *mainstream* impacto discursivo semelhante ao que foi *O Império dos Sentidos* nos anos de 1970. Breillat comentou suas motivações em incluir cenas de sexo explícito no filme:

> Foram duas motivações: uma de autor e outra relacionada à dignidade humana. Todos fazemos sexo explícito, mas temos a impressão de que não se trata da mesma coisa que vemos no cinema pornográfico. Assim sendo, pensei que o cinema de autor deveria desmistificar o sexo explícito e mostrar que não se trata apenas de imagens, mas também de sentimentos. O cinema é a arte que dá senso e emoção às imagens e, por isso, deveria reintegrar as imagens pornográficas em um cinema de autor para dar-lhes um sentido diferente. Quando eu digo cinema de autor, quero dizer cinema tradicional. [...] Esse tipo de imagem esteve reservada ao que chamamos cinema "x" (sigla que identifica filmes pornográficos), mas que sequer é cinema. Trata-se de uma indústria do sexo, não mais do que isso. O cinema "x' é a prostituição do sexo. O cinema pornográfico não é uma visão do sexo definitiva, apesar de ser praticamente a única que temos atualmente. Pensei então que seria absolutamente necessário criar uma outra, que não seria apenas um direito, mas um dever dos autores. Trata-se de um campo imenso de pesquisa e reflexão para o futuro. *Romance* não é uma visão do sexo. É uma procura de uma identidade pessoal por meio do sexo. Não é sobre o prazer, embora ele conte também[4].

Adiante, Breillat reiterou seu estudo sobre a sexualidade feminina nos filmes *À ma sœur!* (Para Minha Irmã, 2001), *Brève traversée* (Breve Travessia, 2001), *Sex is Comedy* (2002) e *Anatomia do Inferno*, 2004. *Para Minha Irmã* conta o despertar sexual entre duas irmãs adolescentes rivais. Uma tem poder de sedução sobre os homens, enquanto a outra, Anaïs, é problemática, com crises emocionais constantes. No fim, após um acidente de carro, a irmã e a mãe são assassinadas, e Anaïs é levada para um matagal pelo assassino, que a estupra. *Sex is Comedy* traz em forma de paródia todas as inquietações diegéticas de Breillat: como filmar o desejo sexual? Como uma cena de sexo explícito pode ter outros sentidos narrativos para além do desejo? Como configurar visualmente a excitação das mulheres? Para isso, ela roteirizou uma ficção sobre uma cineasta, Jeanne, com dificuldades em realizar uma cena de sexo entre um homem e uma mulher. Constantemente ocorre algum problema no *set* de filmagens ou no entrosamento entre os atores. O filme tem o aspecto de "bastidores" e explora nesse confinamento a comédia de manipulações sociais das imagens do sexo, e o poder que elas trazem quando ficcionalizadas em uma narrativa diegética. Cenas de masturbação (masculina e feminina), nudez e penetração são filmadas como indícios de uma imagem *realista*, por ser explícita, e *fake*, por ser ensaiada diversas vezes, em diversos planos, sem "espontaneidade". Embora esteja se referindo a *Romance*, esse depoimento de Breillat atesta a ideia:

> Tínhamos de encontrar um caminho entre o realismo e a pornografia. [O filme] não poderia ser pornográfico. Os atos sexuais tinham de transparecer outra coisa… Na verdade, sinto que quando há sentimentos e sexo juntos não é pornografia. […] Acho que sexo é metafísico. O amor não é relativo ao prazer. Amor é um sentimento que transcende, uma busca, e o sexo é a esperança, o início, a maneira pela qual o amor pode transcender a si mesmo. Nesse sentido, sexo não é apenas uma ginástica física, é a maneira pela qual essa busca será cumprida. O que cria o conceito de obscenidade e de degradação é o código moral que determina o que é obsceno, e é muitas vezes a censura que traz o conceito de obscenidade, quando, na verdade, o ato sexual é uma parte integrante da busca de amor. Acredito que qualquer coisa que você esconda torna-se uma obscenidade, seja o cabelo, seja a parte inferior do corpo[5].

Breve Travessia fala de um curto e intenso encontro sexual entre um adolescente francês e uma mulher inglesa mais velha, de trinta anos, na travessia de balsa de Saint Malo para a Inglaterra. Naquela única noite, o rapaz faz sexo pela primeira vez, mas o que era prazeroso torna-se triste, solitário e vazio: quando a balsa chega ao destino, os dois despedem-se enquanto ele a vê esticando seus braços para um homem e uma criança na alfândega. *Anatomia do Inferno* é adaptado de seu romance *Pornocratie* (2001) e fala de uma mulher (Amira Cassar) depressiva e em busca de sua "identidade sexual". Para isso, ela vai até uma danceteria gay, flerta com um rapaz (Rocco Siffredi), mas logo demonstra indiferença àquela sedução forjada. Desiludida, ela corre para o banheiro e tenta se matar, cortando os pulsos com uma lâmina de barbear, só "porque sou uma mulher". O homem a recolhe viva, levando-a para casa. Ela o convida a voltar a visitá-la, apenas para olhá-la, mirar o corpo e descobri-lo a partir das coordenadas que ela vai passar. Ele aceita a proposta mediante o pagamento pelo pacto. Assim, durante quatro noites, ele retorna à casa para as experiências visuais: o caráter do obsceno está em jogo. Ela expõe seu corpo em detalhes, mostra a ele seus orifícios vaginal e anal, pelos, fluidos menstruais, seios e zonas erógenas. São então apresentados para o rapaz diversos aspectos do outro sexo. Para isso, ela se posiciona feito uma estátua distante dele, assumindo uma postura aparente de contemplação da obscenidade. Metáfora do Antigo Testamento, essa Eva tentará iniciar sexualmente aquele Adão moderno.

A obsessão de Breillat, nesse filme, em conhecer na verdade o desejo homoerótico dos homens chega a ser conservadora por ter um tom de constrangimento da personagem-cobaia. A mulher no filme implora para que o homem a devore sexualmente. Faz de tudo para excitá-lo, pratica rituais de sedução, insere objetos na vagina (batons, tubos e um absorvente) e chega a beber o próprio sangue menstrual misturado em água quente como um chá. Ele chega a penetrá-la rapidamente com os dedos e depois com o pênis ereto, mas, sem grande entusiasmo, não vai adiante.

Esses filmes abordam a sexualidade num viés emocional complexo, contudo, ainda que questionem a heteronormatividade, eles se apegam a ela. No cinema de Breillat, a descoberta sexual, da adolescência à velhice, passa por uma sina sagrada e profana de iniciação, que só encontra satisfação no falo. Mesmo criticando o mundo fálico, seu cinema o romantiza num universo melancólico e melodramático: as personagens entristecem-se, sofrem algo extremo, repensam o desejo e as práticas sexuais, e logo voltam para a "normalidade" sexual.

Tal como Jean-Claude Brisseau, outro cineasta pornógrafo francês, Breillat parece atestar que a descoberta/exploração sexual individual é o que dá sentido à convivência humana, mesmo que isso envolva dor, decepção e prazer. Mas, no cinema de Brisseau, a exploração da sexualidade feminina é vista sob a óptica masculina do desejo e *voyeurismo*. Não é o sexo falando de si próprio, com autonomia, mas o sexo sendo explorado como objeto de desejo. Talvez por isso, mesmo sob o engodo da estética apurada e artística, seus filmes têm um ranço *soft-core* por trafegarem pelos limites da imaginação pornográfica. Entre 2002 e 2009, ele elaborou uma trilogia erótica sobre o desejo e a sedução sexual feminina como poder de persuasão social, composta de *Choses Secrètes* (Coisas Secretas, 2002); *Les Anges exterminateurs* (Os Anjos Exterminadores, 2006) e *L'Aventure* (Erótica Aventura, 2009), que trazem transgressão sexual, fetichismo, lesbianismo, temas de sexo e poder, voyeurismo, flertes pornográficos (masturbações e felações explícitas) e rompimento de tabus eróticos.

SEXO E MELANCOLIA EM SHORTBUS

Como projetar uma visão liberal das sexualidades na contemporaneidade após o temor da Aids e da expansão dos fundamentalismos religiosos normativos? Como explorar o desejo sexual de modo hedonista e bem-humorado? Como retomar a contracultura sexual em um contexto atual? Em certo momento, uma personagem de *Shortbus* (2006) responde a essas questões dentro de um clube de sexo livre: "É como nos anos de 1960, mas com menos esperança." Foi esse o tema central que o diretor John Cameron Mitchell pretendeu traçar em *The Sex Film Project* (Projeto Para um Filme de Sexo), título inicial de *Shortbus*, quando ainda pesquisava a retomada do erotismo cinematográfico após o fantasma da Aids, na ocasião do lançamento de seu primeiro longa-metragem *Hedwig and the Angry Inch* (Hedwig: Rock, Amor e Traição, 2001). Hedwig era uma roqueira, interpretada pelo próprio diretor, nascida homem, mas que fizera mudança de sexo para se casar com um recruta. O filme trazia androginia e anarquia em estilo *glam rock*, estética *kitsch*, com certo saudosismo da sexualidade liberada dos filmes dos anos de 1960 e 1970. Mitchell procura subverter a representação do sexo em filmes, como os de Breillat, que trazem uma visão sinistra do desejo, desprovida de humor e cheia de valores conservadores cristãos e culturais. Ele mesmo afirma que seu cinema tem um ranço de religiosidade, reflexo do puritanismo norte-americano e de sua família.

Nascido no Texas, Estados Unidos, em 1963, Mitchell foi criado em meio a valores católicos, militares e artísticos. Sua mãe era artista e professora em Glasgow, Escócia, o pai era um general do Exército dos Estados Unidos que trabalhava em Berlim. Na infância, estudou em colégio religioso, dos beneditinos, e viajou bastante com os pais para bases privilegiadas do Exército, nos Estados Unidos, na Alemanha e na Escócia. Com referências religiosas, militares e artísticas, as contradições relativas à sexualidade apareceram. Desde cedo ouvia que quem era homossexual iria para o inferno. E não só sua homossexualidade era maldita, sua imaginação pornográfica também: "Cresci em um ambiente religioso, militar, aberto para a arte, mas tenso quanto ao sexo." "Toda vez que você se masturba, Deus mata um gatinho"[1], diziam a ele.

Superada esta evangelização do desejo, Mitchell traçará um retrato sexual em *Shortbus* de modo hedonista e livre de culpa. O sexo aparece como aproximação das relações, deflagração emocional e existencial das personagens:

> Quis mostrar as personagens através do sexo que praticam. Por exemplo, quando coloco o casal central fazendo amor daquela maneira tão acrobática, estou querendo mostrar que há algo de errado ali na relação. Há também aquele homem que está tentando desesperadamente colocar seu pênis na boca. A ideia é levar o público a questionar: "O que se passa com esta personagem?". Todo aquele sexo pode valer como metáforas sobre diversas partes da nossa vida. No meu cinema não faço juízos de valor sobre as personagens.[2]

É um filme *queer* que dinamita limites de gênero e identidade, aborda transsexualidade, travestimento, poliamor, sexo livre, masturbação, bissexualidade, toda forma de prazer ali é bem-vinda. O cineasta canadense Gus van Sant percebeu esse clamor do desejo no filme de Mitchell:

7 A festa dos sentidos em **Shortbus**: sexo, hedonismo e melancolia.

Shortbus é um caso bem interessante, pois há algo de muito gay no filme, embora, ao mesmo tempo, seja um filme de todos, para todos, com uma qualidade pansexual bastante incomum. Essencialmente, é sobre sexo, mas parece focar as coisas boas do sexo, o sexo pode ser algo bem positivo e isso nós muitas vezes esquecemos. Sexo é frequentemente associado a perversões, niilismo, ciúme, é geralmente a fonte de todos os problemas num filme. Em histórias de amor, é normalmente a fonte, muito embora o sexo seja quase sempre deixado de fora dessas histórias de amor. No filme de John Cameron Mitchell, é difícil até mesmo dissecar aquilo tudo, mas há uma sensação de prazer ao final de tudo.[3]

Para a estilização do tom sexual melancólico e do desejo vindo à tona de modo espontâneo, Mitchell partiu de algumas influências: *Um Canto de Amor* (1950), de Genet, a respeito de dois amantes encarcerados por uma parede; os experimentos visuais de Andy Warhol e Paul Morrissey; os primeiros filmes de Almodóvar, como *Pepi, Luci, Bom e Outras Garotas de Montão* (1980); e o drama *Taxi zum Klo* (1980), de Frank Ripploh, um retrato sexual da intimidade de um professor primário, o próprio diretor em cena, pelo submundo de Berlim. O sexo não se restringe apenas ao falo nem é carregado de culpa. As personagens gozam no sexo, assim como gozam a vida hedonista. Tal como *Shortbus*, esse filme alemão, um dos pioneiros quanto ao retrato explícito da pluralidade sexual, trouxe personagens que documentam seus desejos sexuais, vivem a si mesmos (ator e personagem), entregam-se ao ato físico como uma confissão sobre o sexo. A entrega é tamanha que o filme chega a flagrar em *close-up* o diretor em uma cama médica fazendo exame no reto.

A trama de *Shortbus* apresenta um mosaico de situações que envolvem personagens em crise afetiva e sexual: um casal gay (Dawson e PJ DeBoy, namorados na vida real) envolve um terceiro elemento (o cantor Jay Brannan) na relação deles como possibilidade de "renovação" da parceria afetivo-sexual; uma terapeuta sexual frígida (Sook-Yin Lee, apresentadora de uma rede de televisão canadense) busca o orgasmo em um clube do sexo para resolver a intimidade com o marido (Raphael Barker); uma *dominatrix* e conselheira sexual (Lindsay Beamish) tenta se livrar da melancolia após o sexo; um ex-prefeito de Nova York trafega pelo *underground* para explorar sua sexualidade; um solitário *voyeur* (Peter Stickles) flagra as emoções alheias com um grande binóculo da janela de seu apartamento.

O local que os une se chama Shortbus, clube privado em Nova York regado a poesia, música, política e sexo coletivo. Nele, as sexualidades assumem-se e entram em erupção em prazer explícito – tudo estilizado à maneira *pop art*, com trilha sonora de jazz e *glam rock*, e situações eróticas cômicas, como aquela em que o trio de rapazes faz um *ménage* e, durante o ato sexual, canta o hino nacional dos Estados Unidos com o pênis ereto servindo de microfone e o ânus servindo de amplificador.

Para Mitchell, "Sexo é a coisa mais divertida que existe. Ele pede por aproximações inusitadas: se está em uma posição, o que deveria estar fazendo? O melhor sexo é aquele em que você está se divertindo muito, em que você está consciente da complexidade do ato; de o quanto é engraçado quando alguém peida – você não costuma ver algo assim nos filmes"[4]. A cidade por onde transitam é a Nova York após o atentado terrorista de 11 de setembro, que, na óptica do filme, abalou a rotina sexual da cidade. "Foi um momento muito intenso, íntimo e sexual ao mesmo tempo. [...] Era como encarar a própria morte, ver que sexo e mortalidade estão muito ligados"[5], diz o ator Paul Dawson, que interpretou James, ao lado de seu real namorado, Jamie, o ator PJ DeBoy:

> Os atores escolheram seus nomes e ajudaram a determinar seus conflitos que, se já não são assombrados pela Aids, não deixam de conviver com outro fantasma: o 11 de setembro. O atentado está presente no longa, seja insinuado na "forma" dos piques de luz e eventual blecaute que acontecem no filme. Ou na tristeza, vazio e solidão que levam suas personagens a frequentar o Shortbus, misto de clube de sexo e cabaré, que "lembra os anos 60, só que com menos esperança", como observa Justin Bond, famosa *drag queen* nova-iorquina que faz ponta no filme.[6]

Shortbus teve como mote inicial um anúncio feito por Mitchell em uma página na internet, no ano de 2003, no qual pedia aos participantes gravações em vídeo com relatos sobre experiências sexuais que focassem o lado emocional. O *site* teve meio milhão de acessos e recebeu cerca de quinhentos vídeos, grande parte de norte-americanos. Geralmente relatavam fatos diretamente para a câmera ou faziam curtas-metragens sexuais. Teve quem entoou canções de amor e até se masturbou para conseguir o papel.

> Chegamos inicialmente a um grupo de 40 pessoas interessantes, inteligentes, distintas e *sexy*. Pensamos na compatibilidade sexual e fechamos em nove pessoas antes mesmo de termos uma trama. Eu sabia apenas que o filme se passaria em Nova York, que envolveria sexo com casais distintos. Fizemos oficinas um pouco como Mike Leigh, e a partir das improvisações eu fiz o roteiro. Ensaiamos, e eu reescrevi o roteiro por mais de dois anos antes de filmar.[7]

Para a triagem dos quarenta finalistas, a produção organizou uma festa chamada de Shortbus, com música, pista de dança e bebida à vontade. Foram contratados casais disfarçados que se beijavam durante a festa e criavam, assim, um clima de desinibição para o entrosamento dos finalistas. Nessa noite tudo foi filmado. Diante de gravações, entrevistas, depoimentos e exercícios de improvisação, Mitchell escolheu nove personagens, que adentraram na ficção, mas também viveram a si mesmos, com os próprios nomes e situações semelhantes às da vida real, como Dawson e DeBoy, que são casados.

Para o realismo diegético das cenas de sexo explícito, houve alguns critérios: improvisação do roteiro, oficinas com o elenco e com a equipe, e até uso de medicamentos para manter a ereção. "Os atores aprovaram tudo o que fariam e estabeleceram suas próprias metas emocionais. Tiveram coragem. Alguns quiseram ensaiar as cenas, outros tomaram Viagra. Escutei as necessidades de cada um. Foi muito íntimo. Uma espécie de tratamento em grupo que nos uniu para a vida inteira", declarou Mitchell. "Um dia, tinha que ficar nua e travei. [...] Não conseguia tirar a roupa de jeito nenhum, então pedi que ligassem o som no último [volume] e que todo mundo no *set* ficasse pelado, para me ajudar a entrar no clima"[8], declarou Sook-yin Lee. "Não entendo por que ter um orgasmo em cena é tão diferente de chorar diante da câmera. [...] As duas coisas exigem que se traga à superfície algo muito íntimo"[9], declarou Dawson, que teve um orgasmo em cena.

Mitchell discorda que o filme seja do gênero pornográfico, pois a representação do desejo sexual explícita foi utilizada como metáfora para revelar as motivações das personagens: "Um filme que não necessariamente pretende ser erótico, mas tenta usar a linguagem da sexualidade como uma metáfora para outros aspectos das personagens. Eu sempre pensei a sexualidade como terminações nervosas da vida das pessoas."[10]

> O sexo aparece integrado às vidas das personagens. [...] Queria usá-lo como a música em *Hedwig – Rock, Amor e Traição* [seu primeiro filme], uma metáfora para revelar as personagens sem usar palavras. Por isso não se pode comparar "Shortbus" a um filme pornográfico. Poucas pessoas se excitam sexualmente ao vê-lo, e, quando isso acontece, é algo periférico. A ideia não é chocar ou excitar. Quando ele termina, a última coisa em que se pensa é no sexo. Como no fim de uma relação boa. Diferente do que se sente após ficar apenas uma noite com alguém.[11]

Nessa perspectiva é que o sexo refletiu o aspecto emotivo das personagens. É como se no clube Shortbus não houvesse repressão ou culpabilidade sexual, nada é sublimado, implícito. Lá, as personagens são transparentes com seus desejos e sentimentos, sendo tudo isso representado em cena explícita e como sintoma de "verdade". Até mesmo a sexóloga que nunca havia sentido um orgasmo, faz a cidade entrar em curto-circuito após entregar-se sem pudores ao labirinto do desejo em suas visitas ao clube Shortbus. O filme parece nos dizer que o orgasmo, ainda que breve, é imperativo para a realização sexual e existencial.

8 Cartaz de divulgação.

CASTIDADE E LIBERTAÇÃO NO CINEMA DE LARS VON TRIER

A representação sexual, que aparece como elemento narrativo em muitos filmes do cineasta dinamarquês Lars von Trier, ora representa subversão estética e ideológica, ora alienação do desejo. Seu cinema dogmático expõe uma visão crítica da realidade por meio da sacralização do profano e da profanação do sagrado ao subverter valores morais sobre o sexo com características difusas, da loucura ao romantismo, da sublevação à revolução, do prazer à punição. Temas aparentemente contraditórios se reiteram em filmes que tratam fundamentalmente de bondade, sacrifício, desejo, culpa, vitimização e poder – em um universo autônomo criado pelo cineasta, no qual bem e mal estão presentes, embora diluídos na aparência. O mal está espalhado e prevalece, enquanto o bem se concentra em uma única vítima "coração de ouro", suas personagens femininas.

Seu flerte com o pornográfico vem desde a época estudantil, em meados dos anos de 1970, quando frequentava a escolas de cinema[1]. Lá ele já demonstrava fascinação pela sexualidade por meio do erotismo e da imaginação pornográfica, ao mesmo tempo que se interessava pelo caráter sagrado do mundo, inspirado pelo protestantismo e pelo cinema metafísico de Carl Dreyer, Ingmar Bergman e Tarkóvski. O inquieto Von Trier, que foi obrigado pelos pais a frequentar sessões com um psiquiatra na juventude, cultivava os livros de Marquês de Sade e de Pauline Reage, no momento em que eclodia a revolução sexual na Dinamarca durante dos anos de 1970, país pioneiro na descriminalização da pornografia. Seus pais, ateus e comunistas, rejeitavam qualquer expressão artística considerada "alienante": proibiam-no de ver televisão, desenhos animados, musicais e melodramas; viam no caráter espirituoso e romântico apenas um universo fantasioso. Mas bem cedo Lars percebeu que pela lente cinematográfica podia inventar uma realidade que transcendesse esse universo. Assim, com uma sensibilidade enviesada por diferentes estilos, passou a compor um cinema transgressor, da estética à ideologia, com várias camadas de interpretação. Experimental ou formalista, seus filmes procuram subverter diferentes tabus, do sobrenatural à pornografia, do cinema clássico aos musicais hollywoodianos, do terror ao conto de fadas, do melodrama ao erotismo – sempre imersos numa dimensão metafísica de mundo, criada na diegese pelo Deus-Von Trier-manipulador, pautada nos dogmas da castidade e da pureza.

Na juventude, chegou a escrever um roteiro baseado em *La Philosophie dans le boudoir* (A Filosofia na Alcova, 1795), de Sade, mas desistiu de filmá-lo. Depois que leu *Histoire d'O* (A História de O, 1954), de Reage, ficou tão entusiasmado que o adaptou livremente no curta-metragem *Menthe: La Bienheureuse* (1979), retomando-o em *Manderlay* (2004). Fez ainda, no colégio, um curta-metragem inspirado nos relatos de Boccaccio. Idolatrava o erotismo de *Il portieri di notte* (O Porteiro da Noite, 1974), de Liliana Cavani, um de seus filmes preferidos. O filme trata de uma judia masoquista, sexualmente atraída pelo sádico que a torturara em um campo de concentração. Em outro curta-metragem, *Orchidégartneren* (1977), Von Trier vestiu-se como um sadomasoquista andrógino, envergando um uniforme e travestido de mulher, em estilo *glam* semelhante ao do músico David Bowie, seu ídolo de então.

Em seu Primeiro Manifesto Cinematográfico, publicado em 1984 na ocasião de lançamento do filme *Forbrydelsens Element* (Elemento do Crime, 1984), Von Trier

ARTHAUS PREMIUM

2 DVDs

iDIOTEN

Ein Film von
LARS VON TRIER

DVD VIDEO

ARTHAUS

9 Cartaz de Os Idiotas (1997).

clamou pela heterossexualidade: "Nós, cineastas, queremos ver filmes heterossexuais feitos por homens de verdade. Estamos à procura da sensualidade."[2] O cineasta aí estampou sua relação com o cinema: fazer filmes é como fazer sexo. Em meio ao ato sexual, o "cineasta-masturbador" trataria o filme como amante, expondo seus desejos sexuais reprimidos na tela. Os filmes teriam então o frescor da criação, o gozo do artista, afetividade e sexualidade. Para ele, o erotismo imagético deveria evocar não só a excitação, mas valores que transcendessem a imagem do sexo. Esse manifesto revela o sexismo de Von Trier e sua busca por um "cinema puro", alucinante, prazeroso, que, tal como o sexo, traria uma satisfação ao cineasta. Isso vai reverberar mais tarde nos conceitos do Dogma 95: a autorrealização por meio da liberdade e do controle rígido da situação mediante dogmas e um "voto de castidade". Assim, o gozo existencial nos filmes de Von Trier associa-se a um princípio de prazer envolto de liberação e castidade sexual – tendo maior evidência no explícito *Ninfomaníaca* (2013)[3].

O Dogma 95 foi criado por Von Trier com o amigo Thomas Vinterberg, na Dinamarca, em 13 de março de 1995. Tratava-se de um manifesto, sob a forma de um texto de protesto, e uma lista de dez normas pragmáticas que compunham o Voto de Castidade. Basicamente, o objetivo era contrariar e romper com "certas tendências do cinema atual", como o excesso de efeitos visuais e de trucagens, em prol de um cinema mais puro, livre de "ilusões". O Dogma 95 resgatava e criticava diversas abordagens cinematográficas oriundas de movimentos anteriores, como a *nouvelle vague* francesa e o *free cinema* inglês. Questionava a política dos autores (*o nome do diretor não deve figurar nos créditos*[4]), os filmes de gênero, os truques fotográficos. Uma das regras básicas era "a câmera na mão" e "as filmagens em locais externos", sem acessórios ou cenografia artificial. Se o cineasta aderisse a esse voto de castidade, seu filme receberia um selo de aprovação como parte do movimento.

Anos após a defesa desse cinema afirmativamente erotizado (vide o primeiro manifesto) e, ao mesmo tempo, casto e virgem, cheio de regras de conduta (de acordo com o Dogma 95), Von Trier surpreendeu ao produzir *Hot Men Cool Boyz* (2003), série de filmes pornográficos homoeróticos dirigidos por Knud Versterkov e inspirados no culto pagão ao corpo e no sadomasoquismo da estética do couro. O filme trouxe orgias gays de sexo explícito inseridas em cenografias *kitsch* que remetiam ao experimentalismo de *Pink Narcissus* (1971). A ideia surgiu em 1999, quando Von Trier uniu-se à Puzzy Power, produtora dinamarquesa de pornografia, e publicaram o Puzzy Power Manifesto, que evocava uma representação alternativa do erotismo nos filmes pornográficos. Contudo, antes disso, como nos filmes da trilogia Coração de Ouro, o atributo sexual aparecia como sentido de castidade, punição e redenção para as protagonistas, "heroínas bondosas", mártires com coração de ouro. A trilogia tem como terreno comum a fábula infantil *Guld Hjerte* (Coração de Ouro) que o cineasta lia quando criança, cujos temas são o sacrifício, a bondade, a devoção e a redenção. Ela é composta de *Breaking The Waves* (Ondas do Destino, 1996), *Os Idiotas*, (1997) e *Dancer in the Dark* (Dançando no Escuro, 2000). A personagem

Bess (Emily Watson), de *Ondas do Destino*, vive um romance etéreo que desaba a partir do momento em que descobre o prazer sexual. Virgem e puritana, após casar-se com Jan (Stellan Skarsgard), mergulha em uma breve lua de mel. Atormentada pelas novas sensações sexuais, passa a encarar o orgasmo como forma de transcendência religiosa que, paradoxalmente, deve ser louvada e punida, por ser sagrada e profana. Após parcas transas, Bess chega ao ápice da paixão; porém, um terrível acidente de trabalho deixa seu marido paraplégico e incapaz de dar prazer sexual. Insana e deprimida, ela segue os conselhos do marido: fazer sexo com outros homens e depois lhe relatar em detalhes a experiência. Para Bess, a proposta atinge níveis religiosos: a exaustão, a entrega e o sofrimento sexual pode ser a salvação de Jan. Assim, Bess deixa a sexualidade dominar seu corpo de maneira incontrolável, tornando-se uma prostituta santa. Dominada pelo sexo, o caminho para sua redenção passa a ser o do martírio. No fim, com o corpo violado e morto, a alma de Bess clama no céu. Deus reconhece seu sofrimento e concede a cura a Jan. Coincidência ou não, é com o martírio sexual do corpo sacro de Bess que o corpo profano de Jan ressurge feito um milagre. Nas primeiras versões[5] do roteiro de *Ondas do Destino*, datadas do período entre outubro de 1991 e julho de 1992, nota-se que Von Trier pretendia realizar um filme com excertos pornográficos, com cenas de sexo explícito. Inicialmente, Bess faria sexo com o médico, depois com o passageiro do ônibus, em seguida com o homem da plataforma e, então, seria curada em uma orgia por uma mulher e muitos homens dentro de uma cabana, em um bosque. Por fim, seria estuprada perto do riacho onde repousava.

Em *Dançando no Escuro*, Selma (Björk) sublima a sexualidade, forjando-a com comportamentos infantis e projeções imaginárias. Sem pai nem mãe, marido ou namorado(a), tem somente o filho e os amigos Kathy e Jeff como companhias. Veste-se e age feito uma monja reclusa em seu mundo particular, o mundo fantasioso dos musicais. Jeff é apaixonado por Selma, mas ela diz não ter tempo para namorar e que prefere apenas a amizade. No curso de sapateado que frequenta, é inibida e insegura, não só pela perda progressiva da visão, mas pela dificuldade de relacionar-se com os outros, tanto que escolhe interpretar uma freira no número musical que ensaiam, personagem religiosa, casta e bondosa. A insatisfação sexual e afetiva é projetada quando Selma imagina os números musicais. Mais coloridos e "felizes" que a própria realidade em que vive, visualiza um mundo de prazer onde tudo corre bem.

A protagonista de *Medea* (Kirsten Olesen), outro filme de Von Trier, feito para a televisão dinamarquesa, também é caracterizada como santa, com trajes escuros que a cobrem dos pés à cabeça – a estilização reforça a introspecção da personagem que se "esconde" do mundo externo. Apenas Glauce (Ludmilla Glinska), a traidora, o Mal de Medea, comporta-se eroticamente. Nas primeiras cenas, ela é apresentada sentada nua na janela de sua casa. Mais tarde, quando Jasão (Udo Kier) aceita casar com Glauce, ambos têm a lua de mel representada por uma cena sensual e carregada de erotismo. À luz de velas e por detrás da cortina, vemos as sombras do casal se tocarem intimamente em uma sobreposição de imagens feitas em *back--projection* e *chroma-key*.

Em *Dogville* (2003), a santificação da protagonista se converte em vitimização do desejo sexual. Grace (Nicole Kidman) apresenta-se como a graça divina que traz a bondade aos homens na terra. Corrompida pelos ideais materialistas, cai em tentação e entrega o corpo à comunidade como forma de martírio e salvação. Vários dos habitantes homens a estupram sucessivamente, sem misericórdia. É o preço que ela paga por ser um anjo caído em Sodoma e Gomorra. Porém a insistência pela paz comum deixa o Mal invisível, mas presente, até atingir toda a cidade na catarse final. Como há somente riscas de giz no chão delimitando as casas e parcos acessórios cenográficos, os acontecimentos da cidade são vistos sob o olhar *voyeur*. Vemos o estupro realista de Grace a céu aberto, pois as casas são feitas de ar transparente. Mas são transparentes apenas para o espectador, não para as personagens que mal sabem que na vizinhança ocorrem violações sexuais. O voyeurismo instala-se também em outra cena: dentro da carroceria do caminhão que leva Grace para fora da cidade. A moeda para a viagem será mais um estupro, só que agora mais cruel, pois executado como chantagem emocional. Refugiada na caçamba, em meio a centenas de maçãs, Grace come o fruto proibido e Deus a castiga.

A continuação de *Dogville*, *Manderlay* aposta no procedimento inverso. Grace (interpretada agora por Bryce Dallas Howard) encontra-se dominada pelo Mal que aprendeu na "vila do cão", *dogville*. Menos santificadas e mais erotizadas, suas atitudes manifestam desejo à flor da pele, principalmente na relação com Thimoty, por quem tem atração sexual. No calor da noite, rodeia a cidade e avista o corpo nu dos homens tomando banho. Simula não se importar com isso, porém masturba-se sem piedade. A cena é explícita. Na mesma noite, o desejo reprimido aparece no sonho com rapazes que a dominam sexualmente em um lugar exótico, tal como ela os vê em Manderlay. O sonho torna-se real e personificado em Thimoty, que a seduz e faz sexo com ela. Von Trier dirá que ela "ama homens negros. [...] Grace está dizendo que é uma revolucionária, mas no fundo ela está tentando resgatar suas fantasias eróticas"[6]. O teor erótico de *Manderlay* explica-se em grande parte pela inspiração que tirou de dois textos: "Happiness in Slavery", prefácio de Jean Paulhan para o livro *Histoire d'O* (A História de O, 1954), de Pauline Reage; e *La Philosophie dans le boudoir* (Filosofia na Alcova, 1795), de Sade.

Em *Anticristo* (2009), Von Trier promove uma descida ao inferno diante do pesadelo vivido por um casal (Willem Dafoe e Charlotte Gainsbourg) após a morte prematura do filho, por um descuido, enquanto eles faziam sexo. Cheio de simbologias religiosas (protestantismo, inquisição, misticismo) e referências psicanalíticas (freudianas e comportamentalistas), esse terror psicológico traz cenas explícitas de sexo, automutilação (a protagonista mutila o clitóris) e masturbação (feminina e masculina). A representação do ato sexual no filme é enviesada pelo sadismo e pela culpa, as personagens sofrem, choram. Mas, agora, de nada adianta o martírio para a redenção, "o caos reina", diz uma raposa na selva, e não há nada a ser feito, a não ser conviver com o Mal absoluto, o cão solto de *Dogville*, o *Antichrist*. Como o sexo distanciou o casal de dar atenção ao filho (embora a trama dê indícios de que a mãe percebe o filho indo em direção à janela, à morte), a libido torna-se maligna, profana. Não traz nuanças de prazer, apenas dor e castração. Na loucura final, a mãe mutila o clitóris e violenta o pênis do marido com uma pedra. Depois do extremo ato, ela o masturba, fazendo-o ejacular sangue. As cenas sexuais explícitas (exceto aquela em que Charlotte Gainsbourg se masturba), embora realistas, foram realizadas por atores pornôs e inseridas com trucagem no filme. Sobre a questão do sexo explícito, Von Trier comenta: "Se o filme lida com o sexo, não sei por que não o deveria mostrar. Esse não é um filme pornográfico. Um filme pornográfico teria outros propósitos. Ainda estou aberto a essa ideia. Até já sei que se tem de dizer a um ator pornográfico quando ele tem de ejacular. Já comecei a aprender a ser um realizador de filmes pornográficos."[7]

10   Prólogo de **O Anticristo** (2009):
sexo, morte e luto.

O filme de Von Trier que mais manifesta ousadia e complexidade quanto à abordagem da sexualidade e do desejo, via pornografia e ideologia, é *Os Idiotas*, filme-tese do Dogma 95.

> *Os Idiotas* é bem complexo e estranho, um filme que precisa que o espectador se divirta e se emocione, mas também se perturbe. Ele contém um perigo porque lida com o conceito de normalidade, e com a forma como devemos ou não nos comportar. E, se alguém abandona a racionalidade, o mundo tende a ruir. [...] Poderia dizer que o filme é mais político que os anteriores. De modo geral, fala de nossa atitude

frente aos deficientes mentais, como os vemos. Num nível mais complexo, o filme é uma defesa da anormalidade.[8]

O cineasta afirma ainda:

> Posso dizer que flertei com a pornografia, especialmente em *Os Idiotas*. É pornografia? Talvez. Mas a pornografia sempre me incomodou. Filmes pornôs são feitos com uma função. Geralmente, são muito crus. [...] Eu realmente tento fazer com que meus filmes afetem as emoções do público. Porém, faço isso tentando criar uma imagem com a maior expressividade que eu conseguir para mim mesmo. Então eu posso dizer que, mesmo que seja um pouco de mentira, não penso no público quando faço meus filmes. Basicamente, satisfaço a mim mesmo com as imagens que eu crio. Ao mesmo tempo, não posso negar que elas são criadas com o objetivo de causar um efeito.[9]

A trama apresenta um grupo com onze homens e mulheres, jovens, com condições de vida satisfatórias, que resolvem se comportar como idiotas para romper com os valores morais da sociedade burguesa. Para isso, isolam-se em uma casa afastada da cidade, no bairro elitista de Sollerod, na Dinamarca, para cultivar o idiota que haveria dentro de cada um deles.

> Ser idiota, no caso, consiste em sentir-se um deficiente mental e comportar-se como tal, em público e em casa, para ver a reação das pessoas e de si próprio. Além disso, a idiotia assumida incide na suposta pureza intrínseca a esse estado. Se no início a impressão é a de que apenas zombam dos padrões de comportamento dos idiotas e dos normais, no decorrer da narrativa a ideia ganha corpo e revela-se mais complexa. Afinal, qual [seria] o objetivo do grupo? Que vantagens obtêm simulando idiotas? Seria a idiotia uma nova metáfora para a revolução da ordem consumista? Seria o comportamento idiota uma tentativa de aliviar a crise de identidade, o fardo da normalidade?[10]

Dotado de pessoas com personalidades tão distintas, o grupo estabelece regras comuns para que sejam, diante dos próprios olhos, considerados como *verdadeiros idiotas*: desesperada tentativa de se autoafirmarem e se adequarem a uma outra disciplina normativa[11]. Não aceitam as regras sociais tidas como burguesas e, por isso, inventam novas leis. Na casa, cultivam práticas anacrônicas para os adultos. Não trabalham, não estudam, desperdiçam alimentos caros (como caviar e champanha), brincam, incomodam os vizinhos e, por fim, praticam o sexo grupal como tentativa de transgredir a ordem conservadora e expressar a loucura/idiotia. Para Foucault, a sexualidade está por trás da loucura. Mas uma sexualidade específica, considerada desviante, que leva "aos desejos mais primitivos, a seus mecanismos simples, às determinações mais prementes de seu corpo [...] desvelando a verdade terminal do homem, mostrando até onde o empurraram as paixões, a vida em sociedade, tudo o que o afasta de uma natureza primitiva que não conhecia a loucura"[12]. Assim, a orgia poderia ser a catarse que os transcendesse da situação burguesa. Mas o sexo coletivo não é necessariamente sinônimo de subversão de algum valor. Para Eduardo Geada, "a verdadeira subversão consistirá, pois, em alimentar o desejo prolongando indefinidamente a capacidade de gozar e dar gozo. [...] Seria urgente propor a redescoberta dos sentimentos e da pluralidade dos corpos de ambos os sexos, desse modo permanentemente abertos às tentações inesperadas e aos prazeres desconhecidos"[13].

Von Trier havia proposto aos atores do filme fazerem, de fato, as cenas sexuais explícitas, mas não aceitaram o desejo do diretor. Foram dublês que as executaram para as câmeras, performatizando o sexo e rompendo assim a regra do Dogma 95, que proibia truques em prol de uma realidade espontânea. Nessa perspectiva é que a busca pela pureza realista proferida pelo Dogma, inclusive na abordagem explícita do sexo, mostrou-se frustrante: o *realismo cinematográfico* é uma trucagem da realidade. A imagem realista do sexo, por mais explícita que seja, está fadada à sua limitada representação visual, ao enquadramento de câmera, luz, repetições, alternância de posições. Assim, o sexo cinematográfico, por mais que transpareça espontaneidade em sua ação prazerosa de excitação, tal como

11 A orgia em **Os Idiotas**.

em *Azul É a Cor Mais Quente*, não se trata de um flagra, mas de uma atividade prevista no *script* do roteirista e do cineasta, com marcação para ocorrer.

Mesmo *fake*, nem todos participam da orgia. Os envolvidos apegam-se às convenções de intimidade burguesa e não executam, de fato, nenhuma subversão às limitações hétero e homonormativas. Não há contato sexual entre o grupo todo, como em uma orgia dionisíaca. Os rapazes nutrem um fetiche reprimido pelo sexo com duas mulheres; mas nenhuma delas se entrega, sendo eles obrigados a se reprimirem novamente. Procuram dominar Susanne, que logo tem de fugir de três homens nus que a perseguem. Apegam-se às fantasias sexuais burguesas que realçam a dominação masculina e a ordem heteronormativa – valores sexuais que eles mesmos pretendiam negar. Incômoda e pouco estimulante, a orgia revela-se fracassada: no fim da cena, algumas personagens choram, outras se isolam questionando tudo e, por fim, ninguém goza.

Von Trier é como um adolescente que fantasia cenas de sexo por meio dos filmes, deseja ver pela lente *voyeurística* de sua câmara na mão os atores e as atrizes atuando despidos e simulando sexo. Ele se entusiasma com as cenas de nudez e também fica despido durante as gravações, conforme mostram os bastidores do filme *The Humiliated* (1998), de Jesper Jargil.

Ninfomaníaca (2013) é sintomático em sua filmografia com relação à reverberação do discurso pornográfico. Longe de ser sua obra-prima, o longa-metragem, que teve ampla publicidade prévia ao lançamento, reflete o quanto a insinuação saturada do sexo ainda o posiciona como tabu a ser desvelado no terreno da confissão e do poder na contemporaneidade. "Vou agora fazer um filme pornográfico para ser rebelde outra vez. Mesmo aos 55 anos, continuo a ter essa ansiedade de rebeldia. Sou culturalmente radical e não me vejo capaz de fazer um filme sobre erotismo sem mostrar um pênis"[14], diz Von Trier.

Em *Ninfomaníaca*, o sexo é metáfora de culpa e vazio existencial. Ao embaralhar a lógica da *ars erotica*, fundamentada por Foucault, da verdade extraída do próprio prazer sem critério moral proibitivo, em oposição à *scientia sexualis*, da verdade do sexo através da confissão, o filme pontua a experiência sexual no terreno da confissão. Joe, a protagonista vivida por Charlotte Gainsbourg, recolhe-se em um quarto para relatar sua confissão sexual, seu segredo, nunca satisfatório. A transgressão do obsceno no filme só adquire esse *status* por conta do ponto de vista purista e casto que percorre as entrelinhas. Nada que a protagonista conta é tão escandaloso, mas, ao ressignificar suas experiências sexuais no terreno da culpa, ou seja, ao moralizar o prazer (ou o não prazer, a dor), seu discurso atinge níveis engajados de subversão.

Transgressor na aparência, *Ninfomaníaca* é como uma versão de *Emanuelle à la* Von Trier. Ele está mais para um filme de terror psicológico com digressões eróticas do que para um filme pornográfico, como anunciou demasiadamente a imprensa antes do lançamento. O vazio existencial de Joe a coloca incessantemente em busca do princípio de prazer, sublimando-o unicamente em sexo. Contudo, ao fim, em defesa do orgasmo em tom feminista, Joe assume-se ninfomaníaca ao negar ser "curada" por um grupo de "viciadas em sexo". Sua autodeterminação subverte o discurso de vitimização que angariava a si mesma, protagonizando agora sua sexualidade feminina de modo expandido. "Penso que a sexualidade feminina continua a ser um tabu, também porque tem a ver com uma vontade de poder. A sexualidade feminina é poder. Vivemos um processo de emancipação, mas parece que estamos a regredir. Nos anos 70, não ousávamos muito mais? Hoje, todas temos medo."[15]

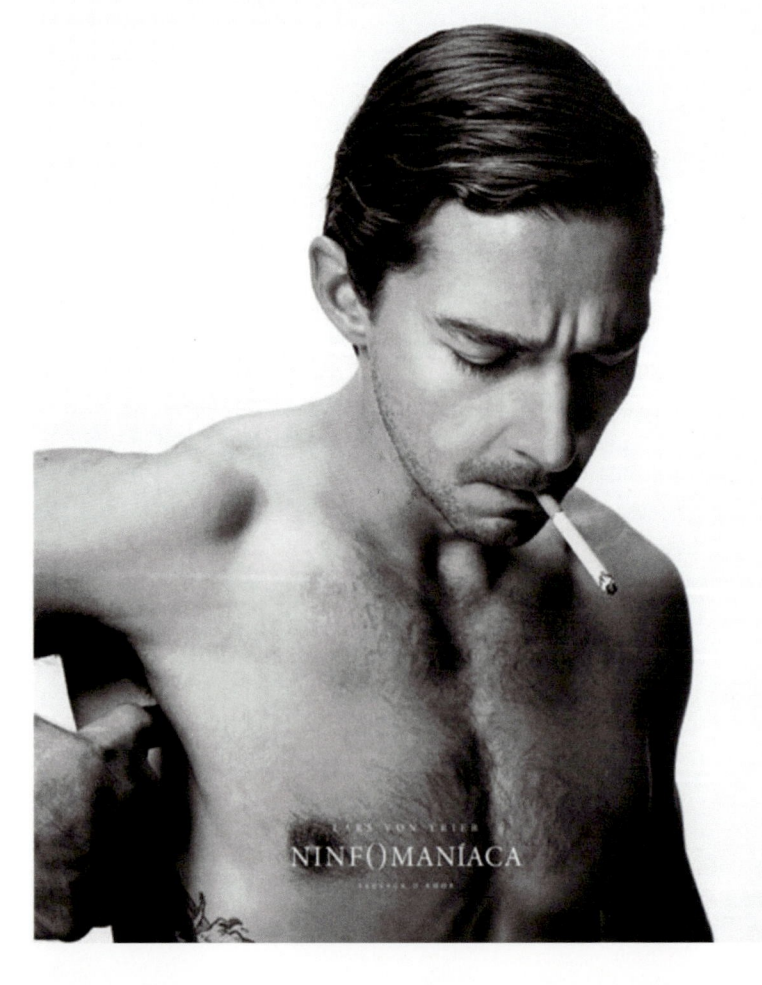

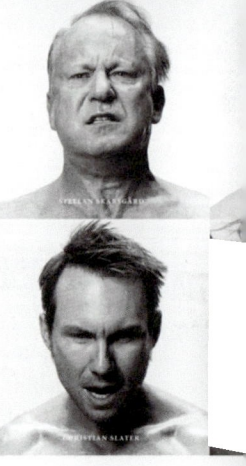

Diferente do "sexo cerebral" de Breillat, do voyeurismo de Brisseau ou mesmo da celebração do gozo em *Shortbus*, de Mitchell, o cinema dogmático de Von Trier, ao aproximar-se do desejo sexual de suas personagens, dota a representação cinematográfica do sexo com os poderes de escândalo e utopia: o sexo como poder libertador num princípio de realidade fatigante mostra-se intenso e complexo. Assim, Von Trier configura o erotismo como um anjo exterminador que se impõe na realidade pelo assalto sexual. Provocador, ele parece deserotizar a pornografia para deflagrar, por meio do sexo, o mal-estar da contemporaneidade e o espírito humano em sua condição mais intimista e pornográfica.

12 Ninfomaníaca (2013): o sexo como confissão e política do desejo

7

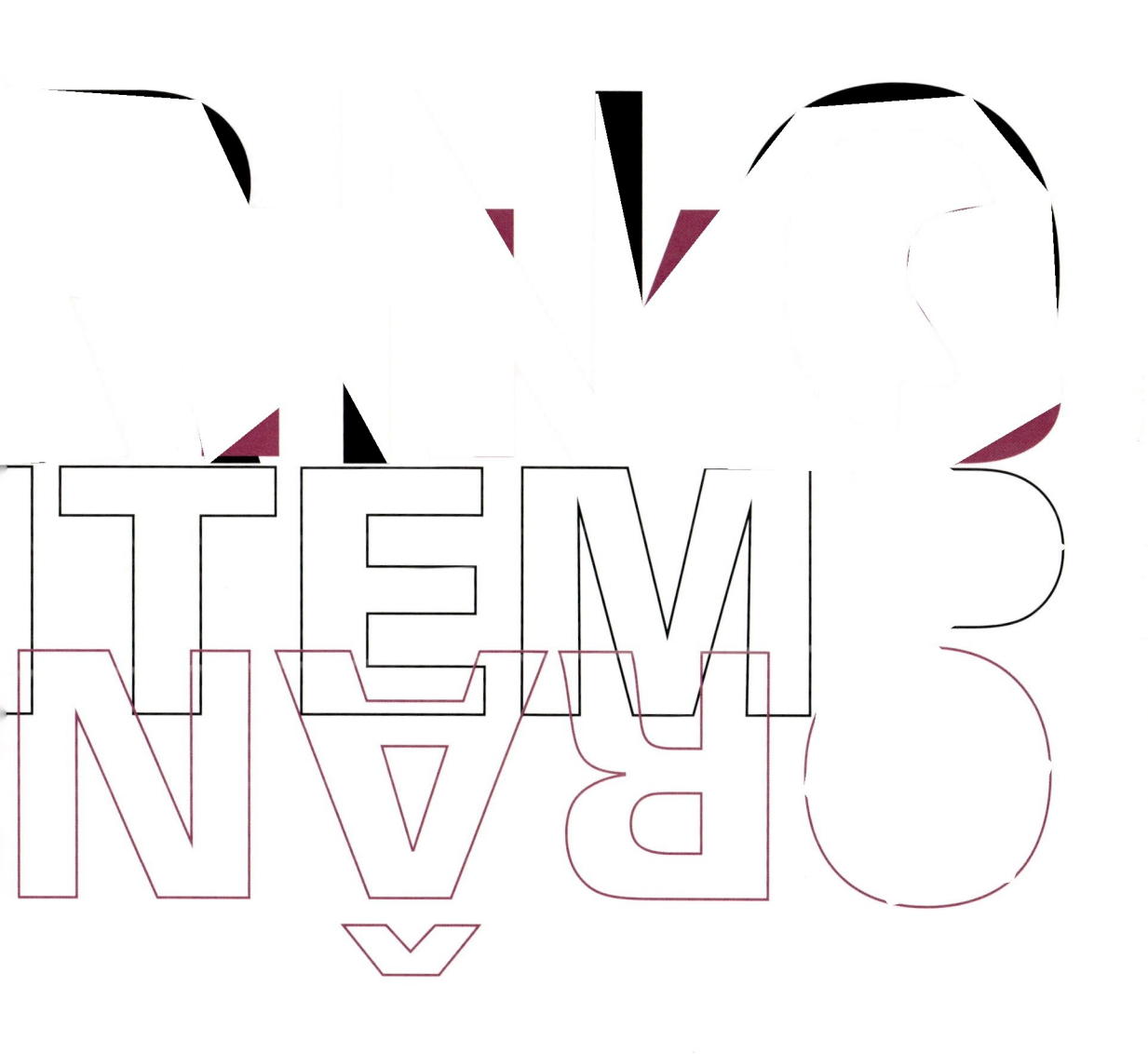

RANKING

ITEM 3

POSTPORNO E AS REPRESENTAÇÕES ALTERNATIVAS DO SEXO

Assim como o cinema alternativo rompeu fronteiras conceituais, morais e estéticas diante da obscenidade e incorporou o pornográfico como discurso em suas produções, nessa primeira década do século XXI, a indústria pornográfica também ampliou sua dialética obscena por meio de novas modelagens estéticas e narrativas. A *intermidialidade* pornográfica aproximou-se mais ainda de outras roupagens cinematográficas (terror, suspense, romance, comédia, documentário, animação[1]), de diferentes mídias (internet, televisão, videoarte, *webcam*, celular, 3D), de diversas intenções narrativas (mais história e menos sexo; *porn art*), e do viés político-sexual (pornografia feminista, pornografia *queer*, pornografia de mulheres para mulheres).

As fronteiras comerciais e de gênero dentro do próprio mercado pornográfico diluíram-se com o advento da internet. O que no passado – início do século XX – era pornográfico e clandestino, hoje é diluído e com outros valores. O que era *hard-core*, hoje é *soft-core*.

Apesar da expansão pornográfica angariar novas frentes estéticas, políticas e sexuais, hoje, a repressão de materiais tidos como obscenos ainda existe, é visível, busca julgar e condenar filmes, fotografias, performances etc. Em 2009, o fotógrafo pornográfico britânico Ben Westwood, filho da estilista Vivienne Westwood, questionou a nova legislação antipornografia do Reino Unido, em vigor desde janeiro de 2009, que via em suas obras uma "pornografia extrema", proibindo a venda de seu *book* de fotos *Fuck Fashion*. E mais: quem adquirisse uma cópia da obra poderia ser condenado a três anos de prisão. Na Inglaterra e no País de Gales, é considerado crime qualquer material que seja de "pornografia extrema". Pela legislação, uma imagem é considera extrema quando for "repulsivamente ofensiva, repugnante ou apresentar características obscenas"[2]. No campo da fotografia, outros artistas contemporâneos foram censurados ou causaram polêmica pelo teor de "pornografia extrema" de suas obras. Em agosto de 2007, o britânico Jonathan Yeo criou um retrato do ex-presidente dos Estados Unidos, George Bush, somente com recortes de imagens pornográficas e expôs a obra na galeria Lazarides, em Londres, Inglaterra. O anatomista alemão Gunther von Hagens, conservou corpos mortos sob a técnica da plastinação, que conserva os tecidos humanos, e depois os expôs em museus de diversas maneiras, mutilações e poses, sendo que algumas delas eram sexuais, como as de coito entre o cadáver-homem e o cadáver-mulher. A exposição de cadáveres rodou por diversos países, inclusive passou pelo Brasil, em 2007, sendo abrigada pela OCA, no Ibirapuera, em São Paulo. Suas obras foram questionadas em alguns países: será ética uma exposição e "espetacularização" da morte, de corpos podres, sem o consentimento das vítimas? É legítimo elaborar uma "pornografia cadavérica" com corpos mutilados? Em setembro de 2007, uma mostra de arte pornográfica com uma imagem de Jesus Cristo e João Paulo II em uma cena de sodomia com outras personagens bíblicas causou polêmica em Madri, Espanha. O arcebispo de Ibiza, Vicente Juan Segura, chegou a exigir a suspensão da exposição do artista holandês Ivo Hendriks. Outras censuras modernas recaíram sobre as obras de Spencer Tunick, que, como Hagens, prefere o desejo associado ao corpo asséptico, sem interatividade erótica, em um amontoado de corpos despidos de desejo autônomo, erotizados pela estética *clean*. Fotografias de Larry Clark, Cosimo Cavallaro, Nan Goldin,

Rodrigo Braga e até mesmo uma série de desenhos eróticos de Pablo Picasso foram censurados em galerias contemporâneas.

Por isso que o efeito obsceno que a pornografia proporciona alia-se aos critérios culturais de cada sociedade. Ela se reinventa, acompanha o desenvolvimento das tecnologias, incorpora a moral da época para subvertê-la.

Na história de sua invenção, segundo estudos de Lynn Hunt, a pornografia desenvolveu-se mediante suporte e possibilidades das tecnologias[3]. A começar pela euforia cultural do renascimento e com a inovação tecnológica ocorrida nas artes gráficas que possibilitaram a impressão e a difusão de imagens e textos obscenos antes restritos a um pequeno grupo de elite. A pornografia então se populariza e, consequentemente, aporta um novo mercado consumidor, de acordo com ensaio de Américo Ricardo Moreira Almeida:

> É fundamental compreender que a pornografia foi um fenômeno resultante de uma inovação tecnológica – a possibilidade de reproduzir em massa textos e imagens de conteúdo "sexualmente sugestivo" – cujo crescimento acompanhou a evolução política da Europa, do renascimento à Revolução Francesa, até os primeiros governos eleitos pelo voto popular. Assim, a pornografia acompanhou de perto a propagação da palavra impressa e o próprio desenvolvimento da modernidade. A pornografia é de fato um fenômeno de mercado.[4]

1   Corpos digitais em ação sexual virtual –
    do **Porntube**.

2 We Live in Public, de Ondi Timoner.

Nesse sentido, como aparato, a tecnologia alia-se à pornografia como forma estética e dispositivo difusor. Hoje, com a internet e as facilidades das câmeras digitais, novas modalidades pornográficas são criadas na virtualidade. O culto ao amadorismo impõe o mote da experiência "real, radical e verdadeira" em prol do ineditismo, do flagra, da "vontade de verdade", do lucro, da permanência no mercado, e da audiência, evidente. Vide algumas notícias em *sites* brasileiros: "Canal Adulto Exibe *Reality Show* de Sexo Explícito"; "Canadenses Ganham Canal Pornô de Produção Doméstica"; "Adolescentes Filmam Relações Sexuais para Competir na Rede"; "Ator Transa com Escolhidos na Internet"; "Escândalos Sexuais Invadem o Mundo Virtual de Second Life"[5]. E também alguns projetos virtuais como: *Quiet: We Live in Public* (Silêncio: Nós Vivemos em Público, 2009); *Young American Bodies* (2006); *Real People, Real Life, Real Sex* (2006); *Barcelona Sex Project* (2007); e *Blue Artichoke Films* (2004-2014).

Chamado de o Warhol da *web*, Josh Harris criou o *Quiet: We Live in Public*, que consistia em uma casa autônoma, antissocial, isolada em um espaço subterrâneo onde as pessoas submetiam seu cotidiano a câmeras de vigilância durante um mês. Depois, ele próprio se isolou lá para perceber a experiência de "laboratório". Em seguida, reuniu as 5 mil horas gravadas e editou um retrato daquilo que seria, em sua óptica, a evolução da *web* e o modo como as redes sociais moldam o comportamento e a subjetividade dos indivíduos. Nas cenas, o retrato da "vida real": carência, alimentação, afetividade, sexualidade, relação sexual, higiene pessoal, escatologia etc. O filme, dirigido por Ondi Timoner, ganhou o grande prêmio do júri de melhor documentário no Sundance Film Festival em 2010. Já *Young American Bodies* é uma espécie de *webshow* sexual, coordenado por Joe Swanberg e Kris Swanberg, que acompanha relacionamentos amorosos e sexuais de jovens de Chicago, Estados Unidos. Geralmente os casais estão em crise sexual. É como uma série em episódios em que as personagens reais relatam seus problemas e depois praticam sexo (mostrado explicitamente) para "comprovar" que melhoraram a performance. *Real People, Real Life, Real Sex* tem direção de Tony Comstock e mostra o dia a dia sexual na vida de casais que expõem explicitamente os problemas sexuais com seus parceiros. *Barcelona Sex Project* é um webdocumentário dirigido por Erika Lust que aborda jovens da noite barcelonense, que, à vontade diante das câmeras, falam sobre sua intimidade, fantasias e terminam se masturbando até o clímax final. *Blue Artichoke Films* traz um grupo de webcineastas dedicado à produção de pornografia artística e feminista dirigido por Jennifer Lyon Bell, que pretende retratar a sexualidade de um modo "emocionalmente realista". O grupo já produziu *Skin Like Sun* (*Des jours plus belles que la nuit*) (2009), *Headshot* (2006) e *Matineé* (2009).

Além dessas produções, as *webcams* privadas modelam uma nova metodologia do prazer da visualidade do sexo: indivíduos, casais ou grupos se expõem explicitamente na tela mediante a percepção do rompimento da quarta parede, sabem que há alguém os mirando e se masturbando; assim, fazem sexo e se masturbam para alguém que quer vê-los nesse jogo virtual. Há uma diferença sutil quanto ao dispositivo da sexualidade mediado pela pornografia tradicional e pelo amadorismo virtual: no *hard-core* convencional, os atores fazem sexo porque estão em um filme que será montado e comercializado e porque sabem que um espectador vai consumir o vídeo. Já nos vídeos *amadores* da internet, filmados sem intenções comerciais, o sexo aparece como prazer visual da exposição amadora, ora anônima, ora permeada pela interação com outros usuários *on-line*. A tecnologia da internet, além de possibilitar essa exposição sexual, permite a quebra consciente da "quarta parede": muitas vezes, a ação sexual só existe por conta das câmeras ligadas *on-line* que vão flagrar ao vivo a exposição sexual. Embora isso aparente maior realismo e "verdade", esses vídeos amadores não são como flagras espontâneos, pois dependem do aparato tecnológico ligado, *on-line*, e com boa conexão para existir *naquele momento*. Já os vídeos flagrantes com câmera escondida, documentam de fato uma relação sexual sem que os envolvidos saibam e recebam influência do dispositivo tecnológico naquele ato.

Ainda no mundo virtual, alguns projetos procuram trazer novas visualidades do sexo, além da *hard-core* tradicional: *Beautiful Agony: Facettes de la petite mort* (2004) é um *site* que compila diversos filmes, unitários, divididos em duas seções, uma de homens e outra de mulheres. Os vídeos têm duração curta, de três a oito minutos, trazem um plano-sequência em *close* do rosto do retratado em seu ato masturbatório. A câmera flagra apenas a expressão de orgasmo, simulada ou não, durante o ato sexual individual. Não há a imagem dos genitais nem *cum shot*, apenas detalhes do rosto expressivo que, por vezes, nos remete ao orgasmo (a pequena morte do título, em francês), com gemidos e suspiros de prazer. Os criadores definem o *site* como "*hard-core* sem nudez", cujos vídeos são colaborativos. O *site* remonta à obscenidade da imagem segundo André Bazin, que associa a impossibilidade de registrar a totalidade do orgasmo e da morte. Por outro lado, os filmes não trazem necessariamente orgasmos, mas "imagens de orgasmos". Não sabemos de fato se estão ou não tendo um orgasmo, tal como a ambiguidade do filme *Blow job* (1964), de Andy Warhol, que só focaliza o rosto de um rapaz no suposto ato da felação. De algum modo, o *site* nos faz questionar o próprio estatuto da imagem pornográfica tradicional. O espectador torce para que a câmera não focalize o prazer facial e mostre os genitais em ação sexual, como no *hard-core* convencional. Mas a câmera fica lá, fixa no rosto, provocando a imaginação pornográfica em sua "representação do prazer visual", nos termos de Linda Williams.

Outras modalidades pornográficas discursam sobre o caráter da exclusividade, do "nunca visto antes", da interatividade – intenções possíveis graças à tecnologia digital que remodelou a exposição do sexo, digitalizado em *pixel*. No filme *IPorno* (2010), da Hotgold, principal produtora de filmes pornográficos em Portugal, o espectador tem a opção de escolher no DVD as personagens e suas parceiras. No modismo do 3D, embora não seja inédita no mundo pornográfico, a técnica procura agora na pornografia imagens e sensações em três dimensões. Estreou em 2011 a megaprodução *Rou pu tuan: Ji Le bao jian* (Paixão e Êxtase), dirigida por Cristopher Sun, com custo de produção de 3,2 milhões de dólares. O filme trouxe no elenco as atrizes japonesas Yukiko Suo e Saori Hara, e inspirou-se no clássico conto erótico chinês "O Tapete de Oração Carnal" (1634) para contar a saga de um jovem e seu amigo duque pelo mundo das orgias. A empresa Hustler trabalha atualmente em uma sátira pornográfica em 3D do filme *Avatar* (2009), de James Cameron; o diretor italiano Tinto Brass planeja um *remake* 3D de *Calígula*, 1979; e o cineasta franco--argentino Gaspar Noé produziu *Love* (2015), com cenas de sexo e ejaculação em 3D.

Essa "produção de discurso", cujos princípios de ineditismo e imediatismo (o aqui e agora/*on-line*) estão previstos no *script* ou na intencionalidade do participante que dispõe sua *webcam* ao público, cria a impressão de que a pornografia virtual é sempre inédita: a cada nova imagem, um novo universo obsceno. Para Michel Foucault, essa lógica de produção do discurso controlado, que podemos aplicar ao caso da pornografia virtual, organiza uma narrativa no meio do caos digital, na tentativa de ser coerente e ordenada com a intenção obscena, inédita. Como suporte nas redes ADSL, de internet a cabo, que permitem baixar conteúdos digitais ou acelerar a conexão, é comum, por exemplo, *shows* sexuais ao vivo, para o espectador que estiver *on-line*; há *show* genital e até mesmo supostas cenas com "perda da virgindade" ao vivo de atrizes e atores iniciantes. Tudo nos leva a crer que se trata de uma trucagem elaborada dos *sites* pagos que lucram com os consumidores excitados.

Assim, nos dizeres de Jorge Leite Jr., a pornografia como "excitação sexual de seu público como única motivação e um fim em si mesma"[6], definição originária do fim do século XIX, embora remonte à noção, surgida no século XVI, de material com conteúdo obsceno para a excitação ou a blasfêmia, ampliou-se na contemporaneidade. Cineastas feministas, lésbicas, gays, videoartistas, artistas engajados nas políticas LGBT, experimentais, todos projetam pornografias híbridas sem *unicamente* o intuito da excitação em filmes como *La Orina y el Relámpago* (2003), de Hermanos Lapiedra; *Perfect Day* (2010), de Juanma Carrillo e Félix Fernández; *Sehpargonrop* (2009), de Luc Notsnad; *J'fais du porno et j'aime ça* (2009), de Murielle Scherre; *C'est arrivé près de chez vous* (Aconteceu Perto da Sua Casa, 1992), de Rémy Belvaux e André Bonzel; e *Bramadero* (2007), de Julián Hernández; além dos curtas do português Antonio da Silva (*Mates, Gingers, Bankers, Daddies, Julian*) e do brasileiro Dácio Pinheiro (*Transtarah, Etzudah* e *Mumtarah*) – que misturaram sexo explícito, videoarte, vanguarda, arte performática, estética *kitsch*, discurso político etc.

Conforme adiantou Román Gubern, diferentemente do *hard-core* convencional que privilegia o mostrar sobre o narrar, a "pornografia alternativa"[7] distancia-se bastante do caráter documental fisiológico para prolongar os argumentos dramáticos. O pornógrafo Russ Meyer comentou que a história nunca devia interromper a ação sexual. É justamente isso que a pornografia alternativa tem feito: as cenas sexuais estão subordinadas às cenas ficcionais/reais. No ato sexual, os casais interrompem a ação, conversam, divagam, perdem a ereção, discutem relação e transam como em uma relação "não pornográfica", como em *I Want Your Love* (Eu Quero Seu Amor, 2010), de Travis Mathew, ou mesmo em *Blue Movie* (1968), de Andy Warhol, que já continha todos esses indícios e a intenção de narrar a ação sexual em vez de unicamente mostrá-la.

Desde o fim da década de 1970, visões diferenciadas de feministas vieram à tona. A então atriz pornô Candida Royalle foi pioneira quando decidiu produzir pornografia alternativa para as mulheres: "Queria ver homens que parecessem ter cérebro, e não apenas um pênis ereto. E que se preocupassem em dar prazer às parceiras."[8] Nos anos de 1980, ela montou sua própria produtora e distribuidora, a Femme Productions, que estreou *Three Daughters* (Três Filhas, 1986), filme sobre as descobertas sexuais de três irmãs. Desde então, muitas cineastas fizeram seus próprios filmes pornográficos e documentais com aval ideológico de sua posição diante do erotismo. Romperam com a hegemonia machista representativa do desejo sexual: o protagonismo era das mulheres, tanto na ação sexual como na erótica da cena. O documentário *Filming Desire: A Journey Through Women's Film* (Filmando o Desejo, 2000), de Marie Mandy, questionou, por exemplo, como as cineastas até então filmaram o amor, o desejo e a sexualidade, a partir de trechos de filmes e de entrevistas com diretoras como Sally Potter, Agnès Varda, Catherine Breillat, Doris Dörrie, Moufida Tlatli e Jane Campion.

Adiante, nos anos de 1990, com a incursão de Linda Williams e seus estudos pornográficos no meio acadêmico, outra visão a respeito da pornografia tradicional foi construída: para ela, na pornografia pós-*Garganta Profunda* (1972), as mulheres reivindicavam o prazer do orgasmo e rompiam tabus, por exemplo, no filme *Sex-akademiet* (*Femi-X and Beyond*, 2004), de Nicolas Barbano, que mostra a compreensão das mulheres quanto à própria sexualidade. Linda Williams questiona as feministas que criticam o *hard-core* convencional: "Creio que as mulheres feministas têm de entender que a pornografia é o único gênero cinematográfico em que a mulher não se castiga por buscar o prazer sexual."[9] Freixas e Bassa acrescentam que a pornografia erradica o papel tradicional e passivo da mulher, além de destituir o conceito de família, casamento, casal heterossexual[10].

3 Travis Matthews e o registro da intimidade sexual.

4 Livro-guia de Erika Lust, cineasta que filma na perspectiva do desejo das mulheres.

A pornógrafa Erika Lust alertou que era chegada a hora de clamar entre as vozes feministas por uma representação do sexo positiva, liberal e sem censuras. Ela e outras cineastas como Anna Brownfield, produtora da Poison Apple Productions, lançaram reflexões escritas e visuais acerca da representação do sexo na pornografia feita para as mulheres, lésbicas ou não. Lust lançou o livro *Pornô Para Mujeres* (2008), com o histórico da pornografia e as bases teóricas e estéticas para um cinema pós-pornô feminista, que busca reconstruir uma nova representação do desejo sexual mediante novos parâmetros, de modo *queer*, ou seja, sem classificar as sexualidades, falando de todas de modo amplo, complexo. A teoria *queer* aborda as práticas sexuais sem os binômios opositivos homossexual/heterossexual, mulher/homem, passivo/ativo; ela reflete sobre as possibilidades do desejo e de suas práticas. Interroga, assim, os processos socioculturais que produzem e legitimam as identidades sexuais transgressoras. Segundo apontamento de Nádia Perez Pino:

> Os estudos *queer* emergem na década de 1980 como uma corrente teórica que colocou em xeque as formas correntes de compreender as identidades sociais. Descendendo teoricamente dos estudos gays e lésbicos, da teoria feminista, da sociologia do desvio norte-americana e do pós-estruturalismo francês, a teoria *queer* surge em um momento de reavaliação crítica da política de identidades. Assim, busca evidenciar como conhecimentos e práticas sexualizam corpos, desejos, identidades e instituições sociais numa organização fundada na heterossexualidade compulsória (obrigação social de se relacionar amorosa e sexualmente com pessoas do sexo oposto) e na heteronormatividade (enquadramento de todas as relações – mesmo as supostamente inaceitáveis entre pessoas do mesmo sexo – em um binarismo de gênero que organiza suas práticas, atos e desejos a partir do modelo do casal heterossexual reprodutivo).[11]

A cineasta María Llopis considera a vertente *queer* aplicada ao cinema como uma luta por uma sexualidade inclassificável, ampla, sem rótulos. Para ela, o *postporno* traz "uma reflexão crítica sobre o discurso pornográfico"[12], uma vez que a pornografia convencional gera um tipo de prazer e de gozo já conhecidos; o *postporno* impõe novos parâmetros de percepção ao romper a estrutura tradicional de representação do sexo que, segundo Llopis, se adapta ao ritmo de excitação masculina.

> O *postporno* é a cristalização das lutas gays e lésbicas das últimas décadas, do movimento *queer*, da reivindicação da prostituição dentro do feminismo, do pós-feminismo e de todos os feminismos políticos transgressores, da cultura *punk* anticapitalista etc. É a apropriação de um gênero, o da representação explícita do sexo, que tem sido até então monopolizado pela indústria.[13]

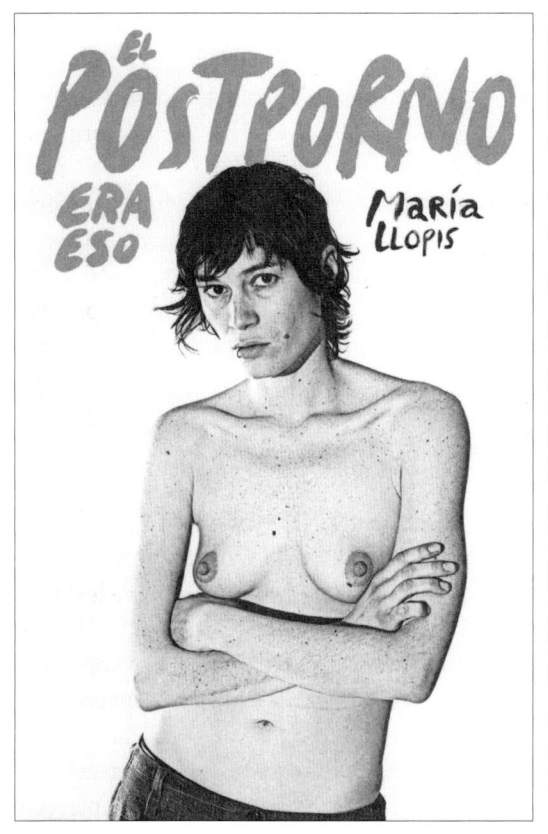

5   María Llopis, **El Postporno Era Eso**.
6   (dir.) Cartaz do filme **Dirty Diaries** que indica "repensar a pornografia: 12 diretoras, 12 intenções".

A abordagem *queer* expandida, contrassexual, provocada por Beatriz Preciado, aproxima-se das visões *postporn* por reconhecer o corpo em sua autônoma política do prazer: um corpo-político de resistência ao sexo biologizante, como um centro que arquiteta o sexo como dispositivo transgressor de "desconstrução sistemática da naturalização das práticas sexuais e do sistema de gênero". Ao proclamar a equivalência, e não a igualdade, dos corpos-políticos na busca do prazer-saber, a contrassexualidade, ancorada em Foucault para superá-lo, acredita que "a forma mais eficaz de resistência à produção disciplinar da sexualidade em nossas sociedades liberais não é a luta contra a proibição (como aquela proposta pelos movimentos de liberação sexual antirrepressivos dos anos de 1970), e sim a contraprodutividade, isto é, a produção de formas de prazer-saber-alternativas à sexualidade moderna". Para Preciado, "a contrassexualidade […] apela a uma queerização urgente da "natureza"[14].

Na pluralidade alternativa de abordagem do desejo sexual, seguiram as cineastas Mia Engberg, que produziu *Diários Safados* (2009), coleção de trinta curtas-metragens erótico-pornográficos feitos por feministas suecas; Petra Joy, que dirigiu *Feeling it* (Sentindo, Não Fingindo, 2007), em que oito mulheres interpretam suas fantasias e, na encenação, atingem de fato o orgasmo; Lust, que fez *Five Hot Stories for Her* (Cinco Histórias Para Elas, 2007), série com curtas-metragens pornográficos com cenas focadas nas fantasias eróticas das mulheres protagonistas; Virginie Despentes, que dirigiu um documentário sobre a história do pornô *punk* feminista, em 2009; além da série televisiva *X-Femmes* (2008-2009), uma produção do Canal Plus, na França, que convidou diferentes cineastas mulheres para dirigirem diversos curtas-metragens com imaginação pornográfica feminina.

Em 1998, a dinamarquesa Lene Børglum, vinculada à produtora de Lars von Trier, a Zentropa Films, publicou o Puzzy Power Manifesto, seguido de três filmes-tese que atendiam aos dogmas pornôs: *Constance* (1998), de Knud Vesterskov; *Pink Prison* (1999), de Lisbeth Lynghøft; *Tudo Sobre Anna* (2005), de Jessica Nilsson. O manifesto tratou de uma declaração das mulheres sobre algumas premissas obrigatórias em filmes pornográficos:

> O sexo não deve ser mostrado de forma perturbadora ou agressiva, mas charmosa e atrativa. [...] Evitaremos situações sexuais que possam induzir a atividades sexuais abusivas ou qualquer forma de sexo feita sem consentimento, degradante e desumanizadora. O sexo de todo modo deve aparecer como parte integrante da história e das relações entre as personagens. [...] Sentimentos, paixões, sensualidade, intimidade e preliminares devem ser enfatizadas. Os filmes devem ser baseados no prazer da mulher e do desejo. Os filmes devem ter sequências [...] ligadas por uma lógica de emoções, fantasias, paixões, para que possamos nos identificar com as personagens e o que acontece entre elas. O enredo deve ser algo erótico[15].

De fato, grande parte dos filmes citados acima, assim como os do cineasta Matthews, distanciam-se da pornografia *hard-core* convencional, miram mais detalhes sexuais e exploram o desejo *na cena*, não se limitam somente aos genitais.

No discurso *queer postporn*, há uma radical reapropriação do dispositivo pornográfico pelos discursos marginais e sexualidades marginalizadas. As sexualidades são vistas não somente por meio de suas práticas sexuais, mas como parte da "biopolítica" dos corpos e de regulamentação da vida. Essa normalização das sexualidades, comum na pornografia tradicional ou *mainstream*, é rompida (ou tenta-se isso, ao menos) e ressignificada em outras formas de representações alternativas, com inspiração e sentido próprios, sem foco nos binômios pornografia/antipornografia; gay/hétero; erotismo/pornografia; masculino/feminino. De certa forma, esse movimento

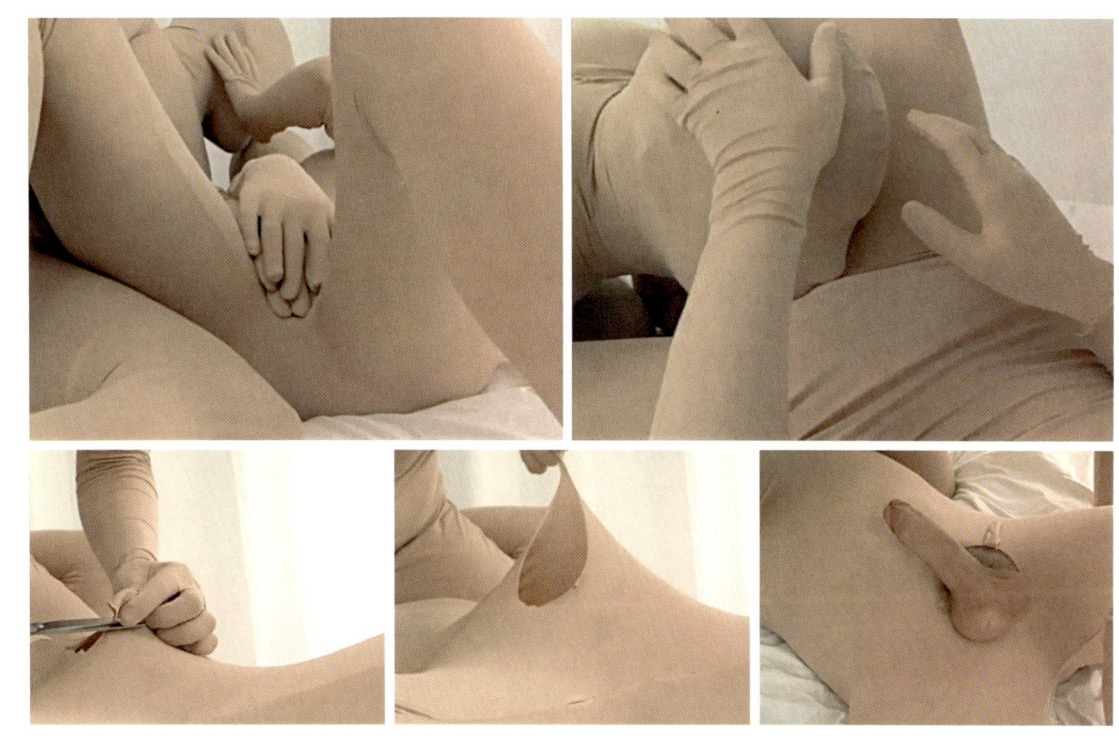

7 Curta-metragem "Skin", que integra o filme **Five Hot Stories for Her** (2007).

postporn remodelou a forma de encarar, produzir e sentir a pornografia, transformando o dispositivo pornográfico em espaço de prazer, subversão das identidades sexuais e gêneros, espaço para a configuração de representações de práticas sexuais, prazeres e afetos *outsiders*, inclusive os tidos como "bizarros", uma contrabiopolítica.

Nessa amplitude *queer* é que os cineastas adotaram mais abertamente o pornográfico em suas produções para repensar o caminho da pornografia convencional. O cineasta francês Christophe Honoré levou o ator François Sagat, famoso ator do cinema pornográfico gay, para o centro da trama do filme *Homme au bain* (Homem ao Banho, 2010). O mesmo fez Bruce LaBruce, pornógrafo canadense, em *L.A. Zombie* (2010), em que Sagat protagoniza um zumbi gay. Sobre sua participação no filme de Honoré, um jornalista de Portugal estampou a notícia de capa: "Corpo Pornô em Filme Decente", como se a pornografia fosse "indecente", menor, suja. Depois emendou: "Pela primeira vez é filmado como pessoa, não como o capital sexual em estado bruto."[16] Para Honoré, trazer um ator pornô para dentro do *mainstream* é político e estético no âmbito das sexualidades: Sagat "redefine a noção de virilidade" não apenas pela musculatura desenvolta e empenho sexual na pornografia, mas "pela ideia de corpo que ele cultiva e constrói"[17]. Pois, para ele, a questão era como representar visualmente a sexualidade:

Em *Homem no Banho* o objetivo era a homossexualidade, ter ao mesmo tempo as cenas cruas, sinceras, sobre as relações entre homens, e os sentimentos, uma espécie de virilidade em repouso. [...] A representação da sexualidade sempre foi trabalhada de forma diferente por vários cineastas. Mas relativamente à homossexualidade, ainda não foram feitos muitos filmes. Não é exatamente a mesma coisa termos dois rapazes fazendo amor do que termos um rapaz e uma moça. Não tinha, de todo, vontade de filmar pessoas que fizessem amor e mais nada. Interessava-me mostrar que a homossexualidade é muito plural, que existem muitos corpos diferentes. Fui buscar o François Sagat, que é uma imagem masculina muito forte e que se tornou na representação clichê da homossexualidade. Quis confrontá-lo com corpos atuais, que são muito diferentes e não se encontram no mesmo registro. Quis construir uma ficção à volta disso e contar, ao mesmo tempo, aquilo que é um sentimento amoroso quando se filma muito sexo. Penso que é um filme muito doce. Estou no exato oposto daquilo que são cineastas provocadores como Bruce LaBruce ou Catherine Breillat.[18]

Ainda na perspectiva *queer*, o ótimo projeto coletivo [SSEX BBOX] - *Sexualidade Fora Da Caixa*, que teve início em 2011 com uma série de web-documentá-

FRANÇOIS SAGAT CHIARA MASTROIANNI
HOMME AU BAIN
UN FILM DE CHRISTOPHE HONORÉ

LOCARNO 2010
EN COMPETITION

rios por São Paulo, São Francisco, Berlim e Barcelona, propõe novas formas não convencionais e irreverentes de se perceber e representar o sexo, as sexualidades e os gêneros em temas que vão do poliamor ao *sex positive* (positividade em relação ao sexo). Os filmes procuram legitimar justiça social e criar consciência sexual em vários países.

Em Portugal, o cineasta e artista plástico João Pedro Vale concebeu o longa-metragem *Hero, Captain and Stranger* (2009), filme pornográfico estilizado em preto-e-branco cujo principal foco quanto à sexualidade era o de:

criar uma situação em que as personagens não tivessem de ser homossexuais, mas relatar uma espécie de sexualidade que surgia pelo fato de permanecerem isolados, muitas vezes quase durante três anos, no mesmo barco antes de voltarem para casa. Uma sexualidade talvez igual à dos reclusos de

8   Homem ao Banho (Homme Au Bain, 2010), de Christophe Honoré.

Un Chant d'amour (1950). A ideia sempre foi a de que o sexo surgisse de uma forma natural, quase animal, sem uma grande encenação[19].

O uso da pornografia surgiu como encenação do tempo ocioso, dos "tempos mortos" e do aborrecimento. A abordagem estética e dramática do filme embaralha os sentidos da pornografia tradicional. "O que procurei foi tentar misturar diferentes linguagens distintas e recorrer a diferentes gêneros", diz. Assim, é pornográfico *hard-core* apenas no sentido da exibição realista da excitação sexual, contudo se difere em todo o restante, inclusive na estética dessa exibição. É estilizado, preto e branco, vagaroso, com plano-sequência de muitas cenas sexuais (algo raro na pornografia tradicional), quase não há cortes, durante as cenas sexuais há leitura em *off* de trechos de *Moby Dick or the Whale* (1851), de Herman Melville; há demonstrações de afeto nas cenas sexuais (os rapazes se abraçam, beijam-se, trocam carícias); e há ainda algumas cenas estilizadas de simbolismos: a masturbação ao lado de um altar composto só de velas fálicas acesas, em formatos de pênis eretos, incendiando-se de desejo; ou mesmo a cena dos rapazes limpando o chão em um ritmo frenético como se fosse uma relação mútua de entrega, chegando ao fim com muita espuma branca. A trilha sonora é uma composição original improvisada com base na canção "Moby Dick" (1969) da banda britânica Led Zeppelin.

> Optei por estilizar o sexo uma vez que para mim era importante trabalhar sobre a ideia de aborrecimento. A pornografia surgia como algo que ainda pode ser considerado monótono e que os espectadores já sabem como termina, mas continua a prender a atenção do espectador. Foi estilizado porque pretendia criar diferentes reações no público ao longo do filme. [...] testar uma certa resistência.[20]

O filme foi escrito e realizado por Vale, em parceria com Nuno Alexandre Ferreira, e inspira-se no livro *Moby Dick or the Whale* para relatar as aventuras a bordo de um navio baleeiro com vários homens lá dentro, confinados em sua própria solidão sexual. "Nenhum homem gosta de dormir com outro homem. Não sei por que, mas o sono prefere a solidão", conclama uma das personagens. O filme baseia-se ainda em uma versão pornográfica segundo as categorias sexuais definidas por Robert K. Martin no livro *Hero, Captain, and Stranger: Male Friendship, Social Critique, and Literary Form in the Sea Novels of Herman Melville* (1986). Estilizado em preto e branco, o longa traz a voz *off* e mesmo a presença de um narrador que vai lendo partes intercaladas do livro com cenas experimentais e eróticas que remetem ao estilo fílmico de Jean Genet, Kenneth Anger e Andy Warhol. No filme de Vale, as personagens mergulham em um erotismo espontâneo, praticam sexo – representado em cenas de masturbação, sexo anal e oral, beijos e sexo grupal – e não se apegam a quaisquer formas de moralismo perante o desejo.

Outro cineasta português, João Pedro Rodrigues, questionou o rótulo de cinema gay, a representação convencional do sexo no cinema e defendeu um cinema mais complexo, em que as motivações sexuais "pedissem" as cenas sexuais, explícitas ou não[21].

> Para mim, o cinema é mais profundo, mais íntimo. Eu filmei O *Fantasma* como achei que era necessário. E não me interessa a militância; não me interessa o cinema gay. O que me importa é o cinema. E ele existe. Não faço filmes para um público gay. Irrita-me essa especialização. Não me interessa me especializar numa via sexual. Interessa-me apenas que as pessoas acreditem nas personagens que falo.[22]

Nascido na cidade de Lisboa, Portugal, Rodrigues passou a juventude estudando o corpo humano, na faculdade de biologia, mas logo seu interesse pelo cinema projetou-o para as sessões de filmes da Cinemateca Portuguesa, em Lisboa, e, adiante, para a Escola Superior de Teatro e Cinema do Instituto Politécnico de Lisboa (ESTC-IPL), onde concluiu o curso em 1989. Desde então trabalhou na área, como assistente de realização e assistente de montagem, dirigindo seu primeiro curta-metragem, *Parabéns!*, em 1997, sobre o *post coitum* de dois amantes homens. Depois, em 2000, realizou seu primeiro longa-metragem, *O Fantasma*, que recebeu diversos prêmios em festivais de cinema. Em 2005, fez *Odete*, longa-metragem que ganhou uma menção especial dos Cinémas de Recherche, Quinzaine des Réalisateurs (Quinzena dos Realizadores), em Cannes, França, e, em 2009, estreou *Morrer Como um Homem*, o filme escolhido como candidato português à nomeação para o Oscar de 2011. Os dois últimos retomam a questão do desejo sexual, de modo sombrio, por meio da morte, do luto e da rejeição amorosa. *O Fantasma* merece destaque pela abordagem sexual explícita. O filme mostra a rotina vazia da personagem Sérgio, catador de lixo pelas ruas noturnas de uma Lisboa marginal, não turística, que vive em busca de um grande amor. Guiado por uma libido intensa, ele mantém relações sexuais com anônimos nas ruas, em banheiros públicos e vestiários. Seu desejo passa pelo corpo e, por isso, Rodrigues mostra sua personagem excitada, pois a dimensão física explícita de seu sexo representa o totalitarismo do desejo.

> O que me interessa é filmar o corpo, o desejo e o sexo. Não sei se em todos os meus filmes haverá sexo explícito. Para contar essa história achei que teria de filmar o ato sexual. Uma coisa que me aborrece imensamente como espectador é estar a ver uma cena num filme em que as personagens estão aos beijinhos, enrolam-se e, depois, corta-se. Isso é uma seca. Por que é que não se há de mostrar? Quem disse que o ato sexual é uma coisa feia? Não é! Não digo que não seja preciso reaprender a filmar o sexo, sobretudo de uma forma como nunca foi filmado.

E não é nada fácil. [...] Como é que filmamos a nudez, o sexo? Tentei filmá-los como outra coisa qualquer, exatamente da mesma maneira de outras cenas. O princípio foi o da objetividade. Acho mais erótica essa abordagem das coisas filmadas de modo mais frio. A pornografia ou é algo de exaustivo, que nunca mais acaba, repetitiva, ou então é uma coisa filmada para querer introduzir o espectador para dentro do filme. Ela é muito inquisitiva em relação ao sexo. O voyeurismo ocorre de uma maneira muito grosseira. Acho muito chato. Sinceramente filmei o sexo como filmei uma mão, como uma parte do corpo humano.[23]

Embora preenchido de sexo, o corpo de Sérgio é fatigado pelo próprio desejo e pela insatisfação dele. Desejo que atormenta, desejo que o faz refém do próprio corpo. Ele chega por fim ao "corpo da morte", do qual comenta na entrevista. Um corpo abandonado, rejeitado e rumo à dejeção, à tristonha redenção final quando Sérgio veste-se com uma roupa de látex preto, enjaula seu desejo no corpo e parte pelo mundo metafísico como um fantasma em busca de algo além da excitação. Ele conclui que o amor é um caçador solitário, como bem notou um crítico português:

> Em *O Fantasma*, o desejo é totalitário, o sexo não tem limites e o voyeurismo a que se apela o espectador é o mesmo de um filme pornográfico. [...] Há sempre a expectativa em relação ao que mais pode acontecer e ao que mais pode ser acrescentado, tudo ali é "fodível". Como no pornô, os cenários mudam – camas, grades, casas de banho públicas. Objetos e personagens aparecem para concretizarem a expectativa de aura "fetichista". O maquinismo é angustiante, sem saída. É esse percurso, muito próximo da impotência, de Sérgio, cantoneiro de profissão, que percorre os labirintos do lixo de Lisboa, limpando a cidade, em rotas "que ninguém conhece porque ninguém se interessa por elas", dos despojos que os outros deixaram. É isso que faz dele uma presença invisível, um "fantasma". Mas isso é apenas o início, a marca de um processo de "desmaterialização" a que vai ser submetida a personagem.[24]

Rodrigues representa uma nova cinematografia lusitana, mais ousada, erotizada, plural e *queer*. *O Fantasma* passou em diversos festivais do mundo todo, foi taxado de pornográfico, lixo artístico, obra-prima do novo cinema português, chegando ao ápice do elogio, quando os críticos Gérard Lefort e Olivier Séguret, do jornal francês *Libération*, aclamaram o filme como o "*Pink Narcissus* do terceiro milênio", o "*Un Chant d'amour* contemporâneo"[25].

Na Argentina, uma recente cinematografia *queer* mostra-se *outsider* ao cinema tradicional. Marcelo Piñeyro, Santiago Otheguy, Marco Berger, entre outros, destacam-se na abordagem sexual. Berger nasceu na Argentina, em 1977. Estudou tea-tro e depois ingressou na Fundación Universidad del Cine (FUC, Fundação Universi-dade de Cinema), em Buenos Aires. Em 2007, realizou seu primeiro curta-metragem, *Una Última Voluntad* (Um Último Desejo), filme sobre um homem que, à espera de sua execução, quer realizar seu último desejo: um beijo. Um ano depois, Berger fez outro curta, intitulado *El Reloj* (2008), que acabou sendo selecionado para o Ciné-fondation do Festival de Cannes e para o Sundance Film Festival. *Plan B* (Plano B, 2009), seu primeiro longa-metragem, projetou a sexualidade como união afetiva entre personagens díspares. O filme mostra como o acaso pode unir sentimentos aparen-temente controversos. Na trama, Bruno arma um plano para que Pablo, seu melhor amigo, distancie-se de sua ex-namorada. Desse jogo entre eles, ocorre a aproximação, que logo explode em uma paixão erótica. O interessante em *Plan B* é que ele expõe a descoberta da identidade sexual de modo espontâneo, ela surpreende as próprias per-sonagens. Mas, diferente do que ocorreria em um filme de conteúdo gay convencio-nal, em que as personagens logo se entregariam à paixão e ao desejo sexual, em *Plan B* há conflito, culpa e medo associados à tensão e ao erotismo. O diretor declarou:

> O erotismo não surge apenas pela tensão na proximidade dos corpos, mas pela impossibilidade do contato (sexual). Em certo momento do filme, os espectadores desejam, mais que os protagonistas, esse contato. Esse é o grande segredo do filme: o desejo é transferido para os espectadores. É como se o desejo do público para que eles estivessem juntos e a tensão pela não concretização desse fato fosse finalmente o que os unisse.[26]

O filme não se restringe à descoberta homoerótica nem a uma identidade gay. Ele aborda as possibilidades do desejo e do afeto, de uma sexualidade plural, *queer* – o que explica, em grande parte, o seu sucesso em festivais de cinema gays e lésbicos de todo o mundo. "O sucesso [...] suponho que seja explicado justamente por isso: é um filme gay que não parece sê-lo. Ele não precisa de um rótulo, é um filme que os gays podem recomendar aos héteros porque vai além da sexualidade, e isso para um gay que quer ser aceito é a melhor coisa que pode acontecer"[27], declarou Berger.

O SEXO COMO METÁFORA: O CINEMA DE BRUCE LABRUCE

No campo estético pornográfico, o trabalho cinematográfico mais radical e autoral – o que não significa que seja o mais complexo – é o do canadense Bruce LaBruce, que criou o movimento *queer core* diferente da abordagem *postporn* de Llopis e Lust, por exemplo. LaBruce declarou:

> Não me considero *postporn*, acho que sou mais *pré-porno*. Estou mais para o pornô dos anos de 1960 e 1970, quando todo pornô gay era feito em 16 mm e todo pornô heterossexual feito em 35 mm. [...] Diria que sou um cineasta *underground* gay, com sensibilidade *punk*, que faz filmes pornográficos de agitação política (*politico-porno agit-prop films!*).[1]

LaBruce nasceu como Justin Stewart, em Southampton, Ontário, Canadá, em 1964. Após concluir o curso de cinema na York University (Universidade York), em Toronto, adotou o nome artístico para projetar seu trabalho visual que fundia suas influências eróticas, de Anger a Warhol, do *hard-core* gay ao estilo *gore* sanguinolento, do movimento *punk* ao cinema político independente. Passou a juventude como quem vivia em um filme de Warhol, vendo enlatados televisivos norte-americanos, cultivando a cinefilia, frequentando casas de amigos fashionistas e *punks*, cultuando o *underground* de Peter Hujar, David Wojnarowicz e Fred Halsted, excitando-se com a pornografia *hard-core* dos anos de 1970. Engajado na política da sexualidade, produziu, ainda jovem, magazines *homopunks* que faziam ode ao movimento *homocore* ou *queer core*, de subversão aos valores sociais, estéticos e sexuais normativos. A tendência era pensar a sexualidade em um âmbito plural, sem categorias, gêneros ou identidades predefinidas. O movimento, segundo ele, funcionava como uma transgressão dentro do próprio universo pornográfico tradicional, espécie de antipornografia. Como escritor, publicou as obras *The Reluctant Pornographer* (1997) e *Bruce LaBruce: Ride Queer, Ride!* (1997), além de ter colaborado para edições de revistas e jornais como *Vice, National Post, BlackBook* e *Butt Magazine*. Como fotógrafo, realizou exposições individuais em galerias renomadas de Vancouver e Toronto no Canadá, Milão na Itália, San Francisco, Los Angeles e Nova York nos Estados Unidos, Berlim na Alemanha, e também em Portugal, sendo muitas delas censuradas por mostrar nudez e excitação sexual.

LaBruce reinventa a ordem das coisas para criar um novo universo pornográfico transgressor à pornografia tradicional massificada, focada unicamente na excitação e no *show* genital. Seu intento é resgatar a tradição da vanguarda gay, de fazer arte pornográfica. Para ele, o sexo explícito e as escatologias são representações concretas em seu cinema, mas também servem como metáforas de comportamentos, sexualidades, afetos e condições sociais.

> Acho que pornografia é arte. Mas só uma pequena porcentagem do pornô é arte. Nos anos 60 e 70, havia artistas e cineastas trabalhando no pornô, então havia coisas interessantes para ver. Hoje, isso é raro. Para ser arte, tem de ter várias camadas possíveis de interpretação e tem de ser algo consciente. Precisa ser algo que gere questionamentos. Precisa, minimamente, não ser exploradora, o que é muito difícil.

Ter senso de humor ajuda, o que é raro no mundo pornô. Ser esperto ajuda, mas isso também é raro.[2]

Em seu cinema, evidenciar o sexo explícito, em um contexto metafórico, também é uma atitude engajada. E exaltar a pornografia em um âmbito diegético é um ato de radicalismo. Para Labruce, a pornografia é aparato político para contestação do *status quo* contemporâneo:

> Acredito que a pornografia é o último bastião da radicalidade gay. Não importa se de forma banal ou desavergonhada, vejo os astros pornôs gays como os últimos guerreiros indóceis da revolução sexual. Chupar um pau ou foder um rabo são ainda representações de tabus no *mainstream*, e é nisso que trabalhar o pornô me interessa. Sempre me interessou estar no proibido, representar o que é dito como não representável. Eu amo um tabu! A indústria do pornô pode estar se tornando aos poucos mais *mainstream*, mas ela ainda está escondida nos cantos. Ainda é uma espécie de estranho mundo secreto.[3]

Em seus primeiros filmes, LaBruce filmava em 8 mm, convidava os próprios amigos para atuarem ou ele mesmo entrava em cena em curtas-metragens experimentais como *Slam* (1989); *Home Movies* (1989); *I Know What It's Like to Be Dead* (1988); e *Boy/Girl* (1987). Seu primeiro longa-metragem, *No Skin Off My Ass* (1991), foi feito em 8 mm e depois transferido para 16 mm. Na trama, LaBruce interpreta um cabeleireiro *punk* apaixonado por Klaus von Brücker, um *skinhead* gay. Com influência da estética warholiana, *Super 8½* (1994), granulado e preto e branco, revelou as crises de um diretor de cinema pornográfico com o próprio ofício. Sua narrativa pornográfica foi aprimorada em *Hustler White* (E o Michê Vestia Branco, 1996), produzido em parceria com o fotógrafo californiano Rick Castro. No elenco, Tony Ward, na época então namorado da cantora Madonna, vive um garoto de programa que é objeto de desejo de Jürgen Anger, um pesquisador alemão (o próprio LaBruce) que vai para os Estados Unidos estudar a prostituição masculina. Em uma das cenas de sexo explícito polêmicas exibidas, uma perna amputada é utilizada como instrumento de excitação. Além do Sundance Film Festival, o filme foi exibido no Festival de Cannes e em mostras de filmes *trash* e *queer*.

Em Londres, LaBruce filmou aquele que seria seu primeiro *hard-core* na tendência *homocore*, *Skin Flick* (Tirando o Couro, 1999). Para o lançamento comercial, o cineasta editou o filme em duas versões, uma *soft-core* e outra *hard-core* – *Skin Gang* –, coproduzida com a produtora pornô Cazzo Film. A trama traz o cotidiano de um grupo de skinheads gays para discutir a fronteira entre a homofobia e a repressão sexual.

A "intifada gay", como definiu LaBruce, atingiu ápice em *The Raspberry Reich* (Exército dos Frutas, 2004), que utilizou a pornografia como investigação da política

MASS**QUEER**RAID ΠΡΟΒΟΛΗ

THE RASPBERRY REICH

ΜΙΑ ΤΑΙΝΙΑ ΤΟΥ
BRUCE LABRUCE

ΠΑΡΑΣΚΕΥΗ 15 ΦΕΒΡΟΥΑΡΙΟΥ
ΣΤΙΣ 20:30, ΣΤΗΝ ΚΑΤΑΛΗΨΗ **TERRA INCOGNITA**
Τ. ΠΑΠΑΓΕΩΡΓΙΟΥ 2 & ΟΛΥΜΠΟΥ

 Maybe squats aren't queer, but it seems that squats are where the queers are.

9 A intifada sexual de LaBruce.

sexual dos desejos no âmbito do discurso revolucionário. Para isso, vampirizou as referências da esquerda radical alemã, dos anos de 1960, particularmente da Facção do Exército Vermelho, também conhecida como Baader-Meinhof, para clamar a tese do filme: "a heterossexualidade é o ópio das massas". A personagem Gudrun (Susanne Sachsse) é quem lidera o grupo de revolucionários, em Berlim, que, entre diversos atos políticos, sequestram o filho de um rico industrial para alertar a sociedade sobre as causas "anticapitalistas". Entre os dogmas, ela exige que seus seguidores homens se envolvam sexualmente, levando a homossexualidade ao *status* revolucionário da "verdadeira militância política". Em meio à orgia, canções *indie pop* e frases de efeito são destacadas em tarjas vermelhas que surgem na tela – "Fuck copyright"; "Anal liberation now"; "The revolution is my boyfriend"; "Fuck me to the revolution"; "Sexual exploitation is not sexual liberation"; "Gay marriage is counterrevolutionary" –, além de citações ambíguas proferidas por George W. Bush e referências a Ernesto Che Guevara. O filme foi censurado pela Fundação Korda por usar a imagem clássica do rosto de Che Guevara em formato de paisagem, no quarto onde um dos militantes se masturba com uma arma fálica. Em entrevista, LaBruce provocou:

> A cultura pornô está a ficar mais conservadora aceitando a normaliza-ção da homossexualidade como se fosse um movimento *mainstream*. A assimilação é uma continuação, não é uma evolução. Torna-se nor-malizável, domesticado, enquanto a *avant-garde* inventava, liderava, desafiava. É por isso que a pornografia me interessa, porque é o último ato de radicalismo homossexual. É a última fronteira contra a assimi-lação porque ninguém a quer aceitar e enfrentar. Há algo de muito burguês em não querer ver homens a levar no rabo e a chuparem as pilas uns dos outros.[4]

Isso atinge níveis dogmáticos em seus filmes com personagens zumbis. Em *Otto; or, Up with Dead People* (Otto; ou Viva Gente Morta, 2008), LaBruce toma a figura do zumbi (Otto) como metáfora da homossexualidade vista na forma de estigma social. Para ele:

> Otto é como eu me sentia quando eu era jovem tentando superar minha homossexualidade, além das censuras, ameaças, perigos e violência que você precisa aprender a lidar quando é gay. E não apenas lidar com o fato de ser gay, mas também superar todas as pulsões emocionais: o primeiro amor, desilusão, doença, crise existencial. [...] Creio que o *splatter* (cinema de horror *gore*) é o futuro da pornografia.[5]

L.A. Zombie: The Movie that Would not Die (2010), censurado em festivais como o de Melbourne, na Austrália, traz à cena o ator pornô Sagat, que interpreta um

10 The Raspberry Reich (2004).

zumbi gay extraterrestre que emerge do oceano Pacífico para percorrer uma sina sexual que dá vida aos mortos e marginalizados. Ele é como um zumbi *ex machina*, um anjo exterminador bem-dotado que penetra suas vítimas por quaisquer orifícios (ânus, boca, mutilações, feridas). Depois da necrofilia e da ejaculação em cima do morto, este retorna à vida, ressuscita.

> As pessoas não conseguem ir além das imagens extremas, e não passam da superfície. Hoje é comum vermos filmes grotescos e violentos, com desmembramento de órgãos e exploração sexual, feitos por corporações econômicas que, de forma cínica, fetichizam a morte. É verdade que o meu filme, que tem necrofilia e sexo e um protagonista que é um zombie que tem sexo com sem abrigos restituindo-os

à vida, se aproveita dessa linha, mas é uma alegoria. É obvio que é uma forma de falar de personagens marginais que nunca são representadas corretamente nos filmes.[6]

A linguagem visual é experimental, quase que a mesma de uma instalação ou de uma performance filmada; não há diálogos, apenas trilha sonora *indie* e erudita que acompanham a saga sexual do tristonho zumbi. "É um filme antifilme. É um antipornô"[7], afirma o diretor. A linguagem é utilizada como recurso subversivo ao adestramento da pornografia favorecido pela internet: o mundo digital popularizou o acesso ao sexo e fez a pornografia perder seu poder de atração. LaBruce volta-se, então, para um experimentalismo pré-internet:

> É um regresso a um tempo onde a experimentação no cinema pornográfico, tanto hétero como gay, existia. Havia uma dimensão visual e uma liberdade, as situações narrativas relativamente sofisticadas eram articuladas da mesma forma que o cinema *mainstream* o fazia. É mais uma fusão do gay *avant-guarde* com a pornografia, algo muito comum nos anos 60 e 70. Parece estranho hoje porque a narrativa na pornografia se tornou um vestígio de algo que já existiu, mas agora parece obsoleto. Até mesmo como pretexto para o sexo. Há muita pornografia moderna feita para o mercado do vídeo que é um reflexo do pornô que

costumava existir. É mais cinematográfica e tenta libertar-se desses modelos exauridos e apresentar algo novo, misturando fatos e ficção de forma quase subversiva, e com uma atitude de guerrilha, em oposição à pornografia corporativa.[8]

LaBruce procura com sua pornografia estilizar um novo modelo de representatividade do sexo no cinema, praticamente antipornográfica se comparada à visibilidade da pornografia corporativa, tradicional. A associação do desejo sexual com a morte traz metáforas sobre a condição sexual dos indivíduos e da sociedade. A sanguinolência, segundo ele, questiona o sentido da pornografia moderna oferecida ao *mainstream*, que aceita mais a violência extrema do que o sexo. "A violência e, por extensão a morte, é a nova pornografia"[9], declarou. Seu cinema reflete e concretiza o *Zeitgeist*, o mal-estar contemporâneo: o erotismo transformado em apetite voraz, consumido com violência, ódio e carnificina. O zumbi é metáfora de toda repressão sexual, metamorfoseada em homofobia, que transforma o desejo em algo monstruoso, alimentado pela violência. LaBruce busca romper (ou provocar) com o dispositivo da sexualidade, que impõe normas para o desejo. Seu cinema pornográfico, escatológico, controverso, destrói a ordem regulatória dos corpos, hétero e homonormativos, para atrelar ao desejo novos pressupostos estéticos e ideológicos transgressores. Por fim, LaBruce embaralha as próprias regras normativas de transgressão pornográfica para voltar-se à sua ontologia: qual é a função política da obscenidade hoje?

DOMES

A DA

OBSC

TICAÇÃO

NIDADE

A REPRESENTAÇÃO DO SEXO

no cinema não conhece fronteiras, pois até mesmo com os códigos morais de censura ela marca presença nas cinematografias, em diferentes épocas e gêneros. Ou seja, mesmo sua ausência revelou seu protagonismo, tal como ocorreu durante o Código Hays – ou Código de Produção. Percebemos aqui como o atributo "sexo" deflagrou discursos visuais no cinema, desde o primeiro cinema até a produção atual, construindo imagens eróticas, pornográficas e obscenas em todas as suas dimensões: do desejo ao assalto sexual, do *show genital* ao clímax do orgasmo, da repressão à estimulação, da simulação à explicitação pornográfica, em suma, da representação simbólica do prazer à sua representação explícita.

As imagens do sexo tornaram-se mitificadas, politizadas, idealizadas, sacralizadas, histéricas, publicitárias e até mesmo criminosas em algumas sociedades. O cinema, considerado como tecnologia e linguagem de representação social, refletiu e reproduziu ideologias, padrões sexuais e sociais, modelos de transgressões morais e estéticas, hábitos e comportamentos. Daí a dimensão do obsceno, que acompanha a exposição do sexo, tornar-se tão importante para a compreensão dialética e histórica daquilo que é considerado e representado como erótico, pornográfico e sexual.

A domesticação da obscenidade mostrou-se adequada ao intento ontológico da pornografia, que organiza seu discurso sexual de acordo com as ideologias de sua época para manter-se em cena como transgressão. Pois, conforme apontaram Eliane Robert Moraes e Sandra Maria Lapeiz, "a ordenação do obsceno vai implicar uma delimitação do que seja a pornografia, e seja o que for deve sempre parecer proibida. É como interdito que ela deve ser consumida, pois ela dá forma discursiva e vazão catártica às fantasias reprimidas de seus consumidores, transformando seus fetiches em desejos"[1]. Por outro lado, as novas modalidades pornográficas, alternativas ao *mainstream*, possibilitam provocações estéticas e ideológicas ao *status quo* institucionalizado no campo social e das artes; operando subversões não necessariamente de uma forma deliberada pelo conteúdo, mas, principalmente, por meio do impacto visual de empoderamento de imagens tidas como malditas, incômodas, obscenas.

Mudam-se as estéticas e os formatos de representação visual, e o pornográfico prossegue como sendo obsceno em sua amplitude moral na sociedade moderna, que estimula os discursos e as confissões sexuais. De acordo com Michel Foucault, esta sociedade "precisa falar sobre sexo, não somente para 'confessá-lo', mas para reconstruir, no ato e em torno dele [...] imagens, desejos, modulações e a quantidade do prazer que o anima"[2]. Nessa perspectiva, a estrutura sociossexual moderna é, em certa medida, metafórica, igual à dos filmes pornográficos, em que "o *hard-core* quer falar sobre sexo" de todo modo, por isso apresenta o sexo como um problema e, por meio da própria prática sexual, busca a solução. Assim, esses filmes e discursos "consistem na ação sexual *na* e *como* narrativa"[3].

A *intermidialidade* pornográfica, fruto das tecnologias digitais, foi potencializada para todos os nichos de consumo, do *mainstream* ao *underground*, do público ao privado, dos cinemas às *webcams*, do real ao virtual, do amadorismo ao campo artístico, dos vídeos amadores aos artísticos, do cinema *indie* aos programas televisivos[4], rompendo limites morais e simbólicos, desde a fadada discussão entre o erótico e o pornográfico. Em qualquer suporte, formato, gosto, preferência, fetiche, momento, intenção, preferência. Atrelada ao *status* do corpo, do sexo e das artes nas sociedades, a pornografia encontra novos nichos que redimensionam sua ontologia obscena em uma dialética que lhe dá sentido mutante e transgressor. Se no primeiro cinema um beijo tímido na boca foi tido como escândalo obsceno, hoje ele não passa de sessão da tarde; bem como alguns filmes censurados dos anos de 1970, como *Império dos Sentidos*, *Pink Flamingos* e *Laranja Mecânica*, que se tornaram obras-primas resistentes ao tempo. Neles, o erotismo censurado naquela época, hoje adquire ares *pop, kitsch, cult*.

No panorama de percepção do pornográfico no *cinema de autor*, alguns cineastas estilizaram não apenas o ato sexual explícito, mas também o discurso sobre ele, com maior complexidade e pretexto narrativo. Não se trata, por isso, de balizar um filme como mais ou menos pornográfico, mais ou menos sexual, mais ou menos ousado, mas de percebermos como, no âmbito da linguagem cinematográfica, o quesito "sexo explícito" foi tratado nas narrativas e estéticas pornográficas e não pornográficas, e como, no âmbito ideológico, essas imagens deflagraram questões políticas e morais. De acordo com Raquel Kämpf:

> Ao mostrar dessa forma o sexo, ou ainda o símbolo de poder que esta forma media, são colocados em jogo, além dos padrões morais estabelecidos para esta época, os padrões de visualidade que se tem, e que orientam a apreciação das imagens que se vê. Se não causa mais espanto, é porque cenas desse tipo são mostradas cotidianamente em vários meios de comunicação, e não são mais novidades visuais. Nada contém nelas de violação ou de limites estabelecidos apropriados e consentidos pela moral.[5]

As representações explícitas do sexo, atreladas aos códigos morais, mostraram-se, portanto, pretensamente apolíticas, simultaneamente subversivas, transgressoras e estereotipadas, conservadoras. Vale ressaltar que nem toda representação visual do sexo, por mais explícita e "ousada", é necessariamente transgressora de tabus. E, se a transgressão "é infalivelmente o fio condutor da produção pornográfica", "um instrumento de poder", conforme descreveram Moraes e Lapeiz[6], então podemos afirmar que o sexo explícito, dependendo do contexto, não remonta necessariamente à pornografia, ao campo da excitação sexual consentida (e consumida). A dimensão obscena do sexo tornou-se domesticada na cultura de massas pornográfica depois de *Garganta Profunda* (1972), de Gerard Damiano: vivemos em uma sociedade obscena, de intimidade pública. Por isso, remontando aos ideais de Bruce LaBruce, qual é o sentido político da obscenidade hoje?

A pornografia se esforça para camuflar-se em outros gêneros e radicalizar-se ainda mais por meio de imagens hiper-realistas, violentas, chocantes e "bizarras", para manter-se como transgressora e obscena e ainda alcançar todos os públicos, todo o mercado. Assim, na reflexão de Jorge Leite Jr., que pesquisou a pornografia bizarra como entretenimento,

A pornografia não é mais transgressiva e questionadora, pois agora ela quer se firmar nas bases econômicas e sociais. Mas, como o conceito de obscenidade não se extingue, apenas se reorganiza nesta nova forma de sociedade, a pornografia, enquanto e quando considerada obscena, passa a ser então transgressiva dos valores sexuais tais como a virgindade, o pudor, o sexo visando à procriação, os pressupostos de "amor" e/ou "espiritualidade" ligados à vivência erótica, norma heterossexual, a hora e o lugar certo para tal prática (de noite, na cama, em um quarto com portas fechadas) ou a "seriedade" do ato venéreo.[7]

Diante disso, resta questionar se a pornografia e o pornográfico ainda são obscenos quando postos em cena na atualidade. O cineasta LaBruce apontou, em tom de combate e defesa da pornografia revolucionária, que "a urgência sexual (reprimida na modernidade) foi transformada em um apetite voraz por violência e carnificina":

O que a cultura fez para substituir a vontade de sexo explícito é a larga, indiscriminada difusão e disponibilidade de imagens de violência explícita. Nesse sentido, a violência (e por extensão, a morte) é a

1   O pornográfico prossegue como obsceno em sua amplitude moral na sociedade moderna, que estimula os discursos e as confissões sexuais. Excerto de **Help me Eros** (2007), filme de Kang-Shong Lee.

nova pornografia. Muito da violência explícita envolve também situações sexuais ou é escancaradamente apresentada como substituta da sexualidade – a faca que penetra, as orgásticas cenas de morte com sangue jorrando. É uma maneira até ingênua de se desviar da proibição à representação sexual na cultura popular, e talvez bastante perturbadora.[8]

Carlos Gerbase acredita que os filmes que flertam com as representações do sexo, pornográficas ou não, podem trazer algo de libertário, em certo sentido:

> Libertário é todo filme que representa o sexo com embriaguez, que respeita o caráter transcendente do erotismo, que consegue registrar os movimentos dos corpos na busca dos adornos estéticos que permitem uma relação amorosa mais duradoura depois de esgotados os momentos de paixão febril e animal. É libertário o filme que consegue escapar do jugo mercadológico e propor ao espectador uma narrativa

2   **Fale Com Ela** (Hable con Ella, 2002), de Pedro Amodóvar.

que contenha uma viso pessoal, subjetiva e apaixonada do cineasta pela história e pelas suas personagens. Também é libertário o filme que retira a mulher de sua condição de subserviência ao homem, tradicional em Hollywood.[9]

Assim, a pornografia atualiza-se na contemporaneidade para colocar-se em cena, chegando ao ápice do conservadorismo ao unir-se com a religiosidade dos pornôs evangélicos, nova modalidade antipornografia tradicional, mas a favor de uma nova "pornografia cristã". Outra curiosa evidência disso está no resgate da obscenidade *vintage* dos *stag films*, verificada de diversas maneiras, desde a restauração e digitalização de arquivos antigos até exposições, festivais temáticos e inserções de trechos de *stag films* (ou a apropriação do estilo deles) em narrativas contemporâneas. Pedro Almodóvar produziu em *Hable con Ella* (Fale com Ela, 2002) uma sequência em preto e branco de um suposto filme mudo, no qual um rapaz entra na vagina de sua esposa cientista; o cineasta fundiu aí a estética do expressionismo alemão e a ficção científica

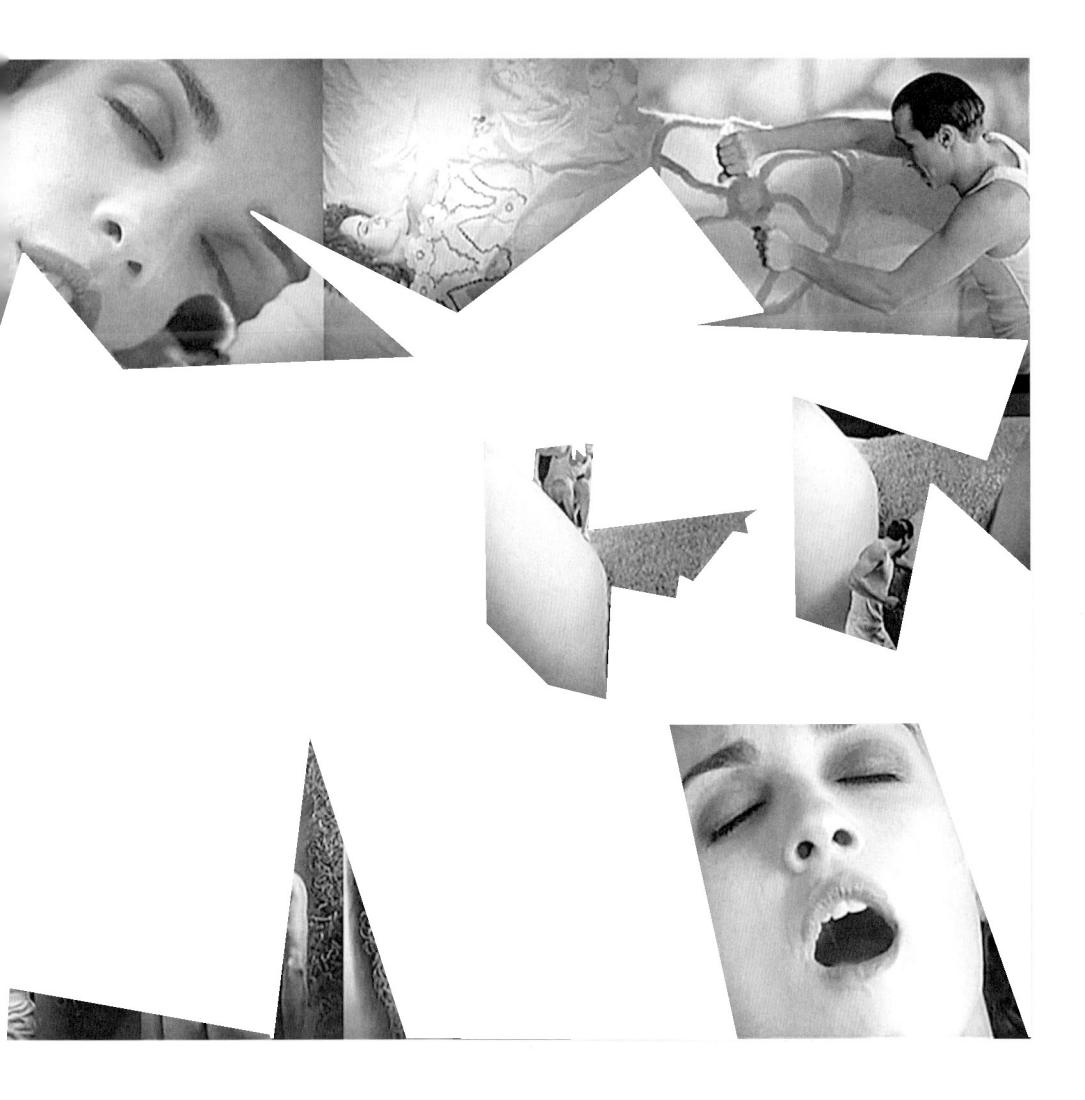

dos anos de 1950, em especial *The Incredible Shrinking Man* (O Incrível Homem Que Encolheu, 1957), de Jack Arnold, à imagem pornográfica atual. O videoartista experimental Ludwig von Papirus fez curtas-metragens – *A Verdadeira História de Bambi* (2004), *Yoga Profunda* (2006) e *Sexo na Casa Branca* (2003) – em que resgatou cenas pornográficas dos anos de 1940 e 1950, criando um paralelo irreverente nas tramas *nonsense*. Júlio Bressane projetou cenas de *stag films* no meio dos longas-metragens *Tabu* (1982) e *Filme de Amor* (2003), celebrando o prazer do sexo na montagem de imagens frenéticas de sexo em preto e branco com imagens coloridas e estilizadas. *Film ist a Girl & a Gun* (2009), de Gustav Deutsch, apresentou um filme-ensaio somente com imagens de arquivo e trechos perdidos de filmes, incluindo aí os *stag films*. Nos Estados Unidos, em 2009, a rede televisiva MTV utilizou três *takes* fotográficos de *stag films* com atos sexuais explícitos para alertar a juventude sobre a Aids com as legendas por cima do sexo explícito: "Exceto pela Aids, nada mudou. Use camisinha."

Outrora malditos, hoje os *stag films* são revelados e disponibilizados em diferentes formatos de mídia por distribuidoras francesas e norte-americanas. Muito se deve aos colecionadores de filmes que liberaram seus arquivos de películas raras adquiridas em feiras e velhas salas de cinema ou herdadas de seus familiares. Na França, Michel Reilhac reuniu em *Polissons et galipettes* (2002), uma série de curtas-metragens franceses produzidos entre 1905 e 1930, exibidos em bordéis da época[10]. Em 2003, a Cult Epics restaurou dezenas de *stag films* e lançou uma coleção com títulos

3   A atualidade dos **stag films** em publicidades

como *Vintage Erotica Anno 1930*, *Vintage Erotica Anno 1940*, e *Vintage Erotica Anno 1950*, reunindo filmes que já mostravam a sexualidade explícita em seus diferentes fetiches: *soft-core*, *hard-core*, *straight*, *stripers*, sadomasoquismo etc. Entre 2004 e 2008, foram lançadas várias retrospectivas históricas em coleções norte-americanas como: *Taboo: The Beginning of Erotic Cinema* (2004), *American Cultural History: Vintage Erotica* (2005), *Anthology of Erotic Cinema: The 1930's Forbidden Archives of the Police Brigade* (2005), *Forbidden Movies from the Brothels of Paris* (2005), *Dirty Old Movie* (2006); *Vintage Blue Erotica* (2008); e *Grandpas Hot Movies* (2007), coletânea de curtas dos anos de 1920, 1930 e 1940.

Quanto às exposições e festivais, nos Estados Unidos, de fevereiro de 2005 a janeiro de 2007, o Museu do Sexo, em Nova York, produziu, em parceria com o Instituto Kinsey, a exposição Stags, Smokers & Blue Movies: The Origins of American Pornographic Film, exibindo filmes pornográficos mudos, de várias partes do mundo, nos formatos 35 mm e 8 mm, para um público moderno acostumado aos filmes coloridos, feitos em câmara digital e *webcams*. Na França, em setembro de 2007, o público transeunte das ruas pôde conferir vários *stag films*, exibidos em *peepbox*, como parte da programação cultural da cidade. Sob o título Le Cinérotic: Historical erotic films tour France, a exposição dos filmes da década de 1940 e 1950, em super-8, voltou a seduzir os espectadores que paravam nas cabines para conferir antigas imagens do sexo silencioso. Em março de 2001, o Museu Nacional de Estocolmo, Suécia, explorou quinhentos anos de "desejos e depravações", com obras que ilustravam as diferentes percepções da sexualidade e da obscenidade através dos séculos por meio da arte. No Brasil, em 2013, foi criada pelo Sesc SP a Mostra Cine Privê – O Erotismo no Cinema, que exibiu filmes polêmicos e censurados do primeiro cinema em cabines com buracos de fechadura que estimulavam o voyeurismo do público e a percepção dos diferentes sentidos simbólicos atribuídos à pornografia no cinema.

Nos festivais de cinema com foco nas sexualidades, eventualmente são exibidos *stag films*, como na programação recente do Cine Odeon, no Rio de Janeiro, Brasil, onde o filme mais votado pelo público, dentro da programação do cineclube, em 2005, foi *Filme Pornográfico*, dos anos de 1920, pertencente ao Acervo Bonfioli, da Escola de Belas-artes da Universidade Federal de Minas Gerais (EBA-UFMG). Sem contar o Festival Mix Brasil da Cultura da Diversidade (Rio de Janeiro/São Paulo, Brasil), o Pornfilmfestival Berlin (Berlim, Alemanha), o Queers Lisboa – Festival Internacional de Cinema Queer (Lisboa, Portugal) e o Miami Gay & Lesbian Film Festival (Miami, Estados Unidos), entre outros que resgatam a pornografia clássica em sessões lotadas.

Apesar disso, o incômodo e a censura sexual deflagram discursos contrários a todo tipo de pornografia, geralmente edificados por grupos religiosos e conservadores, como o "grupo religioso sexual" intitulado Sexxx Church, que, além da evangelização e da roupagem moderna, pretende eliminar do mundo a pornografia (comparando-a à cocaína) e os pornógrafos (assimilados aos traficantes). Deus ocuparia o lugar do sexo e da droga. "Por que lutamos contra a pornografia? Porque ela é como uma cocaína que vicia e destrói pessoas, famílias, amigos, traz consequências negativas incalculáveis para vida afetiva, social e espiritual e, ainda nos dias de hoje, é tratado como um tabu pela Igreja", diz o site oficial[11]. Nas imagens de divulgação do grupo, a frase: "A pornografia estupra sua mente, não aceite ela [sic] em sua vida"[12]. Contudo, se uma igreja é contra a pornografia e a liberdade sexual, por que se refere a si mesma como pornográfica (Sexxx Church)? Por que *só* traz imagens com conotação sexual no lugar das imagens religiosas? Parece que a confusão ideológica faz parte de sua luta, visando confundir os jovens consumidores de sexo e de pornografia, o que nos remete à *hipótese repressiva* de Foucault, de simultânea repressão e incitação discursiva sexual. A mesma ideologia é flagrada pela Agência Missionária Interlink, unida à Igreja presbiteriana, que, dentro da maior universidade pública do estado de Minas Gerais, a UFMG, em abril de 2011, distribuiu panfletos antipornografia, afirmando que ela destrói a integridade e o caráter, fornecendo, assim, dicas de como se livrar desse vício maldito. Uma das dicas, evidente, procura angariar fiéis à igreja.

Também em nome da religiosidade, alguns países, como os islâmicos, aplicam seus dogmas fundamentalistas ao cinema, censurando *tudo* o que é tido como obsceno nas produções locais e estrangeiras. Erotismo, pornografia, homoerotismo, adultério, perversão, beijos, órgãos sexuais – nada disso pode ser mostrado. Nesses países – por exemplo, Sudão, Irã, Iêmen, Mauritânia e Arábia Saudita –, a homossexualidade é crime castigado com pena de morte[13]. Na Somália, em 2005, as cortes islâmicas proibiram o público de ir ao cinema durante o Ramadã, mês sagrado para os muçulmanos, por considerar que os filmes divulgavam mensagens que "levam à perdição"[14]. Na Índia, cenas de sexo e beijos ainda causam escândalo, sobretudo as homoeróticas. O recente filme *Dunno Y... Na Jaane Kyun* (Não Sei Por Quê, 2010), de Sanjay Sharma, em que os atores Kapil Sharma e Yuvraj Parashar têm uma relação homoerótica, sofreu protesto e censura, levando críticos, políticos e religiosos a clamarem por uma "censura bollywoodiana" às cenas de "sexo" nesse primeiro filme indiano a exibir um beijo entre homens[15]. Nos países orientais, a violência é estimulada em doses extremas, mas o sexo é condenado amplamente em sua representação no cinema. Embora criminalizem a pornografia, países como Japão, China, Coreia do Sul, Filipinas e Taiwan estão entre os pioneiros no consumo de produção pornográfica mundial via internet[16].

A censura do sexo no cinema não cessa: o filme de Ang Lee *Sè, Jiè* (Desejo e Perigo, 2007), vencedor da 64ª edição do Festival Internacional de Veneza, teve diversas cenas de sexo explícito cortadas para escapar da censura chinesa[17]. Por fim, a protagonista do filme, a atriz Tang Wei, foi banida de toda mídia chinesa por causa de sua performance sexual no drama político de Lee. Até mesmo o *mainstream* intitulado O *Segredo de Brokeback Mountain* (2005), de Lee, foi proibido de ser exibido na China, acusado de obscenidade, pela temática homoerótica[18].

I Want Your Love, do diretor Travis Mathews, foi banido, no início de 2013, na Austrália, de três importantes festivais de cinema do país: Melbourne Queer Film Festival, Sydney's Queer Screen e Brisbane Queer Film Festival. "Acredito que a censura australiana tenha agido com base apenas na sinopse, sem ver o filme, dizendo isso gratuitamente. Eu poderia argumentar contra, mas parece uma armadilha. Trata-se de uma questão maior que a audiência adulta deveria ser capaz de resolver em suas próprias consciências", defendeu Mathews. Seu amigo, o ator James Franco, também se aliou em defesa da obra e gravou um vídeo para os censores que sinalizam a classificação etária dos filmes na Austrália:

> É uma decepção tão grande para mim e é tão tolo... Mathews trata o sexo de uma forma tão sofisticada. É como geramos as crianças, como nos conectamos. Não trazer isso aos filmes que exploram o comportamento humano é de uma visão tão restrita, pequena. Não acho que teríamos essa discussão se ele tivesse feito um filme muito violento. Adultos deveriam poder escolher. Não consigo entender por que algo assim é banido em nossos dias. É embaraçoso. Espero que vocês reconsiderem.[19]

No Brasil, em 2014, *Praia do Futuro* criou polêmica após denúncia feita por alguns espectadores que constataram que a rede de cinemas Cinépolis do Brasil estava carimbando "Avisado" no *ticket* de quem ia assistir ao longa de Karim Aïnouz, ratificando ao público, em insinuação homofóbica, de que a temática do filme era homoerótica e com cenas de sexo gay. Apesar de declarações contrárias, a rede se desculpou e afirmou que "Avisado" tinha a ver com o registro para o ingresso de estudante, cujo benefício teria que ser apresentado na entrada da sala[20]. No mesmo ano, *Ninfomaníaca* e *Azul É a Cor Mais Quente* tiveram censura e boicote das empresas Sonopress e Sony DADC, gravadoras de Blu-Ray no país. Ambas alegaram que não fariam o serviço pelo conteúdo "impróprio" e "inadequado devido às cenas de sexo"[21].

No panorama discursivo e repressivo sobre o sexo, percebemos que as imagens sexuais potencializaram, conforme a época e a sociedade, desejos e dilemas eróticos das personagens que espelharam o *Zeitgeist*, provando que, do primeiro cinema até o *cinema explícito* atual, mesmo as imagens mais desfocadas do desejo sexual são capazes de fascinar, incomodar e excitar, nem que seja apenas visualmente, provando a prevalência da representação sobre a própria coisa representada.

NOTAS

INTRODUÇÃO

1 R. Freixas; J. Bassa, **El Sexo en el Cine y el Cine de Sexo**, p. 47.

2 Este cinema também será chamado aqui de **cinema de autor**, **cinema de arte** ou mesmo **cinema indie**: todos os termos tratam de um cinema alternativo ao **mainstream** em suas propostas estéticas, na narrativa e no conceito – um estilo identificado por Pier Paolo Pasolini como **cinema de poesia**. Esse termo, segundo o cineasta italiano, representa o cinema que privilegia a poesia em detrimento da narrativa clássica e linear – comum ao **cinema de prosa**. No **cinema de poesia**, o estilo do autor é evidenciado pela marca estética e ideológica de sua subjetividade. Ele subverte a gramática do cinema clássico em nova linguagem poética e fragmentada, muitas vezes experimental. Para Pasolini, essa nova "tendência", oriunda das sociedades de consumo modernas, estaria representada – naquele período dos anos de 1960 e 1970 – por cineastas como Jean-Luc Godard, Éric Rohmer, Bernardo Bertolucci, Marco Bellocchio, Michelangelo Antonioni e Glauber Rocha. Hoje podemos identificar cineastas-autores como Tsai Ming-Liang, Christophe Honoré, Catherine Breillat, Lars von Trier, Pedro Almodóvar, John Waters, Gregg Arakki, Derek Jarman, Jean-Claude Brisseau, David Cronenberg, Bruce LaBruce etc.

3 J. Butler, Corpos Que Pesam: Sobre Os Limites Discursivos do "Sexo", em G.L. Louro, (org.), **O Corpo Educado**, p. 24-25

4 M. Foucault, **História da Sexualidade I**, p. 147.

5 Ibidem, p. 16.

6 Ibidem, p. 34-35.

7 Ibidem, p. 68.

8 Ibidem.

9 Ibidem, p. 96.

10 Cf. L. Williams, **Hard Core**.

11 S. Sontag, A Imaginação Pornográfica, **A Vontade Radical**, p. 41.

12 L. Hunt (org.), **A Invenção da Pornografia**, p. 11.

13 Ibidem.

14 L. Williams, op. cit., p. 5.

15 Cf. E.R. Moraes; S.M. Lapeiz, **O Que É Pornografia**; N. C. Abreu, **O Olhar Pornô**; J. Leite Júnior, **Das Maravilhas e Prodígios Sexuais**.

16 Tomás Pérez Turrent; José de la Colina apud R. Gubern, **La Imagen Pornográfica y Otras Perversiones Ópticas**, p. 66.

17 Entrevista de Michel Haneke a Christopher Sharrett para a **Kino Eye**, v. 4, Issue 1, 8 mar. 2004. (Tradução minha.)

18 Entrevista de Inácio Araújo a Cleber Eduardo para a revista **Época**, n. 370, 20 jun. 2005.

19 Cf. algumas notícias divulgadas na imprensa brasileira: W. Salles, O Erotismo Volta à Tona na Literatura e no Cinema Europeu, **Folha de S. Paulo**, Ilustrada, 07 jun. 2001; Festival de Berlim Destaca Sexo e Pornografia, **Folha de S. Paulo**, Ilustrada, 03 fev. 2005; Sexo Domina Filmes do Festival de Cannes, **Folha de S. Paulo**, Ilustrada, 25 maio 2006; K. James, Festival Propõe Limpar Imagem do Cinema Pornô. **Deutsche Welle**, 18 out. 2006; T. Braga, Festival Mix Brasil Terá Filmes Com Temáticas Pornô, **Brasil/Magazine**, 02 out. 2006; Festival de Animação Erótica Sai de Sala Pornô e Ocupa Odeon BR Com 51 Filmes Sobre Sexo, **O Globo on-line**, 05 nov. 2007.

20 E. Geada, Sexualidade, Desejo, Prazer, **O Poder do Cinema**, p. 74.

21 R. Freixas; J. Bassa, op. cit., p. 19 e 52.

22 L. Williams, **Porn Studies**, p. 10.

23 L. Nazario, **Todos os Corpos de Pasolini**, p. 98.

24 Idem, O Outro Cinema, **Aletria**, v. 16, n. 1, p. 98.

25 Maior trunfo comercial foi **Garganta Profunda**, mas depois seguiram-se **Behind the Green Door** (Atrás da Porta Verde, 1972), de Artie Mitchell e Jim Mitchell; e **Alice in Wonderland: An X-Rated Musical** Fantasy (Alice no País das Maravilhas: Uma Fantasia Musical Não Censurada, 1976), de Bud Townsend.

26 M. Foucault, op. cit., p. 57.

27 Ibidem.

28 B.R. Rich, **New Queer Cinema**.

29 C. Lacerda, New Queer Cinema e o Cinema Brasileiro, em L. Murari; M. Nagime (orgs.), **New Queer Cinema**, p 124.

30 N.C. Abreu, op. cit., p. 137-138.

31 Além de criminalizarem a pornografia e a homossexualidade, é terminantemente proibido mostrar detalhes da genitália humana. No Japão, os **closes** genitais recebem um borrão quadricular digitalizado. No Irã, homossexuais e mulheres, tidas como "perversas", são condenados à morte em praça pública. Dentre tantas notícias sobre a censura islâmica à pornografia, ver, por exemplo: Mulher Iraniana É Apedrejada Até a Morte Por Fazer Filme "Pornô", Folha de S. Paulo (on-line), 21 maio 2001.

32 T. Dirks, Sexual: Erotic Films – Part 8, **Filmsite**.

33 Cf. J Quandt, Flesh & Blood: Sex and Violence in Recent French Cinema, **ArtForum**.

34 Jonathan Romney, pesquisador e crítico de cinema britânico, atuante no jornal **The Independent**, expandiu essa categorização de Quandt para outras cinematografias europeias, englobando também diretores como Michael Haneke, Lars von Trier, Lukas Moodysson e Faith Akin. Neste livro, percebemos a emergência do sexo explícito em outras obras de cineastas de vários países, como: França (Claire Denis, Damien Odoul, Christophe Honoré); Portugal (João Pedro Rodrigues, João Pedro Alves); Espanha (Julio Medem, Fernando Merinero, Liberto Rabal, Juanma Carrillo, Félix Fernández); Finlândia (Aku Louhimies); Áustria (Ulrich Seidl, Michael Glawogger, Götz Spielmann, György Pálfi); Inglaterra (Michael Winterbottom); Filipinas (Brillante Mendoza); Tailândia (Apichatpong Weerasethakul); Canadá (Clément Virgo, Bruce LaBruce); Taiwan (Tsai Ming-liang, Lee Kang-sheng); Dinamarca (Lars von Trier, Andrea Arnold); Grécia (Yorgos Lanthimos, Angelos Frantzis); Sérvia (Mladen Djordjevic, Srdjan Spasojevic); Alemanha (RP Kahl); Estados Unidos (Eric Stanze, Larry Clark, Matthew Barney, Vincent Gallo, Jessica Nilsson, Joe Swanberg, Lee Daniels, John Cameron Mitchell, Anna Brownfield, Gregg Araki); Peru (Felipe Degregori); Brasil (Alexandre Stokler, José Eduardo Belmonte, Ludwig von Pappirus); México (Carlos Reygadas); Chile (Sebastián Campos); entre outros.

35 Entrevista de John Cameron Mitchell a Alejandra Villasmil, Nova York, 31 jan. 2007.

---

1 **PARA ALÉM DO OBSCENO**
O EFEITO OBSCENO NO CINEMA: REPRESENTAÇÃO E TRANSGRESSÃO SEXUAL

1 N. C. Abreu, **O Olhar Pornô**, p. 16.

2 Ibidem.

3 F. C. Costa, **O Primeiro Cinema**, p. 7.

4 R. Freixas; J. Bassa, **El Sexo en el Cine y el Cine de Sexo**, p. 47. (Tradução nossa.)

5 S. Sontag, A Imaginação Pornográfica, **A Vontade Radical**, p. 61.

6 Ibidem, p. 64.

7 M. Foucault, **História da Sexualidade I**, p. 36.

8 R. Freixas; J. Bassa, op. cit.,p. 45-46. (Tradução nossa.)
9 Apud J. Leite Jr., **Das Maravilhas e Prodígios Sexuais**, p. 40.
10 Cf. L. Hunt (org.), **A Invenção da Pornografia**.
11 O livro foi adaptado para o cinema em 1970, em filme homônimo, sob direção de Joseph Strick. Na ocasião, o longa foi classificado como "proibido para menores" pela Motion Picture Association of America.
12 E.R. Moraes, O Efeito Obsceno, **Cadernos Pagu**, p. 124.
13 N.C. Abreu, op. cit., p. 19.
14 E.R. Moraes, S.M. Lapeiz, **O Que É Pornografia**, p. 57.
15 Ibidem, p. 46-47.
16 A. Bazin, À Margem de "O Erotismo no Cinema", em I. Xavier (org.), **A Experiência do Cinema**.
17 A.C. de R. Chiara, Os Limites do Pornográfico, **O Povo**.
18 F.P. Ramos, Bazin Espectador e a Intensidade na Circunstância Tomada, **Imagens**, n. 8, p. 17.
19 N.C. Abreu, op. cit., p. 118-119.
20 Bill Nichols apud R. Freixas, J. Bassa, op. cit., p. 233.
21 J. Leite Jr., op. cit., p. 99.

IMAGENS DO SEXO: EROTISMO, PORNOGRAFIA E OBSCENIDADE

1 G. Agamben, **Ideia da Prosa**, p. 65-68.
2 Angela Carter apud L. Hunt (org.), **A Invenção da Pornografia**, p. 41.
3 L. Hunt (org.), op. cit., p. 11.
4 Ibidem, p. 10.
5 M. Foucault, **História da Sexualidade I**, p. 57.
6 L. Hunt (org.), op. cit., p. 25-26.
7 Ibidem.
8 Ibidem, p. 44.
9 Paula Findlen, Humanismo, Política e Pornografia no Renascimento Italiano, em L. Hunt (org.), op. cit., p. 57-61.
10 Ibidem.
11 N.C. Abreu, op. cit., p. 11.
12 R. Freixas; J. Bassa, op. cit., p. 18. (Tradução nossa.)
13 Entrevista de A. Medeiros para **O Povo**, Fortaleza, 24 nov. 2007.
14 E.R. Moraes; S.M. Lapeiz, **O Que É Pornografia**, p. 56.
15 D. Keesey; P. Duncan, **Cinema Erótico**, p. 9.
16 Ibidem.
17 Ibidem, p. 33.
18 T. Dirks, History of Sex in Cinema: The Greatest and the Most…– Reference Introduction, **Filmsite**.
19 S. Sontag, A Imaginação Pornográfica, **A Vontade Radical**, p. 62.
20 J. Baudrillard, **Da Sedução**, p. 37.
21 E. Geada, Sexualidade, Desejo, Prazer, **O Poder do Cinema**, p. 74.
22 E.R. Moraes; S.M. Lapeiz, op. cit., p. 59.
23 Ibidem, p. 9.
24 S. Sontag, op. cit., p. 54.
25 A.C. de R. Chiara, Os Limites do Pornográfico, **O Povo**. Poderíamos também pensar que nem todas as pornografias estão subordinadas à imagem, mas ao imaginário pornográfico, como as canções e os poemas que trazem menções pornográficas. Porém, o efeito obsceno atingido por elas relaciona-se com a visualização, imaginária ou concreta, de uma imagem sexual.
26 Ibidem.
27 E.R. Moraes, O Efeito Obsceno, **Cadernos Page**, p. 33.
28 S. Sontag, op. cit., p. 62.
29 C. Gerbase, Imagens do Sexo, **Famecos**, n. 31, p. 40.
30 U. Eco apud C. Gerbase, op. cit., p. 40. O texto de Eco, How to Recognize a Porn, foi publicado em Gilbert Adair (org.), **Movies**, p. 163.
31 C. Gerbase, op. cit., p. 40.
32 S. Sontag, op. cit., p. 222.
33 J. Leite Jr., **Das Maravilhas e Prodígios Sexuais**, p. 34.
34 Ibidem, p. 35.

2 ARQUIVO DO SEXO SILENCIOSO
EROTIZAÇÃO NO PRIMEIRO CINEMA: DE EADWEARD MUYBRIDGE A THOMAS EDISON

1 Considera-se como **primeiro cinema** os filmes e as práticas do período da história do cinema que abrange, aproximadamente, o período entre 1894 e 1908, a chamada "primeira década" do aparato cinematográfico. Vale lembrar que essa expressão, também utilizada por Flávia Cesarino Costa no estudo **O Primeiro Cinema**, difere um pouco da expressão inglesa **early cinema**: "Sabemos que **early cinema** muitas vezes se refere às duas primeiras décadas do cinema, quando se destaca um primeiro período (1895 a 1908), não narrativo, e um segundo período (1908 a 1915), de crescente narrativização" (F.C. Costa, **O Primeiro Cinema**, p. 8).
2 N.C. Abreu, **O Olhar Pornô**, p. 43.
3 J. Leite Jr., **Das Maravilhas e Prodígios Sexuais**, p. 86.
4 L. Williams, **Hard Core**, p. 39. (Tradução nossa.)
5 Tom Gunning apud F.C. Costa, op. cit., p. 22.
6 F.C. Costa, op. cit., p. 69.
7 Tradução livre do autor. Texto original: "They get ready to kiss, begin to kiss, and kiss and kiss and kiss in a way that brings down the house every time". **The Kiss**, em **Wikipedia**, 2013.
8 Herbert Stone apud M.Á. Barroso, **Cine Erótico en Cien Jornadas**, p. 12.
9 D. Thompson, **Black and White and Blue**, p. 21. (Tradução nossa.)
10 M.Á. Barroso, op. cit., p. 13-14. Segundo o autor, em alguns arquivos o filme encontra-se datado com o ano de 1907.
11 F.C. Costa, op. cit., p. 100.
12 Ibidem, p. 77.
13 E. Geada, Sexualidade, Desejo, Prazer, **O Poder do Cinema**, p. 74.

PORNOGRAFIA NO CINEMA MUDO: ESPETÁCULO E DESVENDAMENTO

1 L. Williams, **Hard Core**, p. 3.
2 Gerard Rabkin; Al di Lauro apud N.C. Abreu, **O Olhar Pornô**, p. 49.
3 D. Thompson, What is a Stag Film?, **Vintage Erotica**.
4 J. Willem, Stag Film, **Jahsonic.com**.
5 F.C. Costa, **O Primeiro Cinema**, p. 38-39.
6 Segundo Dave Thompson (**Black and White and Blue**), a história marginalizada do cinema pornográfico encontra-se em poucos capítulos de livros como **Sittengeschichte des Kinos** (1926), do alemão Curt Moreck; em algumas publicações francesas de Ado Kyrou e Lo Duca no fim dos anos de 1950 e início dos 1960; **Dirty Movies: An Illustrated History of the Stag Film, 1915-1970** (1976), de Gerard Rabkins e Al di Lauro, além dos estudos da feminista norte-americana Linda Willians a partir dos anos de 1980. Desde então, vários intelectuais estudaram o assunto, porém mais como tema filosófico do que sobre os filmes pornográficos;

assim fizeram Susan Sontag, Umberto Eco, André Bazin, Roman Gubern, Jean Baudrillard, Giorgio Agamben, Andrés Barba e Javier Montes, entre outros. No Brasil, autores como Nuno César Abreu, Eliane Robert Moraes e Jorge Leite Jr. destacam-se nos estudos sobre obscenidade, erotismo e pornografia.

7   Na Escola de Belas-artes da Universidade Federal de Minas Gerais (EBA-UFMG), em Belo Horizonte, estava arquivada uma antiga película pornográfica, que à falta de identificação foi registrada apenas com o título adotado de **Filme Pornográfico**. A fita pertencia ao acervo pessoal do cineasta italiano Igino Bonfioli, pioneiro do cinema mineiro. Como parte do Acervo Igino Bonfioli doado e pertencente à instituição, ela também foi depositada para guarda e conservação na Cinemateca Brasileira, em São Paulo.

8   Cf. D. Thompson, **Black and White and Blue**.

9   Cf. P. Robertson, **Film Facts**.

10   N.C. Abreu, **O Olhar Pornô**, p. 45.

11   Ibidem, p. 47.

12   S. Sontag, A Imaginação Pornográfica, **A Vontade Radical**, p. 70.

13   Texto transcrito de Alex de Renzy em **A History of the Blue Movie**. O documentário aponta que a felação aparecia em: 37% (nos filmes dos anos de 1910-1920), 48,5% (1930-1940), 68% (1950) e 77,3% (1970). A cunilíngua aparecia em 11% (1920), 12,6% (1930), 16% (1940), 32% (1950) e 64% (1960). No primeiro cinema também eram incomuns cenas de sexo anal – mais presentes nos filmes contemporâneos.

14   Cf. T. Waugh, **Hard to Imagine**.

15   R. Freixas; J. Bassa, **El Sexo en el Cine y el Cine de Sexo**, p. 207-208.

16   Segundo dados levantados por Eliane R. Moraes e Sandra M. Lapeiz em **O Que É Pornografia**, p. 64-65.

3   EROTIZAÇÃO E CENSURA
EROTISMO E CENSURA NO CINEMA MAINSTREAM

1   F.C. Costa, **O Primeiro Cinema**, p. 14.

2   N.C. Abreu, **O Olhar Pornô**, p. 155.

3   Cf. M.A. Barroso, **Cine Erótico en Cien Jornadas**.

4   L. Nazário, **Todos os Corpos de Pasolini**, p. 76.

5   R. Freixas, J. Bassa, **El Sexo en el Cine y El Cine de Sexo**, p. 46.

6   Carlos Araújo, Cronologia e Filmografia, em J. Losey et al., **Censura e Cinema**, p. 193-211.

7   Segundo dados levantados por Eliane R. Moraes e Sandra M. Lapeiz em **O Que É Pornografia**, p. 64-65.

8   E. Schaefer, **The Sex Hygiene Film, Bold! Daring! Shocking! True!**, p. 165-254.

9   T. Dirks, Sexual: Erotic Films – Part 3, **Filmsite**.

10   Os títulos são reveladores: **Whatsoever a Man Soweth** (1917), **Any Evening After Work** (1930), **How to Tell** (1931), **The Mystery of Marriage** (1932), **Trial for Marriage** (1936), **A Test for Love** (1937), **The Road of Health** (1938), **Love on Leave** (1940), **Six Little Jungle Boys** (1945), **Growing Girls** (1949), entre outros. Mais informações no **site** Film Forever.

11   Cf. J. Willem, Sex Hygiene Film, **Jahsonic.com**.

12   Michelangelo Antonioni apud J. Losey et al., op. cit., p. 189.

13   Em 2014, por exemplo, o filme **Azul É a Cor Mais Quente**, vencedor da Palma de Ouro em Cannes (2013), dirigido pelo franco--tunisiano Abdellatif Kechiche, foi recusado pela Sonopress e pela Sony DADC, empresas brasileiras que gravam em larga escala DVD e Blu-ray. A copiagem do filme em Blu-ray foi negada sob a alegação de que tais empresas não trabalham com obras

que tenham cenas de "sexo explícito". Contudo, as mesmas empresas, que se negaram a reproduzir o filme romântico de duas garotas apaixonadas, produzem em massa mídias com filmes de violência explícita. Disponível em: <http://oglobo.globo.com/cultura/conteudo-de-azul-a-cor-mais-quente-dificulta-lancamento-em-blu-ray-no-brasil-11705611>

O SEXO CENSURADO: O CASO DO CÓDIGO HAYS

1   W. Hays; M. Quigley; D. Lord, O Código de Produção ou Código Hays, p. 47, em J. Losey, et al., **Censura e Cinema**. (Transcrição conforme o original da época.)

2   W. Hays apud D. Keesey; P. Duncan, **Cinema Erótico**, p. 21.

3   Ibidem.

4   Ibidem.

5   W. Hays; M. Quigley; D. Lord, op. cit., p. 63. (Transcrição conforme o original da época.)

6   Entrevista de Luiz Nazario a Lady Campos para o jornal **Hoje em Dia**, Caderno Moda, Belo Horizonte, 18 ago. 2010.

7   A.C.G. Mattos, **A Outra Face de Hollywood**, p. 44.

8   Idem, p. 59.

9   Gaston Haustrate, São as Contradições Que Ditam a Lei, em J. Losey et al., op. cit., p. 143.

10   D. Keesey; P. Duncan, **Cinema Erótico**, p. 22.

11   J. Leite Jr., **Das Maravilhas e Prodígios Sexuais**, p. 82.

12   A.C.G. Mattos, op. cit., p. 57-58.

13   Antes mesmo dos anos de 1950 já tínhamos alguns indícios de filmes naturalistas, com nudez, no estilo **native documentaries**: Ingagi (1931), de William Campbell, e **Forbidden Adventures** (Aventuras Proibidas, 1937), de L.C. Cook e George M. Merrick, também conhecido como **Love Life of a Gorilla**, com os nativos locais nus. Nos anos de 1950-1960, algumas produções **nudies**: **Garden of Eden** (Jardim do Éden,1954), de Max Nosseck; **Nudist Paradise** (Paraíso dos Nudistas, 1959), de Charles Saunders; The Naked Venus (A Vênus Desnuda, 1959), de Edgar G. Ulmer; The Nudist Story (1960), de Ramsey Herrington; **Naked as Nature Intended** (Nus Como a Natureza Manda, 1961), de George Harrison Marks; **Diary of a Nudist** (1961), **Blaze Starr Goes Nudist** (1962), **Gentlemen Prefer Nature Girls** (1963) e **Behind the Nudist Curtain** (1964), todos de Doris Wishman. No início dos anos de 1960, aparecia também nos Estados Unidos um novo estilo de filme para o mercado adolescente, os "filmes de praia", geralmente exibidos nos drive-ins durante o verão. Os títulos dos filmes dirigidos por William Asher entregam o caráter divertido, mas também erótico e hipersexualizado das praias: **Beach Party** (A Praia dos Amores, 1963); **Bikini Beach** (A Praia dos Biquínis, 1964); **Muscle Beach Party** (Quanto Mais Músculos, Melhor, 1964); **Beach Blanket Bingo** (Folias na Praia, 1965); **How to Stuff a Wild Bikini** (Como Rechear um Biquíni, 1965); entre outros.

14   A.C.G. Mattos, op. cit., p. 64.

15   J. Leite Jr., op. cit., p. 92. Meyer fez outros filmes **nudie-cutie** durante a época em que predominaram, entre 1959 e 1963: **Erotica** (1961); **Wild Gals of the Naked West** (1962); **Europe in the Raw** (1963) e **Heavenly Bodies!** (1963). Depois, fez sucesso com os filmes **Faster, Pussycat! Kill! Kill!** (1965), **Mondo Topless** (1966) e **Vixen!** (1968).

16   A.C.Gomes Mattos, op. cit., p. 64.

17   J. Losey et al., op. cit., p. 187-188.

18   Ibidem, p. 188.

19   Marcel Martin, Impossível Voltar Atrás, em J. Losey et al., op. cit., p. 157-160.

20 Ibidem, p. 163.
21 Renato Castellanni, Que Penso da Censura, em J. Losey et al., op. cit., p. 163-164.

4 ÊXTASE NO CINEMA EXPERIMENTAL
CINEMA DO DESEJO: DAS VANGUARDAS AO UNDERGROUND

1 J. Aumont; M. Marie, Dicionário Teórico e Crítico de Cinema, p. 111.
2 Dominique Noguez apud J. Aumont; M. Marie, op. cit., p. 111.
3 Entrevista de Luiz Nazario a Christian Petermann para A Outra Vanguarda: Diário Cinematográfico, 12 fev. 2011.
4 L. Williams (ed.), Porn Studies, p. 10. (Tradução nossa.)
5 A. Vogel, Film as a Subversive Art, p. 76. (Tradução nossa.)
6 M.Á. Barroso, Cine Erótico en Cien Jornadas, p. 98-99. O filme encontra-se restaurado, desde 1996, pelo Museu Nacional de Arte Moderna do Centro Nacional de Arte e Cultura Georges Pompidou, de Paris, na França, onde foi exposto na mostra de filmes e fotografias surrealistas La Subversion des images, entre setembro de 2009 e janeiro de 2010.
7 Little Ashes (Poucas Cinzas, 2008), dirigido por Paul Morrison, abordou a relação amorosa entre ambos. A roteirista Philippa Goslett afirmou que a intensa amizade tornou-se por fim sexual, mas, entretanto, a relação não chegou a se consumar: "Dalí disse que tentaram manter relações sexuais, mas que doía. Portanto, não puderam consumar a relação. Considerando as enormes inibições de Dalí, não é surpreendente".
8 E. Adamowicz, Un Chien andalou, p.11.
9 G. Sadoul, História do Cinema Mundial, p. 188-189.
10 L. Buñuel, Meu Último Suspiro, p. 157.
11 Nele, um casal tenta realizar de todas as formas um encontro sexual que nunca se concretiza. As autoridades sempre os impedia disso: o clero, o patriarcado, a família. Adiante, Buñuel produziu diferentes filmes, uns mais realistas e sociopolíticos (na fase mexicana), outros mais dramáticos, eróticos e com alguns traços surreais (na fase francesa, anos de 1960 e 1970) como Viridiana (1961), El Ángel Exterminador (O Anjo Exterminador, 1962), A Bela da Tarde (1967) e Cet obscur object du désir (Esse Obscuro Objeto do Desejo, 1977). Todos apontavam para uma "filosofia da denúncia", ou seja, traziam à tona aquele estado de coisas que, apesar de absurdo, é deglutido diariamente como se fosse normal. Além disso, abordou o desejo sexual e a interdição dele na perspectiva de um poderoso anjo que chega e extermina a realidade, comovendo tudo e a todos.
12 L. Buñuel, op. cit., p. 168.
13 Entrevista de Luiz Nazario para A Outra Vanguarda: Diário Cinematográfico, 12 fev. 2011.
14 J. Aumont; M. Marie, op. cit., p. 293-294.
15 G. Dominato, O Imperador Ketchup (Shuji Terayama, 1971), 15 maio 2011.
16 Otto Müehl apud A. Vogel, op. cit., p. 417.
17 J. Rocha Filho, Ofensa e Rebelião, Virtual Trópico.
18 Jonas Mekas, fundador e editor de Film Culture, colaborou na criação da Independent Film, uma cooperativa de produção e distribuição de filmes underground em Nova York, Estados Unidos, entre os quais os de Warhol. Ele exibiu os primeiros filmes do artista na Filmmakers' Cinémathèque. Muitos dos filmes underground eram exibidos em locais alternativos, cineclubes e "sessões da meia-noite" – salas específicas, como a Elgin, em Nova York, fechada em 1977. Alguns filmes foram

emblemáticos, alcançaram sucesso e levaram os cineastas ao mainstream, como John Waters e George Romero. O cineasta Stuart Samuels mostra esse percurso da fama no documentário Midnight Movies: From the Margin to the Mainstream (Os Filmes Proibidos da Meia-Noite, 2005), englobando seis filmes malditos: Night of the Living Dead (A Noite dos Mortos-Vivos, 1968), de Romero, El Topo (1970), de Jodorowsky, Pink Flamingos (1972), de John Waters, The Harder They Come (Balada Sangrenta, 1972), de Perry Henzell, The Rocky Horror Picture Show (1975), de Jim Sharman, e Eraserhead (1977), de David Lynch. Nazario comentou que a imensa produção do underground teve pouca circulação: "os filmes passavam em pequenas salas e depois só voltavam a ser exibidos em cineclubes, museus, cinematecas, festivais – filmes que passavam uma só vez e nunca mais. Pelo formato não comercial, pelo caráter experimental e pela existência de uma só cópia, muitos permanecerão invisíveis aos cinéfilos, sem mencionar o grande público, para o qual esses filmes deviam parecer terem sido produzidos em Marte. Mas, recentemente, o cinema underground passou a integrar o patrimônio audiovisual norte-americano, ganhando cuidados de preservação". Cf. Entrevista de Luiz Nazario a Christian Petermann para A Outra Vanguarda: Diário Cinematográfico, 12 fev. 2011.

CINEMA POÉTICO DE IMPACTO: DO CAMP AO FILME-PERFORMANCE DE ANDY WARHOL

1 S. Sontag, Notas Sobre Camp, Contra a Interpretação, p. 320.
2 Entrevista de Luiz Nazario a Christian Petermann para A Outra Vanguarda: Diário Cinematográfico, 12 fev. 2011.
3 M.Á. Barroso, Cine Erótico em Cien Jornadas, p. 104.
4 Ibidem.
5 S. Sontag, Notas Sobre Camp, op. cit., p. 333.
6 S. MacDonald, A Critical Cinema, p. 16-17.
7 Entrevista de Kenneth Anger a Kathleen Gomes para o jornal Público, 04 maio 2009.
8 S. Renan, Uma Introdução ao Filme Underground, p. 34.
9 L. Nazario, Andy Warhol: O Teatro da Vida Sonhada, A Outra Vanguarda: Diário Cinematográfico S.l., 12. fev. 2011.
10 Entrevista de Luiz Nazario a Christian Petermann para A Outra Vanguarda: Diário Cinematográfico, 12 fev. 2011.
11 Ibidem.
12 A. Pagán, Andy Warhol, p. 465.
13 Entrevista de Luiz Nazario a Christian Petermann para A Outra Vanguarda: Diário Cinematográfico, 12 fev. 2011.
14 A. Pagán, op. cit., p. 464.
15 Ibidem, p. 471.
16 V. Canby, Movie Review: Blue Movie (1968). The New York Times, New York, 22 jul. 1969.
17 A. Pagán, op. cit., p. 479.
18 S. Sontag, op. cit, p. 332-333.
19 Entrevista de Luiz Nazario a Christian Petermann para A Outra Vanguarda: Diário Cinematográfico, 12 fev. 2011.
20 S. Sontag, Flaming Creatures, op. cit., p. 264-265.
21 Ibidem, p. 268.
22 Ibidem, p. 264.
23 Pink Narcissus [sinopse]. Cult Classic.
24 M. Foucault, História da Sexualidade I, p. 43.
25 A. Vogel, The End of Sexual Taboos: Homosexuality and Other Variants, Film as Subversive Art, p. 235. (Tradução nossa.)
26 Trecho da narração em off dos diretores do documentário.
27 L. Nazario, Todos os Corpos de Pasolini, p. 96.

28 Cf. L. Williams, **Hard Core**.

29 Cf. R. Plant, The Pink Triangle: The Nazi War against Homosexuals.

30 Ibidem, p. 104.

31 P. Almodóvar apud L. Nazario, Cinema Gay, **Cult**, 12 mar. 2010.

32 Disponível em: <http://mixbrasil.uol.com.br/cultura-gls/cinema/viadagem-no-gramado.html>.

33 Disponível em: <http://deslumbramento.com/release.html>.

5 IMPÉRIO DO EROTISMO
CONTRACULTURA, LIBERAÇÃO E ALIENAÇÃO SEXUAL

1 M. Foucault, L'Occident et la vérite du sexe, **Le Monde**, Paris, p. 24. (Tradução nossa.)

2 H. Marcuse, A Ideia de Progresso à Luz da Psicanalise, **Progresso Social e Liberdade**, p. 109-110.

3 Ibidem, p. 109-112.

4 E. Geada, Sexualidade, Desejo, Prazer, **O Poder do Cinema**, p. 59-60.

5 M. Foucault, op. cit., p. 24. (Tradução nossa.)

6 N.C. Abreu, **O Olhar Pornô**, p. 75.

7 J.-C. Bernardet, **O Machismo é o Mesmo. Só Mudou de Sexo**.

8 Ibidem. Outros filmes do período: **Toda Donzela Tem um Pai que é uma Fera** (Roberto Farias, 1966), **As Cariocas** (Fernando de Barros, Roberto Santos e Walter Hugo Khouri, 1966), **Garota de Ipanema** (Leon Hirzsman, 1967), **Todas as Mulheres do Mundo** (Domingos de Oliveira, 1967), **A Penúltima Donzela** (Fernando Amaral, 1969), **Adultério à Brasileira** (Pedro Carlos Rovai, 1969), **Os Paqueras** (Reginaldo Faria, 1969), **Memórias de um Gigolô** (Alberto Pieralisi, 1970), **A Superfêmea** (1973), **A Infidelidade ao Alcance de Todos** (Anibal Massaini Neto e Olivier Perroy, 1972), **Divórcio à Brasileira** (Ismar Porto, 1973).

9 C. Kessler, Erotismo à Brasileira, **Famecos**, n. 22, p. 17.

10 Sales Filho apud C. Kessler, op. cit., p. 17.

11 J. Leite Jr., **Das Maravilhas e Prodígios Sexuais**, p. 134-135.

12 Ibidem, p. 133-134.

13 Filmes Censurados e Polêmicos Estão em Mostra..., **Folha de S.Paulo**, 02 abr. 2013.

14 Erik Skoglund apud J. Losey et al., **Censura e Cinema**, p. 188.

15 Marcel Martin, Impossível Voltar Atrás, em J. Losey et al., op. cit., p. 157-158.

16 Ibidem.

17 C. Reichenbach, Anais do Cinema Extremo, **Folha de S.Paulo**, 22 ago. 2010.

18 J. Leite Jr., op. cit., p. 92-93.

19 P. Menezes, **À Meia-luz**, p. 18.

20 Disponível em: <http://pt.wikipedia.org/wiki/%C3%9Ultimo_Tango_em_Paris>.

21 R. Kämpf, **Para uma Estética na Pornografia**, p. 66. No universo da representação cinematográfica do sexo, a prática anal foi mais idolatrada e filmada pelo cinema pornográfico como forma suprema de prazer e, por vezes, como poder simbólico de dominação. Para Leite Jr., "a grande passagem da pornografia hard-core dita 'convencional' para a 'extrema' é feita pelos produtos envolvendo o sexo anal". (J. Leite Jr., op. cit., p. 222.). No cinema de ficção, a prática em homens apareceu geralmente assocada a prisões e ambientes hostis, que associava o coito à humilhação/violação, em filmes como: Myra Breckinridge (Homem e Mulher Até Certo Ponto, 1970), de Michael Sarne; Straw Dogs (Sob o Domínio do Medo, 1971), de Sam Peckinpah; The Glass House (O Sistema, 1972), de Tom Gries; Deliverance (Amargo Pesadelo, 1972), de John Boorman; Outback (Pelos Caminhos do Inferno, 1971),

de Ted Kotcheff; Parceiros da Noite (1980), de William Friedkin; Spetters (Sem Controle, 1980), de Paul Verhoeven; Caligola (Calígula, 1979), de Tinto Brass; Boys Don't Cry (Meninos Não Choram, 1999), de Kimberly Peirce; Twentynine Palms (29 Palmos, 2003), de Bruno Dumont. Por outro lado, alguns cineastas projetaram prazer no sexo anal, em filmes como Querelle (1982), de Rainer Werner Fassbinder; A Lei do Desejo (1987), de Pedro Almodóvar; Madame Satã (2002), de Karim Aïnouz; O Segredo de Brokeback Mountain (2005), de Ang Lee; My Own Private Idaho (Garotos de Programa, 1991), de Gus van Sant; Before Night Falls (Antes do Anoitecer, 2000), de Julian Schnabel; Shortbus (2006), de Mitchell; Fazendo Amor (1982), de Arthur Hiller; Maurice (1987), de James Ivory; Total Eclipse (Eclipse de uma Paixão, 1995), de Agnieszka Holland; Filadélfia (1993), de Jonathan Demme; entre outros.

22 P. Menezes, op. cit., p. 159-160.

23 Entrevista de M. Schneider a Lina Das para **Daily Mail**, 19 jul. 2007.

A SEXUALIDADE COMO DISCURSO POLÍTICO

1 Em 28 de junho de 1969, acontecia StoneWall, movimento que deu origem às paradas do orgulho LGBT, a partir do caso de resistência homossexual ocorrida em um bar **gay**, em Nova York, Estados Unidos, quando os frequentadores do local resolveram enfrentar a polícia, que, comumente, agia no local realizando prisões e humilhações. Primeiro enfrentaram a ferro e fogo, com o próprio corpo; depois foram mais políticos e dialogaram por meio de frases pintadas nas paredes do bar e panfletos que conclamavam direitos iguais. Foi nessa época que surgiu o termo **gay**, uma tentativa de apagar o teor psiquiátrico contido na palavra homossexual, criada em 1869 pelo escritor e jornalista austro-húngaro Károly Mária Kertbeny. Portanto, **gay** é um termo politizado, ligado à defesa dos direitos humanos.

2 J. Leite Jr., **Das Maravilhas e Prodígios Sexuais**, p. 18. Na descrição de Leite Jr., sexo bizarro condiz com "penetração de objetos gigantes e/ou inusitados na vagina, ânus ou canal da uretra; **fist fuck** (penetração vaginal ou anal das mãos até o punho); sexo com urina (chuva dourada), fezes (banho marrom), vômito (banho romano) ou enemas; sexo com corpos esteticamente 'diferentes': mulheres grávidas, pessoas muito velhas, muito gordas, anões, travestis; enfim, tudo o que é apresentado como diferente e não cabe diretamente nas categorias anteriores".

3 Ibidem, p. 178.

4 Ibidem, p. 292.

5 L.C. Oliveira Jr., Transpigmalião: O Cinema "Queer" Europeu Contemporâneo, em L. Murari; M. Nagime (orgs.), **New Queer Cinema**, p. 164-165.

6 Entrevista de John Waters a Beth Accomando para kPBS, 27 jul. 2012.

7 M. Foucault, Entre o Amor e os Estados de Paixão, Espaço Michel Foucault. Disponível em: <http://portalgens.com.br/portal/images/stories/pdf/estadosdepaixao.pdf>.

8 P.P. Pasolini, **Per il Cinema**, v. 2, p. 2064.

9 L. Nazario, **Todos os Corpos de Pasolini**, p. 99, grifos do autor.

10 P. Bertelli. **Pier Paolo Pasolini**. Il Cinema in Corpo, p. 247.

11 Nazario analisou que a morte do cineasta "foi um crime político sob todos os pontos de vista: se o assassino foi apenas – segundo a versão oficial – o prostituto Pelosi, o crime 'homossexual' (como o definiram) foi político na medida em que foi movido pela homofobia, esse sentimento irmanado do racismo e difundido em massa, livremente, por todas as mídias; se o crime foi cometido, como muitos supõem, por um bando de fascistas, por conta própria, foi político na medida em que visou suprimir um intelectual odiado pelo

movimento neofascista e não apenas por ser homossexual, mas também um antifascista engajado que terminava de filmar **Salò**, o filme mais violento jamais produzido contra o fascismo histórico e o fascismo do consumo; e, se, como alguns mais paranoicos suspeitam, o crime foi na verdade encomendado pelo governo, foi político na medida em que eliminou um artista e um intelectual mundialmente famoso, que denunciava, sem medo, nas primeiras páginas dos jornais, toda a corrupção do Estado italiano". Cf. Entrevista de L. Nazario a Fernando de Oliveira para o **Diário de Notícias**, 27-28 nov. 2010.

12 Entrevista de P.P. Pasolini publicada em: Luciano de Giusti (ed.), **Pier Paolo Pasolini: Il cinema in forma di poesia**.
13 Entrevista de L. Nazario a Duda Fonseca para o jornal **O Tempo**, 04 nov. 2005.
14 Ibidem.
15 L. Nazario,**Todos os Corpos de Pasolini**, p. 115-116.

A "NOVA ONDA" PORNOGRÁFICA: POR DENTRO DA GARGANTA PROFUNDA

1 Leite Jr. aponta algo importante relativo à legalização: "Como em vários países do Ocidente, inclusive o Brasil (Artigos 233 e 234 do Código Penal Brasileiro), nos EUA a pornografia é legalizada enquanto não seja considerada obscena. Lá, o conceito de quais cenas/obras se encaixam na noção de obscenidade varia de acordo com as leis de cada estado, mas normalmente envolvem as chamadas 'perversões', ou o 'sexo não convencional'". Cf. J. Leite Jr., **Das Maravilhas e Prodígios Sexuais**, p. 41.
2 Com o **boom** da pornografia nos anos de 1970, a MPAA passou a classificar filmes **hard-core/soft-core** dentro da categoria X. Depois, a categoria expandiu-se para os filmes excessivamente violentos ou com algumas cenas tidas como "fortes", pelo teor sexual, explícito ou não, como no caso de **Laranja Mecânica** e **Último Tango em Paris**.
3 N.C. Abreu, **O Olhar Pornô**, p. 39, grifo nosso.
4 Ibidem.
5 E.R. Moraes, S.M. Lapeiz, **O Que É Pornografia**, p. 58.
6 J. Leite Jr., op. cit., p. 41.
7 Segundo Leite Jr., o chamado "sexo convencional" está comumente restrito à estimulação oral e à penetração vaginal ou anal, com alguns acessórios em determinadas cenas e, no mercado heterossexual, o lesbianismo. "Sadomasoquismo são as práticas sexuais que envolvem humilhação e/ou dor física entre parceiros, tais como **spanking** (palmadas ou chicotadas), **piercing** (perfuração com agulhas), **bondage** (imobilização, comumente, mas, não necessariamente, com cordas), esmagamentos, sufocações (com as mãos – asfixia erótica; ou com os genitais – **smoother**), entre outras". Ibidem, p. 16.
8 Nessa década de 1970, nos Estados Unidos, as salas de cinema pornográfico XXX-**rated** estavam em ascensão. Havia desde cabines que exibiam **loops** pornográficos até salas grandes que projetavam longas-metragens de sexo **hard-core**.
9 J. Leite Jr., op. cit., p. 94-95.
10 R. Kämpf, **Para uma Estética na Pornografia**, p. 57-58.
11 Ibidem.
12 Ibidem, p. 52.
13 Ibidem, p. 55.
14 Ibidem.
15 L. Williams, **Hard Core**, p. 98-99.
16 M. Foucault, **História da Sexualidade I**, p. 61.
17 N.C. Abreu, op. cit., p. 110.

18 R. Corliss, "**Mona** (1970)", fIPRESI, n. 9, 2009.
19 R. Gubern, **La Imagen Pornográfica y Otras Perversiones Ópticas**, p. 13. (Tradução nossa.)
20 R. Corliss, op. cit.
21 L. Williams, op. cit., p. 99.
22 M.A. Barroso, **Cine Erótico en Cien Jornadas**, p. 200.
23 J. Leite Jr., op. cit., p. 141.
24 Ibidem, p. 137-142.
25 Ibidem, p. 93.
26 O cartaz do filme dava pistas do que se tratava aquele pornô diferenciado dos demais: além do título do filme em destaque, seguia em menor proporção, acima dele, o nome do diretor – dado raro para um filme pornográfico, até então sem autor para marcar seu estilo. Temos ainda a seguinte inscrição verbal: "How far does a girl have to go to untangle her tingle?". As cores, o grafismo, a tipologia das letras, a frase de efeito, a cena de divulgação não pornográfica – tudo remetia ao clima das contestações culturais dos anos de 1970 e ao "inusitado" naquele filme.
27 E. Geada, Sexualidade, Desejo, Prazer, **O Poder do Cinema**, p. 75.
28 R. Kämpf, op. cit., p. 61-62.
29 Ibidem.
30 Deep Throat [verbete]. **Wikipedia**.
31 J. Leite Jr., op. cit., p. 103.

O PORNOGRÁFICO EM O IMPÉRIO DOS SENTIDOS E CALÍGULA

1 P. Menezes, op. cit., p. 207; L. Nagib, **Nascido das Cinzas: Autor e Sujeito nos Filmes de Ôshima**, p. 324.
2 W. Silveira, C. Grillo, **Império dos Sentidos** Sofreu Veto 4 Anos Antes de Chegar ao Brasil, **Folha de S.Paulo**, 30 maio 1990.
3 Ibidem.
4 Uma Transa Para a História, **Metamorfose Digital**, 4 mar. 2009.
5 Ibidem.
6 L. Nagib, op. cit.
7 P. Menezes, **À Meia-Luz**, p. 205-206.
8 P. Menezes, op. cit., p. 207; N. Ôshima, Théorie expérimentale de cinéma pornographique, **Écrits**, **1956-1978**, p. 321.
9 P. Menezes, op. cit., p. 205
10 Caligola [verbete], **Wikipedia**.
11 M. Foucault, **A História da Sexualidade I**, p. 63.

6 CINEMA EXPLÍCITO CONTEMPORÂNEO
PORNOGRAFIA E NOVOS DISCURSOS SEXUAIS: ANOS DE 1980 E 1990

1 N.C. Abreu, **O Olhar Pornô**, p. 137-138.
2 Cf. R. Gubern, **La Imagen Pornográfica y Otras Perversiones Ópticas**.
3 J. Leite Jr., **Das Maravilhas e Prodígios Sexuais**, p. 96.
4 Ibidem.
5 Subgênero da pornografia **hard-core** em que a prática do sexo termina em morte para um dos envolvidos em cena. Pelo caráter criminoso e clandestino, até hoje não se sabe ao certo o paradeiro desses filmes, nem se existem ou existiram de fato. De todo modo, a "invenção" desse gênero traz o ranço do **gore** e dos filmes de horror introjetados na pornografia. No **mainstream**, alguns filmes de ficção abordaram o tema dos **snuff movies** como pano de fundo ou tema principal da trama: **Mute Witness** (Testemunha Muda, 1994), de Anthony Waller; **Tesis**, (Morte ao Vivo, 1997), de Alejandro Amenábar; **The Brave**

302

(O Bravo, 1997), de Johnny Depp; **8 mm** (8 Milímetros, 1999), de Joel Schumacher; **Vacancy** (Não Temos Vagas, 2007), de Nimród Antal; **Terror Sem Limites** (2010), de Srdjan Todorovic; e o documentário **Snuff: A Documentary About Killing On Camera** (2008), em que Paul von Stoetzel entrevistou acadêmicos de cinema e investigadores do Federal Bureau of Investigation (FBI, Agência Federal de Invastigação) para tentar descobrir dados mais concretos sobre os snuff. O filme traz possíveis relações entre filmes de horror, sadomasoquismo, filmes de culto, serial killers e pornografia.

6 J. Leite Jr., op. cit., p. 100.

7 L. Nazario, op. cit., p. 101. O autor cita algumas personagens femininas: "Ellen Barkin, em **Sea of Love** (Vítimas de uma Paixão, 1989), de Harold Becker; Kim Bassinger, em **Final Analysis** (Desejos, 1992), de Phil Joanou; Madonna, em **Body of Evidence** (Corpo em Evidência, 1992), de Uli Edel; Rebecca DeMornay, em **The Hand that Rocks the Cradle** (A Mão Que Balança o Berço, 1992), de Curtis Hanson; Jennifer Jason Leigh, em **Single White Female** (Mulher Solteira Procura, 1992), de Barbet Schroeder; e Sharon Stone, em **Basic Instinct** (Instinto Selvagem, 1992), de Paul Verhoeven, assumiram o triste papel do HIV." E personagens masculinas: "interpretados por Patrick Bergin, em **Sleeping with the Enemy** (Dormindo Com o Inimigo, 1991), de Joseph Ruben; Kevin Spacey, em **Consenting Adults** (Jogos de Adultos, 1992), de Alan J. Pakula; Donald Sutherland, em **Benefit of the Doubt** (Desejo Assassino, 1992), de Jonathan Heap; Don Johnson, em **Guilty as Sin** (Tão Culpado Como o Pecado, 1993), de Sidney Lumet; William Baldwin, em **Sliver** (Invasão de Privacidade, 1993), de Kevin Meyer; Michael Douglas, em **Falling Down** (Um Dia de Fúria, 1993), de Joel Schumacher; Robert De Niro, na refilmagem de **Cape Fear** (Cabo do Medo, 1991); Alec Baldwin, em **The Juror** (A Jurada, 1996); ou Antonio Banderas, em **Never Talk to Strangers** (Nunca Fale Com Estranhos, 1995)".

8 B.R. Rich, New Queer Cinema, **Sight & Sound** 2.5, p. 30-31.

9 D. Lopes; M. Nagime, New Queer Cinema e um Novo Cinema Queer no Brasil, em L. Murari; M. Nagime (orgs.), **New Queer Cinema: Cinema, Sexualidade e Política**, p. 14.

10 Tim Dirks, History of Sex in Cinema: The Greatest and Most Influential Sexual Films and Scenes (Illustrated) – 1983, **Filmsite**.

11 F. Strauss, **Conversas Com Almodóvar**, p. 91.

12 B. Lester, Infância de Pesadelo, Folha de S.Paulo, 6 jul. 2003.

13 F. Strauss, op. cit., p. 7.

CINEMA EXPLÍCITO E EXTREMO

1 J. Quandt, Flesh & Blood, **ArtForum**.

2 W. Salles, O Erotismo Volta à Tona na Literatura e no Cinema Europeu. **Folha de S.Paulo**, 7 jul. 2001.

3 C. Reichenbach, Anais do Cinema Extremo, **Folha de S.Paulo**, 22 ago. 2010.

4 J. Lewis, Real Sex, **Jump Cut**, n. 51. 2009. (Tradução nossa.)

5 Sex on Screen: Porn or Art? **China Daily**, out. 2006. (Tradução nossa.)

6 J. Lewis, op. cit.

7 Taboo: Art Censorhip, **MatthewHunt.com**.

8 I. Feldman, O Apelo Realista das Novas Narrativas do Espetáculo, XI **Encontro Regional da Associação Brasileira de Literatura Comparada (Abralic)**, p. 1.

9 Ibidem.

10 Ibidem.

11 Ibidem.

12 Ibidem, p. 7.

13 Ibidem.

14 Cf. A. Bazin, À Margem de "O Erotismo no Cinema", em I. Xavier (org.), **A Experiência do Cinema**.

15 F.P. Ramos, Bazin Espectador e a Intensidade na Circunstância da Tomada, **Imagens**, n. 8, p. 17.

16 Ibidem.

17 Entrevista de M. Winterbottom a Lourdes Gómez para o **El País**, 10 set. 2004. (Tradução nossa.)

18 Cf. A.L. Andrade, **O Filme Dentro do Filme**.

19 "O Pornógrafo" Mescla Sexo e Sofrimento, **O Estado de S. Paulo**, 21 mar. 2002.

20 Pornografia [Sinopse]. **Portacurtas**.

21 Ibidem.

22 R. Falcon, Last Tango in Lewisham, **Sight & Sound**, jul. 2001.

23 L.A. Giron, Quando o Diretor Vai Longe Demais, **Época**, 16 dez. 2013.

24 Um Filme Grego Virulento, **Cineclube de Faro**, maio 2015.

25 R. Gerace, O Pornográfico no Cinema de Arte, **Cine Persona**, 5 mar. 2011.

26 "Baise-moi" É Proibido na França, **Folha de S.Paulo**, 4 jul. 2000.

27 M. Carrar, "Baise-moi" [Resenha de filme], **Zingu!**, n. 1.

28 Ibidem.

O CINEMA ANTIRROMÂNTICO DE CATHERINE BREILLAT

1 Entrevista de C. Breillat a Kleber Mendonça Filho para o **Cinemascópio**, 19 ago. 1999.

2 Ibidem.

3 Entrevista de Caroline Ducey a Fátima Gigliotti para a **Folha de S.Paulo**, 13 ago. 1999.

4 Entrevista de C. Breillat a K. Mendonça Filho para o **Cinemascópio**, 19 ago. 1999.

5 Entrevista de Catherine Breillat a Michael Cathcart para a **Rádio Nacional**.

SEXO E MELANCOLIA EM SHORTBUS

1 Entrevista de John Cameron Mitchell a Tony Rayns, mar. 2006.

2 Ibidem.

3 Entrevista de G. van Sant a Kleber Mendonça Filho para a **Continente Multicultural**, 1 jul. 2006.

4 John Cameron Mitchell, Let's Talk Dirty, **The Independent**, 26 nov. 2006.

5 S. Martí, "Tive Mesmo um Orgasmo em Cena", Diz Ator Paul Dawson. **Folha de S.Paulo**, 29 ago. 2008.

6 E. Simões, Longa Americano "Shortbus" Tempera Sexo Com Humor, **Folha de S.Paulo**, 26 out. 2006.

7 Ibidem.

8 S. Martí, op. cit.

9 Ibidem.

10 Entrevista de J.C. Mitchell a Tony Rayns, mar. 2006.

11 E. Simões, op. cit.

CASTIDADE E LIBERTAÇÃO NO CINEMA DE LARS VON TRIER

1 Lars von Trier cursou a Escola de Cinema de Munique e a Escola de Artes Cinematográficas de Copenhague, produzindo diversos curtas-metragens, muitos deles inéditos até hoje. Fez dezenas de trabalhos publicitários, minisséries e videoclipes para o DR, canal televisivo da Dinamarca. Em 1984, dirigiu seu primeiro longa-metragem, **Forbrydelsens Element** (O Elemento do Crime, 1984), que ganhou o Grande Prêmio Técnico no Festival de Cannes. Em 1987, fez **Epidemic** (Epidemia, 1987), seguido de

Medea (Medeia, 1988), **Dimension** (1990), **Zentropa** (Europa, 1991) e a série mórbida **Riget** (O Reino, 1994) e **Riget II** (O Reino II, 1997).

2 **Primeiro Manifesto: Declaração de Intenção.** Publicado em 3 de maio de 1984, no lançamento do filme **Elemento do Crime.**

3 O **voyeurismo** do cineasta e a liberação/castidade sexual ainda são percebidos no comercial televisivo do jornal **Ekstra Bladet,** que Von Trier fez para a televisão dinamarquesa, em 1986. O comercial é rodado dentro de uma sauna dividida em duas salas. Na ala dos homens, um rapaz franzino espiona o banho das garotas e fica excitado. Logo uma vigia percebe o olhar intruso e vai à caça do espião. Ela coloca todos em fila e averigua os genitais: não há como negar o autor do "crime": o jornal **Ekstra Bladet** dependurado à altura da barriga do espião denuncia seu pênis ereto inutilmente encoberto. Na tela, mostra-se a seguinte frase "O que você faria sem o **Ekstra Bladet?**", como se o jornal pudesse salvar alguém em uma situação desse tipo. Obviamente que se trata de uma piada, mas uma piada com conclusão repressora: mesmo com o desejo sexual infiltrado e disponível a todo mundo, a subversão a ele merece ser punida.

4 Disponível em: <http://www.dogme95.dk/the-vow-of-chastity/>.

5 J. Stevenson, Lars von Trier: Pornographer?, **Bright Lights Film Journal,** n. 43.

6 K. Badt, At War with Myself, **Bright Lights Film,** n. 49.

7 Entrevista de Lars von Trier a João Antunes para o **Jornal de Notícias,** 31 jan. 2010.

8 Entrevista de Lars von Trier a Peter Øvig Knudsen.

9 Entrevista de Lars von Trier a Knud Romer para **Film,** n. 66.

10 R. Gerace, **O Cinema de Lars von Trier,** p. 97.

11 Para maior análise sobre normalidade e desvio social, ver capítulo "**Os Idiotas** e a Busca pela Pureza", em R. Gerace, op. cit.

12 M. Foucault, **História da Loucura na Idade Clássica,** p. 76.

13 E. Geada, Sexualidade, Desejo, Prazer, **O Poder do Cinema,** p. 74.

14 Entrevista de Lars von Trier a Luís Salvador.

15 "Nos Anos 70, Não Ousávamos Muito Mais? Hoje Todas Temos Medo…, **Público,** 25 dez. 2013.

7 PORNOGRAFIAS CONTEMPORÂNEAS
POSTPORNO E AS REPRESENTAÇÕES ALTERNATIVAS DO SEXO

1 Depois do sucesso de **Fritz, o Gato** (1972), de Ralph Bakshi, outras produções contemporâneas de animação mostraram personagens sintéticas em ato sexual explícito, como **South Park: Bigger, Longer & Uncut** (South Park: Maior, Melhor e Sem Cortes, 1999), de D. Trey Parkero; o filme dinamarquês **Princess** (Irmão Padre, Irmã Puta, 2006), de Anders Morgenthaler. Há hoje, no Brasil, um festival de cinema somente de animações eróticas chamado Festival Internacional de Animação Erótica (FIAE), que exibe curtas e longas metragens do mundo todo.

2 **Primeiro Manifesto: Declaração de Intenção.** Publicada em 3 de maio de 1984, no lançamento do filme **Elemento do Crime.**

3 Filho de Estilista Protesta Contra Lei Antipornografia, **Terra,** 21 out. 2008.

4 Cf. L. Hunt (org.), **A Invenção da Pornografia.**

5 A.R.M. Almeida, Fredric Jameson y la Esencialidad de lo Visual Pornográfico en la Postmodernidad, **Revista de Estudios Literarios,** n. 33. (Tradução nossa.)

6 Canal Adulto Exibe Reality Show de Sexo Explícito, **Portal Amazônia,** 5 ago. 2006; Canadenses Ganham Canal Pornô de

Produção Doméstica, **O Estado de S. Paulo,** 15 ago. 2008; A.C. Barros, Adolescentes Filmam Relações Sexuais Para Competir na Rede, **Terra Magazine,** 19 jul. 2010; A. Cawthorne, Ator Transa com Escolhidos na Internet, **Folha de S.Paulo,** 21 ago. 2004; G. Villas Boas, Escândalos Sexuais Invadem o Mundo Virtual de Second Life, **Folha de S.Paulo,** 16 maio 2007.

7 J. Leite Jr., **Das Maravilhas e Prodígios Sexuais,** p. 45.

8 R. Gubern, **La Imagen Pornográfica y Otras Perversiones Ópticas,** p. 26-27.

9 M. Buscato; F. Colavitti, Pornô Feito Por Mulheres Para Mulheres, **Época,** 9 abr. 2009.

10 Apud R. Freixas; J. Bassa, **El Sexo en el Cine y el Cine de Sexo,** p. 40-41. (Tradução nossa.)

11 R. Freixas; J. Bassa, op. cit., p. 41. (Tradução nossa.)

12 N.P. Pino, A Teoria Queer e os Intersex, **Cadernos Pagu,** n. 28, p. 160.

13 Foro de Debate, op. cit.

14 Ibidem.

15 B. Preciado, **Manifesto Contrassexual,** p. 22 e 40.

16 Disponível em: <http://www.puzzypower.dk/UK/index.php/omos/manifest>. Acesso em: 26 maio 2015.

17 Entrevista de Christophe Honoré a Bruno Horta para o jornal **Público,** 12 ago. 2010.

18 Ibidem.

19 Entrevista de Christophe Honoré a Francisco Valente para o jornal **Público,** 3 set. 2010.

20 Entrevista de J.P. Vale a Rodrigo Gerace, 12 fev. 2011.

21 Ibidem.

22 Entrevista de João Pedro Rodrigues a Rodrigo Gerace na Cinemateca Portuguesa, 24 nov. 2001.

23 Sexualmente explícito, agressivo, comunicante, **Jornal de Notícias,** 8 set. 2000, p. 43.

24 Entrevista de João Pedro Rodrigues a Rodrigo Gerace na Cinemateca Portuguesa, 24 nov. 2001.

25 V. Câmara, O Triunfo do Desejo, **Público,** 7 set. 2000, p. 26.

26 G. Lefort, O. Séguret, O Fantasma, **Libération,** 20 maio 2005.

27 Entrevista de M. Berger a Rodrigo Gerace para **Cine Persona,** 8 fev. 2011.

28 Ibidem.

O SEXO COMO METÁFORA: O CINEMA DE BRUCE LABRUCE

1 Entrevista de Bruce LaBruce para **Páginas Del Diario de Satán,** [S.l.], 18 mar. 2009. (Tradução nossa.)

2 Ibidem.

3 Entrevista de Bruce LaBruce a Rodrigo Gerace, 12 dez. 2010.

4 Entrevista de Bruce LaBruce para o jornal **Público,** 20 set. 2010.

5 Entrevista de Bruce LaBruce para **Páginas Del Diario de Satán.**

6 Entrevista de Bruce LaBruce para o jornal **Público.**

7 Ibidem.

8 Entrevista de Bruce LaBruce a Rodrigo Gerace, 12 dez. 2010.

A DOMESTICAÇÃO DA OBSCENIDADE

1 E.R. Moraes; S.M. Lapeiz, **O Que É Pornografia,** p. 46-47.

2 M. Foucault apud N.C. Abreu, **O Olhar Pornô,** p. 110.

3 N.C. Abreu, op. cit., p. 110.

4 A explosão discursiva sobre o sexo nos programas de televisão investe no comportamento sexual do casal. O canal brasileiro GNT é o maior especialista na atividade. Traz séries que convidam casais em crise para relatarem neuroses sexuais na tentativa de salvar o casamento, expondo-os em uma terapia ou mesmo em um motel público, como é em **The Sex Inspectors** (Os Inspetores do Sexo, 2004). Alguns trazem sexo explícito, como **Comstock Films: Real People, Real Life, Real Sex** (2006), dirigido por Tony Comstock, em que os casais revelam problemas sexuais, fazendo testes sexuais práticos para um melhor desempenho. **Talk Sex** (Falando de Sexo, 2002), programa de perguntas e respostas, apresentado pela septuagenária Sue Johanson, debate com os telespectadores dúvidas sexuais, respondidas com o auxílio de objetos, sons, gestos e performances. **Mothern** (2006), criada por Luca Paiva Mello, encena pela dramaturgia o comportamento sexual da mulher moderna. Outras séries do mesmo canal exploram ainda mais variantes sexuais: **Sexo Para Meninas do Século XXI** (2006); **Clitóris: Prazer Proibido** (2012); **Sexo Com Robôs** (2009); **Viciados em Sexo** (2011); **Pompoarismo: Saúde e Prazer Para a Mulher** (2010), entre outros.

5   R. Kämpf, **Para uma Estética na Pornografia**, p. 67.

6   E.R. Moraes; S.M. Lapeiz, op. cit., p. 58.

7   J. Leite Jr., **Das Maravilhas e Prodígios Sexuais**, p. 64.

8   Entrevista de Bruce LaBruce a Rodrigo Gerace, 12 dez. 2010.

9   C. Gerbase, Imagens do Sexo, **Famecos**, n. 31.

10   A idealização do projeto de restauração teve apoio do antigo Centro Nacional de Cinematografia – atual Centro Nacional do Cinema e da Imagem Animada –, em Paris, França.

11   Disponível em: <http://geracaorp.blogspot.com.br/2008/08/sexxxchurchcom-um-site-cristo-porn.html>. Acesso em: 26 maio 2015.

12   M. Prado, R. Balsemão, Igrejas Emergentes se Baseiam em SP e Atraem Jovens Com Cultos Alternativos, **Folha de S.Paulo**, 11 jan. 2009.

13   Sobre o Irã, ver: Mulher Iraniana é Apedrejada Até a Morte Por Fazer Filme "Pornô", **Folha de S.Paulo**, 21 maio 2001.

14   Em Mogadíscio, capital do país, há cerca de oitocentas salas cinematográficas. Cf. Cortes Islâmicas da Somália Proíbem Cinema Durante o Ramadã, **Folha de S.Paulo**, 3 out. 2005.

15   Filme **Gay** com Cenas de Sexo Pode Ser Censurado na Índia, **A Capa**, 29 set. 2010.

16   A repressão à pornografia digital é rígida: 5.394 prisões e 4.186 investigações criminais em 2009, dados quatro vezes maiores em relação a 2008. **Sites** e serviços populares na internet, como YouTube, Twitter, Flickr e Facebook, além de **sites** de compartilhamento de conteúdos, são proibidos na China. Em 2006, Chen Hui, de 28 anos, considerado o rei da pornografia virtual, foi condenado à prisão perpétua. Cf. Os 10 Países que mais Faturam com Pornografia na Internet, **Lista 10**, 8 dez. [20--]; China Fez 5.394 Prisões em 2009 em Repressão à Pornografia, **Terra**, 1º jan. 2010; China Condena Rei da Pornografia na Web à Prisão Perpétua, **Folha de S.Paulo**, 23 nov. 2006.

17   Ang Lee Corta Meia Hora de Novo Filme Para Escapar de Censura Chinesa, **Folha de S.Paulo**, 11 set. 2007.

18   Na China, o órgão que coordena a censura é a Administração Estatal de Rádio, Filme e Televisão da China (SARFT), que, de acordo com as diretrizes internas, proíbe "conteúdos lascivos e pornográficos [...] que mostrem atos promíscuos, estupro, prostituição, relações sexuais, perversidade sexual, masturbação e órgãos sexuais masculinos ou femininos e outras partes íntimas". Cf. Atriz de "Lust, Caution" é Banida na China, **UOL Cinema**, 10 mar. 2008.

19   James Franco Sai em Defesa de "I Want Your Love" ..., **Caras**, 5 mar. 2013.

20   F. Guerra, Cinema Carimba "Avisado" em Ingresso..., **O Estado de S.Paulo**, 21 maio 2014.

21   "Ninfomaníaca"Não Sairá em Blue-ray no Brasil..., **Folha de S.Paulo**, 12 mar. 2014; Cenas e Sexo Dificultam Versão em Blue-ray de Vencedor de Cannes, **Folha de S.Paulo**, 25 fev. 2014.

BIBLIOGRAFIA

LIVROS

ABREU, Nuno César. O Olhar Pornô: A Representação do Obsceno no Cinema e no Vídeo. Campinas: Mercado de Letras, 1996.

ADAMOWICZ, Elza. Un Chien andalou. London: I.B. Tauris, 2010.

AGAMBEN, Giorgio. [1985]. Ideia da Prosa. Lisboa: Cotovia, 1999.

ALBERONI, Francesco. O Erotismo. São Paulo: Bertrand, 1988.

AMERICAN Heritage Dictionary. Disponível em: <https://www.ahdictionary.com/word/ search.html?q=pornography>.

ANDRADE, Ana Lúcia. O Filme Dentro do Filme: A Metalinguagem no Cinema. Belo Horizonte: Editora UFMG, 1999.

ANDREW, James Dudley. As Principais Teorias do Cinema: Uma Introdução. Rio de Janeiro: Jorge Zahar, 1989.

ANGER, Kenneth. Hollywood, Babilonia. Barcelona: Tusquets, 1994.

ATKINS, Thomas R. (ed.). Sexuality in the Movies. New York: Da Capo, 1992.

AUMONT, Jacques; MARIE, Michel. Dicionário Teórico e Crítico de Cinema. Campinas: Papirus, 2003.

AUMONT, Jacques. A Imagem. Campinas: Papirus, 2002.

BAILEY, Andrew; DUNCAN, Paul. Cinema Now. São Paulo: Taschen, 2009.

BARBA, Andrés; MONTES, Javier. La Ceremonia del Porno. Barcelona: Anagrama, 2007.

BARROSO, Miguel Ángel. Cine Erótico en Cien Jornadas. Madrid: Jaguar, 2001.

BATAILLE, Georges. O Erotismo. Porto Alegre: L&PM, 1987.

BAUDRILLARD, Jean. Da Sedução. Campinas: Papirus, 2000.

BAZIN, André. O Cinema: Ensaios. São Paulo: Brasiliense, 1991.

_____. À Margem de "O Erotismo no Cinema" [1957]. In: XAVIER, Ismail (org.). A Experiência do Cinema: Antologia. Rio de Janeiro: Graal/Embrafilme, 1983.

BERNARDET, Jean-Claude. O Autor no Cinema: A Política dos Autores – França, Brasil Anos 50 e 60. São Paulo: Brasiliense/Fdusp, 1994.

BERTELLI, Pino. Pier Paolo Pasolini, Il Cinema in Corpo: Atti Impuri di un Eretico. Roma: Croce, 2001.

BLACK, Gregory D. Hollywood Censored: Morality Codes, Catholics, and Movies. Cambridge/New York: Cambridge University Press, 1994.

BOCKRIS, Victor. Andy Warhol: A Biografia. Petrópolis: Objetiva, 1991.

BRIGGS, Joe Bob. Profoundly Erotic: Sexy Movies that Changed History. New York: Universe, 2005.

BUÑUEL, Luis. Meu Último Suspiro. São Paulo: Cosac Naify, 2009.

BUTLER, Judith. Corpos Que Pesam: Sobre os Limites Discursivos do "Sexo". In: LOURO, Guacira Lopes (org.). O Corpo Educado: Pedagogias da Sexualidade. Belo Horizonte: Autêntica, 1999.

_____. Críticamente Subversiva. In: JIMÉNEZ, Rafael M. Mérida (ed.). Sexualidades Transgresoras: Una Antología de Estudios Queer. Barcelona: Icária, 2002.

COSTA, Antonio. Compreender o Cinema. Rio de Janeiro: Globo, 1989.

COSTA, Flávia Cesarino. O Primeiro Cinema: Espetáculo, Narração, Domesticação. São Paulo: Scritta, 1995.

COUSINS, Mark. Biografia do Filme. Lisboa: Plátano, 2004.

DYER, Richard. Now You See It: Studies on Lesbian and Gay Films. New York: Routledge, 1990.

FORD, Luke. A History of X: 100 Years of Sex in Film. Amherst: Prometheus, 1999.

FOUCAULT, Michel. Microfísica do Poder. Rio de Janeiro: Graal, 2008.

_____. História da Loucura na Idade Clássica. 10. ed. São Paulo: Perspectiva, 2014.

_____. Dits et écrits. Paris: Gallimard, 1994. 4v.

_____. História da Sexualidade III: O Cuidado de Si. Coimbra: Relógio d'Água, 1994.

_____. História da Sexualidade II: O Uso dos Prazeres. Rio de Janeiro: Graal, 1984.

_____. História da Sexualidade I: A Vontade de Saber. Rio de Janeiro: Graal, 1980.

FREIXAS, Ramón; BASSA, Joan. El Sexo en el Cine y el Cine de Sexo. Barcelona: Paidós Ibérica, 2000.

FULWOOD, Neil. One Hundred Sex Scenes that Changed Cinema. London: Batsford, 2004.

FURHAMMAR, Leif; ISAKSSON, Folke. Cinema e Política. Rio de Janeiro: Paz e Terra, 1976.

GEADA, Eduardo. Sexualidade, Desejo, Prazer. O Poder do Cinema. Lisboa: Livros Horizonte, 1985.

GIDDENS, Anthony. A Transformação da Intimidade: Sexualidade, Amor e Erotismo nas Sociedades Modernas. São Paulo: Editora Unesp, 2004.

GUBERN, Román. La Imagen Pornográfica y Otras Perversiones Ópticas. Barcelona: Anagrama, 2005.

_____. La Hogarótica y las Estrategias del Erotismo. El Eros Electronico. Madrid: Taurus, 2000.

HADLEIGH, Boze. Las Películas de Gays y de Lesbianas: Estrellas, Directores, Personajes y Críticos. Barcelona: Odín, 1996.

HAYS, Will; QUIGLEY, Martin; LORD, Daniel. O Código de Produção ou Código Hays. In: LOSEY, Joseph et al. Censura e Cinema. Lisboa: Dom Quixote, 1969.

HORECK, Tanya; KENDALL, Tina. The New Extremism in Cinema: From France to Europe. Edinburgh: Edinburg University Press, 2013.

HUNT, Lynn (org.). A Invenção da Pornografia: Obscenidade e as Origens da Modernidade, 1500-1800. São Paulo: Hedra, 1999.

KEESEY, Douglas; DUNCAN, Paul. Cinema Erótico. São Paulo: Taschen, 2005.

KOGUT, Eliane Chermann. Perversão em Cena. Escuta, 2004.

KRZYWINSKA, Tanya. Sex and the Cinema. London: Wallflower, 2002.

LACERDA, Chico. New Queer Cinema e o Cinema Brasileiro. In: MURARI, Lucas; NAGIME, Mateus (orgs.). New Queer Cinema: Cinema, Sexualidade e Política. São Paulo: Caixa Cultural, 2015.

LEITE Jr., Jorge. Das Maravilhas e Prodígios Sexuais: A Pornografia "Bizarra" Como Entretenimento. São Paulo: Annablume, 2006.

LLOPIS, María. El Postporno Era Eso. Barcelona: Melusina, 2010.

LOPES, Denilson; NAGIME, Mateus. New Queer Cinema e Um Novo Cinema Queer no Brasil. In: MURARI, Lucas; NAGIME, Mateus (orgs.). New Queer Cinema: Cinema, Sexualidade e Política. São Paulo: Caixa Cultural, 2015.

LOSEY, Joseph et al. Censura e Cinema. Lisboa: Dom Quixote, 1969.

LUST, Erika. Porno Para Mujeres. Barcelona: Melusina, 2008.

MACDONALD, Scott. A Critical Cinema: Interviews with Independent Filmmakers. London: University of California Press, 2006.

MAINON, Dominique; URSINI, James. Cinema of Obsession: Erotic Fixation and Love Gone Wrong in the Movies. New York: Limelight, 2007.

MANN, William J. Bastidores de Hollywood: A Influência Exercida por Gays e Lésbicas no Cinema, 1910-1969. Rio de Janeiro: Landscape, 2002.

MANTEGA, Guido. Sexo e Poder. São Paulo: Brasiliense, 1979.

MARCUS, Steven. The Other Victorians: A Study of Sexuality and Pornography in Mid-Nineteenth-Century England. New York: Basic, 1964.

MARCUSE, Herbert. Eros e Civilização: Uma Interpretação Filosófica do Pensamento de Freud. Rio de Janeiro: Jorge Zahar, 1975.

_____. A Ideia de Progresso à Luz da Psicanálise. Progresso Social e Liberdade. Porto: Textos Marginais, 1974.

_____. Teoria das Pulsões e Liberdade. Progresso Social e Liberdade. Porto: Textos Marginais, 1974.

MASCARELLO, Fernando (org.). História do Cinema Mundial. Campinas: Papirus, 2006.

MASCARELLO, Fernando; BAPTISTA, Mauro (orgs). Cinema Mundial Contemporâneo. Campinas: Papirus, 2008.

MATTOS, A. C. Gomes. A Outra Face de Hollywood: Filme B. Rio de Janeiro: Rocco, 2003.

MENEZES, Paulo. À Meia-luz: Cinema e Sexualidade nos Anos 70. São Paulo: Editora 34, 2001.

MORAES, Eliane Robert; LAPEIZ, Sandra Maria. O Que É Pornografia. São Paulo: Brasiliense, 1985.

MORENO, Antônio. A Personagem Homossexual no Cinema Brasileiro. Rio de Janeiro: Editora da UFF, 2001.

MÜLLER, Jürgen. Cine de Los 90. Barcelona: Paisagem, 2001.

NAGIB, Lúcia. Nascido das Cinzas: Autor e Sujeito nos Filmes de Ôshima. São Paulo: Edusp, 1995.

NAZARIO, Luiz. Todos os Corpos de Pasolini. São Paulo: Perspectiva, 2007.

_____. O Teatro da Vida Sonhada: O Cinema de Andy Warhol & Paul Morrissey. In: OGIEN, Ruwen. Pensar la Pornografia. Barcelona: Paidós, 2005.

_____. Sexo, a Alienação do Desejo. São Paulo: Brasiliense, 1987.

_____. À Margem do Cinema. São Paulo: Nova Stella, 1986.

OLIVEIRA JR., Luiz Carlos. Transpigmalião: O Cinema Queer Europeu Contemporâneo. In: MURARI, Lucas; NAGIME, Mateus (orgs.). New Queer Cinema: Cinema, Sexualidade e Política. São Paulo: Caixa Cultural, 2015.

ÔSHIMA, Nagisa. Théorie expérimentale du cinéma pornographique. Écrits, 1956-1978: dissolution et jaillissement. Paris: Gallimard, 1980.

PACHECO, Enilda das Graças. O Artifício Erótico: A Mais Bela das Feras. Dissertação de mestrado, São Leopoldo, Universidade do Vale dos Sinos (Unisinos), 2000.

PAGÁN, Alberte. Andy Warhol. Madrid: Cátedra, 2014.

PASCALL, Jeremy; JEAVONS, Clyde. A Pictorial History of Sex in the Movies. London/New York: Hamlyn, 1976.

PASOLINI, Pier Paulo. Per il Cinema. A cura di Walter Siti, Franco Zabagli. Milan: Mondadori, 2001. 2 v.

PAUL, Pamela. Pornificados. São Paulo: Cultrix, 2006.

PENNINGTON, Jody W. The History of Sex in American Film. Westport: Praeger, 2007.

PLANT, Richard. The Pink Triangle: The Nazi War against Homosexuals. New York: Owl, 1986.

PRECIADO, Beatriz. Manifesto Contrassexual: Práticas Subversivas de Identidade Sexual. Tradução de Maria Paula Gurgel Ribeiro. São Paulo: Edições N-1, 2014.

RABKINS, Gerard; LAURO, Al di. Dirty Movies: An Illustrated History of the Stag Film, 1915-1970. New York: Chelsea House, 1976.

RAMOS, Fernão Pessoa. Bazin Espectador. Mas Afinal... O Que É Mesmo Documentário? São Paulo: Senac, 2008.

RENAN, Sheldon. Uma Introdução ao Filme Underground. Rio de Janeiro: Lidador, 1970.

RICH, B. Ruby. New Queer Cinema: The Director's Cut. Durham: Duke University Press, 2013.

ROBERTSON, Patrick. Film Facts. New York: Billboard, 2001.

RUSSO, Vito. The Celluloid Closet: Homosexuality in the Movies. New York: Harper & Row, 1985.

SADOUL, Georges. História do Cinema Mundial: Da Origem a Nossos Dias. São Paulo: Livraria Martins, 1963. V. I.

SCHAEFER, Eric. The Sex Hygiene Film. Bold! Daring! Shocking! True!: A History of Exploitation Films, 1919-1959. Durham: Duke University Press, 1999.

SIMÕES, Inimá F. Roteiro da Intolerância: A Censura Cinematográfica no Brasil. São Paulo: Senac/Terceiro Nome, 1999.

SLADE, Joseph W. Pornography and Sexual Representation: A Reference Guide. Westport: Greenwood, 2001. v. II.

SONTAG, Susan. Um Século de Cinema. Questão de Ênfase: Ensaios. São Paulo: Companhia das Letras, 2005.

_____. Flaming Creatures. Contra a Interpretação. Porto. Alegre: L&PM, 1987.

_____. Notas sobre Camp. Contra a Interpretação. Porto Alegre: L&PM, 1987.

_____. A Imaginação Pornográfica. [1983]. A Vontade Radical: Estilos. São Paulo: Companhia das Letras, 1987.

STRAUSS, Frederic. Conversas Com Almodóvar. São Paulo: Jorge Zahar, 2008.

THOMPSON, Dave. Black and White and Blue: Adult Cinema from the Victorian Age to the VCR. Toronto: ECW, 2007.

TURNER, Graeme. Cinema Como Prática Social. São Paulo: Summus, 1983.

TYLER, Parker. Screening the Sexes: Homosexuality in the Movies. New York: Da Capo, 1993.

_____. A Pictorial History of Sex in Films. Secaucus: Citadel, 1974.

VILLALBA, Susana M. Grandes Peliculas del Cine Gay. Madrid: Nuer, 1996.

VOGEL, Amos. Film as a Subversive Art. New York: Random House, 1976.

WALKER, Alexander. Sex in the Movies: The Celluloid Sacrifice. New York: Pelican, 1968.

WARHOL, Andy. A Filosofia de Andy Warhol: De A a B e de Volta a A. Rio de Janeiro: Cobogó, 2008.

WAUGH, Thomas. Hard to Imagine: Gay Male Eroticism in Photograph and Film from Their Beginnings to Stonewall. New York: Columbia University Press, 1996.

WILLEM, Jan. Sex Hygiene Film. Jahsonic.com, [S.l.], [s.d.]. Disponível em: <http://www.jahsonic.com/SexHygiene.html>. Acesso em: 24 ago. 2014.

WILLEM, Jan. Stag Film. Jahsonic.com, [S.l.], [s.d.]. Disponível em: <http://www.jahsonic.com/Stag.html>. Acesso em: 24 ago. 2014.

WILLIAMS, Linda (ed.). The Erotic Thriller in Contemporary Cinema. Bloomington: Indiana University Press, 2005.

_____. Porn Studies. Durham: Duke University Press, 2004.

_____. Hard Core: Power, Pleasure, and the "Frenzy of the Visible". Berkeley: University of California Press, 1989.

XAVIER, Ismail (org). A Experiência do Cinema: Antologia. Rio de Janeiro: Graal/Embrafilme, 1983.

TRABALHOS ACADÊMICOS

GERACE, Rodrigo. O Cinema de Lars von Trier: Dogmatismo e Subversão. Dissertação de mestrado, Belo Horizonte, Universidade Federal de Minas Gerais (UFMG), 2006.

HILDEBRANDO, Antonio; NASCIMENTO, Lyslei; ROJO, Sara (orgs.). O Corpo em Performance. Belo Horizonte: Núcleo de Estudos em Letras Performáticas (Nelap)/ Faculdade de Letras (Fale)/Universidade Federal de Minas Gerais (UFMG), 2003.

KÄMPF, Raquel. Para uma Estética na Pornografia. Dissertação de mestrado, Palhoça, Universidade do Sul de Santa Catarina (Unisul), 2008.

OUTROS TEXTOS

"BAISE-moi" É Proibido na França. Folha de S.Paulo, São Paulo, 4 jul. 2000. Ilustrada. Disponível em: <http://www1.folha.uol.com.br/fsp/ilustrad/fq0407200023.htm>. Acesso em: 24 ago. 2014.

"NINFOMANÍACA" Não Sairá em Blu-ray no Brasil Por Conter Sexo Explícito. Folha de S.Paulo, São Paulo, 21 maio 2001. Disponível em: <http://www1.folha.uol.com.br/ilustrada/2014/03/1424527--ninfomaniaca-nao-saira-em-blu-ray-no-brasil-por-conter-sexo--explicito.shtml>. Acesso em: 26 maio 2015.

"NOS ANOS 70, Não Ousávamos Muito Mais? Hoje, Todas Temos Medo..." Público, 25 dez. 2013. Disponível em: <http://www.publico.pt/culturaipsilon/noticia/nos-anos-70-nao-ousavamos--muito-mais-hoje-todas-temos-medo-328995>. Acesso em: 26 maio 2015.

"O PORNÓGRAFO" Mescla Sexo e Sofrimento. O Estado de S.Paulo, São Paulo, 21 mar. 2002. Arte & Cultura. Disponível em: <http://cultura.estadao.com.br/noticias/cinema,o-porno-grafo-mescla-sexo-e-sofrimento,20020321p369>. Acesso em: 24 ago. 2014.

A LMEIDA, Carlos Helí. Por Dentro da Pornografia. **Jornal do Brasil**, Rio de Janeiro, 15 fev. 2005. Caderno B.BADT, Karin. At War with Myself. **Bright Lights Film**, [S.I.], n. 49, ago. 2005. Disponível em: <http://www.brightlightsfilm.com/49/trieriv.php#.VCiEZWddXTo>. Acesso em: 24 ago. 2014.

ALMEIDA, Américo Ricardo Moreira. Fredric Jameson y la Esencialidad de lo Visual Pornográfico en la Postmodernidad. **Revista de Estudios Literarios**, Madrid, n. 33, 2006. Disponível em: <http://pendientedemigracion.ucm.es/info/especulo/numero33/jameson.html>. Acesso em: 24 ago. 2014.

ANG Lee Corta Meia Hora de Novo Filme Para Escapar de Censura Chinesa. **Folha de S.Paulo**, São Paulo, 11 set. 2007. Ilustrada. Disponível em: <http://www1.folha.uol.com.br/folha/ilustrada/ult90u327411.shtml>. Acesso em: 24 ago. 2014.

_____. Entrevista a Kathleen Gomes para o jornal **Público**, em 04 maio 2009. Disponível em: <http://www.publico.pt/culturaipsilon/noticia/quota-diferenca-entre-o-underground-e-o-comercial-dissipou-sequot--230262>. Acesso em: 22 abr. 2015.

ANGER, Kenneth. Entrevista para **Time Out**, Lisboa, 28 abr. 2009. Disponível em: <http://timeout.sapo.pt/news.asp?id_news=3453>. Acesso em: 25 mar. 2011.

ATRIZ de "Lust, Caution" É Banida na China. **UOL Cinema**, São Paulo, 10 mar. 2008. Disponível em: <http://cinema.uol.com.br/ultnot/2008/03/10/ult26u25869.jhtm>. Acesso em: 24 ago. 2014.

BARROS, Ana Cláudia. Adolescentes Filmam Relações Sexuais para Competir na Rede. **Terra Magazine**, São Paulo, 19 jul. 2010. Disponível em: <http://terramagazine.terra.com.br/interna/0,,OI4572453--EI6594,00-Adolescentes+filmam+relacoes+sexuais+para+competir+na+rede.html>. Acesso em: 24 ago. 2014.

BERGER, Marco. Entrevista a Rodrigo Gerace] para **Cine Persona**, [S.I.], 8 fev. 2011. Disponível em: <http://www.cinepersona.com/2011/02/o-cineasta-argentino-marco-berger.html>. Acesso em 24 ago. 2014.

BERNARDET, Jean-Claude. **O Machismo é o Mesmo. Só Mudou de Sexo**. [S.I., s.d.].

BRAGA, Thiago. Festival Mix Brasil Terá Filmes Com Temáticas Pornô. **Brasil/Magazine**, [S.I], 2 out. 2006. Disponível em: <http://www.obaoba.com.br/brasil/magazine/festival-mix-brasil-tera--filmes-com-tematicas-porno>. Acesso em: 06 jan. 2015.

BREILLAT Catherine. Entrevista a Celso Fiavorante para a **Folha de S.Paulo**, São Paulo, 14 ago. 1999. Ilustrada. Disponível em: <http://www1.folha.uol.com.br/fsp/acontece/ac14089901.htm>. Acesso em: 24 ago. 2014.

_____. Entrevista a Kleber Mendonça Filho para **Cinemascópio**, [S.I.], 19 ago. 1999. Disponível em: <http://cf.uol.com.br/cinemascopio/entrd.cfm?CodEntrevista=43>. Acesso em: 25 mar. 2011.

_____. Entrevista a Rhiannon Brown para **Arts Today: With Michael Cathcart**. Sydney: Radio National, [s.d.]. Disponível em: <https://www.abc.net.au/rn/legacy/programs/atoday/stories/s101866.htm>. Acesso em: 25 maio 2015.

_____. Biography. **The European Graduate School (EGS)**, Saas-Fee, [s.d.]. Disponível em: <http://www.egs.edu/faculty/catherine-breillat/biography>. Acesso em: 24 ago. 2014.

BUSCATTO, Marcela; COLAVITTI, Fernanda. Pornô Feito Por Mulheres Para Mulheres. Época, Rio de Janeiro, 9 abr 2009. Disponível em: http://revistaepoca.globo.com/Revista/Epoca/0,,EMI67756-15220,00-PORNO+FEITO+POR+MULHERES+PARA+MULHERES.html Acesso em: 26 maio 2015

CÂMARA, Vasco. O Triunfo do Desejo. **Público**, Lisboa, 7 set. 2000.

CANADENSES Ganham Canal Pornô de Produção Doméstica. **O Estado de S. Paulo**, São Paulo, 15 ago. 2008. Disponível em: <http://cultura.estadao.com.br/noticias/televisao,canadenses--ganham-canal-porno-de-producao-domestica,224723>. Acesso em: 24 ago. 2014.

CANAL Adulto Exibe Reality Show de Sexo Explícito. **Portal Amazônia**, [S.I.], 5 ago. 2006. Disponível em: <http://portalamazonia.globo.com/noticias.php?idN=39698>. Acesso em: 24 ago. 2014.

CANBY, Vincent. Movie Review: Blue Movie (1968). **The New York Times**, New York, 22 jul. 1969. Disponível em: <http://www.nytimes.com/movie/review?res=9507E5D91738E63ABC4A51DFB1668382679EDE>. Acesso em: 22 abr. 2015.

CARRARD, Marcelo. "Baise-moi" [Resenha de filme]. **Zingu!** [S.I.], n. 1, out. 2006. Coluna Cinema Extremo: Onde o Cinema Pode Ser Violento... Disponível em: <http://revistazingu.blogspot.com/2006/10/coluna-cinema-extremo-onde-o-cinema.html>. Acesso em: 24 ago. 2014.

CASCAIS, António Fernando. Uma Cinematografia Gay Portuguesa dos Anos 70. XI **Queer Lisboa: Festival de Cinema Gay e Lésbico de Lisboa**, Lisboa, 14-22 set. 2007 (Programa).

_____. Sexo Para Que te Quero? **Interact. Revista Online de Arte, Cultura e Tecnologia**, Lisboa, n. 9, 1o out. 2003. Disponível em: <http://www.interact.com.pt/memory/interact9/ensaio/ensaio2.html>. Acesso em: 24 ago. 2014.

CAWTHORNE, Andrew. Ator Transa Com Escolhidos na Internet. **Folha de S.Paulo**, São Paulo, 21 ago. 2004. Ilustrada. Disponível em: <http://www1.folha.uol.com.br/fsp/ilustrad/fq2108200414.htm>. Acesso em: 24 ago. 2014.

CENAS de Sexo Dificultam Versão em Blu-ray de Vencedor de Cannes. **Folha de S.Paulo**, São Paulo, 20 fev. 2014. Disponível em: http://www1.folha.uol.com.br/ilustrada/2014/02/1417564--cenas-de-sexo-dificultam-versao-em-blu-ray-de-vencedor-de-cannes.shtml Acesso em: 21 ago 2015

CHEROBIN, Mauro. Pornografia é o Erotismo do Outro. **O Povo**, Fortaleza, 24 nov. 2007.

CHIARA, Ana Cristina de Rezende. Os Limites do Pornográfico: O Que Dizer? **O Povo**, Fortaleza, 24 nov. 2007. Disponível em: <http://www.opovo.com.br/app/opovo/vidaearte/2007/11/24/noticiasjornalvidaearte,747358/os-limites-do-br-pornografico--o-que-dizer.shtml>. Acesso em: 24 ago. 2014.

CHINA Condena Rei da Pornografia na Web à Prisão Perpétua. **Folha de S.Paulo**, São Paulo, 23 nov. 2006. Tec. Disponível em: <http://www1.folha.uol.com.br/folha/informatica/ult124u21039.shtml>. Acesso em: 26 ago. 2014.

CHINA Fez 5.394 Prisões em 2009 em Repressão à Pornografia. **Terra**, São Paulo, 1o jan. 2010. Disponível em: <http://tecnologia.terra.com.br/internet/china-fez-5394-prisoes-em-2009--em-repressao-a-pornografia,5008eeb4bddea310VgnCLD200000bbcceb0aRCRD.html>. Acesso em 24 ago. 2014.

CORLISS, Richard. Mona (1970). **Fipresci**, n. 5, 2009. Disponível em: http://old.fipresci.org/undercurrent/issue_0509/mona.htm Acesso em: 25 maio 2015.

CORTES Islâmicas da Somália Proíbem Cinema Durante o Ramadã. **Folha de S.Paulo**, São Paulo, 3 out. 2005. Disponível em: <http://www1.folha.uol.com.br/folha/ilustrada/ult90u53949.shtml>. Acesso em: 24 ago. 2014.

COSTA, Fernandes Viegas. O Corpo Pornografado: Recortes da História do Cinema Pornográfico. **Portal Literal**, [S.I.], 10 dez. 2010. Disponível em: <http://www.literal.com.br/acervodoportal/o--corpo-pornografado-recortes-da-historia-do-cinema-porno-grafico-5482>. Acesso em: 29 dez. 2010.

DIRETOR de "Calígula" Anuncia Produção do Primeiro Filme Pornô em 3D. **Veja**, São Paulo, 29 jan. 2010. Disponível em: <http://veja.abril.com.br/noticia/celebridades/diretor-caligula-anuncia--producao-primeiro-filme-porno-3d>. Acesso em: 24 ago. 2014.

DIRKS, Tim. History of Sex in Cinema: The Greatest and Most Influential Sexual Films and Scenes (Illustrated) – Reference Introduction. **Filmsite**, [S.I.], [s.d.]. Disponível em: <http://www.filmsite.org/sexinfilms0.html>. Acesso em: 24 ago. 2014.

_____. History of Sex in Cinema: The Greatest and Most Influential Sexual Films and Scenes (Illustrated) – 1983. **Filmsite**, [S.I.], [s.d.]. Disponível em: <http://www.filmsite.org/sexinfilms34. html>. Acesso em: 24 ago. 2014.

_____. Sexual: Erotic Films – Part 3. Filmsite, [S.I.], [s.d.]. Disponível em: <http://www.filmsite.org/sexualfilms3.html>. Acesso em: 24 ago. 2014.

_____. Sexual: Erotic Films – Part 8. Filmsite, [S.I.], [s.d.]. Disponível em: <http://www.filmsite.org/sexualfilms8.html>. Acesso em: 24 ago. 2014.

DOMINATO, G. O Imperador Ketchup (Shuji Terayama, 1971). Artigo publicado em 15 de maio de 2011. Disponível no site: <http://www.rua.ufscar.br/o-imperador-ketchup-shuji--terayama-1971/>. Acesso em: 24 mar. 2015.

DUCEY, Caroline. Entrevista a Fátima Gigliotti para a Folha de S.Paulo, São Paulo, 13 ago. 1999. Ilustrada. Disponível em: <http://www1.folha.uol.com.br/fsp/ilustrad/fq13089920. htm>. Acesso em: 24 ago. 2014.

EDUARDO, Cléber. Sexo Entre Arte e Pornografia. Época, São Paulo, ed. 360, 20 jun. 2005. Disponível em: <http://revistaepoca.globo.com/Revista/Epoca/0,,EDR70715-6011,00.html>. Acesso em: 24 ago. 2014.

ELLIS, John. On Pornography. Screen, London, v. 21, n. 1, 1980.

FALCON, Richard. Last Tango in Lewisham. Sight & Sound, [S.I.], jul. 2001. Disponível em: <http://old.bfi.org.uk/sightandsound/feature/491>. Acesso em: 24 ago. 2014.

FAUSTO, Juliana. DVD/VHS: Andy Warhol. Contracampo, [S.I.], n. 85, [s.d.]. Disponível em: <http://www.contracampo.com. br/85/dvdwarhol.htm>. Acesso em: 24 ago. 2014.

FELDMAN, Ilana. O Apelo Realista das Novas Narrativas do Espetáculo: Uma Atualização da Secular Vontade de Verdade. XI Encontro Regional da Associação Brasileira de Literatura Comparada (Abralic): Literatura, Artes, Saberes, São Paulo, 2007.

FESTIVAL de Animação Erótica Sai de Sala Pornô e Ocupa Odeon BR com 51 Filmes Sobre Sexo. Extra/O Globo, Rio de Janeiro, 5 nov. 2007. Disponível em:<http://extra.globo.com/tv-e-lazer/festival-de-animacao-erotica-sai-de-sala-porno-ocupa-odeon-br-com-51-filmes--sobre-sexo-730289.html>. Acesso em: 24 ago. 2014.

FESTIVAL de Berlim Destaca Sexo e Pornografia. Folha de S.Paulo, São Paulo, 3 fev. 2005. Ilustrada. Disponível em: <http://www1.folha.uol.com.br/fsp/ilustrad/fq0302200514.htm>. Acesso em: 24 ago. 2014.

FILHO de Estilista Protesta Contra Lei Antipornografia. Terra, [S.I.], 21 out. 2008. Disponível em: <http://noticias.terra.com.br/mundo/noticias/0,,OI3272991-EI8142,00-Filho+de+estilista+protesta+contra+lei+antipornografia.html>. Acesso em: 24 ago. 2014.

FILM Forever. Disponível em: <http://filmstore.bfi.org.uk/acatalog/info_11484.html>. Acesso em: 20 set. 2010.

FILME Gay com Cenas de Sexo Pode Ser Censurado na Índia. A Capa, [S.I.], 29 set. 2010. Disponível em: <http://acapa.virgula.uol.com. br/site/noticia.asp?codigo=11832>. Acesso em: 24 ago. 2014.

FILME Sobre Zumbis Gays e Necrofilia é Retirado do Festival do Melbourne. G1, São Paulo, 21 jul. 2010. Disponível em: <http://g1.globo.com/pop-arte/noticia/2010/07/filme-sobre-zumbis--gays-e-necrofilia-e-retirado-do-festival-do-melbourne.html>. Acesso em: 24 ago. 2014.

FILMES CENSURADOS e Polêmicos Estão em Mostra Sobre Erotismo no Cinema. Folha de S.Paulo, São Paulo, 02 abr 2013. Disponível em: http://guia.folha.uol.com.br/cinema/1255659--filmes-censurados-e-polemicos-estao-em-mostra-sobre-erotismo-no-cinema.shtml Acesso em: 22 maio 2015

FORO de Debate: Eso Llamado Postporno. Generatech.org, [S.I.], 24 nov. 2010. Disponível em: <http://generatech.org/es/postporno/node/3163>. Acesso em: 24 ago. 2014.

FOUCAULT, Michel. Conversa com Werner Schroeter. Espaço Michel Foucault, Brasília, [s.d.]. Disponível em: <http://portalgens.com.br/portal/images/stories/ pdf/estadosdepaixao.pdf>. Acesso em: 24 ago. 2014.

_____. Entrevista a James O'Higgins para Salmagundi, n. 58-59, p. 10-24, 1982-1983. Disponível em: <http://www.jstor.org/discover/10.2307/40547562?uid=2&uid=4&sid=21104084912001>. Acesso em 24 ago. 2014.

_____. Entrevista a Stephen Riggins para a Ethos, [S.I.], v. I, n. 2, p. 4-9, 1983. (Entrevista realizada em inglês, em Toronto, em 22 jun. 1982; publicada também em: FOUCAULT, Michel. Dits et écrits. Paris: Gallimard, v. IV, 1994.)

_____. L'Occident et la vérité du sexe. Le Monde, Paris, 5 nov. 1976.

GERACE, Rodrigo. O Pornográfico no Cinema de Arte. Cine Persona, [S.I.], 5 mar. 2011. Disponível em: <http://www.cinepersona.com/2011/03/o-pornografico-no-cinema-de-arte.html>. Acesso em: 24 ago. 2014.

_____. O Cinema de Andy Warhol. Cine Persona, [S.I.], 6 jan. 2010. Disponível em: <http://www.cinepersona.com/2010/01/o-cinema-de-andy-warhol.html>. Acesso em: 24 ago. 2014.

GERBASE, Carlos. Imagens do Sexo: As Falsas Fronteiras do Erótico com o Pornográfico. Famecos, Porto Alegre, n. 31, dez. 2006. Disponível em: <http://revistaseletronicas.pucrs.br/ojs/index.php/revistafamecos/article/view/3391/2656>. Acesso em: 24 ago. 2014.

GIRON, Luís Antônio. Quando o Diretor Vai Longe Demais. Época. Rio de Janeiro, 13 dez. 2013. Disponível em: <http://epoca.globo.com/vida/noticia/2013/12/quando-o-diretor-bvai-longe--demaisb.html>. Acesso em: 25 maio 2015.

GUERRA, Flavia. Cinema Carimba "Avisado" em Ingresso para "Praia do Futuro" e Cria Polêmica nas Redes Sociais. O Estado de S. Paulo, São Paulo, 21 maio 2014. Disponível em: < http://cultura.estadao.com.br/noticias/cinema,cinema-carimba-avisado-em-ingresso-para-praia-do-futuro-e-cria-polemica-nas--redes-sociais,1169640>. Acesso em: 26 maio 2015

HANEKE, Michel. The World That Is Known. Kino Eye, v. 4, n. 1, 8 mar. 2004. Disponível em: <http://www.kinoeye.org/04/01/interview01.php>. Acesso em: 01 mar. 2015.

HOMOSEXUALITY in the Silent Cinema. The Weird Wild Realm, [S.I.], [s.d.]. Disponível em: <http://www.weirdwildrealm. com/f-different-from-others.html>. Acesso em: 24 ago. 2014.

HONORÉ, Christophe. Entrevista a Bruno Horta para o jornal Público, Lisboa, 12 ago. 2010. Disponível em: <http://www.publico. pt/culturaipsilon/noticia/christophe-honore-corpo-porno-em--filme-decente-263259>. Acesso em: 24 ago. 2014.

_____. Entrevista a Francisco Valente para o jornal Público, Lisboa, 3 set. 2010. Disponível em: <http://www.publico.pt/tema-de--capa/jornal/christophe-honore-entre-as-mulheres-20115586>. Acesso em: 24 ago. 2014.

INDÚSTRIA de Filme "Pornô de Bom Gosto" Ganha Espaço. Folha de S.Paulo, São Paulo, 4 out. 2005. Ilustrada. Disponível em: <http://www1.folha.uol.com.br/folha/ilustrada/ult90u53999. shtml>. Acesso em: 24 ago. 2014.

JAMES, Kyle. Festival Propõe Limpar Imagem do Cinema Pornô. Deutsche Welle, [S.I.], 18 out. 2006. Disponível em: <http://www.dw.de/festival-prop%C3%B5e-limpar-imagem-do--cinema-porn%C3%B4/a-2207437>. Acesso em: 24 ago. 2014.

KESSLER, Cristina. Erotismo à Brasileira: O Ciclo da Pornochanchada. Famecos, Porto Alegre, n. 22, dez. 2009. Disponível em: <http://revistaseletronicas.pucrs.br/ojs/index.php/famecos/article/view/6468/4698>. Acesso em: 24 ago. 2014.

KURTZ, Adriana Schryver. Notas Para uma História do Cinema Homossexual na Era dos Regimes Totalitários. Mnemocine, [S.I.], 1º jun. 2001. Disponível em: <http://www.mnemocine.art.br/index.php/cinema-categoria/24-histcinema/89-notas-para--uma-historia-do-cinema-homossexual-na-era-dos-regimes--totalitarios>. Acesso em: 24 ago. 2014.

LABRUCE, Bruce. Entrevista a Rodrigo Gerace. Mensagem recebida por e-mail, em 12 dez. 2010 (informação pessoal).

_____. Entrevista a Tiago Bartolomeu Costa para o jornal Público, Lisboa, 20 set. 2010. Ípsilon. Disponível em: <http://ipsilon.

publico.pt/video/videos.aspx?id=634205758543617205>. Acesso em: 24 ago. 2014.

_____. Entrevista para Páginas Del Diario de Satán, [S.l.], 18 mar. 2009. Disponível em: <http://paginasdeldiariodesatan.blogspot.com.br/2009/03/entrevista-con-bruce-labruce-me.html>. Acesso em: 24 ago. 2014.

LEFORT, Gérard; SÉGURET, Olivier. O Fantasma. Libération, 20 maio 2005.

LESTER, Bruno. Infância de Pesadelo. Folha de S.Paulo, São Paulo, 06 jul 2003.Ilustrada. Disponível em: http://www1.folha.uol.com.br/fsp/ilustrad/fq0607200310.htm Acesso em: 21 ago 2015

LEWIS, Jon. Real Sex: Aesthetics and Economics of Art-House Porn. Jump Cut: A Review of Contemporary Media, [S.l.], n. 51, 2009. Disponível em: <http://www.ejumpcut.org/archive/jc51.2009/LewisRealsex/1.html>. Acesso em: 24 ago. 2014.

MARTI, Silas. "Tive Mesmo um Orgasmo em Cena", Diz Ator Paul Dawson. Folha de S.Paulo, São Paulo, 29 ago. 2008. Ilustrada. Disponível em: <http://www1.folha.uol.com.br/ilustrada/2008/08/439152-tive-mesmo-um-orgasmo-em-cena-diz-ator-paul-dawson.shtml>. Acesso em: 24 ago. 2014.

MEDEIROS, Afonso. Entrevista para O Povo, Fortaleza, 24 nov. 2007. Disponível em: <http://www.opovo.com.br/app/opovo/vidaearte/2007/11/24/noticiasjornalvidaearte,747369/a-busca-de-uma-br-etica-de-eros.shtml>. Acesso em: 24 ago. 2014.

MISKOLCI, Richard. Reflexões Sobre Normalidade e Desvio Social. Estudos de Sociologia, Araraquara, v. 7, n. 13-14, 2002-2003. Disponível em: <http://seer.fclar.unesp.br/estudos/article/view/169>. Acesso em: 24 ago. 2014.

MITCHELL. John Cameron: Let's Talk Dirty. The Independent, London, 26 nov. 2006. Disponível em: <http://enjoyment.independent.co.uk/film/features/article2016590.ece>. Acesso em: 24 ago. 2014.

_____. Entrevista a Tony Rayns. New York/London, mar. 2006. Disponível em: <http://www.festival-cannes.fr/assets/Image/Direct/016536.pdf>. Acesso em: 24 ago. 2014.

_____. Entrevista a Alejandra Villasmil. Nova York, 31 jan. 2007. Disponível em: <http://noticias.uol.com.br/ultnot/2007/01/31/ult1817u5793.jhtm>. Acesso em: 20 maio 2015.

MORAES, Eliane Robert. O Efeito Obsceno. Cadernos Pagu, Campinas, n. 20, 2003. Disponível em: <http://www.scielo.br/pdf/cpa/n20/n20a04.pdf>. Acesso em: 24 ago. 2014.

MULHER Iraniana É Apedrejada Até a Morte Por Fazer Filme "Pornô". Folha de S.Paulo, São Paulo, 21 maio 2001. Disponível em: <http://www1.folha.uol.com.br/folha/reuters/ult112u1639.shtml>. Acesso em: 24 ago. 2014.

NAGIB, Lúcia. Nagisa Ôshima e o Realismo Corpóreo. Virtual Trópico, [S.l.], [s.d.]. Disponível em: <http://www.revistatropico.com.br/tropico/html/textos/1681,1.shl>. Acesso em: 24 ago. 2014.

NAZARIO, Luiz. Entrevista a Fernando de Oliveira para o Diário de Notícias, Santa Cruz do Sul, 27-28 nov. 2010. Disponível em: <http://www.editoraperspectiva.com.br/index.php?mpg=00.05.00&npr=126>. Acesso em: 24 ago. 2014.

_____. Cinema Gay. Cult, São Paulo, ed. 66, 12 mar. 2010. Disponível em: <http://revistacult.uol.com.br/home/2010/03/cinema-gay>. Acesso em: 24 ago. 2014.

_____. Entrevista a Christian Petermann para A Outra Vanguarda: Diário Cinematográfico, 12 fev. 2011. Disponível em: <http://meucinediario.wordpress.com/2011/02/12/a-outra-vanguarda/>. Acesso em: 24 ago. 2014.

_____. Entrevista a Duda Fonseca para o jornal O Tempo, 4 nov. 2005. Disponível em: <htttp://www.otempo.com.br/divers%c3%a3o/magazine/pasolini-dissecado-1.329315>. Acesso em: 26 maio 2015.

_____. Entrevista a Lady Campos para o jornal Hoje em Dia, Belo Horizonte, 22 ago. 2010. Disponível em: <https://meudiario.wordpress.com/2015/01/07/moda-e-cinema>. Acesso em: 22 ago. 2010.

_____. Andy Warhol: O Teatro da Vida Sonhada, A Outra Vanguarda. Diário Cinematográfico, [S.l.], 12 fev. 2011. Disponível em:

<http://meucinediario.wordpress.com/2011/02/12/a-outra-vanguarda/>. Acesso em: 25 out. 2010.

_____. O Outro Cinema. Aletria, Belo Horizonte, v. 16, n. 1, jul.-dez., 2007. Disponível em: <http://www.periodicos.letras.ufmg.br/index.php/aletria/article/view/1408>. Acesso em: 24 ago. 2014.

OS 10 Países Que Mais Faturam Com Pornografia na Internet. Lista 10, [S.l.], 8 dez. [20--]. Disponível em: <http://lista10.org/adulto/os-10-paises-que-mais-faturam-com-pornografia-na-internet>. Acesso em: 24 ago. 2014.

PARREIRAS, Carolina. Beijos, Atos, Orgasmos e Telas: O Sexo em Exibição. Cadernos Pagu, Campinas, n. 35, jul-dez. 2010. Disponível em: <http://www.scielo.br/pdf/cpa/n35/n35a13.pdf>. Acesso em: 24 ago. 2014.

PASOLINI, Pier Paolo. Entrevista com Gideon Bachmann, Cavriana (Mântua), 2 maio 1975, durante as filmagens de "Salò ou os 120 Dias de Sodoma"; publicada também em: GIUSTI, Luciano de [ed.]. Pier Paolo Pasolini: Il cinema in forma di poesia. Pordenone: Cinemazero, 1979. Disponível em: <http://cinemaitalianorao.blogspot.com/2009/02/pasolini-e-o-sexo-como-metafora-do.html>. Acesso em: 24 ago. 2014

PINK Narcissus [sinopse]. Cult Classic, [S.l.], [s.d.]. Disponível em: <www.cultclassic.com.br>. Acesso em: 28 out. 2010.

PINO, Nádia Perez. A Teoria Queer e os Intersex: Experiências Invisíveis de Corpos Des-Feitos. Cadernos Pagu, Campinas, n. 28, jan.-jun. 2007. Disponível em: <http://www.scielo.br/pdf/cpa/n28/08.pdf>. Acesso em: 24 ago. 2014.

PINTO, Manuel da Costa. Sexualidades Pós-Modernas. Cult, São Paulo, n. 66, fev. 2003. Disponível em: <http://revistacult.uol.com.br/home/2010/03/sexualidades-pos-modernas>. Acesso em: 24 ago. 2014.

PORNOGRAFIA [Sinopse]. Portacurtas, [S.l.], [s.d.]. Disponível em: <http://portacurtas.org.br/filme/?name=pornografia>. Acesso em: 24 ago. 2014.

PRADO, Maeli; BALSEMÃO, Rafael. Igrejas Emergentes se Baseiam em SP e Atraem Jovens com Cultos Alternativos. Folha de S.Paulo, São Paulo, 11 jan. 2009. Cotidiano. Disponível em: <http://www1.folha.uol.com.br/fsp/cotidian/ff1101200917.htm>. Acesso em: 24 ago. 2014.

PRIMEIRO Filme Pornô 3D Para Imax. Galileu, São Paulo, 25 ago. 2010. Disponível em: <http://revistagalileu.globo.com/Revista/Common/0,,EMI163652-17770,00-PRIMEIRO+FILME+PORNO+D+PARA+IMAX+COMECA+A+SER+GRAVADO.html>. Acesso em: 24 ago. 2014.

QUANDT, James. Flesh & Blood: Sex and Violence in Recent French Cinema. ArtForum, [S.l.], 2004. Disponível em: <http://findarticles.com/p/articles/mi_m0268/is_6_42/ai_113389507>. Acesso em: 20 mar. 2011.

RAMOS, Fernão Pessoa. Bazin Espectador e a Intensidade na Circunstância da Tomada. Imagens, Campinas, n. 8, maio-ago. 1998.

REICHENBACH, Carlos. Anais do Cinema Extremo. Folha de S.Paulo, São Paulo, 22 ago. 2010. Ilustrada. Disponível em: <http://www1.folha.uol.com.br/fsp/ilustrissima/il2208201004.htm>. Acesso em: 24 ago. 2014.

RICH, B. Ruby. New Queer Cinema. Durham: Duke University Press, 2013.

ROCHA FILHO, José. Ofensa e Rebelião. Virtual Trópico, [S.l.], [s.d.]. Disponível em: <http://www.revistatropico.com.br/tropico/html/textos/2916,1.shl>. Acesso em: 24 ago. 2014.

RODRIGUES, João Pedro. Entrevista a Rodrigo Gerace na Cinemateca Portuguesa, 24 nov. 2001 (informação pessoal).

_____. Entrevista a Gérard Lefort e Olivier Séguret para Libération, Paris, 20 maio 2005. Disponível em: <http://next.liberation.fr/cinema/2005/05/20/odete-unique-en-ses-genres_520364>. Acesso em: 24 ago. 2014. (Trecho em português disponível em: <http://www.rosafilmes.com/#!odete/c1io7>. Acesso em 24 ago. 2014.)

310

____. Entrevista a Rodrigo Gerace na Cinemateca Portuguesa, 30 out. 2010 (informação pessoal).

SALLES, Walter. O Erotismo Volta à Tona na Literatura e no Cinema Europeu. **Folha de S.Paulo**, São Paulo, 7 jul. 2001. Ilustrada. Disponível em: <http://www1.folha.uol.com.br/fsp/ilustrad/fq0707200133.htm>. Acesso em: 24 ago. 2014.

SCHNEIDER, Maria. Entrevista a Lina Das para **Daily Mail**, 19 jul. 2007. Disponível em: <http://www.dailymail.co.uk/tvshowbiz/article-469646/I-felt-raped-Brando.html>. Acesso em: 22 maio 2015.

SEXO Domina Filmes do Festival de Cannes. **Folha de S. Paulo**, São Paulo, 25 maio 2006. Ilustrada. Disponível em: <http://www1.folha.uol.com.br/folha/ilustrada/ult90u60803.shtml>. Acesso em: 24 ago. 2014.

SILVEIRA, Wilson; GRILLO, Cristina. **Império dos Sentidos** Sofreu Veto 4 Anos Antes de Chegar ao Brasil. **Folha de S.Paulo**, São Paulo, 30 maio 1990. Ilustrada.

SIMÕES, Eduardo. Longa Americano "Shortbus" Tempera Sexo com Humor. **Folha de S.Paulo**, São Paulo, 26 out. 2006. Ilustrada.

STEVENSON, Jack. Lars von Trier: Pornographer? **Bright Lights Film Journal**, [S.l.], n. 43, fev. 2004. Disponível em: <http://www.brightlightsfilm.com/43/trier.php#.U_pgz8W-3PY>. Acesso em: 24 ago. 2014.

TABOO: Art Censorship. **MatthewHunt.com**, [S.l.], [s.d.]. Disponível em: <http://www.matthewhunt.com/taboo/index.html>. Acesso em: 24 ago. 2014.

THOMPSON, Dave. What Is a Stag Film? **Vintage Erotica**, [S.l.], abr. 2009. Disponível em: <http://blog.vintageerotica.com/?p=36>. Acesso em: 24 ago. 2014.

TIEZZI, Fernando. O Cinema Sensual e Seus Primeiros Mitos. Disponível em: <http://www.mnemocine.com.br>. Acesso em: 3 out. 2007.

UM FILME GREGO VIRULENTO. **Cineclube de Faro,** maio 2015. Disponível em: < http://cineclubefaro.blogspot.com.br/2010/11/2f-15-ipj-um-filme-grego-virulento.html >. Acesso em: 25 ago. 2015.

UMA Transa Para a História. **Metamorfose Digital**, [S.l.], 4 mar. 2009. Disponível em: <http://www.mdig.com.br/index.php?itemid=5255>. Acesso em: 24 ago. 2014.

VALE, João Pedro. Entrevista a Rodrigo Gerace. Mensagem recebida por **e-mail** em 12 fev. 2011 (informação pessoal).

VAN SANT, Gus. Entrevista a Kleber Mendonça Filho para **Continente Multicultural**, Recife, ano VI, n. 67, p. 4-9, 1° jul. 2006. Disponível em: <http://www.revistacontinente.com.br/index.php/component/content/article/2251.html>. Acesso em: 25 mar. 2011.

VILLAS BOAS, Gustavo. Escândalos Sexuais Invadem o Mundo Virtual de Second Life. **Folha de S.Paulo**, São Paulo, 16 maio 2007, TEC. Disponível em: <http://www1.folha.uol.com.br/folha/informatica/ult124u22066.shtml>. Acesso em: 24 ago. 2014.

VON TRIER, Lars. Entrevista a Knud Romer para **Film**, Kopenhagen, n. 66, maio 2009. Disponível em <http://www.epipoca.com.br/filmes/press_book/21609/anticristo>. Acesso em 24 ago. 2014.

____. Entrevista a João Antunes para o **Jornal de Notícias**, 31 jan. 2010. Disponível em: <http://www.jn.pt/Paginainicial/Cultura/Interior.aspe?content_id=1482992>. Acesso em: 26 maio 2015.

____. Entrevista a Peter Onig Knudsen. Disponível em: <http://www.dogneas.dk/idioterne/>. Acesso em: 26 maio 2015.

WATERS, John. Entrevista a Beth Accomando para **KPBS**, 27 jul. 2012. Disponível em: <http://www.kpbs.org/news/2012/jul/27/screening-pink-flamingos/>. Acesso em: 26 maio 2015.

WINTERBOTTOM, Michael. Entrevista a Lourdes Gómez para **El País**, Madrid, 10 set. 2004. Tentações. Disponível em: <www.atalantafilmes.pt/9songs>. Acesso em 24 ago. 2014.

ZIMMER, Jacques. Entrevista a Caio Caramico Soares para **Folha de S.Paulo**, 15 dez. 2002. Caderno Mais! Disponível em: <http://www1.folha.uol.com.br/fsp/mais/fs1512200203.htm>. Acesso em: 24 ago. 2014.

FILMOGRAFIA

8 mm (8 Milímetros, 1999), de Joel Schumacher
9 Songs (Nove Canções, 2004), de Michael Winterbottom
24 Horas de Sexo Ardente (1985), de José Mojica Marins
36 Fillette (1988), de Catherine Breillat
37°2 le matin (Betty Blue, 1986), de Jean-Jacques Beineix

A B... Profunda (1984), de Álvaro de Moya
A Cama do Tesão (2000), de Lufe Steffen
A Clockwork Orange (Laranja Mecânica, 1971), de Stanley Kubrick
A Concepção (2005), de José Eduardo Belmonte
A Daughter of the Gods (1916), de Herbert Brenon
A Festa da Menina Morta (2008), de Matheus Nachtergaele
A Fool There Was (1915), de Frank Powell
A Free Ride (1915), de A. Wise Guy, catalogado também como A Grass Sandwich, Pee for Two e The Roaring Twenties.
A Girl's Guide to 21st Century Sex (Sexo Para Meninas do Século XXI, 2006), de Brighter Pictures (Produção)
A History of the Blue Movie (Blue Movie: O Filme Proibido, 1970), de Alex de Renzy
A Ilha dos Prazeres Proibidos (1977), de Carlos Reichenbach
A Infidelidade ao Alcance de Todos (1972), de Anibal Massaini Neto e Olivier Perroy
À l'écu d'or ou la bonne auberge (1908), diretor não creditado
À ma sœur! (Para Minha Irmã, 2001), de Catherine Breillat.
A Noite Vazia (1964), de Walter Hugo Khouri
A Penúltima Donzela (1969), de Fernando Amaral
A Place in the Sun (Um Lugar ao Sol, 1951), de George Stevens
A Serbian Film/Srpski film (Terror Sem Limites, 2010), de Srdjan Spasojevic
A Streetcar Named Desire (Um Bonde Chamado Desejo, 1951), de Elia Kazan
A Summer Place (Amores Clandestinos, 1959), de Delmer Daves
A Superfêmea (1973), de Anibal Massaini Neto
A Verdadeira História de Bambi (2004), de Ludwig von Papirus
A Vida de Jesus (1997), de Bruno Dumont
A Volta da Pauliceia Desvairada (2012), de Lufe Steffen
A Wanderer in the West (1927), de Robin Williamson e Joseph E. Zivelli
Adam's Rib (1923), de Cecil B. DeMille
Adultério à Brasileira (1969), de Pedro Carlos Rovai
Advise and Consent (Tempestade Sobre Washington, 1962), de Otto Preminger
Agénor fait un levage (1925), diretor não creditado
Ai no borei (O Império da Paixão, 1980), de Nagisa Ôshima
Ai no korïda (O Império dos Sentidos, 1976), de Nagisa Ôshima
Aids: Furor do Sexo Explícito (1985), dirigida por Fauzi Mansur
Aimée & Jaguar (1999), de Max Färberböck
Airy Fairy Lilian Tries on Her New Corsets (1905), produzido por Wallace McCutcheon e Frank Marion, da American Mutoscope & Biograph Company
Alice in Wonderland: An X-Rated Musical Fantasy (Alice no País das Maravilhas: Uma Fantasia Musical Não Censurada, 1976), de Bud Townsend
All about Anna (Tudo Sobre Anna, 2005), de Jessica Nilsson
Allegro non troppo (Música e Fantasia, 1976), de Bruno Bozzetto
Alma Sertaneja (1919), de Luiz de Barros
Am Abend (1910), diretor não creditado
Am Sklavenmarkt (1906), Johann Schwarzer
American Cultural History: Vintage Erotica (2005), diretor não creditado
Amor Estranho Amor (1982), de Walter Hugo Khouri
Amores Possíveis (2001), de Sandra Werneck
Anatomie de l'enfer (Anatomia do Inferno, 2004), de Catherine Breillat
E la nave va (1983), de Federico Fellini
Anders als die Anderen (Diferente dos Outros, 1919), Richard Oswald e Magnus Hirschfeld

Animal Lover (1971), de DeRenzy
Anjo do Lodo (1951), de Luís de Barros
Annabelle Butterfly Dance (1894), de Thomas Edison
Annabelle in Flag Dance (1896), de Thomas Edison
Annabelle Serpentine Dance (1895), de Thomas Edison
Annabelle Sun Dance (1894), de Thomas Edison
Annabelle Sun Dance (1897), de Thomas Edison
Antares (2004), de Götz Spielmann
Anthology of Erotic Cinema: The 1930's Forbidden Archives of the Police Brigade (2005), diretor não creditado
Antichrist (Anticristo, 2009), de Lars von Trier
Anti-pornography Film (Filme Antipornografia, 1965), de Charles Keating (produção)
Après le bal (1897), de Georges Méliès
As Cariocas (1966), de Fernando de Barros, Roberto Santos e Walter Hugo Khouri.
As Libertinas (1968), de Carlos Reichenbach
As Melhores Coisas do Mundo (2010), de Laís Bodanzky
As Seen Through a Telescope (1900), de George Albert Smith
Asa Branca, um Sonho Brasileiro (1980-1982), de Djalma Limongi
Avatar (2009), de James Cameron

Baby Doll (A Voz do Desejo, 1956), de Elia Kazan
Baden verboten (1906), de Johann Schwarzer
Baignade interdite (1903), dos irmãos Pathé
Bains des dames de la cour (1901), dos irmãos Pathé
Baise-moi (2000), de Virginie Despentes e Coralie Trinh Thi
Balkan Erotic Epic (2005), de Marina Abramovič
Bankers (2012), de Antonio da Silva
Barbarella (1968), de Roger Vadim
Barcelona Sex Project (2007), de Erika Lust (<www.lustcinema.com>.
Basic Instinct (Instinto Selvagem, 1992), de Paul Verhoeven
Batalla en el Cielo (Batalha do Céu, 2005), de Carlos Reygadas
Batguano (2014), de Tavinho Teixeira
Beach Blanket Bingo (Folias na Praia, 1965), de William Asher
Beach Party (A Praia dos Amores, 1963), de William Asher
Beautiful Agony: Facettes de la petite mort (2004), diretor não creditado. Projeto virtual disponível em: <http://www.beautifulagony.com/>
Bedways (2010), de Rolf Peter Kahl
Before Night Falls (Antes do Anoitecer, 2000), de Julian Schnabel
Behind the Green Door (Atrás da Porta Verde, 1972), de Artie Mitchell e Jim Mitchell
Behind the Nudist Curtain (1964), de Doris Wishman
Behind the Screen (1916), de Charles Chaplin
Beim Fotografen (1908), Johann Schwarzer
Belle de jour (A Bela da Tarde, 1967), de Luis Buñuel
Beneath the Valley of the Ultra-Vixens (1979), de Russ Meyer
Ben-Hur: A Tale of the Christ (Ben-Hur, 1925), de Fred Niblo
Benefit of the Doubt (Desejo Assassino, 1992), de Jonathan Heap
Bent (1997), de Sean Mathias
Beyond the Valley of the Dolls (De Volta ao Vale das Bonecas, 1970), de Russ Meyer
Bikini Beach (A Praia dos Biquínis, 1964), de William Asher
Birth of a Baby (1938), de A.E. Christie
Blaze Starr Goes Nudist (1962), de Doris Wishman
Blood and Sand (1922), de Fred Niblo
Blow Job (1964), de Andy Warhol
Blow-up (Blow-up: Depois Daquele Beijo, 1966), de Michelangelo Antonioni
Blue (1993), de Derek Jarman
Blue Artichoke Films (2004-2014), de Jennifer Lyon (<bluearti chokefilms.com>.
Blue Denim (Blue Jeans: O Que os Pais Desconhecem, 1959), de Philip Dunne
Blue Movie (1968), de Andy Warhol
Blue Valentine (Namorados Para Sempre, 2010), de Derek Cianfrance

Boccaccio '70 (1962), de Michelangelo Antonioni
Body of Evidence (Corpo em Evidência, 1992), de Uli Edel
Boogie Nights (Boogie Nights: Prazer Sem Limites, 1997), de Paul Thomas Anderson
Boy/Girl (1987), de Bruce LaBruce
Boys Beware (1961), de Sid Davis
Boys Don't Cry (Meninos Não Choram, 1999), de Kimberly Peirce
Bramadero (2007), de Julián Hernández
Breakfast with Scot (Uma Família Bem Diferente, 2007), de Laurie Lynd
Breaking The Waves (Ondas do Destino, 1996), de Lars von Trier
Brève traversée (Breve Travessia, 2001), de Catherine Breillat
Brilliant Love (2010), de Ashley Horner
Brokeback Mountain (O Segredo de Brokeback Mountain, 2005), de Ang Lee
Bronenosets Potiômkin (O Encouraçado Potiômkin, 1925), de Serguêi Eisenstein
Bucuresti (1898-1901), de Gheorghe Marinescu
Butterfly (Liberdade Para as Borboletas, 1974), de Joseph W. Sarno

C'est arrivé près de chez vous (Aconteceu Perto da Sua Casa, 1992), de Rémy Belvaux e André Bonzel
Cape Fear (Cabo do Medo, 1991), de Martin Scorsese
Caligola (Calígula, 1979), de Tinto Brass
Call Her Savage (Sangue Vermelho, 1932), de John Francis Dillon
Cama de Gato (2002), de Alexandre Stokler
Caravaggio (1986), de Derek Jarman
Casa Forte (2013), de Rodrigo Almeida
Casablanca (1942), de Michael Curtiz
Casanova (1927), de Alexandre Volkoff
Case Histories from Krafft-Ebing (1971), produzido pela Dakota Bros.
Cat on a Hot Tin Roof (Gata em Teto de Zinco Quente, 1958), de Richard Brooks
Censorship in Denmark: A New Approach (também conhecido como Pornography in Denmark: A New Approach, 1970), de Alex DeRenzy
Cet Obscur object du désir (Esse Obscuro Objeto do Desejo, 1977), de Luis Buñuel
Chelsea Girls (1966), de Andy Warhol e Paul Morrissey.
Choses Secrètes (Coisas Secretas, 2002), de Jean-Claude Brisseau
Chun Guang Zha Xie (Felizes Juntos, 1997), de Wong Kar-wai
Cidade Baixa (2005), de Sérgio Machado
Ciudad de M (2000), de Felipe Degregori
Cleopatra (1917), de J. Gordon Edwards
Coisas Eróticas (1982), de Raffaele Rossi
Coleção History of Sex in American Culture, diretores não creditados. Filmes: Vintage Erotica Films: Strippers, Stag & Burlesque Footage; WWII Venereal Diseases Film (1944); Sex Education Films (1930s-1960s); Sex Madness (1938); Anti-Pornography Film (1965); Anti Gay & Homosexual Propaganda Film (1961)
Como Esquecer (2010), de Malu de Martino
Comstock Films: Real People, Real Life, Real Sex (2006), de Tony Comstock
Confessions of a Young American Housewife (1974), de Joseph W. Sarno
Consenting Adults (Jogos de Adultos, 1992), de Alan J. Pakula
Constance (1998), de Knud Vesterskov
Consultorio de Señoras (1923), diretor não creditado. Produzido pela Royal Films (Espanha).
Contes immoraux (Contos Imorais, 1974), de Walerian Borowczyk
Convention City (Que Semana!, 1933), de Archie Mayo
Copacabana, mon amour (1970), de Rogério Sganzerla
Corruption of the Damned (1965), de George Kuchar
Crash (Estranhos Prazeres, 1996), de David Cronenberg
Cronicamente Inviável (2000), de Sérgio Bianchi

Cruising (Parceiros da Noite, 1980), de William Friedkin

Daddies (2014), de Antonio da Silva
Daddy-Long-Legs (1919), de Marshall Neilan
Damaged Goods (1914), de Tom Ricketts e Richard Bennett
Dancer in the Dark (Dançando no Escuro, 2000), de Lars von Trier
Darling (Darling: A Que Amou Demais, 1965), de John Schlesinger
Das eitle Stubenmädchen (1908), de Johann Schwarzer
Das Sandbad (1906), de Johann Schwarzer
Das Spielzeug von Paris (A Boneca de Paris, 1926), de Michael Curtiz
De Gravata e Unha Vermelha (2014), de Miriam Chnaiderman
Death Valley (2006), de Sam Taylor-Wood
Deep Throat (Garganta Profunda, 1972), de Gerard Damiano
Deliciosas Traições do Amor (1975), de Domingos de Oliveira
Deliverance (Amargo Pesadelo, 1972), de John Boorman
Depravação (1926), de Luís de Barros
Der blaue Engel (O Anjo Azul, 1930), de Josef von Sternberg
Der Einstein des Sex (O Einstein do Sexo, 1999), de Rosa von Praunheim
Descending Stairs and Turning Around (1884-1885), de Eadweard Muybridge
Destricted (2006), de Neville Wakefieldm (direção geral) e Marina Abramovič, Matthew Barney, Marco Brambilla, Larry Clark, Gaspar Noé, Richard Prince, Sam Taylor-Wood, Marilyn Minter, Cecily Brown, Sante D'Orazio, Tunga.
Det Sociala Arvet (1993), de Stefan Jarl
Devoirs de vacances (também conhecido como Holiday Homework, 1920), diretor não creditado
Diary of a Nudist (1961), de Doris Wishman
Diavolo in Corpo (Com o Diabo no Corpo, 1987), de Marco Bellocchio
Die Büchse der Pandora (A Caixa de Pandora, 1929), de Georg Wilhelm Pabst
Die bitteren Tränen der Petra von Kant (As Lágrimas Amargas de Petra von Kant, 1972), de Rainer Werner Fassbinder
Dimension (1990), de Lars von Trier
Dirty Diaries (Diários Safados, 2009), de Erika Lust
Dirty Old Movie (2006), de Jack Nimble
Divórcio à Brasileira (1973), de Ismar Porto
Do Começo ao Fim (2009), de Aluízio Abrantes
Doce Amianto (2013), de Guto Parente e Uirá dos Reis
Dogville (2003), de Lars von Trier
Dom kallar oss mods (They Call Us Misfits, 1968), de Stefan Jarl e Jan Lindkvist
Don Juan (1926), de Alan Crosland
Dos Putas, o Historia de Amor Que Termina en Boda (1974), de Pedro Almodóvar
Dracula's Daughter (A Filha de Drácula, 1933), de James Whale
Dreams that Money Can Buy (Sonhos Que o Dinheiro Pode Comprar, 1944-1946), de Hans Richter
Dunno Y... Na Jaane Kyun (Não Sei Por Quê, 2010), de Sanjay Sharma
Dyketactics (1974), de Barbara Hammer
Dzi Croquettes (2009), de Tatiana Issa e Raphael Alvarez

Eat (1964), de Andy Warhol
Eaux d'artifice (1953), de Kenneth Anger
Edward II (1991), de Derek Jarman
Ekstase (Êxtase, 1933), de Gustav Machatý
El Ángel Exterminador (O Anjo Exterminador, 1962), de Luis Buñuel
El Confesor (1919-1921), diretor não creditado
El Ministro (1923), diretor não creditado
El Reloj (2008), de Marcos Berger
El Sartorio (1907-1912), diretor não creditado
El Topo (1970), de Alejandro Jodorowsky
Elvis & Madona (2010), de Marcelo Laffitte
Emmanuelle (1974), de Just Jaeckin

Emmanuelle y Carol (1978), de Ignacio F. Iquino
Employees' Entrance (Negócio É Negócio, 1933), de Roy Del Ruth
Entre Tinieblas (Maus Hábitos, 1983), de Pedro Almodóvar
Epidemic (Epidemia, 1987), de Lars von Trier
Eraserhead (1977), de David Lynch
Erotica (1961), de Russ Meyer
Erótica, a Fêmea Sensual (1984), de Ody Fraga
Esas Chicas tan Pu… (1982), de Ignacio F. Iquino
Escalofrío (Satan's Blood, 1978), de Carlos Puerto
Et Dieu… créa la femme (E Deus Criou a Mulher, 1956), de Roger Vadim
Ett Anständigt Liv (A Respectable Life, 1979), de Stefan Jarl
Ett Hål i Mitt Hjärta (A Hole in My Heart, Um Vazio no Meu Coração, 2004), de Lukas Moodysson
Etzudah (2012), de Dácio Pinheiro
Europe in the Raw (1963), de Russ Meyer
Eveready Harton in Buried Treasure (Tesouro Escondido, 1929), da Climax Fables
Ex-Lady (Amante do Seu Marido, 1933), de Robert Florey
Eyes Wide Shut (De Olhos Bem Fechados, 1999), de Stanley Kubrick

Fabulous! (Fabulous! A História do Cinema Gay e Lésbico, 2006), de Lesli Klainberg e Lisa Ades
Faithless (Mulher Infiel, 1932), de Harry Beaumont
Falling Down (Um Dia de Fúria, 1993), de Joel Schumacher
Fallo (Faça Isto!, 2003), de Tinto Brass
Fantasm (World of Sexual Fantasy, 1976), de Richard Franklin
Faster, Pussycat! Kill! Kill! (1965), de Russ Meyer
Fatima's Coochee-Coochee Dance (1896), de Thomas Edison
Fatucha Superstar: Ópera Rock…Bufa (1976), de João Paulo Ferreira
Faustrecht der Freiheit (O Direito do Mais Forte à Liberdade, 1974), de Rainer Werner Fassbinder
Favela Gay (2014), de Rodrigo Felha
Feeling it (Sentindo, Não Fingindo, 2007), de Petra Joy
Femi-X and Beyond (Sex-akademiet, 2004), de Nicolas Barbano
Film ist a Girl & a Gun (2009), de Gustav Deutsch
Filme de Amor (2003), de Júlio Bressane
Filme Para Poeta Cego (2011), de Gustavo Vinagre
Filme Pornográfico, dos anos de 1920, pertencente ao Acervo Bonfioli
Filming Desire: A Journey Through Women's Film (Filmando o Desejo, 2000), de Marie Mandy
Final Analysis (Desejos, 1992), de Phil Joanou
Fiona (1998), de Amos Kollek
Fire in a Burlesque Theatre (1904), da American Mutoscope & Biograph Company
Fireworks (1947), de Kenneth Anger
Five Hot Stories for Her (Cinco Histórias Para Elas, 2007), de Erika Lust
Flaming Creatures (Criaturas Flamejantes, 1963), de Jack Smith
Flesh (1968), de Andy Warhol
Flesh and the Devil (A Carne e o Diabo, 1926), de Clarence Brown
Flesh Gordon (1974), de M. Benveniste e H. Ziehm
Flesh of Morning (1956), de Stan Brakhage
Flirt en chemin de fer (1902), de Ferdinand Zecca
Flying Down to Rio (Voando Para o Rio, 1933), de Thornton Freeland
Folle… folle… fólleme Tim! (1978), de Pedro Almodóvar
Fome de Sexo (1982), de Ody Fraga
Foolish Wives (Esposas Ingênuas, 1922), de Erich von Stroheim.
Footlight Parade (Belezas em Revista, 1933), de Lloyd Bacon
Forbidden Adventures (Aventuras Proibidas, 1937), de L.C. Cook, George M. Merrick, também conhecido como Love Life of a Gorilla
Forbidden Movies from the Brothels of Paris (2005), diretor não creditado Forbrydelsens Element (O Elemento do Crime, 1984), de Lars von Trier
Freaks (Monstros, 1932), de Tod Browning
Fresa y Chocolate (Morango e Chocolate, 1994), de Tomás Gutiérrez Alea e Juan Carlos Tabío

Fritz the Cat (Fritz, o Gato, 1972), de Ralph Bakshi
From Here to Eternity (A Um Passo da Eternidade, 1953), de Fred Zinnemann
From Show Girl to Burlesque Queen (1903), da American Mutoscope & Biograph Company
Fuses (1967), de Carolee Schneemann

Garden of Eden (Paraíso dos Nudistas, 1954), de Max Nosseck
Garota de Ipanema (1967), de Leon Hirzsman
Gentlemen Prefer Nature Girls (1963), de Doris Wishman
Geography of the Body (1943), de Willard Maas
Geschlecht in Fesseln: Die Sexualnot der Gefangenen (Sex in Chains, 1928), de Wilhelm Dieterle
Gingers (2013), de Antonio da Silva
Girls about Town (Pra Que Casar?, 1931), de George Cukor
Girls Beware (1961), de Davis (Sid) Productions
Glorifying the American Girl (Glorificação da Beleza, 1929), de Millard Webb
Gold Diggers of 1933 (Cavadoras de Ouro, 1933), de Mervyn LeRoy
Gone with the Wind (E o Vento Levou, 1939), de Victor Fleming e George Cukor
Good Morning… and Goodbye! (1967), de Russ Meyer
Grandpas Hot Movies (2007), diretor não creditado
Greed (Ouro e Maldição, 1924), de Erich von Stroheim
Green Porno (Pornô Verde, 2008), de Isabella Rossellini
Guardami (Olhe Por Mim, 1999), de Davide Ferrario
Guilty as Sin (Tão Culpado Como o Pecado, 1993), de Sidney Lumet

Hable con Ella (Fale Com Ela, 2002), de Pedro Almodóvar
Häxan (Häxan: A Feitiçaria Através dos Tempos, 1922), de Benjamin Christensen
He and She (1970), de Matt Cimber
Headshot (2006), de Jennifer Lyon
Heat (1972), de Andy Warhol
Heavenly Bodies! (1963), de Russ Meyer
Heavy Metal (Heavy Metal: Universo em Fantasia, 1981), de Gerald Potterton
Hedwig and the Angry Inch (Hedwig: Rock, Amor e Traição, 2001), de John Cameron Mitchell
Hell's Angels (Anjos do Inferno, 1930), de Howard Hughes
Hero, Captain and Stranger (2009), de João Pedro Vale
Hiroshima, mon amour (Hiroshima, Meu Amor, 1959), de Alain Resnais
Histoire d'O (A História de O, 1975), de Just Jaeckin
Histoire d'Ou (1959-1961), de Kenneth Anger
Histoires extraordinaires (Tre passi nel delirio, Histórias extraordinárias, 1968), de Federico Fellini, Louis Malle e Roger Vadim.
Hoje Eu Quero Voltar Sozinho (2014), de Daniel Ribeiro
Hold me While I'm Naked (1966), de George Kuchar
Home Movies (1989), de Bruce LaBruce
Homme au Bain (Homem no Banho, 2010), de Christophe Honoré
Hon dansade en sommar (Última Felicidade, 1951), de Arne Mattsson
Hot Men Cool Boyz (2000), produzido por Lars von Trier
Hotel St. Pauli (Conflito de Paixões, 1988), de Svend Wam
House Call (2006), de Richard Prince
How to Stuff a Wild Bikini (Como Rechear um Biquíni, 1965), de William Asher
Hula (1927), de Victor Fleming
Hundstage (Dog Days, 2001), de Ulrich Seidl
Hypocrites (1915), de Lois Weber

I, a Man (1967), de Andy Warhol e Paul Morrissey
I Know What it's Like to Be Dead (1988), de Bruce LaBruce
I racconti di Canterbury (Os Contos de Canterbury, 1972), de Pier Paolo Pasolini
I Tyrens Tegn (1974), I Tvillingernes Tegn (1975) e I Løvens Tegn (1976), de Werner Hedman
I Want Your Love (Eu Quero Seu Amor, 2010), de Travis Mathew

Ich möchte kein Mann sein (I Don't Want to Be a Man, 1918), de Ernst Lubitsch

Idioterne (Os Idiotas, 1998), de Lars von Trier

Il Decameron (O Decameron, 1971), de Pier Paolo Pasolini

Il fiore delle mille e una notte (As Mil e Uma Noites de Pasolini, 1974), de Pier Paolo Pasolini

Il portiere di notte (O Porteiro da Noite, 1974), de Liliana Cavani

Impaled (2005), de Larry Clark

In & Out (Será Que Ele É?, 1997), de Frank Oz

In the Line of Duty (1931), de Bert Glennon

In Their Room (2009), de Travis Mathews

Inauguration of the Pleasure Dome (1954-1956), de Kenneth Anger

Ingagi (1931), de William Campbell

Inside "Deep Throat" (Por Dentro de "Garganta Profunda", 2005), de Fenton Baily e Randy Barbato

Inspiration (1915), de George Foster Platt

Interior – Leather Bar (2013), de Travis Mathews

Interno di un convento (Atrás dos Muros do Convento, 1978), de Walerian Borowczyk

Intimacy (Intimidade, 2001), de Patrice Chéreau

Intolerance: Love's Struggle Throughout the Ages (Intolerância, 1916), de David Griffith

IPorno (2010), da Hotgold (<www.iporno.pt>)

Irréversible (Irreversível, 2002), de Gaspar Noé

Is Your Daughter Safe? (1927), de Louis King, Leon Lee

Island in the Sun (Ilha dos Trópicos, 1957), de Robert Rossen

It Happened One Night (Aconteceu Naquela Noite, 1934), de Frank Capra

J'fais du porno et j'aime ça (2009), de Murielle Scherre

Jag är nyfiken: En Film i Blåt (Sou Curiosa, Azul, 1968), de Vilgot Sjöman

Jag är nyfiken: En Film i Gult (Sou Curiosa, Amarelo, 1967), de Vilgot Sjöman

Jag: Em Oskuld (1968), de Joseph Sarno

Je t'aime moi non plus (Paixão Selvagem, 1976), de Serge Gainsbourg

Je vous salue, Marie (Eu Vos Saúdo, Maria, 1985), Jean-Luc Godard

Jenipapo (1995), de Monique Gardenberg

Jesus Christ Superstar (Jesus Cristo Superstar, 1970), de Andrew Lloyd Webber

Jóvenes Amiguitas Buscan Placer (1982), de Ignacio F. Iquino

Jubilee (1978), de Derek Jarman

Julian (2012), de Antonio da Silva

Jungfrukällan (A Fonte da Donzela, 1960), de Ingmar Bergman

Just Imagine (Fantasias de 1980, 1930), de David Butler

Kaboom (2010), de Gregg Araki

Karina: Objeto do Prazer (1982), de Jean Garrett

Keep the Lights On (Deixe a Luz Acesa, 2012), de Ira Sachs

Ken Park (2002), de Larry Clark e Edward Lachman

Kiss (1968), de Andy Warhol

Kissing on the Mouth (Beijando na Boca, 2005), de Joe Swanberg

Kynodontas (Dente Canino, 2009), dirigido por Yorgos Lanthimos

L.A. Zombie: The Movie that Would not Die (L.A. Zombie, 2010), de Bruce LaBruce

L'Âge d'Or (A Idade de Ouro, 1930), de Luis Buñuel

L'Amant de Lady Chatterley (1955), de Marc Allégret

L'Amour à tous les étages (1900-1903), de Ferdinand Zecca

L'Atelier faiminette (1921), diretor não creditado

L'Aventure (Erótica Aventura, 2009), de Jean-Claude Brisseau

L'avventura (A Aventura, 1960), de Michelangelo Antonioni

L'eclisse (O Eclipse, 1962), de Michelangelo Antonioni

L'Ennui (O Tédio, 1999), de Cédric Kahn

L'Étoile de mer (A Estrela do Mar, 1928), de Man Ray

L'Heure du thé (1925), diretor não creditado

L'Histoire de Richard O (A História de Richard O, 2007), de Damien Odoul

L'Humanité (A Humanidade, 1999), de Bruno Dumont

L'uomo che guarda (O Voyeur, 1994), de Tinto Brass

L'Inconnu du lac (Um Estranho no Lago, 2012), de Alain Guiraudie

La Bête (A Besta, 1975), de Walerian Borowczyk

La caduta degli dei (Os Deuses Malditos, 1969), de Luchino Visconti

La Caída de Sódoma (1975), de Pedro Almodóvar

La Caliente Niña Julieta (1981), de Ignacio F. Iquino

La Chatte à deux têtes (Cinema Pornô, 2002), de Jacques Nolot

La dolce vita (A Doce Vida, 1960), de Michelangelo Antonioni

La Donna Lupo (1999), de Aurelio Grimaldi

La Grande bouffe (A Comilança, 1973), de Marco Ferreri

La Ley del Deseo (A Lei do Desejo, 1987), de Pedro Almodóvar

La Montagne sacrée (The Holy Mountain, A Montanha Sagrada, 1993), de Alejandro Jodorowsky.

La notte (A Noite, 1961), de Michelangelo Antonioni

La novia de Lázaro (2002), de Fernando Merinero

La Orina y el Relámpago (2003), de Hermanos Lapiedra

La Pianiste (A Professora de Piano, 2001), de Michael Haneke

La Puce (A Pulga, 1896), dos irmãos Pathé

La Vie d'Adèle (Azul É a Cor Mais Quente, 2013), de Abdellatif Kechiche

La Vie de Jésus (A Vida de Jesus, 1998), de Bruno Dumont

La Voyeuse (1924), diretor não creditado

Laberinto de Pasiones (Labirinto de Paixões, 1982), de Pedro Almodóvar

Labirynt (Labirinto, 1962), de Jan Lenica

Ladies They Talk about (Mulheres do Mundo, 1933), de Howard Bretherton e William Keighley

Laurence Anyways (2012), de Xavier Dolan

Le Charme discret de la bourgeoisie (O Discreto Charme da Burguesia, 1972), de Luis Buñuel

Le Coucher de la mariée (1896), de Albert Kirchner

Le Fantôme de la liberté (O Fantasma da Liberdade, 1974), de Luis Buñuel

Le Journal d'une femme de chambre (O Diário de uma Camareira, 1964), de Luis Buñuel

Le Ménage moderne du Madame Butterfly (1920), de Bernard Natan

Le Pornographe (O Pornógrafo, 2001), de Bertrand Bonello

Le Sang d'un poète (O Sangue de um Poeta, 1932), de Jean Cocteau

Le Sang des bêtes (O Sangue das Feras), de Franju

Le Testament d'Orphée, ou ne me demandez pas pourquoi! (O Testamento de Orfeu, 1960), de Jean Cocteau

LelleBelle (2010), de Mischa Kamp

Les Amants (Os Amantes, 1958), de Louis Malle

Les Anges exterminateurs (Os Anjos Exterminadores, 2006), de Jean-Claude Brisseau

Les Fruits de la passion (Os Frutos da Paixão, 1981), de Shuji Terayama

Les Héroïnes du mal (As Heroínas do Mal, 1979), de Walerian Borowczyk

Les Maîtres-fous (Os Mestres Loucos, 1955), de Jean Rouch

Levottomat (O Insaciável, 2000), de Aku Louhimies

Lie With Me (Deite Comigo, 2005), de Clément Virgo

Lies (Mentiras, 1999), de Jang Sun Woo

Lilja 4ever (Para Sempre Lilya, 2002), de Lukas Moodysson

Lions, Love and Lies (1969), de Agnès Varda

Little Ashes (Poucas Cinzas, 2008), de Paul Morrison

Lolita (1962), de Stanley Kubrick

Lonesome Cowboys (1968), de Andy Warhol

Lot in Sodom (1933), de James Sibley Watson e Melville Webber

Love (2015), de Gaspar Noé

Love & Human Remains (Amor e Restos Humanos, 1993), de Denys Arcand

Love is Strange (O Amor É Estranho, 2014), de Ira Sachs

Lovemaking (1968), de Stan Brakhage

Lover's Island (Ilha dos Namorados, 1925), de Henri Diamant-Berger

Lucia y el Sexo (Lucia e o Sexo, 2001), de Julio Medem

Lucifer Rising (1966-1981), de Kenneth Anger

Lucíola (1916), de Franco Magliani

Madame Satã (2002), de Karim Aïnouz

Mädchen in Uniform (Mulheres de Uniforme, 1931), de Leontine Sagan, com direção artística de Carl Froelich
Making Love (Fazendo Amor, 1982), de Arthur Hiller
Male and Female (Macho e Fêmea, 1919), de Cecil B. DeMille
Mama und Papa (1963-1969), de Otto Müehl
Man Running (1887), de Eadweard Muybridge
Man with the Golden Arm (O Homem do Braço de Ouro, 1955), de Otto Preminger
Manderlay (2005), de Lars von Trier
Manslaughter (1922), de Cecil B. DeMille
Marat/Sade (1967), de Peter Brook
Mario Banana (1964), de Andy Warhol
Massages (1930), diretor não creditado
Matador (1986), de Pedro Almodóvar
Mates (2011), de Antonio da Silva
Matineé (2009), de Jennifer Lyon
Maurice (1987), de James Ivory
Meat Joy (1964), de Carolee Schneemann
Mechanics of Love (1955), de Willard Maas e Ben Moore
Medea (Medeia, 1988), de Lars von Trier
Memórias de um Gigolô (1970), de Alberto Pieralisi
Menses (1974), de Barbara Hammer
Mesa sto dasos (No Bosque, 2010), de Angelos Frantzis
Meshes of the Afternoon (1943), de Maya Deren
Messe Noire (1928), diretor não creditado
Meu Namorado é Michê (2006), de Lufe Steffen
Midnight Movies: From the Margin to the Mainstream (Os Filmes Proibidos da Meia-Noite, 2005), de Stuart Samuels
Mikaël (1924), de Carl Theodor Dreyer
Milk (Milk: A Voz da Igualdade, 2008), de Gus van Sant
Mine vaganti (O Primeiro Que Disse, 2010), de Ferzan Ozpetek
Miranda (1985), de Tinto Brass
Miss Butterfly (1925), diretor não creditado
Misty (1976), de Joseph W. Sarno
Mothern (2006), de Luca Paiva Mello
Molly Grows up (1953), diretor não creditado
Mona: The Virgin Nymph (1970), de Michael Benveniste e Howard Ziehm.
Mondo Topless (1966), de Russ Meyer
Monella (Monella, a Travessa, 1997), de Tinto Brass
Morocco (Marrocos, 1930), de Josef von Sternberg
Morrer Como um Homem (2009), de João Pedro Rodrigues
Movements Female or Dancing, Fancy (1887), de Eadweard Muybridge
Mr. Abbot Bitt at Convent (L'Abbé Bitt au couvent, 1925), diretor não creditado
Mujeres al Borde de un Ataque de Nervios (Mulheres à Beira de um Ataque de Nervos, 1988), de Pedro Almodóvar
Multiple Orgasm (1976), de Barbara Hammer
Mumtarah: No Sarcófago das Ninfos (2012), de Dácio Pinheiro
Muscle Beach Party (Quanto Mais Músculos, Melhor, 1964), de William Asher
Mute Witness (Testemunha Muda, 1994), de Anthony Waller
My Hustler (1966), de Andy Warhol
My Own Private Idaho (Garotos de Programa, 1991), de Gus van Sant
Myra Breckinridge (Homem e Mulher Até Certo Ponto, 1970), de Michael Sarne

Nacktschnecken (Slugs, 2004), de Michael Glawogger
Naked as Nature Intended (Nus Como a Natureza Manda, 1961), de George Harrison Marks
Narcissus (1958), de Willard Maas e Bem Moore
Natur-Szenen (1906-1911), de Johann Schwarzer
Never Talk to Strangers (Nunca Fale Com Estranhos, 1995), de Peter Hall
Nicht der Homosexuelle ist pervers, sondern die Situation, in der er Lebt (Não É o Homossexual Que É Perverso, Mas a Situação Que Ele Vive, 1971), de Rosa von Praunheim

Nicolli: A Paranoica do Sexo (1982), de Flávio Porto
Night Nurse (Triunfos de Mulher, 1931), de William A. Wellman
Night of the Living Dead (A Noite dos Mortos-Vivos, 1968), de George Romero
Nights and Weekends (2008), de Greta Gerwig e Joe Swanberg
Nymphomaniac (Ninfomaníaca, 2013), de Lars von Trier
Nitrate Kisses (Beijos de Nitrato, 1992), de Barbara Hammer
No Skin Off My Ass (1991), Bruce LaBruce
North by Northwest (Intriga Internacional, 1959), de Alfred Hitchcock
Notorious (Interlúdio, 1946), de Alfred Hitchcock
Nova Dubai (2014), de Gustavo Vinagre
Noviciat (1964), de Noël Burch
Nudist Paradise (1959), de Charles Saunders

O Animal Sonhado (2015), de Breno Baptista, Luciana Vieira, Rodrigo Fernandes, Samuel Brasileiro, Ticiana Augusto Lima e Victor Costa Lopes.
O Bem-Dotado, o Homem de Itu (1979), de José Miziara
O Fantasma (2000), de João Pedro Rodrigues
O Sexo Nosso de Cada Dia (1981), de Ody Fraga
Odete (2005), de João Pedro Rodrigues
Of Human Bondage (Escravos do Desejo, 1934), de John Cromwell
Oh! Rebuceteio (1984), de Cláudio Cunha
On the Beach (1915-20), diretor não creditado
Onda Nova (1983), de José Antônio Garcia e Ícaro Martins
Orgia ou O Homem Que Deu Cria (1970), de João Silvério Trevisan
Orphée (Orfeu, 1950), de Jean Cocteau
Os Bons Tempos Voltaram: Vamos Gozar Outra Vez (1985), de Ivan Cardoso e John Herbert
Os Paqueras (1969), de Reginaldo Faria
Otto; or, Up with Dead People (Otto; ou Viva Gente Morta, 2008), de Bruce LaBruce
Our Blushing Brides (Noivas Ingênuas, 1930), de Harry Beaumont
Out of the Past (Fuga do Passado, 1947), de Jacques Tourneur
Outback (Pelos Caminhos do Inferno, 1971), de Ted Kotcheff

Par le trou de la serrure (1901), de Ferdinand Zecca
Parabéns! (1997), de João Pedro Rodrigues
Paragraph 175 (Parágrafo 175, 1999), de Rob Epstein e Jeffrey Friedman
Parfait amour! (1996), de Catherine Breillat
Paris Is Burning (1990), de Jennie Livingston
Pepi, Luci, Bom y Otras Chicas del Montón (Pepi, Luci, Bom e Outras Garotas de Montão, 1980), de Pedro Almodóvar
Perfect Day (2010), de Juanma Carrillo e Félix Fernández
Performance (1970), de Donald Cammell e Nicolas Roeg
Persona (Quando Duas Mulheres Pecam, 1966), de Ingmar Bergman
Perversion for Profit (1965), de Charles Keating (produção)
Philadelphia (Filadélfia, 1993), de Jonathan Demme
Photography (1877-1885), de Eadweard Muybridge
Physical Aspects Of Puberty (1953), de Crawley Films (produção).
PicNic (Férias de Amor, 1955), de Joshua Logan
Pink Flamingos (1972), de John Waters
Pink Narcissus (1971), de James Bidgood
Pink Prison (1999), de Lisbeth Lynghøft
Pippa Passes; or, The Song of Conscience (1909), de David Griffith
Pitfalls of Passion (1927), de Leonard Livingstone
Plan B (Plano B, 2009), Marcos Berger
Plata Quemada (2000), de Marcelo Pineyro
Poison (Veneno, 1991), de Todd Haynes
Pola X (1999), de Leo Carax
Police (Polícia, 1985), de Maurice Pialat
Polissons et Galipettes (2002), de Michel Reilhac
Pollyanna (1920), de Paul Powell
Polyester (1981), de John Waters
Pompoarismo: Saúde e Prazer Para a Mulher (2010), diretor não creditado

Porcile (Pocilga, 1969), de Pier Paolo Pasolini
Porky's (Porky's: A Casa do Amor e do Riso, 1982), de Bob Clark
Porno Holocaust (1981), de Joe D'Amato
Pornografia (1992), de Murillo Salles e Sandra Werneck
Possession (Possessão, 1981), de Andrzej Zulawski
Prima della rivoluzione (Antes da Revolução, 1962), de Bernardo Bertolucci
Primitive Motion Studies ou The Human Figure in Motion (1884-1887), de Eadweard Muybridge
Princesas (2005), de Fernando León de Aranoa
Princess (Irmão Padre, Irmã Puta, 2006), de Anders Morgenthaler
Private School... for Girls (Uma Escola Muito Especial – Para Garotas, 1983), de Noel Black
Prodigal Daughters (Filhas Pródigas, 1923), de Sam Wood
Promises... Promises! (1963), de King Donovan
Protect me from What I Want (videoclipe, 2003), do Placebo
Psycho (Psicose, 1960), de Alfred Hitchcock
Psychopatia Sexualis (2006), de Bret Wood

¿Qué He Hecho Yo Para Merecer Esto? (Que Eu fiz Para Merecer Isto?, 1984), de Pedro Almodóvar
Queen Christina (Rainha Cristina, 1933), de Rouben Mamoulian
Queen Kelly (Minha Rainha, 1929), de Erich von Stroheim
Querelle (1982), de Rainer Werner Fassbinder
Quiet: We Live in Public (Silêncio: Nós Vivemos em Público, 2009), de Josh Harris e Ondi Timoner

Rabbit's Moon (1950-1979), de Kenneth Anger
Rabid (Rabid: Enraivecida na Fúria do Sexo, 1977), de David Cronenberg
Rashōmon (1950), de Akira Kurosawa
Real People, Real Life, Real Sex (2006), de Tony Comstock (<http://www.comstockfilms>)
Rear Window (Janela Indiscreta, 1954), de Alfred Hitchcock
Rebecca (Rebecca, a Mulher Inesquecível, 1940), de Alfred Hitchcock
Rebel without a Cause (Juventude Transviada, 1955), de Nicholas Ray
Red Dust (Terra Abrasadora, 1932), de Victor Fleming
Red-headed Woman (A Mulher Parisiense dos Cabelos de Fogo, 1932), de Jack Conway
Repulsion (Repulsa ao Sexo, 1965), de Roman Polanski
Revenge of the Nerds (A Vingança dos Nerds, 1984), de Jeff Kanew
Riget (O Reino, 1994) e Riget II (O Reino II, 1997), de Lars von Trier
Romance X (1999), de Catherine Breillat
Rope (Festim Diabólico, 1948), de Alfred Hitchcock
Rou pu tuan: Ji Le bao jian (Paixão e Êxtase, 2011), de Cristopher Sun

Saffo e Priapo (1922), de Gabriellino D'Annunzio
Sagrada Familia (Sagrada Família, 2005), de Sebastián Campos
Sale comme un ange (1991), de Catherine Breillat
Salò o le 120 giornate di Sodoma (Saló ou os 120 Dias de Sodoma, 1975), de Pier Paolo Pasolini
Salomé (1978), de Pedro Almodóvar
Sandow (Strong Man, 1894), de Thomas Edison
São Paulo em Hi-Fi (2013), de Lufe Steffen
Såsom I en Spegel (Através de um Espelho, 1961), de Ingmar Bergman
Satyricon (1969), de Federico Fellini
Scarface: The Shame of the Nation (Scarface: A Vergonha de uma Nação, 1932), de Howard Hawks e Richard Rosson
School for Spanking (1925), diretor não creditado
Score (1972), de Radley Metzger
Scorpio Rising (1963), de Kenneth Anger
Sè, Jiè (Desejo e Perigo, 2007), de Ang Lee
Sea of Love (Vítimas de uma Paixão, 1989), de Harold Becker
Sebastiane (1976), de Derek Jarman

Sede de Amar (1979), de Carlos Reichenbach
Sehpargonrop (2009), de Luc Notsnad
Sem Essa Aranha (1970), de Rogério Sganzerla
Senta no Meu Que Eu Entro na Tua (1985), de Ody Fraga
Serbis (Serviços, 2008), de Brillante Mendoza
Serpentine Dance by Annabelle (1896), de Thomas Edison
Sex Hygiene (1942), de John Ford e Otto Brower
Sex is Comedy (2002), de Catherine Breillat
Sex Madness (1938), de Dwain Esper
Sexo Com Robôs (2009), diretor não creditado
Sexo na Casa Branca (2003), de Ludwig von Papirus
Sexo Va, Sexo Viene (1977), de Pedro Almodóvar
Sexual Freedom in Denmark (1970), de John Lamb
Sexual Liberty Now! (1971), de John Lamb
Shivers (Calafrios, 1975), de David Cronenberg
Shortbus (2006), de John Cameron Mitchell
Síndrome (2004), de Liberto Rabal
Single White Female (Mulher Solteira Procura, 1992), de Barbet Schroeder
Sins of the Fleshapoids (1965), de Mike Kuchar
Sitcom (1998), de Francois Ozon
Skin Flick (Tirando o Couro, 1999), de Bruce LaBruce
Skin Like Sun (Des Jours Plus Belles Que La Nuit) (2009), de Jennifer Lyon
Skirt Dance by Annabelle (1896), de Thomas Edison
Slam (1989), de Bruce LaBruce
Sleep (1963), de Andy Warhol
Sleeping with the Enemy (Dormindo Com o Inimigo, 1991), de Joseph Ruben
Sliver (Invasão de Privacidade, 1993), de Kevin Meyer
Snuff: A Documentary about Killing On Camera (2008), de Paul von Stoetzel
Social-sex Attitudes in Adolescence (1953), de Crawley Films (Produção)
Sodoma (1970), de Otto Müehl
Sodomites (1998), de Gaspar Noé
Some Like It Hot (Quanto Mais Quente Melhor, 1959), de Billy Wilder
Something's Got to Give (1962), de George Cukor
Sommaren med Monika (Mônica e o Desejo, 1953), de Ingmar Bergman
Soudain le vide (Viagem Alucinante, 2009), de Gaspar Noé
South Park: Bigger, Longer & Uncut (South Park: Maior, Melhor e Sem Cortes, 1999), de D. Trey Parkero
Spartacus (1960), de Stanley Kubrick
Spetters (Sem Controle, 1980), de Paul Verhoeven
Statchka (A Greve, 1925), de Sergei Eisenstein
Stille Dage i Clichy (Quiet Days in Clichy, 1970), de Jens Jørgen Thorsen
Straw Dogs (Sob o Domínio do Medo, 1971), de Sam Peckinpah
Striporama (1953), de Jerald Intrator
Studie II: Hallucinationer (1952), de Peter Weiss
Suddenly, Last Summer (De Repente, no Último Verão, 1959), de Joseph L. Mankiewicz
Sue (1997), de Amos Kollek
Sunrise: A Song of Two Humans (Aurora, 1927), de Friedrich Wilhelm Murnau
Super 8½ (1994), de Bruce LaBruce
Sweden is Love (1970), de Torgny Wickman
Sweet Movie (Sweet Movie: Um Filme Doce, 1974), de Dušan Makavejev
Sweet Smell of Success (A Embriaguez do Sucesso, 1957), de Alexander Mackendrick
Sweet Sweetback's Baadasssss Song (1971), de Melvin van Peebles
Swoon (Swoon: Colapso do Desejo, 1992), de Tom Kalin
Sync (2005), de Marco Brambilla

Taboo: The Beginning of Erotic Cinema (2004), diretores não creditados
Tabu (1982), de Júlio Bressane

Tagebuch einer Verlorenen (Diário de Uma Perdida, 1929), de Gerod Wilhelm Pabst

Talk Sex (Falando de Sexo, desde 2002), com Sue Johanson

Tambourine Dance by Annabelle (1896), de Thomas Edison

Tapage Nocturne (1979), de Catherine Breillat

Tarzan the Fearless (Tarzan, o Destemido, 1933), de Robert F. Hill

Tatuagem (2013), de Hilton Lacerda

Taxi zum Klo (1980), de Frank Ripploh

Taxidermia (2006), de György Pálf

Tea and Sympathy (Chá e Simpatia, 1956), de Vincente Minnelli

Teaserama (1955), de Irving Klaw

Teorema (1968), de Pier Paolo Pasolini

Tesis (Morte ao Vivo, 1997), de Alejandro Amenábar

The Adventures of Priscilla, Queen of the Desert (Priscilla, A Rainha do Deserto, 1994), de Stephan Elliott

The Anatomy of a Murder (A Anatomia de um Crime, 1959), de Otto Preminger

The Angelic Conversation (1985), de Derek Jarman

The Apartment (Se Meu Apartamento Falasse, 1960), de Billy Wilder

The Band (2009), de Anna Brownfield

The Beach Girls (1982), de Bud Townsend

The Birdcage (A Gaiola das Loucas, 1996), de Mike Nichols

The Birth of a Nation (O Nascimento de uma Nação, 1915), de David Griffith

The Branding Iron (1920), de Reginald Barker

The Brave (O Bravo, 1997), de Johnny Depp

The Brown Bunny (2003), de Vincent Gallo

The Casting Couch (1924), diretor não creditado

The Celluloid Closet (O Outro Lado de Hollywood, 1995), de Rob Epstein e Jeffrey Friedman

The Cheat (Enganar e Perdoar, 1915), de Cecil B. DeMille

The Devil in Miss Jones (O Diabo na Carne de Miss Jones, 1972), de Gerard Damiano

The Devil's Cleavage (1973), de George Kuchar

The Dirty Girls (1964), de Radley Metzger

The Divorcee (A Divorciada, 1930), de Robert Z. Leonard

The Dreamers (Os Sonhadores, 2003), de Bernardo Bertolucci

The Easiest Way (Tentação de Luxo, 1931), de Jack Conway

The Gay Brothers (1895), de William K. Dickson e Thomas Edison

The Girlfriend Experience (Confissões de uma Garota de Pro-grama, 2009), de Steven Soderbergh

The Glass House (O Sistema, 1972), de Tom Gries

The Goat (1920-1926), diretor não creditado

The Golden Positions (1971), de James Broughton

The Hand that Rocks the Cradle (A Mão Que Balança o Berço, 1992), de Curtis Hanson

The Harder They Come (Balada Sangrenta, 1972), de Perry Henzell

The Humiliated (1998), de Jesper Jargil

The Image (1975), de Radley Metzger

The Immoral Mr. Teas (O Imoral Sr. Teas, 1959), de Russ Meyer

The Incredible Shrinking Man (O Incrível Homem Que Encolheu, 1957), de Jack Arnold

The Inside of the White Slave Traffic (1913), de Frank Beal

The Isle of Love (1922), de Fred J. Balshofer

The Japanese Wife next Door (Dai-ni-shô: zetsurin no hate ni, 2004), de Yutaka Ikejima

The Joy of Sex Education (série) : 1917-1973 (2009,): Whatso-ever a Man Soweth (1917), Any Evening After Work (1930), How to Tell (1931), The Mystery of Marriage (1932), Trial for Marriage (1936), A Test for Love (1937), The Road of Health (1938), Love on Leave (1940), Six Little Jungle Boys (1945), Growing Girls (1949)

The Juror (A Jurada, 1996), de Brian Gibson

The Kiss (1896), de William Heise

The Kiss in the Tunnel (O Beijo no Túnel, 1899), de George Albert Smith

The Kiss in the Tunnel (O Beijo no Túnel, 1899), de James Bamforth

The Last American Virgin (O Último Americano Virgem, 1982), de Boaz Davidson

The Living End (1992), de Gregg Araki

The Loss of Sexual Innocence (A Perda da Inocência, 1999), de Mike Figgis

The Merry Widow (A Viúva Alegre, 1925), de Erich von Stroheim

The Moon is Blue (Ingênua Até Certo Ponto, 1953), de Otto Preminger

The Musketeer's Dinner (1920), diretor não creditado

The Mysterious Lady (A Dama Misteriosa, 1928), de Fred Niblo

The Naked Venus (A Vênus Desnuda, 1959), de Edgar G. Ulmer

The Night Porter (O Porteiro da Noite, 1974), de Liliana Cavani

The Notorious Bettie Page (Bettie Page, 2005), de Mary Harron

The Nudist Story (1960), de Ramsey Herrington

The Outlaw (O Proscrito, 1943), de Howard Hughes

The Painted Veil (O Véu Pintado, 1934), de Richard Boleslawski

The Pawnbroker (O Homem do Prego, 1965), de Sidney Lumet

The Plastic Age (Luar, Música e Amor, 1925), de Wesley Ruggles

The Postman Always Rings Twice (O Destino Bate à Porta, 1946), de Tay Garnett

The Ragged Princess (1916), de John G. Adolfi

The Raspberry Reich (Exército dos Frutas, 2004), de Bruce LaBruce

The Rocky Horror Picture Show (1975), de Jim Sharman

The Sea Beast (A Fera do Mar, 1926), de Millard Webb

The Secret of Wendel Samson (1966), de Mike Kuchar

The Sex Garage (1972), de Fred Halsted

The Sex Inspectors (Os Inspetores do Sexo, desde 2004), com Michael Alvear e Tracey Cox

The Sex Lure (1916), de Ivan Abramson

The Sheik (Paixão de Bárbaro, 1921), de George Melford

The Sign of the Cross (O Sinal da Cruz, 1932), de Cecil B. DeMille

The Skin (A Pele, 1981), de Liliana Cavani

The Son of the Sheik (O Filho do Sheik, 1926), de George Fitzmaurice

The Stewardesses (1970), de Allan Silliphant

The Story of Temple Drake (Levada à Força, 1933), de Stephen Roberts

The Temptress (Terra de Todos, 1926), de Fred Niblo e Mauritz Stiller (não creditado)

The Tree of Knowledge (1920), de William C. de Mille

These Three (Infâmia, 1936), de William Wyler

This Film Is Not Yet Rated (Este Filme Ainda Não Tem Censura, 2006), de Kirby Dick

This Filthy World (Este Mundo Imundo, 2006), de Jeff Garlin

This is not an aids Advertisement (1987), de Isaac Julien

Three Daughters (Três Irmãs, 1986), de Candida Royalle

Three on a Match (Três... Ainda É Bom, 1932), de Mervyn LeRoy

Thriller: En Grym Film (Thriller: Um Filme Cruel, 1974), de Bo Arne Vibenius

Tian Bian Yi Duo Yun (O Sabor da Melancia, 2005), de Ming-liang Tsai

Tillsammans (Bem-Vindos, 2000), de Lukas Moodysson

To Catch a Thief (Ladrão de Casaca, 1955), de Alfred Hitchcock

Toda Donzela Tem um Pai Que é uma Fera (1966), de Roberto Farias

Todas as Mulheres do Mundo (1967), de Domingos de Oliveira

Tomato Kechappu ôtei (Emperor Tomato Ketchup, O Imperador Ketchup, 1971), de Shuji Terayama

Tomboy (2012), de Céline Sciamma

Torremolinos 73 (Da Cama Para a Fama, 2003), de Pablo Berger

Total Eclipse (Eclipse de uma Paixão, 1995), de Agnieszka Holland

Touch of Pink (Um Toque de Rosa, 2004), de Ian Iqbal Rashid

Traffic in Souls (1913), de George Loane Tucker

Tráiler Para Amantes de lo Prohibido (1985), de Pedro Almodóvar

Transamerica (Transamérica, 2005), de Duncan Tucker

Transtarah (2011), de Dácio Pinheiro

Trash (1970), de Andy Warhol

Trilogia **Du sang, de la volupté et de la mort** (Do Sangue, da Volúpia e da Morte), com os filmes **Charmides** (1948), **Lysis** (1948), **Psyche** (1948), de Gregory Markopoulos
Tristana (1970), de Luis Buñuel
Trouble Every Day (Desejo e Obsessão, 2001), de Claire Denis
Troubles of a Manager of a Burlesque Show (1904), escrito por Frank Marion
Twentynine Palms (29 Palmos, 2003), de Bruno Dumont
Two Women (1928), de Man Ray
Tystnaden (O Silêncio, 1963), de Ingmar Bergman

Uden en Trævl (**Without a Stitch**, 1968), de Annelise Meineche
Ultimo tango a Parigi (Último Tango em Paris, 1972), de Bernardo Bertolucci
Un Chant d'amour (Um Canto de Amor, 1950), de Jean Genet
Un Chien andalou (Um Cão Andaluz, 1929), de Luis Buñuel e Dalí
Una Ultima Voluntad (O Último Desejo, 2007), de Marcos Berger
Une Liaison pornographique (Uma Relação Pornográfica, 1999), de Frédéric Fonteyne
Une Vraie jeune fille (1975), de Catherine Breillat
Ur Kärlekens Språk (Language of Love, 1969), de Torgny Wickman

Vacancy (Não Temos Vagas, 2007), de Nimród Antal
Varietease (1954), de Irving Klaw
Vereda Tropical (1977), de Joaquim Pedro de Andrade, episódio de **Contos Eróticos**
Vertigo (Um Corpo Que Cai, 1958), de Alfred Hitchcock
Via Appia (1989), de Jochen Hick
Viciados em Sexo (2011), diretor não creditado
Vício e Beleza (1926), de Antônio Tibiriçá
Videodrome (A Síndrome do Vídeo, 1983), de David Cronenberg
Vintage Blue Erotica (2008), diretor não creditado
Vintage Erotica Anno 1930, diretor não creditado
Vintage Erotica Anno 1940, diretor não creditado
Vintage Erotica Anno 1950, diretor não creditado
Vinyl (1965), de Andy Warhol
Virgindade (2014), de Chico Lacerda
Viridiana (1961), de Luis Buñuel
Vixen! (1968), de Russ Meyer

W.R.: Misterije Organizma (W.R.: Mistérios do Organismo, 1971), de Dušan Makavejev
Walk on the Wild Side (Pelos Bairros do Vício, 1962), de Edward Dmytryk
We Fuck Alone (2006), de Gaspar Noé
Who's Afraid of Virginia Woolf? (Quem Tem Medo de Virginia Woolf?, 1966), de Mike Nichols
Why Change Your Wife (1920), de Cecil B. DeMille
Wild Gals of the Naked West (1962), de Russ Meyer
Wild Side (Lado Selvagem, 2004), de Sébastien Lifshitz
Wings (Asas, 1927), de William A. Wellman e Harry d'Abbadie d'Arrast (não creditado)
Woman Picking Up Skirt (1884-1887), da série Primitive Motion Studies, de Eadweard Muybridge
Women in Love (Mulheres Apaixonadas, 1969), de Ken Russell
Wrestling or Graeco-Roman (1887), de Eadweard Muybridge

X-Femmes (2008-2009), uma produção do Canal Plus
XXY (2007), de Lucía Puenzo

Yihe yuan/Summer Palace (Palácio de Verão, 2006), de Lou Ye
Yoga Profunda (2006), de Ludwig von Papirus
You're in the Army Now (Pode Ser... Ou Está Difícil?, 1941), de Lewis Seiler
Young American Bodies (2006), de Joe Swanberg e Kris Swanberg (http://www.youngamericanbodies.com>)
Young Man with a Horn (Êxito Fugaz, 1950), de Michael Curtiz
Young Playthings (1972), de Joseph W. Sarno
Young Soul Rebels (1991), de Isaac Julien
Your Body During Adolescence (1955), de Harold S. Diehl e Anita D. Laton

Zabriskie Point (1970), de Michelangelo Antonioni
Zentropa (Europa, 1991), de Lars von Trier
Zézero (1974), de Ozualdo Candeias
Zivot i smrt porno bande (The Life and Death of a Porno Gang, Vida e Morte de uma Gangue Pornô, 2009), de Mladen Djordjevic

CRÉDITOS DAS IMAGENS

p. 20, fig. 5; p. 90, fig. 6; p. 121, fig. 11; p. 122, fig. 12; p. 123, fig. 13; p. 167, fig. 15
© The Andy Warhol Foundation for the Visual Arts, Inc. / Autvis, Brasil, 2015.

p. 25, fig. 7
© Safeword Productions LLC

p. 32, fig. 1
Rosa Filmes

p. 55, fig. 4
Edison / The Kobal Collection

p. 77, fig. 1
Fox Films / The Kobal Collection / Witzel

p. 129, fig. 17
© 2013 Wild Bunch, Quat'sous Films, France 2 Cinema, Scope Pictures, Vertigo Films

p. 139, fig. 3
Hachette Premiere/Kushner-Locke Co. / The Kobal Collection / Brigeot, Severine

p. 157, fig. 12
Pea / The Kobal Collection

Este livro foi impresso
na cidade de Itaquaquecetuba,
nas oficinas da Vox Gráfica,
em maio de 2017,
para a Editora Perspectiva.